矢內原伊作

矢內原忠雄傳

李明峻 譯

目次

譯序

日本人的良心——矢內原忠雄

李明峻

最初知道矢內原忠雄先生的大名，是大學時代讀臺灣史研究的必讀經典《日本帝國主義下之臺灣》開始。之後，因研究所老師張漢裕教授是矢內原忠雄先生的學生，而對矢內原忠雄先生有機會進一步的認識。因此，當邱振瑞先生引介行人出版社陳傳興老師，希望我翻譯由其子矢內原伊作所著的《矢內原忠雄傳》，當時即不惴力之未逮而欣然答應。

眾所周知，矢內原忠雄教授的四大名著《日本帝國主義下之臺灣》、《殖民及殖民政策》、《帝國主義下之印度》和《南洋群島之研究》，也瞭解其認為宗教與科學的原則可以共存而不會發生衝突的想法。但隨著本書翻譯的進行，對矢內原忠雄先生的認識越加深入，更深切體會到他不但是擁有卓越學術專業的經濟學者，亦為熱愛真理、主張和平主義非戰論的宗教家，絕不與「不義」和「虛偽」妥協，無怪乎會被著名歷史學家家永三郎稱為「日本人的良心」。

一九二七年，時任東京帝國大學經濟學部敕任教授的矢內原忠雄先生，因擔任殖民政策講座而來臺考察「臺灣統治」的實況。結果，他摒棄臺灣總督府提供的諸多方便和禮遇，揭露日本帝國主義之擴張，及其殖民臺灣之獨占、剝削過程，明白指出：「日本人對臺灣人的民族對立，同時也是政治上支配者與被支配者的對立，並且與資本家對農民勞動者的階級對立相一致。」他認為，臺灣因日本殖民統治而快速現代化，但日本帝國主義同時也在臺灣進行資本主義之榨取，此種說法使其最後竟遭到總督府部長級官員下「逐客令」。此事顯現矢內原忠雄教授一生本著學術良心，做公正批評的行事風格。

一九三七年「七七事變」發生後，矢內原忠雄先生在《中央公論》雜誌發表〈國家的理想〉一文，諷諫侵略中國的不當，並在東京日比谷政講座攻訐軍部窮兵黷武政策，其後更在講臺上大喊：「為了要活出日本的理想，請先把這個國家埋葬掉！」，可說是震撼人心的先知之言。由於如此嚴厲地批判日本政府，使得軍部施壓東京帝國大學加以約束，但矢內原忠雄先生毫不猶豫地放棄教授職位。或許日本殖民臺灣期間留給臺灣人最珍貴的禮物，不是建設臺灣的現代化，而是這位「日本的良心」所呈現的：面對不義，從不軟弱的精神與堅定不移的和平理想。

第二次世界大戰後，東京大學反省戰前政府的錯誤，重新聘請矢內原教授返回經濟學部任教，其後歷任社會科學研究所所長與教養學部部長，於一九五一年接替南原繁茂教授擔任東京大學校長，直至一九五七年十二月退休為止。在其擔任校長期間，東京大學發生波波羅(ポポロ)事件，暴露日本警察潛入校園從事間諜活動的事實，甚至在法院與國會都掀起軒然大波。矢內原校長捍衛日本憲法規定的基本人權，確立學問自由與大學自治的保障。矢內原教授從東京大學退休後，擔任學生問題研究所所長，繼續影響許多年輕的學生，直到一九六一年十二月二十五日因胃癌逝世，享年六十八歲。

本書作者矢內原伊作是矢原內忠雄先生的長子，在日本戰敗時於臺灣高雄任職，到一九四六年才返回日本擔任文學部教授。他從一九七四年開始執筆《矢內原忠雄傳》，引用許多未曾公開的日記與詩歌，是對矢原內忠雄先生最深入的介紹。

承蒙陳老師對譯者的支持與體貼，將此一鉅著的譯作委託於我，譯者基於使命斗膽譯之，恐無法充分呈現著者高雅而富變化的詞藻，所希望者亦僅止於達意而已，在此謹向讀者致歉，並盼讀者於閱讀時務必保持耐心。此書漢譯版能順利付梓，實有賴行人出版社陳老師伉儷的鼓勵與支持，以及該公司同仁代為校對與潤飾，謹在此深致敬意與謝忱。

序章

1 父親的最後歸所

我的父親——矢內原忠雄，於一九六一年（昭和三十六年）十二月二十五日，在東京大學傳染病研究所附設醫院，因胃癌結束六十八年又十一個月的人生。今年（一九七四年）的十二月，家父已過世整整滿十三個年頭。光陰流逝如斯，時間的力量著實偉大，直至當下，在我想執筆記述父親的一生時，我總算可以「稍微」冷靜地回想關於父親的種種，並較能客觀地將之化為文字。儘管「相當」或「稍微」這種形容程度的字眼極為曖昧不明，但對於一個與自身關係如此密切的人，要完全冷靜地考察並加以客觀地描述，事實上是不可能的事，亦無達到此一程度的必要。但對我個人而言，由於父親的存在在我內心有極重要的地位，因此對我的心情影響甚鉅，這不但在父親生前是無庸贅言的，甚至在父親過世多年之後，我依舊無法沉著思考或陳述關於父親的事情。無論身在何處，我都感到被父親銳利的目光所追逐，為其氣勢所壓倒而自覺渺小，或是只能以沉默對其加以反駁，或是反過來暗自對父親的目光感到同情，或想轉身而逃：無論如何，我難以無視這份複雜曲折情感來面對父親。

「有一位偉大的父親真是辛苦！」

許多人以各種不同的語調對我說出這句話。的確如此，但對現在的我而言，與父親是否偉大無關，我只感到父親的血脈源源不絕地在我的體內流動。不管是什麼樣的血脈，我深深感覺同樣的血脈將父親和我緊緊地聯繫在一起。儘管經過十二年的歲月，我與父親的關係反而日益拉近。有趣的是，在父親過世十二年之後，我總算可以坦率誠心地叫他一聲「爸爸」。俗諺說：「子欲養而親不待。」我直到最近才總算能冷靜地正視父親的眼神，透過為人子女對父親應有的自然情感來理解父親，從個人與個人平等的角度來述說父親。

去年（一九七三年）十二月二十五日是父親逝世滿十

二週年紀念日。如果是佛教徒的話，應該要舉辦第十三回法事，但我以撰寫父親的傳記來取代追思法會，並於父親墳前報告此事，祈求父親在天之靈能庇佑加護。

「我想要到矢內原忠雄先生墳前獻香致祭，請問先生安葬在哪裡呢？」

當被問到這種問題時，我總為不知該如何回答而辭窮。

這是因為儘管父親在世時早就安排好收納自身骨灰的場所，但父親的骨灰事實上尚未安置到該處。雖然早有下葬的預定地，但矢內原忠雄的墳墓迄今尚未修造。父親的遺骨仍安置在其久居多年的自由之丘（東京都目黑區）家中二樓的書房。目前家母和舍弟一家住在那裡。

矢內原忠雄於一九二三年（大正十二年）三月遭逢首任夫人愛子（我的生母）過世，並於隔年六月迎娶第二任夫人惠子。惠子代替我們兄弟的母親，一肩挑起養育的重擔，並到父親過世為止的三十七年間侍奉父親。

在父親過世將近一年時，我對母親說：

「是該將父親下葬的時候了吧？」

「對啊！」母親以關西腔回答我，「那就最近擇期進行吧！」

父親於元配愛子過世的那年，於多磨墓地購買一塊小小的土地，將妻子埋葬在那裡，並以該地為矢內原家的家墳。關於此點，由於矢內原家歷代祖先的墓地是位於父親的故鄉（愛媛縣今治市），因此父親在多磨墓地所買的墓園乃成為矢內原忠雄一家的家墳。愛子夫人的墓石雖小但巧緻清美，與一般縱長型墓石不同的是該墓石是橫向寬長，而於表面橫刻「往彼岸淨土」字樣，背面則於上方同樣以橫書刻著「愛子 1899. 3. 15—1923. 3. 26」的小字。字的下方為一片空白，這是為了依序刻上往生者名字所預留的空間，不過該處迄今仍維持空白。也就是說，愛子夫人目前仍是一個人孤零零地長眠於此。無庸置疑地，父親忠雄的名字亦應刻在其上，且他本人的意思也是如此。（多磨墓地今日正確的名稱應是多磨靈園，但我較習慣稱之為多磨墓地）。

父親過世後，每到秋天接近父親忌日之時，我都會對母親說：「該將父親下葬了吧？」而母親每次總是回答道：「嗯，也對，那就最近擇期進行吧！」每年每年重複著同樣的對話，而母親的回答也逐漸變成「目前這樣還好吧？」「先照現在這樣安置吧！」母親彷彿是打算在自己過世之前，將父親的遺骨一直保存在身邊。「多磨墓地偏遠且不方便，對想要前往上香的人有些過意不去。」母親這樣說著。雖然我對此感到困擾，但也對母親的說法無可奈何。如此漫長的一段時間將遺骨放置家中而不將其安葬，實在有些違反一般人的常識，加上矢內原忠雄並非是妻子的私有物，因此應該讓任何人都能有機會到其墳前上香。但長年跟隨父親同甘共苦的妻子，說要將遺骨放在身邊，守著父親的遺骨儼然成為她生存的意義，因此我也無法強硬地反對母親的意願。既然母親想要如此，我想她也有這麼做的權利。遺骨何時下葬就不是多麼重大的問題了。但父親對此事會怎麼想呢？我想父親在天之靈恐怕也會苦笑著說：「就照惠子喜歡的方式去做吧！」

附帶一提的是，內村鑑三門下的獨立傳道者，被矢內原忠雄視為信仰上的前輩且非常敬仰的藤井武（其妻喬子為忠雄第一任夫人愛子之姊，因此也可算是忠雄的連襟。）由於熱愛其妻，在她過世時感到異常悲慟，而無法離開她的遺骨。直到八年後追隨其妻逝世為止，喬子的遺骨始終安置於藤井武的書桌上。關於此事，藤井武的長女小笠原百合子於日後亦如此回想道：

「父親由於深愛母親，因此直到過世之前都將母親的遺骨放在二樓的書齋。由於書齋是一間夕陽會照入的房間，因此原本包覆遺骨的純白布巾，不知何時竟變成帶紅的茶色。」（《藤井武全集》岩波版月報第十號）。

在藤井武逝世後的一段日子裡，他的遺骨也與喬子一同安置在那間書齋。在藤井武過世後，主要由矢內原忠雄負責照顧其一家老小。矢內原忠雄於昭和十年（一九三五年）將藤井武夫婦的遺骨葬於多磨墓地的一角，此時距離藤井武過世已隔五年之久。但這不表示矢內原忠雄不重視安葬藤井武夫婦遺骨一事。藤井武夫妻拖了好一段時日才得以安葬的原因：第一是一時找不到墓地，第二是由於矢內原忠雄認為處理藤井武夫婦的墓地一事，不如發行藤井武全集一事重要，因而將心力全部投注於全集的刊行所致。

關於墳墓的看法，隨著個人或家庭而有所不同。佛教徒、基督教徒或是無神論者，對墓地想必也各自抱持著不同的看法吧。即使同樣是佛教徒，有的人不曾中斷過法事，但想必也有人完全不掃墓吧。基督教徒也一樣，由於沒有像佛教一般的各種儀式——頭七、七七四十九日、第幾回忌或是中元等等的習慣——因此一般認為其少有定期掃墓習慣。

家父為虔誠的基督教徒，因此家中自然也沒有神壇一類的擺設。我從小至今，從未和雙親一同去掃墓，也未曾被任命去掃墓。其中的原因之一是由於父親的再婚，父親並未將前妻愛子的墳墓所在地告訴孩子們。

即使如此，令人感到不可思議的是，我從未由父親的口中聽到有關祖父、祖母或是歷代祖先的墓的事情。只有一次，父親在我還是國中生的時候，帶我前往位於今治的矢內原家祖墳。即使如此，與其說是去上香掃墓，不如說是去參觀來得比較恰當。

儘管如此對待子女，但其實父親本身是重視墳墓的人，喜歡掃墓。父親未曾有過「基督徒的靈魂會復活前往天國，因此地上的墳墓不重要」這樣的想法。應該說，由於死者的靈魂將前往天國並於該地生存，因此作為其證據、位於地面上的墓更應該受到重視。即使父親的先祖及父母的墓是以佛教在故鄉祭祀著，父親還是會在百忙之中抽空前往掃墓。我私下猜測，恐怕父親也暗自前往多磨墓地的「往彼岸淨土」的墓掃墓吧。

矢內原忠雄是有著深濃感情或情愛的人。這裡所說的深濃包含著濃厚且纖細的意思。這樣的形容不一定是最正確的，也有著無法一語道盡的遺憾，但是不管是誰的性格都不是如此容易就能一言以蔽之的吧。矢內原忠雄的情況也不例外，但是硬要舉出構成其基本性格的要素的話，恐怕就是對於感情的深濃吧。

我從少年時代到青年時代都只感覺到父親的可怕，但其實這份可怕也是父親感情深濃的一種表現。總之，父親是個擁有深厚情感的人，這樣的人不會不重視墳墓。

矢內原忠雄的母親於一九一二年（明治四十五年）三月過世，當時忠雄為第一高等學校二年級生，對於母親的過世感到無比哀慟，自然是不在話下，之後每逢休假返鄉時必定會前往墳前上香。忠雄在大正二年七月二十五日的日記裡寫著：

「我返鄉先前往祖墳掃墓，嗚呼，母親的石塔、母親的靈魂如今在光之國度，其身軀如今在此石之下，土之中。我尚未看過母親著新裳，從而思及我看慣的母親的衣裳應該也在此地下，撫上石塔頓感懷念，黯然神傷。嗚呼，母親啊，在此處鑿穴放置棺木之時啊！此一石塔將成為一象徵——吾人因此象徵而泣、而喜，藉此象徵延續生命。」

（《矢內原忠雄全集》第二十八卷四〇九頁）

寫下這篇日記時，正值忠雄剛加入基督教信仰之際。不過隨著對基督教信仰的加深，忠雄在前文提及的心情並未有所改變。

記下前文日記的大正二年七月，忠雄自一高畢業，九月進入東大。於夏天返鄉的忠雄，即使到了九月大學新學期要開始之際，仍未回到東京，而是留在故鄉。這是由於父親病重之故。接著前文的日記，九月二十一日忠雄如此寫著：

「下午與弟妹及嫂子（兄長的妻子）一同掃墓。放眼望去，田間開滿了花，眼前一片淡黃。久別故鄉的秋天十年，不論身死何處，都希望能安葬於丸子山的父母墳墓之旁——那松風吹撫、看得見海的地方——我一心這樣想著。」（同前四四四頁）

位於今治市邊緣的丸子山墓地，今日依舊存在，不過由於都市開發的浪潮襲向這個鄉間，沒有人知道現在所看到的一切能保持多久。加上忠雄是在二十歲的年紀寫下前面的文章，如前所述，之後忠雄買下了多磨墓地。姑且不提青年忠雄前述的願望，矢內原忠雄的遺骨無庸置疑地應該下葬於多磨「往彼岸淨土」墓地。

關於多磨墓地的墳墓，在本文之中應該還有機會詳細敘述。此外，要附加說明的是，根據忠雄的妻子惠子，也就是我的母親對我說的話，忠雄於一九六一年（昭和三十六年）六月——當時的身體健康已不如昔，但大致上仍過得去，也尚未發現癌細胞——他不知想到什麼，前往了多磨墓地，親手清掃了「往彼岸淨土」之墓。這應該說是不祥的前兆嗎？一個月後父親發病住進醫院，再過四個月後便離開人世。

以上，關於父親的墓，正確地說應該是關於父親的墓至今仍不存在一事，做了簡單的說明，此外也提到了父親對於墓的重視。但是換一個角度，搞不好父親認為自己根本不需要墳墓：與其建造氣派的墳墓供世人瞻仰，不如早日從世人的記憶中消失。由於父親只是一位普通人，因此這種想法應該不會脫口而出，但是這並不代表父親未曾有過這種想法，我想我也多少能夠體會父親的心情。

矢內原忠雄度過了可歌可頌的一生，被許多人所尊敬，在眾人的惋惜聲中離開了人世。我也覺得父親的一生活得精采，值得尊敬。（至於是如何精采、如何備受尊敬，也是一個重要的問題，但是在此先不觸及此問題。畢竟，解明這些問題正是本傳記的要點所在。）

此外，矢內原忠雄也對自己一生的價值，在某種層面來說，持有極大的自信及驕傲。但是他絕非聖人亦非君子，而是充滿缺點且脆弱的一般人，我想關於這點他比任何人都要清楚。對自己的罪過感到畏懼的人，怎麼會期望別人盛大地紀念自己充滿悔恨的人生呢？他恐怕未曾期望過有人來替他撰寫傳記吧。

耶穌對「偽善的學者法利賽人」說：「你們就像塗成白色的墓一樣。」對「建造預言者之墓的偽善學者法利賽人」說：「你們將會釀成災禍。」（《馬太傳》第二十三章）。這是建墓這一方面的問題，因此與寫傳記的態度問題應該分開來討論。以被修建墳墓的一方的問題而言，我目前深切地聯想到的是一篇題為〈富士登山〉的短文。這篇短文於矢內原忠雄離開東大校長一職後的隔年（昭和三十三年）九月完成，收錄於單行本《人生與自然》（東京大學出版會，昭和三十五年刊）中。根據該文，在矢內原忠雄東大校長任內，東大登山社社員十一人在富士山接受訓練時遇到雪崩，其中五名罹難。在罹難現場的岩石中，鑲嵌著記有追悼罹難學生的碑文銅板。矢內原忠雄雖然想親赴該地悼念五名學生的在天之靈，但是在校長任內時總無法抽身前往，直到卸任後隔年的九月三日才完成這份心願。當時隨行的有東大登山社的學生以及學長四人。

「稍事休息之後，走遍了零星散布在第五合和第六合[1]之間的屍體發現處所堆積的石塚，並前往接近第六合處的追悼碑。一面撫摸著碑面的銅板，一面憑弔著應該有著大好前途卻被埋在雪底下的年輕學生。

我也在從一高畢業、準備進入大學的那年暑假，一個人攀登了富士山。那時我二十歲。想到從那時至今的四十五年間，我犯下不少錯誤、有過不少悔恨，在知道或不知道間讓許多人遭受挫折的生涯，不禁悲從中來。

我也想同摩西一般，被葬在廣大山谷的一某角落而不為人所知〈至今仍無人知其墓之正確位址〉（《申命記》三十四‧六）。」

之後，矢內原忠雄在登山社社員前後守護下，踩著沉重的步伐登上了頂峰，對受過訓練的社員們始終不發一語。「既沒有責備也沒有牢騷，沒有笑容也沒有鼓勵，也不會用言語或雙手幫助」，對登山家的態度感到非常敬佩，寫下了以下的話：

1. 合：日本以量酒的「合目」單位稱示富士山的高度，第五合和第六合大約在海拔二千三百零五公尺到二千四百五十公尺半山腰處，從山下登至該處大約二十分鐘。

> 「當我離開這人世時，米迦勒、加百列、烏列以及其他不知名的天使，也會包圍著我一起登上神之山吧。雖然明白他們是出自一片好意想要守護我，但我還是得靠自己的力量。
>
> 在這人世間，在我身旁的人們，在那個時刻，誰也不會陪在我身邊吧。責備我、批評我以及對我惡言相向的聲音，也傳不到我的耳邊吧。仰慕我的聲音也不在我身旁吧。一如我赤裸裸地從母親腹中誕生一般，我亦將赤裸裸地回到母親的懷抱吧。
>
> 我感到孤獨。孤獨固然難受，但是我又從中感覺到安逸。」（《矢內原忠雄全集》第二十六卷四八二、四八四頁）

在父親留下的為數眾多的文章中，這篇在去世三年前寫下的短文〈富士登山〉是我最愛的文章。

但是，也不能就那樣做吧——就算父親說希望葬在一個不為人知處，遺骨也終須安葬——不管地上的聲音能否傳到在孤獨的安逸中的父親耳邊，我都將寫下這篇傳記。

總之，我決心要寫下父親生涯的紀錄。想將此決心於墳前向父親報告，不過父親的墳墓並不存在，於是我來到了放有父親遺骨的、位於自由之丘的家。

2　二樓的書齋

矢內原忠雄在一九三二年（昭和七年）四月遷居位於自由之丘的家，那是我唸國二時的事情。從那之後，父親終生，也就是二十九年間都住在那裡。如前所述，現在有我母親以及弟弟一家人住在那個家。因為是聳立在台地上的兩層樓住家，所以遠遠看起來十分不錯，但其實是非常老舊的房子。

自由之丘位在連結涉谷與櫻木町的東京急行電鐵東橫線（昔稱東橫電車）與從大井町通往二子玉川方面的田園都市線（昔稱目蒲電車大井町線）的交會點上，現在是高級住宅區集中地，車站附近成為熱鬧商圈。不過，我們一家遷居此地時，這裡還只是鄉下，商店的數目用手指可以數得盡，遍布著武藏野特有的雜木林與農田。

經過徹底變得熱鬧、往日的光景早已不復存在的商店街，從車站往涉谷方面走一會兒，登上名為睦坂的和緩上坡，矢內原忠雄的故居就在這上坡途中的左側。父親過世後，由於弟弟一家遷入而改建了玄關附近的地方，因此入口處與當初全然不同。內部也做了些微的改建，不過大致上與父親生前相去不遠，尤其是父親的書房和臥室所在的二樓，完全保存當時的風貌。現在二樓只有母親在使用。

去年（昭和四十八年）十二月二十四日，我回到位於自由之丘的房子，走上二樓。當然，我平日也時常回來位於自由之丘的這個家，不過上二樓的次數可以說是少之又少。這次是為了於父親靈前報告執筆傳記一事，才特地登上二樓的。十二月二十五日是父親過世的紀念日，母親顧慮到可能會有其他訪客造訪，因此我才選在二十四日來到這個家。上二樓的樓梯窄而陡。儘管我從少年時代到青年時代都在這個家度過，但現在爬這個樓梯時仍會感到沉重而緊張。這是因為每次都是在星期天早上家中的聖經研究會，或是發生什麼重大的事情被父親叫過去教訓時，才會登上這個樓梯。對於還是孩子的我而言，二樓是難以接近的神聖地方，而且是最好能不要上去就不要上去的恐怖地方。

我是家中兄弟三人中的老大，對我們幾個孩子而言，不管怎麼說父親都是令人畏懼的存在。孩子們對父親的印象只要用「可怕」兩個字就可以概括。光是知道父親在二樓，就足以讓我們一直坐立難安。光是聽到父親發出聲響準備從二樓下來，我們的臉色立刻就為之一變，趕緊端正坐姿。一聽到父親上樓的聲音，我們就會摸著胸口發出安心的嘆息，想著：「總算是升天了。」在這樣的父親真的升天滿十二年後，我跟在嬌小的母親後面，登上了樓梯。

二樓有八坪和六坪的兩個房間，南面八坪的房間是父親的書房。關於這間書房的樣子，父親在名為〈書齋〉的文章中有具體的說明。這是於昭和二十九年（東大校長任內）寫下的隨筆，就讓我引用一部分來介紹這間書房（《矢內原忠雄全集》第二十六卷五一二頁）：

「我家中沒有一間可稱為書房的房間。書籍散布四處，從玄關到走廊的各個房間的書架上都放著書，實在很不方便。絕不是我喜歡這樣，而是因為這是個沒有一個好書房的家，所以只好如此。

如果要勉強將放有工作桌的房間稱為書房的話，那便是位在二樓的八坪和室，窗戶在東方和南方寬敞地敞開著，是一間視野良好、採光佳的房間。在專門用來擺設字畫、花瓶等的空間裡，掛有來自中國泰山還是哪裡的石碑經文的拓印，寫著『香滿衣』大字的字軸，一年三百六十五天都掛在那裡。在此之前擺著的是以黑色和紅色漆成的朝鮮民藝品高角圓台，在其上頭和旁邊，都高高地堆滿了書籍雜誌或雜物之類的物品，與其說是用來放置藝術品的空間，不如說是置物處。

在那個空間的前方，書桌以及迴轉椅面向南方擺設著。……

與書桌並排，在靠近窗邊的地方放有極為老舊、品質也不甚佳的藤製長椅。那是我第一次成家時，岳父買給我的，所以有三十六、七年的歷史了。……

長椅上方有寫著『神即愛也』大字的金太熙匾額。……與此匾額相對的楣間，掛著裱在畫框裡的友人石河光哉畫的耶路撒冷街景水彩畫。……沿著西側的牆壁，並排著兩個寬三尺、高五尺的書架，此外沿著與北邊隔壁房間的拉門，放著一個新的小書架。這個小書架是去年一月時為了慶祝我的六十大壽，住在美國洛杉磯的朋友岩永友記送給我的。這三個最貼近我的書架上，放著我平常最常使用的參考書、我最愛看的書，以及恩師、友人等贈與我的值得紀念的書籍，還有我自己寫下的作品。

……

這個房間最常被我當作寢室使用。……

我通常一上床就馬上入睡，早上醒來或是有時半夜兩點醒來後，就在床上讀書、寫稿，或者是想事情。因此書房和寢室對我來說是不可分離的。」

這間書房的樣子至今未曾改變。金太熙的匾額依舊掛在原處（金太熙為朝鮮的優秀基督教傳教士。為人謙遜，在匾額上的署名是金小熙），石河的風景畫也依舊健在。有所改變的是，一年到頭掛著的「香滿衣」字軸被取下來，父親長年愛用的藤椅如今已不在，這樣而已。（後者因為實在太老舊了，所以在父親去世後，母親便將之丟棄，對此我感到很可惜。因為那是父親「第一次成家時岳父買給我的」，也就是前妻愛子的父親所給的、獨一無二的紀念品。）

有著決定性改變的是，如今這間書房的主人已經不在，放置藝術品的空間旁邊的長桌改變了方向，轉為背對放置藝術品的空間，在其上放置了包著白布的遺骨箱。白布是嶄新的，並沒有像藤井喬子那樣泛紅。我在那四方的小箱子前低了頭，沒有牌位，沒有點燈，沒有線香，也沒有敲下去會發出澄澈響聲的器物。對於基督教徒來說這是理所當然的，沒有什麼多餘累贅的儀式固然不錯，但還是覺得少了一分憑藉。唯一有的是一張照片。這張照片是父親被選任為東大校長的隔年，五十九歲時拍攝的，當時父親身體健朗，是圓潤福滿的遺影。對我而言，可怕的父親比較接近父親的形象，但是想當然爾，比起可怕的父親，當然是不可怕的父親比較好。

在遺骨和遺照前，我追憶了父親的生涯。勤勉真摯，歷盡戰鬥與悲哀，充滿愛與信仰的生涯。但是再替遺骨點綴上這些話語也無濟於事，非將這些話語中蘊藏的意義具體表現出來不可。在這儉樸的房間內寫下為數眾多的原稿，一面擔心國家的前途，一面斥責違背正義與和平的世間罪過，另一方面日夜與眾多友人，尤其是弱者或是病患持續著充滿了愛的通信的父親。每星期日在這個房間裡，以少數弟子為對象的聖經講授投注心力的父親。為公私事務煩心操勞，而在這個房間裡度過無數夜不成眠的夜晚的父親。在密室裡的父親的祈願。受不治的病魔侵襲，儘管殷切期望能夠回到這間書房，但終究還是無法達成心願，在醫院結束一生的父親。替父親修墓固然重要，但或許記下父親走過的生涯更重要也說不定，總之我想先替父親寫傳。「別做愚蠢的事。」我彷彿看到父親在我前面，以恐怖的眼神凝視著我。父親向來說不喜歡別人在公開場合講述自己的私生活，或是批評他人的言行。也不喜歡被別人評論自己的生活或性格。不管是誰都不喜歡被人品頭論足吧，但是父親對這種事情的反感比一般人強上一倍。這是父親性格的一個面向。當然，我想他也不會高興自己的兒子來寫他的傳記。在我二十歲左右時，我只要想說什麼有點意見的事情，父親就會大聲地斥責我「不要不知分寸」。事實上，我確實是不知道分寸，但是父親的性格也實在很奇特。所以，我那時盡可能地不和父親說話。

這種討厭被別人批評的個性是從何而來的，這種個性和父親的思想行動有著什麼樣的關係呢？這蘊藏著極為微妙複雜的問題，而現在並不是討論這種問題的場合。這種性格是任何人多少都會有的性格，因此也許不用將太多注意力放在這上面。此外，我知道在某些情況下，父親也會坦率地傾聽第三者的批判。但是，這樣的性格也許是理解父親的思想與行動的重要線索也不一定。我再三提到，對孩子們而言，父親是可怕的存在，其可怕也許與前面提及的性格有著密切關係也說不定。無論如何，至少在某一時期，父親在家中是不容許妻子或孩子反駁，是要求強制服從的暴君，在戰爭期間的家庭集會中，也嚴峻地不許弟子有任何的批判。然而，前者或許與一般家庭中常會出現的「大男人主義」相去不遠，但後者亦可以稱為是為了團結與法西斯主義相抗衡的戰鬥性的信仰集團的睿智吧。若將這些與前述「討厭批判的個性」扯上關係，恐怕也不妥。封建性的一家之主的大男人主義，與戰鬥性的基督教和平主義間的關係——因為一些瑣事對家人爆發怒氣，與對社會國家的不正義的憤怒——要理清這之間的關係並不容易。而其中重要的當然是後者而非前者。

但是接下來的想法也許說得通。討厭他人批評的心情，以父親的情況來說，是希望尋求能不在意自己的缺點而將之完整接受包容的人，也就是與追求愛的心情合而為一，同時與無法得到那樣的愛時所產生的寂寥感、孤獨感融為一體。這也就是為何父親不那麼介意不相識的第三者對自己所做的批評，卻無法忍受發自自己所愛的對象，也就是家族或信仰上的弟子批評的原因吧。簡單來說，父親是對愛飢渴、非常害怕寂寞的人。能夠真正撫慰父親寂寞的心的，最終還是只有神明或是耶穌吧。這件事情可以從父親的眾多文章中窺視出來，先前引用的〈富士登山〉也顯露出這種感情，以下的文章亦可窺見。這是題為〈讓我停留在此刻〉，於六十歲（東大校長任內）時寫下的文章：

「有賞識我的人、同情我的人、給我忠告的人、批判我的人、對我惡言相向的人，有的給予我勇氣，有的幫助我修正自以為是的態度，有的挫挫我的氣焰，對我而言都能從中有所獲益。

話雖如此，這些聲音或多或少都帶給我一定程度的緊張。緊張奪去我的休息。不發一語完全接受完整的我的，只有耶穌基督而已。祂知道我的所有，寬恕我的一切，讓我疲憊的頭腦能倚靠在祂的胸膛小憩一番。祂愛我，我信賴祂，我將我的一切都托

付給祂。」(《矢內原忠雄全集》第十七卷四二〇頁)

然而，一如無論他多麼希望同摩西葬在不為人知的地方卻無法達成一般，無論他再怎麼認為只有耶穌最了解他，因而不希望別人來批評他的這份心願都難以達成。矢內原忠雄已然成為歷史人物，其足跡在日本近代思想史上占有重要地位，加上留有眾多著作，後世的人閱讀其作品，從中學習，進而從中了解其足跡，對其生涯加以研究是理所當然的事，而不會認為那正違反他本人的意志。他本人也在《我所尊敬的人物》、《我所尊敬的人物續篇》(皆為岩波新書出版)等作品中，寫下眾多的傳記。關於矢內原忠雄之思想與生涯的研究，有從各種角度下手的價值吧。我想依照我的方式嘗試看看。

戰後，我以評論家後輩的形式，開始在報章雜誌上發表文章，也出過幾本書。對此，父親是怎麼想的呢？關於這件事情，我做了某種程度的推測，但現在並不對此做深入探討：我想一半是抱著期待，一半是帶有失望吧。「你寫的東西似乎比父親來得受好評。」這樣子鼓勵我的情形也有過。在我的學生時代，也許是因中日戰爭下艱難的局面，父親一直都很可怕，等到戰後，我以一個社會人的身分獨立後，父親開始不再單方面的將其主張加在我身上，轉為以對等的態度對待我。昭和二十六年年末，父親被選任為東大校長時，我受週刊之託寫下一篇介紹父親的短文。對此，父親在寫給我的信中這樣說到：

「我讀了你的信。我讀了《Sunday每日》。對於你的文章感到欽佩，但是內容也許有點過於嚴肅。」(《Sunday每日》)」(《矢內原忠雄全集》第二十九卷三七七頁)

說內容過於嚴肅，是針對週刊誌表示理解的部分；說感到欽佩的，是針對文章的部分，看來並不是針對內容的部分。關於內容方面，大概是對我對信仰的不充分或是微弱感到心焦，或是悲傷吧。對父親而言，那自是理所當然的事。

就我來說，自從在報章雜誌上發表文章以來，就有被父親看到的覺悟，並不是說我對自己的文章沒有信心，但還是希望盡可能地不要被父親看到。如前述，是因為我有自卑感，是因為父親可怕的形象還無法從腦中消去，加上我知道父親討厭所謂的評論家之流，最重要的無非是我知道我無法貫徹基督教信仰一事使父親感到悲傷。關於此點，我和父親是完全相反的：

「我每次寫下作品時，都想要讓父親過目。《通信》也總是想第一個就送到父親那裡去。」（《矢內原忠雄全集》第十七卷一七頁）

我很羨慕可以如此行動的父親，因我總是希望在父親看不到的地方從事寫作。儘管我明白以思想或信仰的相異點來做正面對決，激撞出雙方的真實才是真正的孝順，但是在父親生前，我還是無法辦到。父親死後經過十二年的歲月，我總算也變成希望讓父親來讀我的作品的人了。無疑地，父親對我信仰的不虔誠感到悲傷，但我的不真實讓他更難過吧。

「真實」是父親最喜歡的辭彙之一，也是對自己和他人最強烈要求的態度。在父親度過最後四個月的生涯，並嚥下最後一口氣的病房牆上，掛有幾幅父親親筆寫下的字跡。那是和父親走得近的、信仰上的弟子們，為了安慰病床上的老師，各自帶來以前老師寫給他們的色紙，並將之裝飾在牆上的結果。其中有父親特別喜愛的聖句的字軸，也有寫著「單純」以及「真實」的色紙。可以說單純與真實是構成父親信仰及其生涯的基調吧。我也想將「單純真實」當作座右銘來追尋父親生涯的步伐。以單純為旨的生涯步伐並不一定單純，然而探究其步伐是為了明一個人的「真實」，接著更可以觸及到人類的「真實」吧。

我再度看向遺骨旁邊放著的遺照。「好好的做看看。」照片裡的父親彷彿這麼對我鼓勵著。全身都感受到父親的鼓勵，我步下樓梯，離開位於自由之丘的家。

儘管如此，寫傳記到底是怎麼一回事呢？以我替父親寫傳的情況來說，我該用什麼方法、什麼態度來著手呢？

3 關於這本傳記

到此為止，我行文時都假定讀者對矢內原忠雄有概略的認知。但是對矢內原忠雄沒有任何了解的讀者想必也為數不少，因此在此先做一個簡單的介紹。這時參閱百科事典之類的書就很方便，我試著翻閱平凡社的《世界大百科事典》，上面有著以下的敘述：

「Yanaihara Tadao，矢內原忠雄，一八九三—一九六一。經濟學者。出生於愛媛縣。一九一七年（大正六年）畢業於東京帝國大學。二三年成為東大經濟學部教授，講述殖民政策。三七年（昭和十二年）由於筆禍事件與經濟學部右翼教授產生對立，因而退出教壇。第二次世界大戰後於東京大學復職，在經歷社會科學研究所所長、教養部[2]部長後，於五一年就任東大校長，退職後為名譽教授。著有《殖民及殖民政策》（一九二六）、《日本帝國主義下之臺灣》（一九三七）、《帝國主義研究》（一九四八）等。為無教會派的基督徒，堅持保有嚴正的做學問以及生活態度。」

寫得十分簡單。在其他的百科事典或人名事典中，還有更詳細的記載，但都是大同小異的內容。前述的記載中寫道，「二三年成為東大經濟學部教授，講述殖民政策。」這並不是錯誤，但事實上，矢內原忠雄從一九二〇年（大正九年）擔任副教授以來，就已經在東大講授殖民政策了。此外，於三七年退出教壇的原因，並非「與經濟學部右翼教授產生對立」，而是與內務省[3]或文部省[4]為首的政治權力發生對立之故。另外，其著作只列舉了關於殖民政策研究關係的一部分，但實際上矢內原忠雄的著作還包含了許多《聖書講義》，和論及時事、人生、民族、教育等，為數眾

2. 教養部：相當於臺灣的教育學系。
3. 內務省：即內政部。
4. 文部省：即教育部。

多的論文集和隨想集。

簡言之，他是一名經濟學者，亦是教育家、無教會主義系統的基督教徒、熱心的基督教傳教者。在學問、教育、傳道方面，他的成績也應當受到注意，值得被研究。不過，我所想要敘述的，是將這些各方面的活動結合為一的他及其人格，以及作為這些活動的母胎的他這個人的形成與生涯的步伐。這將會成為描述一個在大正昭和年間、動盪的近代日本社會中，藉由學問與信仰的結合，以及對真理的愛與獻身，高揭自由與和平的理想，與法西斯主義的風暴相抗衡而不屈服的知識份子的作業吧。在戰後的激動期中，他也貫徹一向的姿態，持續地對抗著風潮。一九五三年（昭和二十八年）一月，以東大校長的身分迎接六十大壽時，他寫下了一篇名為〈堤上之道〉的短文：

「元旦的早晨，我一個人走在多摩川的河堤上。這是從丸子到二子為止四公里的路線。風有點強，而且還是從我正面吹來的風。迎著風，專注地走在這條直路上的我，什麼也不想，除了偶爾擦擦額上的汗之外，片刻也不休息。

我已無法像年輕時候那樣一股作氣地向前邁進。但是堤上的道路是條筆直的路，不會向右也不會向左落下，沿著直路不屈不撓地前進，很開心。

梵谷留有他背著畫具箱，前屈著身子獨自走在街上的自畫像。想要描繪我的人，就請畫我逆著風、一人走在多摩川堤防上的樣子。」（《矢內原忠雄全集》第十七卷四一七頁）

話說如此，儘管本人希望替自己畫自畫像的人要如此畫，但是那樣畫並不一定是正確的。自畫像往往不一定是其本人正確的肖像。「本人希望如此」的這一件事成為傳記的資料之一，但是並非其希望的內容成為傳記。我客觀地依據資料替矢內原忠雄的生涯在其時代中定位，並將其生涯的意義昭之於世。這是所謂日本近代思想史研究的一環，但是我並無此意在此論述本國的近代思想史。我只是將這樣的歷史背景置於腦中，終究還是要針對矢內原忠雄這個人的生涯來敘述。但是以客觀的敘述對象而言，他與我的距離實在太近了。一者，距離他去世後僅十二、三年的現在，他還未完全走進歷史；再者，他是我父親，就算我再怎麼努力地想要做客觀描繪，我所畫出的肖像畢竟是從兒子的角度看出去的父親畫像。

「以我個人來說是我熟識的人物，其關係者又多仍活在這個世間的情況，要能夠取得平衡，寫下客觀的傳記實非易事。你的內村傳是有趣的作品，其『有趣』之處也是問題之處。總之，請針對別人不容易想到的地方著手，如此一來方可以滿足想要知道更多有關老師事情的讀者的渴望。」(《矢內原忠雄全集》第二十九卷三八八頁)

這是在寫下前記〈堤上之道〉的同年三月，收到政池仁所贈的《內村鑑三傳》後，回給政池謝帖的部分內容。回應政池徵求批評的希望，矢內原忠雄針對細節做了肯切的批評、指出了謬誤之處，但是對於整體則表示「整體的批評不甚容易，所以不表示意見」。政池的《內村鑑三傳》，一般認為是至今為止出現的內村鑑三傳記中相當出色的作品，但是矢內原忠雄顯然對其仍不甚滿意，這可以從前述文章中窺視而知。比起內村鑑三，我這般更貼近矢內原忠雄的人為其寫傳一事不用說，「要能夠取得平衡，寫下客觀的傳記實非易事」。以兒子的立場替父親寫傳更不用說。我想，我寫下的東西會變成「有趣」的文章。以父親的說法來說，「有趣」的地方又是一個問題。我並不是想寫下「有趣」的傳記，更不能有這樣的念頭。

近來，根據住在仙台的庄司原彌(父親信仰上的弟子之一)寄給我的信，昭和三十年十月於豬苗代湖畔聖經講習會結束後，父親於私人談話中和庄司有了以下的對話。「誰會來替我寫下傳記呢？我想恐怕會有許多錯誤吧！」事實的錯誤必須極力避免，但是關於事實的意義以及解釋，要辨明何者為是、何者為非，恐怕並非易事。如同短文〈堤上之道〉提及，假使出現矢內原忠雄認為對自己做了正確描述的傳記，也不一定就可以說是正確而公正的傳記。我除了一邊摸索尋求正確的平衡及客觀性，一邊寫傳記之外，別無他法。這是不論是否為寫傳記的人都應背負的課題。

以我來說，除了上述一般性的困難之外，以兒子的立場來寫父親的傳記這樣特殊的情形，也可能是我無法保持平衡及客觀的重要因素。我並沒有想要捨棄以兒子的角度來描寫父親的態度，那本來就是不可能的事情。但我也不是以私人的角度來寫下私人的問題。我將以生活在現代的一個人的身分，寫下以父親的角色和我有親密關係的一個人的生活姿態。我在前面提及我將結合學問、教育、傳道等各方面的活動，並從中探究父親的人格，當然也會同時描述身為社會中的一分子、公眾人物，以及家中的一分子、私下的父親。矢內原忠雄不喜歡在公共場合談述私人的事情。將其個人傳道雜誌《嘉信》和其他無教會主義的個人傳道雜誌相比較，關於私人的記述少之又少一事可以說是其特色之一。其私人的事情也只有在和世間有相關時，才會被寫出來。既然是要敘述個人的生涯，我應該會多寫一些私人的事情。但是這並非依據個人的興趣來寫，而是以公開的角度來寫。

如果是小說家的話，會有別的方法吧。用創作的方式來寫下「小說・矢內原忠雄」的話，可以依據想像力自由構文，強調想強調的地方，藉此或許會比忠實描述事實的傳記更能表現出真實的形象也說不定。但是那與我目前想要完成的工作完全是不同回事。我終究是忠於事實，盡可能地成為一個客觀的紀錄者，來描述一個人的整體形象。為此，我必須根據事實來追溯過去，站在當事者的立場體驗其經驗，跟隨其生涯的腳步與之同行。尚保羅・沙特（Jean-Paul Sartre）[5]於《辯證法的理性批判》的序論，論文〈方法的問題〉中，曾提及「溯行的方法」和「前進的方法」是必要的。如同沙特所強調的，要解明某人的思想，尤其必須解明

5. 尚保羅・沙特：為二十世紀法國著名的存在主義文學暨哲學家，著有《*Crtique De La Rasion Dialectique*》。

其幼少年期人格形成的過程。我將要寫下的傳記會將重點放在前半生，特別是對青少年時代做較詳細的敘述，而對後半生做較簡單的敘述。這一方面是因為一般人對矢內原忠雄的後半生比較清楚，而對前半生的認識較少；另一方面是基於想要對他的生涯進程，特別是人格形成的過程，取得進一步的理解。

由於敘述的對象是擁有公私兩面的人，因此做敘述的人也必須從公私兩面的立場來下筆。此時的公私可以用客觀、主觀來替換。根據目前為止的敘述可以發現，我時而寫「矢內原忠雄」，時而寫「父親」。不論在任何場合，父親是父親的事實都不會改變，因此從頭到尾都使用「父親」的稱呼對我而言是極為自然的，但是在此同時，我也想以從父親身邊獨立而出的第三者身分，也就是如史學家一般盡可能客觀地看矢內原忠雄這一號人物。在接下來的敘述中，我也將盡可能的使用「矢內原忠雄」這樣的一般性稱謂，只有在以兒子身分做敘述的情況時才用「父親」的稱謂。但是這只是大致的區分，要將一個東西分成兩個來使用原本就不可行，要將兩者做截然的區分更是不可能的。

雖然說是要像史學家一般客觀的描述，但是敘述像矢內原忠雄這類思想家的生涯情況時，重要的並非記述外在的事實或事件，而是理清其精神的軌跡、內心的世界。正如同他自己說到，真正了解他的只有耶穌，其內心世界裡有著他人不易踏進的深淵。話雖如此，完全不觸及其悲哀、痛苦、喜悅而欲寫其傳記是不可能的事。要探究其生涯，必須盡可能的理解其內在生活，親臨其悲哀、痛苦、喜悅。

當然，我不是要藉此傳記誇耀父親的偉大，更不是要暴露父親人格上的缺點來損傷其偉大的部分。何者是偉大、何者是缺點這件事，自然是必須重新檢討的問題，但總之，我想要描寫的是原原本本身為一個個體的矢內原忠雄。

有句話叫「燈臺下暗」。在燈臺正下方反而看不清光芒全體，但是從遠方看的話又無法了解光的源頭。我將一方面確定光所及之處，一方面進入燈臺的內部，探求光源的構造。

對於寫下傳記的人，矢內原忠雄可能會這樣說吧。——我的一生不足以論道。我只是一心逆著風向前邁進，而這其中的罪孽、過失、失敗也為數不少。如果我這樣的生涯有什麼價值的話，全都是來自神的恩賜。如果我的生涯中有什麼意義能被認同，能被提出來談述的話，那便是讚美替我貧乏的一生賦予意義、引導守護充滿缺陷的我的神的恩惠，將榮耀歸還予神。

但是我不是為了替身為神的使徒的矢內原忠雄的福音立證而撰寫傳記。儘管以結果來說可能會演變成這個情形，但我所關心的是以此信仰貫徹一生的這個「個人」。可以確定的是，基督教信仰才是他的思想與生活的核心，但不能說所有的基督教徒都度過了和他一樣的生涯。基督教在他身上以獨特的方式表現出來，此獨特性是基於其個人的個性而來。無可置疑地，引導他的是基督教，但比此更重要的問題是，那是什麼樣的基督教。

矢內原忠雄是一位優秀的人物，我們能從他的生涯中學到許多東西，對我而言亦是「我所尊敬的人物」之一。當然，他既非聖人也非君子，亦是脆弱的人子，也有一般人的缺點，關於此點，比起其他人，我恐怕是最清楚的。但是一旦牽扯到何謂人類的缺點之類的話題，事情就會變得複雜起來，因此現在是以一般常識上的認知，來談他距離圓滿人格所不足的缺點。昭和十五年於中日戰爭緊迫的時局下，他發表了《我所尊敬的人物》（岩波新書），裡面列舉了約翰、日蓮、林肯、新渡戶稻造四人。他對這本書進行解說，表示這四人有以下四個值得尊敬的共通處：

（一）熱愛真理
（二）真誠
（三）具平民性
（四）有缺點

他對最後一項做了以下說明：

「我無法尊敬沒有缺點的人物，或是以零缺點為理想的人物。首先，那樣的人沒有意思且難以親近；再者，這種人大多都是偽善者。有缺點的人，或是逐漸顯露出缺點的人，至少可以說他們是正直的人。當然，以自己的缺點為傲，故意將其示人的人，是令人無法忍受的傲慢者；但是，由於太熱愛真理，而無暇顧及自己人性上的缺點而自然地流露的人，一定擁有對真理的敏銳感，對於真理擁有天才的性格。因此，讓人類擁有的所有性情、欲望取得均衡發展，並期望在此均衡上完成人格的人生觀，我無法產生共鳴。那是功利主義，是妥協、偽善、計算及物欲的源頭。我所尊敬的人必須重視真理更勝於利益；除了真理以外，一切內在、外在的裝飾都不需要的平民性人物，此外，必須也是不畏懼己身缺點的直率人物。」（《矢內原忠雄全集》第二十六卷五〇九頁）

這是對教養主義、修養主義者——對追求圓滿人格為理想的真理之敵的容忍所做出的批判，對不分清濁的風潮所做的攻擊，也是自覺到易怒、不易妥協為其的「缺點」的自我辯解。寫下這篇文章的他，正為了真理激烈地抗戰而無暇顧及自己的缺點，他就是這種「直線型人物」。直線型這種個性與其說是缺點，不如應該說是優點：對於真理有敏銳感，比起利益更重視真理、排斥處處計算而為真理而戰，這些無庸置疑都是優點，所以是「我所尊敬的人物」的要素之一。然而，這與在日常生活中易怒、有稜有角、對人不寬恕，是兩回事吧。但以矢內原忠雄來說，這兩者難以劃分地結合在一起。而他也十分清楚後者是自己的缺點。

總之，缺點就是缺點，矢內原忠雄絕非福德圓滿的聖人君子，而是有著許多缺點的人。當然，我寫這篇傳記絕對不是為了要暴露其缺點，但也絕對不是為了掩飾其缺點而將他捧成聖人。儘管有著許多缺點，他依舊真實地走過他的一生，這篇傳記是為了解明他這樣的生涯。這不是要稱頌過去人物的遺德，為其建立紀念碑，而是要理解包含缺點的個人整體，因為他為了真理所做的戰鬥是我們將來也會面臨的戰鬥。不可以裝飾預言者的墓，而應將其塗白。

第一章　幼年與少年時代

1 家系

矢內原忠雄生於一八九三年（明治二十六）一月二十七日。父親為謙一，母親為松枝，為家中四男。然而，由於長男豐及次男兼輔，各於兩歲以及出生後兩天即夭折，因此實際上是年長兩歲的安昌為長男，忠雄為次男。他出生於愛媛縣越智郡富田村大字松木一三六番地之二的家。現在此處被劃入今治市內，為今治市松木，不過仍是位於市中心東方四公里遠的農村地區。

「我出生於愛媛縣今治港往內側約一里半距離的農村，是個僅五十戶的小村落，極為平凡的鄉下。父親是醫師，但由於祖母喜歡務農，所以家中是半醫半農的狀態。父親於明治初年西南之役尚未發生前赴京都學醫，是當地第一位西醫。受到儒學的教化，每天都向還是孩子的我們說：人必須真誠、必須正直。父親親筆用漢文寫下了『即使留下家產給子孫，子孫也不見得能守住家財，留下書籍給子孫，子孫也不見得能讀遍，唯有在冥冥中多積陰德留給子孫，才是長久之計。』這樣的句子，並將之掛在柱子上作為裝飾。這件事在我們孩子的心中留了印象。恐怕那就是父親的人生觀吧！父親一方面被許多人欺騙，一方面也幫助很多人。」（〈我如何成為基督教徒〉，《全集》[1] 第二十六卷一三九頁）

這是矢內原忠雄寫到關於自己生長的家的少數文章之一。（同類記述可見收錄於隨想集《人生與自然》中，〈我的人生遍歷〉開頭。《全集》第二十四卷二二一頁）他原本就不太常提到或寫到有關自己生長的家庭、自己的父母以及祖先的事。關於自己的父親也曾寫下幾篇文章，但也都是如

1.《全集》：為《矢內原忠雄全集》，本書中簡稱《全集》。

同前文一般，並沒做詳細的著墨。在我還小的時候，父親偶爾會談到「爸爸小時候……」這樣的話題，但是記憶中並沒有出現父親的父母或是祖先的話題。我是在完全不知道父親那方的祖父母及親戚的事情的狀態下，一路成長過來的。比一般人更重視自己的父母和親戚的父親，為什麼會不太常提起或記述他們，這有點不可思議。

「矢內原」這個姓氏非常稀有。我不知道包含遠親在內的我們一族之外，是否還存在也使用這個姓氏的人。我聽過傳言，有別的家族也使用這個姓氏，但是尚無法確認。日本這麼大，也不能斷定沒有其他人也姓「矢內原」。但總之，這是一個極稀少的姓氏。有人將之念作Yanaibara，也有人念做Yauchibara。更有人把上面兩個字當作是姓氏念成Yanai。就算知道姓氏是前面三個字，也有人因為嫌麻煩而將之省略念作Yanai。矢內原忠雄在就讀一高時，便被稱為Yanai。我在國中時也常被叫作Yanai。這個姓氏正確來說應該讀作Yanaihara。但說是正確，也只是我的家族這麼決定而已。

我想應該是在國小五年級的時候，級任老師提到了許多關於姓氏的話題，在說到我的姓氏時，說到：「矢內原家以前一定是在原野上，那個原野不知為何下起箭雨，於是就產生了『矢內原』這個姓氏。」我那時覺得頗有趣，對其抱持著半信半疑的態度，不過那當然是荒唐無稽的說法。另外還有一種說法，說以前矢內家和原家兩家結合為一家，後來就成了矢內原家。提出這個說法的，其實就是矢內原忠雄本人。我想這大概是個玩笑，一半說好玩的吧。由於是小時候聽的，所以記得不是很清楚，父親也許說過不知在哪裡的民族就是用這種方式造出姓氏的。

「矢內原」這個姓氏源自於柳原，這應該是確定的，但至於柳原家是怎麼樣的一個家族就不甚清楚了。矢內原忠雄的鼻樑高挺，容貌有點像西洋人。今年（昭和四十九年）驟然去世的田原悅子（小忠雄四歲的妹妹），也有一張五官輪廓分明像西洋人的臉。忠雄的容貌與母親相似，看了其母矢內原松枝的照片後，可以發現她也擁有一張高鼻、輪廓分明的臉，容貌與一般日本人不甚相同。此外，不只忠雄，其兩親以及兄弟們皆擁有高挑的身材。也有人因為這樣而提出矢內原家有西洋人血統的看法。不過儘管如此，並沒有證據能證明這些說法。

《矢內原家譜》是一卷極長的書卷，記載了矢內原家世世代代的族系，但是這究竟有幾分能夠信任是值得懷疑的。忠雄的父親謙一親筆寫著：「這是不知道根據什麼資料請人寫下的。」根據這份家譜，矢內原家的遠祖為中臣鎌足（關於此點完全不可取信），鎌足的第二十八代子孫中有一人名為量光，官任權中納言三位，不過於延德元年（一四八九年）「蒙飭令流放伊予國」。量光後來雖得以赦罪，但仍死於伊予之地。伊予豪族河野氏為了留下量光之子昌永，「以女嫁之，尊其為柳原殿」。昌永之孫名為賴昌，關於其人有以下記載：「人稱『彌右衛門』，後改名為『三郎右衛門』，自幼赴京師向各家學習文章，於天正五年因故離開京師，遷居至伊予越智郡片山村，並同時將原本姓氏『柳原』改為『矢內原』，即為越智郡矢內原氏之祖先。」這樣的記載到底有幾分能夠相信並不清楚，但是矢內原這個姓氏來自柳原這件事，從富田村松木的矢內原家的倉庫中，至今仍保存著老早以前留下來的、寫有柳原的書籍及旗幟等等（忠雄之弟矢內原啟太郎的說法）看來，是可以確定的。

記載中的矢內原一族，後來遷移至越智郡鄉村，代代務農，並產生了幾個分支。於寬政六年（一七九四年）出生的周宅（幼名熊治，後改名彌右衛門）的一代移居松木村。「家譜」也是在周宅之後才有較詳細的記載，一方面時間上也比較接近，因此應該是可以相信的（保存在矢內原家的菩提寺，松木的淨土寺的紀錄也與此一致）。周宅同時是矢內原忠雄父母的曾祖父。

根據「家譜」，周宅「性情磊落沉著剛毅」，起先在鄉下務農，然而由於看不過去村長的惡行，上訴官衙，官員接受上訴將村長免職，但亦判決周宅流放伊予大島。周宅雖然到了伊予大島，但是只在那邊待了一天就回到老家。官差前來責問時，則回答說自己已經去了伊予大島，現在是過來這邊討生活。之後，他到松山在藩主的醫師下習醫九年，於天保十五年（一八四四年）回到松木村行醫。「眾人皆服其德，滑稽之奇及機智之巧非凡人能比，能一語解人千愁。」（這份滑稽以及機智的能力，矢內原忠雄也有繼承到，不過他一般給人嚴謹的印象，因此這一面的性格應該不太為人所知。）此外，周宅住在家鄉時，將散布各地的祖墳集中於一地，於鄉村附屬寺中建立合塔祭祀祖先。自從周宅以後，矢內原家代代行醫。

周宅有二男四女，長男啟太成為藏敷村望月家的養子，與妻子正之間育有七子，其中的五男謙一，也就是忠雄的父親。周宅的次男清三郎繼承矢內原家業從醫，與妻子夜音之間育有松枝與洵平二子，但洵平於十九歲時早逝（洵平在學業上有非常好的成績，是個優等生）。清三郎於是扶養了兄長的兒子謙一，出學費供其學醫，並將自己的女兒嫁給謙一，讓謙一繼承家業。謙一和松枝是表兄妹成親，謙一雖然是從矢內原家過繼到望月家的養子啟太的孩子，但是如今又回到了矢內原家成為養子。

因此，雖然清三郎老早就將望月謙一視如己出，預定將自己的女兒嫁給謙一，但實際上謙一比松枝大二十歲。為此，清三郎在松枝尚未成年前，替謙一先迎娶了一位小妾。這種事情過去經常發生。這名女性名為宮崎千賀子，與謙一間育有一女，對後來松枝產下的忠雄來說是同父異母的姊姊，名為文代，生於明治十五年，大忠雄十一歲。文代寄養在謙一的弟弟越智政造家中，之後由謙一帶回，並讓她與自己的學生野間音一醫師結婚。野間音一與文代就住在矢內原家附近，在謙一過世後，代替謙一照顧忠雄及其他兄弟姊妹們。忠雄和其他兄弟姊妹們都稱文代為文姊姊，關係親密。（不過我未曾從父親口中聽過這位姊姊，也就是我的伯母的事情。父親有姊姊這件事，我是在父親過世後，從父親的妹妹田原悅子叔母以及弟弟啟太郎叔叔的口中得知。）此外，文代的母親在謙一與松枝結婚後，自然離開了矢內原家，在謙一的安排下再嫁，並於第二任丈夫去世後，與女兒文代同住。

提到家族，就順便提一下忠雄的兄弟以及妹妹。

謙一與松枝最早所生的兩個男孩都很早就過世，明治二十三年十二月忠雄的哥哥安昌出生，接著忠雄出生，再接著於明治三十年六月妹妹悅子出生，三十二年七月妹妹千代出生，三十五年六月弟弟啟太郎出生。如果不將文代及早逝的兩兄弟算在內的話，忠雄算是五人兄弟中的次男。

忠雄的父親謙一是清一色七人兄弟中的五男。長男與三男早逝，次男德三郎繼承望月家的香火，四男高治為獸醫且過繼成為渡部家的養子，謙一則成為矢內原家的養子，謙一下面的弟弟幸助另起分家，最小的弟弟政造則成為越智家的養子，後來成為醫師。關於只留下一個男丁繼承香火，其他的孩子全部都送給人家當養子這件事，是當時該地的風俗還是望月家特殊的習慣，我並不是很清楚。（由於當時有長男可以免除兵役的制度，因此有可能是為了逃避兵役才將孩子送給人家當養子，另一方面也有可能是為了減少家中財產的分散。）總之，這些人是忠雄的伯父、叔父，目前都住在今治或今治附近。由於在忠雄小時候，親戚間的交流往來很頻繁，因此這些人應該對忠雄有不小的影響。謙一過世後數年，這些伯、叔父們就在背後照顧著忠雄。但是忠雄到了東京後，想必無可避免地與這些親戚漸行疏遠了。不過忠雄到晚年為止，都與謙一的么弟越智政造保持著深厚的交誼。

總之，矢內原忠雄出身於相當遠早以前就世世代代定居在伊予越智郡的矢內原家。矢內原家代代務農，直到曾祖父一代開始以從醫為家業，並因擁有農地而半醫半農，並非士族，而是一般平民百姓。今日已經沒有人重視家世，所以平民也好、士族也好，都不重要，但是矢內原忠雄似乎對自己的平民家世為榮。這件事可以從前文引用到的《我所尊敬的人物》中舉出的共通性格之一「平民化」一窺而知。當然，該文所提到的平民化，指的是平民性格或者是平民精神，與實際上的家世並沒有直接關係。（新渡戶江造和內村鑑三皆為士族出身）總之，可以了解的是，他非常喜歡平民或是平民化的事物，在著作中也屢屢提到這一點具有極為重要的價值。我記得在我還是小學生的時候，在學校學到了家世有華族、貴族、士族幾種名詞，當我在家中提起這個話題時，父親就大聲說：「我們家是平民。平民是最了不起的！」對當時還是個小孩子的我而言，並無法理解為什麼平民是最了不起的。

生長地和出生地並不一定相同。以我來說，我出生於愛媛縣的新居濱，關於這點在後文會做詳細的介紹。這是因為我出生的那一陣子，父親剛好就職於新居濱的公司，而父親在我兩歲時遷居到東京，所以對我而言，新居濱雖然是我的出生地，但是卻沒有故鄉的感覺。一般聽到出生地應該會有懷念的感覺，但是我對我出生的土地一點印象也沒有。對我而言，我的出生地或是故鄉應該是東京，但是由於時常搬家，所以對我來說並沒有所謂的故鄉。不僅住在東京的人如此，今日大都會中的居民應該有很多人跟我一樣，是沒有故鄉的人吧。有時候填寫問卷中個人背景的部分，每當填到出生地或者是生長地的項目時，我總是感到困惑——雖然寫「東京」也沒問題——但是大多數的情況下，我會寫「愛媛縣」。這並非因為我對愛媛有鄉土之愛，只是因為我喜歡「愛媛」（字義為美麗的女性）這個字。此外，矢內原忠雄的本籍不用多說是富田村松木，但在遷居自由之丘後，將其本籍遷移到東京的新家，因此我的本籍地自然也是自由之丘。

因此，雖然對我而言沒有可以稱為出生地或故鄉的地方，但是矢內原忠雄是世世代代的愛媛縣人，對矢內原忠雄來說，今治或者是富田村松木是他的故鄉。自大正九年二十七歲遷居東京以來，故鄉的家彷彿消滅了一般。雖然不能說他與故鄉的關係非常深厚，但是畢竟他在故鄉渡過了幼少年時代，因此高中、大學時雖然離開了家，但是每逢休假，返鄉對他來說是很大的樂趣。或許有故鄉和沒故鄉的人之間，在思想上或是在性格上有些什麼不同的地方吧。

了解愛媛縣，也就是伊予地方的人，一般擁有什麼樣的個性，這一類的事情是否有助於了解矢內原忠雄這個人呢？這還是一個疑問。當然，說到某某縣的人具有某某特質的時候，不見得就能將其特質加諸到每個人身上。但是無庸置疑地，世世代代住在某土地上的人的性格，會受到當地的風土或是風俗習慣的影響，而在某種程度上擁有相同的特質。提到愛媛縣或是伊予，首先令我聯想到的是瀨戶內海的明媚風光以及結實纍纍的蜜柑果園。給人充滿大自然的陽光、物產豐沛、人情溫暖、明朗的土地印象。但實際上，並不一定是這樣也說不定。即使同為伊予人，根據所在的場所，氣質也會隨之而改變。

「將愛媛縣大略區分，松山中心一帶稱為『中予』，以東稱為『東予』，舊大洲藩以南稱為『南予』。假設現在手中有以前幣值的一萬元：東予人會用它來從商，利用各種方法把錢增加到兩、三萬元；中予人會把錢存進銀行，再將存款的利息拿去泡泡溫泉，吟詩作對；而南予人則是狠下心一次花大錢，並想說反正一萬元再賺就有了——從前有位銀行家做了這樣的比喻。以前有句老話，伊予人經過的地方一根草都長不出來，好像就是在形容東予人善於經商的樣子。」

（《人國記》朝日新聞社）

松山是我國具代表性的俳句詩人輩出的俳句王國，以正岡子規為首，虛子、碧梧桐，以至於今日的中村草田男、石田波鄉等皆為松山出身。（受此影響，今治也很盛行俳句，矢內原忠雄在少年時代也做了俳句。）在教育界方面，則有安倍能成是出身於松山縣。不過今治位在東予，是著名的毛巾生產地，從東予出身的財政界能人很多：戰後以國鐵總裁身分重登舞台的十河信二、鋪設近畿日本鐵道的佐伯勇等屢屢皆是。矢內原忠雄如果有這個意願，說不定也能成為出色的商人。至少他擁有經營實務的能力，只不過他將這份能力發揮在經商以外，或者是忽視商業的地方。（包括刊行《藤井武全集》、發行個人雜誌《嘉信》，組織為數眾多的聖經講習會或演講會，這些無一不需要強大的實務能力，關於這點後面會提及。此外，這份能力於戰後擔任東大首任社會科學研究所長、首任教養學部長及校長時得到發揮，更是不在話下。）

但是，若要討論矢內原忠雄幼年時代的人格形成的話，與其從伊予人或是東予人的一般印象下手，不如直接從父母以及其生活環境切入來得重要。

此外，在這裡補充一點。昭和四十九年五月初，在今治市松木的淨土寺舉辦了益子伯母的七回祭法事。益子伯母是忠雄的兄長安昌的妻子。我也出席了這場法事。這間寺廟佛壇前一套至今仍被使用著的佛具，據說是矢內原謙一捐贈的。法事結束後，寺方讓我看了矢內原家的紀錄，歷代祖先的名字伴隨法號繕寫在上。戒名是能引發人想像力的東西。矢內原周宅的祖父名為「彌惣右衛門」，而其戒名為「枕樽道酒禪定門」。稱為「禪定門」，可以想見他是進入了佛門還相當嗜酒的和尚吧。才一這麼想，又出現了「幻華童女」這樣好聽的戒名。之後我們就到了附近的丸子山上的墓地去掃墓。小山丘前面是寬闊的田園，在小丘最高處，可看見用大塊石頭堆成並長有青苔屋簷的「矢內原祖先合塔」，並列在一旁的是謙一和松枝的墓。關於我父親的遺骨，如序章所述，理應埋葬在多磨墓地，但是如果有可能的話，我希望能夠分一些遺骨葬在這個丸子山的墓地。之前已經引用過一次，「不論身死何處，都希望能安葬於丸子山的父母的墳墓旁——那松風吹撫、看得見海的地方——我一心這樣想著。」這是大正二年九月二十一日的忠雄寫下的日記的其中一段（《全集》第二十八卷四四四頁）。此時忠雄二十歲，於母親死後隔年回到故鄉看護重病的父親。

2　父母

望月謙一於十六歲時成為當時為醫師的叔父矢內原清三郎的養子，明治六年二十一歲時赴京都，於京都府立療病院（京都府立醫大前身）學習西洋醫術，並於明治十三年完成學業返鄉，從事醫療一職。前面已提及，謙一與妾千賀子之間育有一女文代，而於明治十九年三十四歲時，與清三郎的女兒松枝（當時十四歲）結婚，兩人育有長男豐（於二歲早夭）、次男兼輔（於出生後兩日死亡）、三男安昌，以及接著的忠雄。忠雄為謙一四十歲、松枝二十歲時產下的孩子。

「我家前四代皆行醫。故鄉雖然是愛媛縣，不過父親於明治九年赴京都學習西洋醫術。要前往京都必須先從故鄉的今治乘帆船到大阪，這大概要花上將近一個月的時間，再搭乘淀河上的舟隻到京都。父親據說是在今日府立醫大前身的醫校向荷蘭或德國籍的老師學醫。我叔父亦為東大選科出身的醫師，姊夫也是醫師，妹婿也是醫師，弟弟也是醫師，可以說是醫師世家。大家甚至於我自己也都認為我理應成為一名醫師，不過國中畢業交志願表時，我選擇了一高的英法科。」（《全集》第二十一卷四四七頁）

忠雄本身的意願留待稍後再提。前述提到的「叔父」為越智政造，「姊夫」為同父異母的姊姊文代的丈夫野間音一，「妹婿」為妹妹悅子的丈夫眼科醫師田原茂，「弟弟」為現在於鎌倉經營婦產科醫院的啟太郎。上文為擔任東大校長時代，昭和二十三年的東大基督徒醫科聯盟舉辦的演講部分內容。

從這篇文章可以得知，明治初期自四國今治這樣的鄉下要到京都學習西醫，不是一件容易的事。本人的努力鑽研自是不在話下，養父清三郎洞察時局動向，捨得出資讓年輕的養子赴京都學習西醫，這樣的見識值得為人稱道。謙一於荷蘭人學者的課堂上抄下的珍貴筆記至今仍被保存著，可以看出謙一在京都認真求學的一面。雖然說是筆記，但是是用毛筆細心地寫在和紙上，以慎重的筆跡所寫下的，題為《組織學》，其內容對人體構造有著全盤的詳細記載。當然，這應該只是謙一為數眾多的筆記之一，不過由此可以看出謙一努力向學的精神。這份筆記寫下的時間為明治九年十二月，矢內原忠雄可能就是據此而在演講中提到「父親於明治九年赴京都」。謙一在京都求學的期間如前所述，花了七年的時間。這七年中應該有手頭拮据的時候，據說謙一因此在京都學會按摩術，以替人按摩得來的收入來填補學費的不足。會有這樣的流傳，其實是忠雄於中學一年級十二歲時寫下題為〈我的家〉的作文，對於父親在京都的求學過程做了以下的描述：「時而家境又陷入貧困，由於學費不夠，所以靠替人按摩所賺得的微薄薪水來繳付學費，才能有今日的地位。」這篇作文在後文還會引用到。雖然是小孩子寫下的作文，但應該具有一定的可信度。忠雄應該是從父親或者是祖母那裡，得知這件事的。

完成京都的學業回到故鄉的謙一，如同前節開頭所引用的文章，「成為當地第一位西醫」，在當地得到極高的評價，求診者源源不斷。依據任婦產科醫師的末男矢內原啟太郎的回憶：

「他是當時愛媛縣內西醫的先鋒，患者渡海自他縣遠道而來，不分貧富貴賤皆熱心看診，據說他還不收參加日俄戰爭的軍人家眷的診療費。出門看診使用人力車、馬、轎子等，他總是十分機警，儘管兩人後推式的人力車常常因為路面狀況不良而傾倒，但他總是能先一步跳出車外，不讓自己受傷。祖父和父親使用過的轎子，到我們小時候都還留著。他學問廣涉及醫學全體，內、外科自不在話下，連婦產科、耳科、眼科、牙科的器材也都準備著，當時留下的德國製婦產科鉗子，至今我仍然愛用著。即使在百忙中也不荒廢學習，書架上有內外科的新醫學書，此外也可以看到不少和漢的古書，求學時代用的和紙及毛筆寫下的

日荷語夾雜的筆記等，也被保存著。」(《矢內原忠雄——信仰．學問．生涯》六四七頁)

關於身為一名醫生的謙一，很少被提及其運動細胞的事情。認真勤奮且熱心待人這一方面的特質，似乎有遺傳給忠雄；但是「總是十分機警」這一項特質，忠雄似乎沒有遺傳到。哥哥安昌的運動神經很發達，但是忠雄在這方面則是完全不行。

關於謙一「不分貧富貴賤」的診療，有許多說法提到他不收窮人的診療費這件事。矢內原忠雄於父親去世後兩年的大正四年，也就是大學二年級時寫下的追憶父親的短文〈陰德〉中也記下此事。這是題為《不逐序日記》的感想集的一部分，在寫的當時並沒有準備發表。(《全集》第二十七卷五三二頁)。根據該文，忠雄到松山時，聽到當地村落中被歧視的數名居民表示，「松木的醫生幫了大忙」，而感到很高興——是「幫了大忙」，而非「治療」。這些從溫泉郡成群結隊來求醫的患者，實際上很少付錢。即使支付也只不過是十文、二十文錢的心意罷了。疾病被治療痊癒、藥錢也不用付，因此說是「幫了大忙」。這好像是他們自己這麼表示的——忠雄如此寫著，讚賞父親的「陰德」。忠雄看到許多人向父親借錢，卻不見父親向人催討，即使沒有還錢也不甚在意。由於心地太善良，往往也有被騙的時候。前節提曾到東予人善於經商，然而被騙取金錢或土地的謙一則是完全相反的例子。寫下這篇感想文時，忠雄已經加入了基督教教會，更寫下以下的文章：「幫助人於困厄而不期待回報，自己的慈悲心被人惡用也不發怨言，享樂於自己的人生哲學，秉持著『誠』的精神過人生，這樣的父親其實累積了不朽的財富。父親承襲了儒者的風骨，並非基督徒，也是個有著許多缺點的罪人。但是，我很高興能擁有這樣一位愚直、好欺騙又是異教徒的父親。」

後年寫下的〈我的人生遍歷〉也提到，「父親是一位非常愛好正確事物的人。雖然經常為人所欺騙，將錢借給別人，但父親經常說，比起欺騙別人的人，被騙的人比較幸福。」(《全集》第二十六卷二二四頁)

「冥冥之中積陰德」、「誠」等等是儒家的教義，謙一雖然學習的是西醫，但是也重視儒家思想。借用忠雄的文章來形容的話，就是「承襲了儒者的風骨」。但是有關他學習了多少儒家的事物，並不清楚。不過，謙一的藏書有一部分留存在松木的矢內原家，因為那些藏書接近損毀，因此忠雄在晚年時將藏書搬到自由之丘的家裡。那些藏書是為數龐大的漢書蒐藏，因此無法將書名全部列出，以《大學》、《中庸》、《論語》、《孟子》、《書經》為首，從《禮記》、《春秋》、《春秋左氏傳》、《元明史略》、《唐宋八大家類選》到《常山紀談》、《日本外史》、《近古史談》、《部類現葉集》、《詩學精選》、《俳諧一葉集》、《佳人之奇遇》等等，包括有中日的古文、歷史、文學方面的著作，可以由此推察謙一的讀書傾向。雖然無法知道他熱心閱讀的程度，但至少可以確定謙一十分慎重地保管這些書籍。忠雄在國中、高中時代的暑假工作之一，就是將這些書拿出來曬，我想忠雄應該也與這些書有感情，讀過這其中的幾本吧。

謙一非常關心孩子們的教育問題。在這裡再一次借用啟太郎的文章——長年熱心於子女的教育以及鄉土的學校教育，擔任村內的學務委員。雖然嚴格，卻是孩子們眼中的慈父，經常將「對孩子要七分獎勵三分斥責」掛在嘴邊，強烈地要求大家要正直。時而吟詠和歌、俳句，也將之教授給孩子們，練習書法幾乎是每天的功課。有時還教我們古歌或明治天皇作的詩文、古老的教訓等等，這些到現在還留在我的腦海中——（《矢內原忠雄—信仰・學問・生涯》六四七頁）。忠雄也再三提到父親謙一對教育熱心一事。

在俳句的世界中，謙一號「松濤」，時而舉辦類似俳句發表會的活動，讓孩子們也嘗試創作俳句。忠雄在少年時代號「梧蔭」，在國中生時代的日記中留下許多自創的俳句。

關於書法，或許是明治初期的知識分子都有一定程度的修養也說不定，不過謙一寫得一手好字。這點從先前提到的筆記也可得知。此外，從上文提到謙一的藏書中，也有書法習字帖《新居帖》、《草書淵海》，可以了解到他對書法有一定的興趣。忠雄到了晚年，若受人請託，便會用毛筆寫下聖經中的詞句或是自己喜歡的話。即使沒受人請託，也會自己主動用毛筆寫下書信。這些並非一般所謂的書法作品，雖然樸素而簡潔，不過仍是一手好字。令人驚訝的是，他在國中時期就已經寫出這樣的一手好字。從中學一年級到大學畢業為止，他一直都用毛筆在和紙上寫日記，且字體沒什麼多大的改變。他的書法修養基礎在中學時期就已經打下，應該不是在學校學習而來的，而是幼年時代在父親的調教下養成的吧。（至於我，小時候父親從來沒看過我寫的毛筆字。小學上完書法課回家後，父親也沒特別留意。我想，這一方面是因為我小時候與父親小時候的時代背景不同，一方面是父親忙於自己的工作吧。）

謙一於明治二十七年受推薦成為縣議員。雖然有被騙而損失土地、負債的經驗，不過原本就是地主加上有名的醫師，因此相當富裕又有教養，想必是當時地方的名流。將祖先的墓建在丸子山，又寄贈佛具給寺廟，可以說是虔誠向佛。對教育熱心，總是對孩子們講授「誠」、「正直」、「勤勉」等等儒家的基本思想和常識，還有天皇寫下的詩文，以一般人的眼光看來是位認真的人。不過，也有人說他是個愛喝酒且酒量好的人。根據矢內原信雄（忠雄的哥哥安昌的兒子，長年住在愛媛縣新居濱，因此與今治的親戚們往來頻繁）從今治的親戚們聽來的話，謙一家是清一色的男丁，兄弟五人一同喝酒時至少要喝掉六升的酒。不過到了晚年，只有在晚餐時喝個小酒，好像沒有喝得很兇。謙一在晚年將精力投注在菊花的栽培上，或是棋藝之樂中。（順道一提，忠雄一生中幾乎不沾酒。這並不是說他不會喝酒，他是可以喝酒的體質，但是他以意志力控制自己不要去碰酒。至於我，雖然酒量不是特好，不過我喜歡喝酒。）

關於母親松枝，這裡沒有什麼要記述的地方：

「母親雖然身體虛弱，但是對於家事還是認真打點。對於總是處處小心謹慎的母親沒有應該要寫的部分。但是這一切都是對母親的愛。」（《全集》第二十六卷一四〇頁）數年後忠雄這麼寫著。在十四歲時嫁給大她二十歲的謙一，失去了頭兩個孩子後，又產下並養育五個孩子，侍奉住在一起的公婆（松枝的父親清三郎於明治二十七年去世，享年七十二歲。母親夜音則是個長壽、值得信賴依靠且勤奮的人）。雖然說具有「小心謹慎」的性格，但是指揮數量龐大的家僕，接待為數眾多的賓客，掌控一家的經濟支出，管理這麼一個大家庭，應該不是普通的辛苦。加上她的身體又虛弱，更是不容易。恐怕這份辛苦讓她的身體更加衰弱。據說她長期為心臟、腳氣所苦。末男啟太郎是個早產兒，一出生就身體虛弱，常常罹患嚴重的疾病，能否順利成人是個未知數。不過在松枝盡心盡力的照料下，總算平安將其養育成人。松枝於明治四十五年逝世，享年四十歲。那時啟太郎十歲，忠雄十九歲。母親去世時，忠雄非常悲慟：

「雖然母親是一個十分小心謹慎的人，但是對一般人來說，再沒有人能比所謂的『母親』留下更深的印象了。關於我從母親那裡受到多少影響，或是母親是以什麼方式來表達對我的愛這樣的事情，我無法一一說明。但是，即使今天，我依然覺得這世上再也沒有如同母親一般與我親近的人了。」（《全集》第二十六卷二二三頁）

忠雄在晚年時這樣表示。總之，他被這份母親的慈愛所包圍，渡過了幸福的童年及少年時期。

據說松枝身材高挑，關於這點前面也已經提過了。觀看保存至今的相片，可以發現松枝有細瘦的臉型配上高挺的鼻子，有點不像日本人的臉龐，是比起和服更適合洋裝的臉型。其中有穿著洋裝的照片，那是日俄戰爭時以隨軍護士的身分前往松山的醫院工作時拍下的照片。但她並非真的成為護士，只是今治婦人會的有志團體臨時前往協助而已。這張照片拍下的是特別場所的服裝，松枝平生都穿著和服，這點自不待言。

忠雄長得像母親。離鄉背井進入一高學生宿舍的忠雄，常常將思鄉的情緒寫在日記中，如下面明治四十四年三月二十六日的日記。此時忠雄十八歲，父母都還健在。

「啊，home！home！年老的父親，體弱的母親，是如何盼望期待看到我們的成長啊！啊，我不努力不行。啊，home！我最近未曾如此思念我的home。今天望著水中的自己，發現自己的臉頰、鼻子、眼睛竟然與母親如此相像，而額際則是與父親以及洵哥哥相似。為此，我不禁熱淚盈眶。啊，我是如此的喜歡鏡子啊！」（《全集》第二十八卷六五頁）

所謂的洵哥哥指的是松枝的弟弟洵平。這篇日記充滿了十八歲少年濃厚的感傷情懷，不過如此思鄉的傾向，正可以說是構成矢內原忠雄基本性格的主幹。對於父母的思慕之心，於雙親去世後移轉到天國，成為對神或是基督的思慕，不過這些事情留待後文再討論。關於忠雄的相貌與母親相似一事，於母親去世的隔年，大正二年八月二十二日的日記中，忠雄滿懷著對母親的思慕寫到，「鏡中映出的我的眼、我的鼻，無一不與母親相似。」（《全集》第二十八卷四二八頁）（至於我，青年時代也有好長一段時間離開home在外面生活，不過我並沒有那麼想念home，而是比較想從那個地方逃出。我並不清楚鏡中的自己長得像誰。）

既然談了相貌，就順帶談談頭型吧。矢內原忠雄的頭型大而尖，是很有特徵的頭。看他剃了短髮的學生時代的相片就可以了解。我不清楚這樣的頭型在骨相學或面向學上有什麼意涵，不過他因為頭型「尖」，因此反省自己的性格尖銳而缺乏圓滿性，也因為頭型「朝天」，所以自覺到自己有宗教性格。例如前文引用的明治四十四年寫下的日記後續，五月二十三日的日記中便寫到，自己因為被朋友說是「可怕」、「尖銳」，所以朋友不多。關於這點，他這麼寫著：

「我並不想被人所了解，更別說希望得到什麼人望之類的，我想也沒想過。我將順從著頭型尖銳的方向，朝天邁進。不過我是充滿著溫柔的。啊，聖靈來吧。敲碎我的心吧！」（《全集》第二十八卷一〇六頁）

不用多說，這種想法是尖頭裡的大腦想出來的，而不是靠尖形的頭想出來的。外殼和內在完全是兩回事。

看照片可以發現，母親松枝的頭型也和忠雄一般，松枝的弟弟洵平如此，忠雄的妹妹悅子亦如此。但是不管怎麼說，忠雄的頭的確特別尖。他們都有細長的臉型；但哥哥安昌、妹妹千代以及弟弟啟太郎都是正方形臉，這也許比較像父親。兄弟姊妹長相相似是當然的，不過忠雄的兄弟姊妹中似乎有正方形臉和細長臉兩種臉形。但是這些終歸只是外表，與性格、思想等一點關係都扯不上。不過，親子兄弟姊妹終究是血肉相連，因此外貌上有相似之處，性格或氣質上也必然會有某種程度的相似性。既有讓人感到明明是同樣的父母所生的孩子，為什麼會差異如此之大的情形；也有讓人感到不管看上去如何不同，但是兄弟就是有相似地方的情形。

3　生家・祖母・小學

謙一與松枝的家，也就是忠雄出生的家，相當的大。那個家如今已經不復存在了。曾經建有廣大宅邸的地方，如今只留下些許半毀的倉庫。那些倉庫不久也將消滅吧。

前節已經提到忠雄於中學一年級（明治三十八年）時，寫下題為〈我的家〉的作文，在此介紹一下該文的開頭：

「我的家在愛媛縣越智郡富田村大字松木。距離位於東南方的今治港約一里。南面以及東面有小河流圍繞，北面是農耕地，稍微隔一點距離的地方內側有河流，西面則是直接與農耕地相鄰。

由於是鄉下，若置身田野之中，景色十分優美。如果登上二樓的話，翠綠的群山、如帶的河川、遼闊的田野以及遠行的汽船等，遠近風景盡入眼簾。

家是由本邸、別院、診所、倉庫、雜物儲藏室等幾個部分所構成，還有庭院、花壇，庭院中長滿了一片青苔，有樹木以及燈籠。花園中則有父親栽培的各式各樣的花，依照四季時節綻放。春天是牡丹，夏天是牽牛花、煮飯花，秋天是菊花，冬天則有水仙等。」

作文在接下來介紹家族成員，並談到祖先的事情以及父親苦學的經歷。文末以下面的文章作結：

「我們出生在明治這個聖世，求學所需的經費充足，完全沒有任何不便或不足的地方。能夠在這間神聖的神戶中學學習，是由於天皇以及父母的恩惠。因此我下定決心一心向學，將來一定要成為一個對國家有所貢獻且有為的人。期望能報答這份大恩大德，即使只是其中的萬分之一也好。也希望藉此讓矢內原家揚名天下。」

這實在是太了不起的文章了，讓人不敢恭維，無論文章也好、內容也好，都不像是一個十二歲的少年會寫的文章。特別令人感到佩服的是，他寫得一手好字，上頭是用毛筆寫在和紙上的字，此時的字與日後的字相較之下差距不大。由於字實在寫得太好了，因此不免讓人懷疑是不是日後重寫的，但由於日記中有老師當時批下的朱字，因此可以確信那不是日後重寫的。

這篇作文中介紹的家的模樣，可以在矢內原啟太郎的短文〈我們的家譜及成長的家〉中，得到更進一步的了解（《矢內原忠雄―信仰・學問・生涯》六四九頁）。根據該文，該建築物大約位於松木村的正中央，四周為白色的圍牆所包圍，周圍是一望無際的田野。遠遠地就能夠看見白色的圍牆以及五棟建築物，村中耆老說那是「像城堡一般的家」。剛剛提到的五棟建築，分別是用來看診用的平房（約五十坪）——就是忠雄作文中提到的「診所」，主屋（二層約八十坪），與主屋以中庭相隔的二樓建築一棟（約四〇坪）——為忠雄作文中提到的「別院」，還有倉庫一棟，以及「儲藏柴薪及製作味噌、醬油，除去米外殼所建造的兩層建築一棟」——這就是忠雄作文中提到的雜物儲藏室。建築物之間有庭園，其中種植了許多樹木，也有花壇、水池。「牆外有大約三百坪的田，栽種有各種豆類、芋類、蔬菜類，麻、芝麻、麥、小麥、黍、蕎麥、玉米等作物，數量雖少但種類繁多。這些是祖母讓男僕種的。」「主屋是平常家人起居的作息處，別院於寒暑假時成為孩子們的房間，在平常時則是充當客房，有時也被當成臨時診所來使用。倉庫是用來存放穀物，二樓是書庫，將書拿出來曬太陽則成為哥哥們暑假時的工作。偶爾祖母和母親會紡織、編織自己種植的麻或棉，另外也有養蠶，也會自己製作絹絲。」

根據這個敘述可以了解到家裡的情形。敘述中提到的祖母夜音，對幼少年時期的忠雄起了極大的影響。啟太郎在剛剛引用到的同一文章中做了以下的敘述：

「祖母夜音身材高大健康，為女中豪傑。在我的祖父及父母去世後仍健在，直到大正八年（一九一九年）以八十二歲的高齡去世為止，負起養育年幼的我們的責任。充滿慈愛，虔誠向佛，屢屢帶我們一同前往聽僧人說法，並將聽來的說法概要講述給家人或僕人們聽。時而談起佛教的話題，時而背誦佛經，時而提到曾祖父或祖父的事蹟。並且不吝嗇援助貧困苦命的人，與隔壁村的貧窮部落人家交往；時而讓天色已晚卻找不到旅店投宿，或來巡禮四國並得有癩病的人住宿家中。……總是充滿精力，片刻也不休息地工作。雖然有固執的地方，但是善於理解事物的道理，我也受其影響不少。……」

忠雄也受到這位祖母不少感化，其中第一就是勤勞。前面引用過的作文〈我的家〉中，國一的忠雄寫到，「祖母已經是六十九歲的高齡，仍然健朗不輸年輕人，天暖的日子自己下田耕種，天冷的日子則待家裡縫衣服等。」忠雄常常幫祖母做事，知道勤勞的珍貴。祖母感化忠雄的第二項是宗教態度。根據忠雄日後的敘述，祖母於三餐之前必定先供奉佛壇，祭拜(禮拜)完後才動筷(《全集》第二十六卷一三九頁)。祖母的「敬奉神明虔誠的態度，讓還是孩子的我留下了極為深刻的印象。」(《全集》第二十六卷二二三頁)第三項的感化是親切地對待貧窮人、體恤不幸者的這份慈悲心腸。前面啟太郎的文章中，提到了祖母讓得了癩病的人寄宿家中，關於這件事，我從田原悅子叔母(忠雄的妹妹)那裡聽來的說法是：父親謙一表示，基於衛生考量，不打算讓得了癩病的人留在家中；不過祖母往往暗中讓那些人從後門進來家中，不止留宿他們，還親自送飯菜給予照料。此外，根據悅子叔母的話，祖母還親自製作草鞋發給前來巡禮的人。這應該是虔誠向佛的表現吧。可靠又勤勞的祖母，對貧窮、不幸的人展現的親切，讓年幼的忠雄留下了深刻的印象。忠雄在日後這麼說到，「我最印象深刻的是，我們家在村子裡算是富裕的人家。而祖母最要好的朋友卻是村子裡最貧窮的寡婦。祖母在各方面都非常體恤這位寡婦，經常從後門拿各種物資給這位寡婦。」(《全集》第二十六卷二二三頁)這並非傳聞，而是忠雄幼年時自身所見的記憶。比忠雄小四歲的妹妹悅子叔母也很清楚的記得這件事情，並且告訴我那位寡婦名叫「惜」。

日後，矢內原忠雄站在基督教信仰的立場，一方面以預言者的身分批判時局，對抗法西斯主義的同時；另一方面以愛的使徒身分，積極地展開慰勞不幸的人或病患的活動。後者活動的基礎，就是來自這位祖母的感化吧。他屢次造訪各地的癩病療養院，並在個人誌《通信》第四號(昭和八年二月發行)中發表題為〈給全國癩療養所的各位〉的文章來代替信件，慰勞癩病患者。該文的開頭如下：

「我的故鄉在四國的愛媛縣，位於四國八十八處巡禮的通路上。小時候，我經常可以看見可憐的癩病患者的巡禮模樣：炎炎夏日，一邊喘著氣，一邊背著沉重的行李走路的模樣，或者是在路邊草地上休息的模樣，站在我家門口乞討施捨的模樣，又或是對狂吠的狗揮舞枴杖的模樣。當時還是孩子的我，看到他們的樣子，心裡實在覺得很同情。我的祖母是位佛教徒，她對前來巡禮而站在門口討捨的的癩病患者，無差別地展現她的憐憫之心，我想我多少受到她的感化。如果不是祖母的話，我可能會用石子丟那些癩病患者也說不定。」（《全集》第二十二卷三五六頁）

忠雄在前節提到的雙親以及在這裡提到的祖母的守護下，渡過了童年時代，不過並沒有材料記述忠雄渡過的是怎麼樣的童年。知道忠雄童年時代的人物全都已經不在人世，而年紀比忠雄小的悅子或啟太郎自然是沒有理由會知道。不過，悅子叔母（這位記憶力極佳的叔母也在最近過世了）將她從父母那裡聽到的事告訴我。

根據悅子叔母的說法，忠雄從小就是個非常伶俐的孩子，三歲時就已經記得全部的平假名。我一聽不由得驚訝地問：「真的嗎？是誰教他的呢？」悅子叔母說：「好像是因為某位小學老師住院一陣子，忠雄經常到他的病房去玩，於是就在父母不知情的情況下，從那位老師那裡學會了平假名。」一樣是從悅子叔母那裡聽來的話，據說在哥哥安昌七歲要上小學時，當時五歲的忠雄沒跟任何人提起——不，應該說是不顧周圍人的制止，堅持自己也要去上學——硬是跟著安昌到學校。「然後呢？」我問了悅子叔母。悅子叔母回答說：「由於忠雄每天都跟去學校，老師也拿他沒辦法，因此只好在安昌的座位旁邊安了張椅子，讓忠雄坐在那裡。」

就這樣，忠雄在五歲時就已經上了小學。當然這是極為特殊的例子，當時的小學能夠給予通融。不過最重要的是，因為忠雄展現了能夠跟上班上其他人的學習力，因此才讓這個特例的通融得以實現。不只是跟得上大家，忠雄「從小學一年級開始，就一直維持著第一名的成績」（根據小學同班同學窪田佳津見表示。《矢內原忠雄—信仰・學問・生涯》二七頁）。再說得更正確一點，他於明治三十一年四月，以五歲之齡暫時進入富田普通小學就讀一年級，並於隔年四月正式編入該小學二年級。

我從悅子叔母那裡聽來他小學一年級時的事情：學校

位在離家兩公里遠的地方，對於一個五歲的孩子而言，每天要往返這樣的距離是非常不容易的。某個下大雪的早晨，村民發現了倒在雪地中被雪掩埋的小小的忠雄，趕緊背著他回家。

總而言之，忠雄從小就成績優良，常常被周圍的鄰居稱讚「忠雄真厲害」、「忠雄是個神童」、「要向忠雄看齊」。這應該也對忠雄的人格形成產生不小的影響。不過幸虧忠雄沒有因為周圍的讚賞而妄自菲薄，而是和普通的孩子一般成長。但受害者應該是哥哥安昌吧，身邊總是跟著一個年幼的弟弟就已經夠煩人的了，更在座位旁邊安置了弟弟的座位，而且弟弟的成績還比自己優秀，心情會是如何呢？雖然安昌是個溫柔的哥哥，頭腦聰明成績也不錯，不過老是和被視為神童的弟弟拿來相提並論，心中應該覺得不是滋味。儘管如此，兄弟兩人感情卻很好，一同學習，一同遊玩。

忠雄在中學二年級時寫下題為〈我的童年〉的作文，是可以推察他童年時代的貴重材料。在這裡公開該文的全文：

「我小時候很溫和。

四、五歲的時候，喜歡繪草紙一類的東西，收藏很多放在箱子裡，並將箱子放在枕邊，早上醒來，就將之打開並聽父親的講解。桃太郎打鬼、猿蟹大戰以及中日甲午戰爭的故事等等，在我稚幼的頭腦中刻畫下有趣的印象。

到了年紀稍微大一點，開始上小學時，變得比較淘氣，不過卻甚少被老師責罵。不過，比起書本，遠足更是我唯一的樂趣。這是我九歲時的事情。某天，和朋友一同滾著輪子散步到距離約一里遠的蒼社川堤邊，回到家時已經很晚了，父母非常擔心，因此之後便沒再走那麼遠，不過還是每天跋涉於山野之中。另外，那時在我家舉辦溫習會，往往集合兩、三個朋友，一起複習學校教過的東西，遇到有不懂的地方，就向父親請教。拜此之故，我們經常維持在優等生的行列之內。

現在追溯起過去曖昧不清的記憶，回想起以前的事情，不由覺得過去的我是如何的單純以及風光得意（十一月十四日稿）」。

從這篇文章可以了解，忠雄並非是一個只會讀書的書呆子，讀書對他來說是遊刃有餘，比起讀書，他對滾輪子遊戲更有興趣，喜歡跋涉在山野之中。這樣的他可以說是普通的「淘氣」鄉下孩子。（所謂的滾輪子遊戲，我們小時候也有玩過。就是用前端有鉤子的長鐵絲棒，鉤住鐵絲圍成的大鐵圈，滾著鐵圈前進的遊戲。）喜歡跋涉山野勝於一切的個性，在他的學生時代也一直持續著，之後的一生中也都沒有改變。在這一點上，與一般鄉下的淘氣孩子有所不同。

當時的小學普通科只有到四年級為止，之後有四年制的高等小學校，想進入中學的人，可以在讀完兩年高等小學校後進入。忠雄於明治三十五年九歲時畢業於富田普通小學，進入了附近的河南高等小學。與忠雄一同自富田進入河南就讀的同年級生窪田佳津見，懷念明治三十五年與忠雄一同參加在大阪舉辦的第五回國內興業博覽會的校外教學活動，寫下以下的文章。這個活動原本是三、四年級的團體校外教學，不過由於忠雄和佳津見是資優生，雖然只是一年級生卻特別被允許參加。「從今治的吉忠海濱搭乘前往大阪的蒸氣船，在多度津港買了仙貝，在大阪的谷町的寺廟中同床共眠的一星期，彷彿如夢一般非常快樂，是我難忘的回憶之一。」（《矢內原忠雄─信仰．學問．生涯》二八頁）

這趟大阪之行對忠雄來說也是印象深刻，我曾經聽過父親講述數次當時的情形。在博覽會上，首次見到西洋人而產生奇異感的忠雄，立刻接近西洋人，心想這世上原來有這麼不可思議的人種，直盯著那西洋人的臉瞧了好長一段時間。但是在西洋人看來，看到這麼不怕生的小孩，或許也嚇了一跳吧。

熱心於孩子教育的父親謙一，於安昌和忠雄從高等小學畢業後，便將兩人送往神戶。當時的神戶中學為關西教育界的名門，若要進入位於今治以外的好學校的話，神戶中學是第一選擇。加上安昌和忠雄的表哥望月信治在神戶中學擔任教員，表示願意照顧兩人，更是理想。望月信治為繼承望月家香火的謙一的大哥德三郎的兒子，是謙一的甥子。若非這位甥子在神戶中學就職，而且充分值得信任，不然就算謙一如何熱心孩子的教育，也不會將年紀尚小的兩人送往神戶。如今只需些許時間便能夠往返於今治與神戶之間，不過在當時光是單程就要花上一晝夜，是相當遙遠的地方。然而謙一勇於相信望月信治的人品，將兩個孩子托付給信治。望月信治是位數學老師。

前面提到的窪田佳津見接著在大阪的回想後這麼寫——在高等小學二年級時，忠雄的父親帶著忠雄一同來到學校，對同年級的同學說：「忠雄因故將轉校到神戶去，特此前來向大家道別。」大家難過地向忠雄道別。我還記得那時，我緊握著忠雄的手，一時兩人止不住淚流——。

就這樣，忠雄與哥哥安昌一同前往神戶，寄住在神戶市筭合上筒井的望月信治家。不過，神戶中學並不如富田小學那樣通融忠雄，因此安昌是進入了神戶中學，但是當時才十一歲的忠雄要進入國中還太早了，因此他先轉入神戶市立雲中高等小學，修習高等科三年級的課程一年。時值明治三十七年四月，由於日俄戰爭於二月爆發，因此國內戰雲密布。

至今保存下來的《國語清書帳》、《國語練習帳》、《理科筆記帳》以及《歷史筆記帳》等，可以印證忠雄就讀於雲中高等小學三年級時認真的情形。這些並非在教室裡抄下的，也不是為了交給老師看而寫下的，而是自習用的筆記。依照往例是用端正的毛筆字詳細記下，認真程度讓人不由得咋舌。在感想文中隨處可見日俄戰爭的影響，在此介紹記於《國語清書帳》中，題為〈夏日，問朋友安否〉的信為例（原文未改）：

窪田佳津見：

展信愉快。最近越來越熱，尤其是自五、六天前起天候不佳，你是否身體健康地專心於讀書呢？我幸運的身強體健地每天往返於學校間，請不用為我擔心。

每天都這麼炎熱實在很難熬，因此很容易一不小心就生病。最近由於日俄戰爭的爆發，國民每一個人所背負的責任加重，所以我倆都要注意身體健康。你說，這不是很重要嗎？

我們學校最近有堂叫作奉公課[2]的課程，為此我每天放學後都做著收集火柴棒的工作。工錢的一部分要捐給勞軍部，一部分要捐給出征軍人中家計生活困難的家庭。我們一位體操老師受到徵召，於前天出發了，今天應該就會進入舞鶴要塞[3]的軍營裡。一想到軍人們的勞苦，自己的辛苦就不算什麼了。這樣程度的炎熱算什麼呢！你也要好好地加油啊！

七月十一日　矢內原忠雄

在這篇文章中，除了可以嗅出日俄戰爭的氣氛之外，還可以感受到遠離家鄉，從四國這樣的鄉下來到陌生都會求學的忠雄的少年氣概。後來，昭和二十八年十月二十三日任職東大校長的矢內原忠雄接受雲中小學的請求，由於「一度受過的師恩終生難忘」，因此為了出席雲中小學八十週年紀念會而專程前往關西。在全校學生面前做了簡短的演講，提到了當時的老師等話題，表示對老師的感謝，並告訴學生們應該感謝師恩。（《全集》第二十六卷四一一頁、六五二頁）

2. 奉公課：類似公民與道德和義務勞動的課程。
3. 舞鶴要塞：為日本帝國時期重要的陸軍要塞，現為京都府舞鶴市。

4　思想的確立——神戶中學

忠雄於明治三十八年四月進入兵庫縣立神戶中學就讀，於明治四十三年三月畢業。神戶中學自明治四十年改名為「第一神戶中學」，因此正確的說，應該是從第一神戶中學（神戶一中）畢業。從十二歲到十七歲為止的中學時代，是影響他日後人格形成的重要時期。雖然，對他思想的確立及人生觀的形成產生重要影響的，是他進入第一高等學校後，與新渡戶稻造及內村鑑三的相識，但是在此之前，他的思想及人生觀的基礎是在中學時代培養出來的。性格或許會隨著人生的際遇而改變，不過以矢內原忠雄來說，構成他的個性的主要部分成形於他的中學時代，是一點也不為過。

矢內原忠雄寫下不少自傳性文章，皆收錄於《全集》第二十六卷。這些文章中，關於中學時代的記述極為簡單。但是，靠著他於大學畢業前夕替神戶一中校友會《會誌》寫下的短文〈中學的五年間〉，以及保存至今的、自中學三年級夏天到五年級畢業為止幾乎沒有中斷的詳盡日記（這些日記的詳細記載收錄於《全集》第二十八卷的〈編輯後記〉裡），在日記之外，他從中學一年級到五年級用毛筆寫下的四本作文簿至今仍然留著（收錄於《全集》第二十七卷的〈編輯後記〉裡，一部分收錄在同卷的〈學生時代的文章〉中，可以清楚了解他中學時代的生活。）

「那是日俄戰爭的第二年。那年春天，他十三歲。他小小的身體並沒有罩上憂愁的影子及悲情的烏雲，也沒有污穢的意識——有的只是滿滿的喜悅。他一邊讓第一次穿上的白色小倉服的金鈕扣發出閃閃光芒，一邊搖晃著長及鞋子前頭的寬大褲擺，彷彿精力充沛的雄鹿一邊沐浴在春光中，一邊跳躍於長滿野草的小山丘上一般，往來於學校與家之間。他那時住在上筒井。當時生田川的這一側沒有什麼人家，神若橋下有兩個大草莓田，他每天上學都要經過有很多小蟲的蘿蔔田間

小路。」（〈中學的五年間〉，《全集》第二十七卷二九六頁）

這就是新生忠雄的模樣。在這篇文章中，他用第三人稱「他」來稱呼自己，而十三歲是虛歲的算法。他是一個天真無邪、精力旺盛、活潑開朗且認真的少年。他寫著，「我原本是一個擁有如同春天和煦太陽心境的少年。」（《全集》第二十八卷三七五頁）

神戶中學創立於明治二十九年，最初是神戶普通中學，於明治三十二年成為神戶中學[4]。在優秀的教育家，也是創校以來的校長鶴崎久米一的指導下，忠雄入學時已確立了該校的校風——以「樸實剛健」、「自重自治」為口號。鶴崎久米一為札幌農學校第二屆的畢業生，該校第二屆畢業生中，還有內村鑑三、新渡戶稻造、宮部金吾、廣井勇以及岩崎行親[5]等人。

在明治九年創校的札幌農學校創設期間，替該校教育立下基礎的，是廣為人知的美國麻州州立農科大學校長克拉克博士。札幌農學校是政府為開拓北海道而設立，由札幌學校改組而成，第一期的畢業生只有十五人。根據第一期畢業生中的大島正健敘述：

「當札幌農學校即將開校，面臨到該如何制定學校內規則的問題時，從札幌學校轉入的學生們提供札幌學校的校內守則當作參考，第一條如何如何、第二條如何如何，大致譯成英文後朗讀給克拉克博士聽。克拉克博士聽完後，大聲罵道：『那種東西可以塑造出人品嗎？』並說：『我給這個學校定下的規則只要

4. 神戶神戶中學：高校的前身；明治三十二年四月一日改稱為「兵庫縣神戶中學」；明治三十四年四月一日改稱為「兵庫縣立神戶中學」。

5. 內村鑑三（一八六一～一九三〇）為日本明治與大正時期無教會主義之創始人；新渡戶稻造（一八六二～一九三三）為國際政治活動家；宮部金吾（一八六〇～一九五一）為著名植物學家；廣井勇（一八六二～一九二八）為東大教授，有「港灣工學之父」之稱；岩崎行親（一八五五～一九二八）明治、大正時代著名的教育家。

用一句話就可以說完。那就是Be gentleman！』還微微地挑動他那有特徵的粗眉。」（大島正健，《克拉克博士及他的學生們》補訂版一〇九頁）

克拉克博士基於與日本政府訂下的契約，指導第一期學生不到一年，流傳下「男孩們，要有雄心壯志！」(Boys, be ambitious!)的名言後，便離開了日本。不過第一期生將其教誨傳給了第二期生。鶴崎久米一的教育方針，明顯的就是想要將克拉克博士在札幌播下的種子在中學教育中生根茁壯。所謂的「自重自治」無非就是紳士風範(Be gentleman)！神戶一中後來也長久維持著紳士的校風。我的朋友宇佐見英治於昭和十年畢業於神戶一中（當時的校長為第二任的池田多助），他表示「樸實剛健」與「紳士風範」同為學校的標語。總之，在鶴崎校長指導下的神戶中學校風的感染下，矢內原忠雄在日後受到同為札幌農學校第二期生的新渡戶稻造、內村鑑三的薰陶之前，已經先接受了札幌農學校的克拉克博士的影響。關於這件事，矢內原忠雄於未完成的作品《內村鑑三傳》中，做了以下的描述：

「他（鶴崎久米一）一到創立不久的神戶中學上任，便廢除繁雜的學生規則，以『自重自治』作為學生的綱領，並矯正奢華的神戶商人子弟的風氣，致力養成『樸實剛健』的校風。現在回想起來，其非凡的見識及手腕，無非是承襲自札幌農學校的克拉克博士的作風。鶴崎久米一是我中學時代的校長，新渡戶（太田）稻造是我高等學校時代的校長，而內村鑑三則是我自十九歲以來在基督教信仰上的導師。這些我應該稱為恩師的人，全都是札幌農學校第二期的畢業生。這麼說來我，也應該說是札幌農學校的學生。」（《全集》第二十四卷六四三頁）

然而，就算是校風也不見得所有的學生都會受到薰陶。所以問題在於，矢內原忠雄是如何受到校風的薰陶。簡而言之，他坦率地接納了校規的教諭，完全將「樸質剛健」、「自重自治」的精神與自己同化，再漸漸從中找出自我。這一方面應該是由於他的資質（或者是在進入中學以前形成的特質）和校規的中心精神得以契合；另一方面應該是由於他是一個品學兼優的優等生、模範生，有著愛校心、尊重學校方針及教師的教誨。

「樸質剛健」的表現之一是行軍——雖說是遠足，卻是為了鍛鍊身心而舉行的長距離且休息時間短暫的行軍。此外，禁止攜帶奢侈品之類的物品，要攜帶教科書之類的東西，並只可以用白色大布巾包覆。另外，這間學校「樸質剛健」的另一項特殊表現，是中餐不在教室裡坐著吃，而是不管季節天候，在操場中站著吃。這項站著吃的用餐方式後來仍被保留著。關於服裝方面，矢內原忠雄入學時的神戶中學制服：冬季是黑色、夏季是白色的小倉服，短上衣，褲子則是跟前面引用到的〈中學的五年間〉裡所描述到的一樣，寬襬的喇叭褲。不過在忠雄四年級時，神戶中學改名為「神戶一中」，制服也換成卡其色制服。不過當時是規定新裁縫的制服做成卡其色，不新做制服的人穿著舊樣式制服也無妨，因此忠雄直到畢業為止都一直穿著舊樣式的制服。大內兵衛先生寫的〈紅色落日——矢內原忠雄的一生〉（大內兵衛，《高山——人物寫真》一〇八頁，亦收錄於《矢內原忠雄——信仰・學問・生涯》），是至今為止最好的矢內原忠雄傳，文中字字充滿著友情與理解，只有一開頭寫到關於神戶一中的部分與事實不符。該文寫到「鶴崎久米一校長以克己的教育聞名。鶴崎與內村鑑三、新渡戶稻造同為札幌農學校出身，為克拉克博士所培育出的子弟。不過在日俄戰爭後的那個年代，教育的基準以軍國日本為主。那時的矢內原穿著卡其色制服，戴著制服帽，腳踏短靴，站在操場上吃冷便當。」然而事實上，忠雄年輕時並沒有穿過卡其色制服。而且神戶一中的卡其色制服並不是依照軍國日本而決定的，而是為了貫徹「樸實剛健」的校風才選擇卡其色，和軍國主義並沒有關聯。忠雄所受的中學教育未見軍國主義的傾向（如果要把以教育敕令為根幹，舉行軍事教練的教育視為軍國主義教育的話，那又另當別論。明治時期到太平洋戰爭戰敗為止，所有的中學校都實行這樣的教育）。神戶一中反而鼓勵學生要「自重自治」。這間學校，比起官僚或政治家，培養了更多可稱為自由思想家的傳播界人士（諸如松本重志、嘉治隆一、森恭三、西島芳二、津村秀夫等人）這應該與尊重自由的校風有關吧。

前面已經提過了，「自重自治」的精神來自於克拉克博士的「Be gentleman!」名言，不過能在日俄戰爭期間以這樣的精神來培育中學的校風，要歸功於鶴崎校長的卓越見識！其具體表現為由學生組成自主性的自治組織，由各班選舉推舉出組長、副組長，並由全校的組長、副組長們合議決定學生們的服裝或品性的規定。為此，鐵拳制裁[6]也偶爾被採用。每學年有兩班，矢內原忠雄自一年級到五年級為止，都是一組的副組長。該組的組長五年來都由當時的棒球選手，日後成為醫生的菊名寬一擔任（嚴格地說，只有五年級時，矢內原為一組的副組長，菊名為二組的副組長）。菊名先生現在（一九八四年）已為八十四歲的高齡，不過仍然健朗。最近我登門拜訪，向他請教了昔日的往事。雖然是同一學年，不過菊名寬一比矢內原忠雄大上三歲。菊名表示，「在成績上矢內原比較出色，不過每到選舉都是我選上組長」。也就是說，比起矢內原，菊名在班上更得眾望。這並不是說忠雄沒有人望，而是較年長（在十來歲的年紀時，三歲是相當大的差距。）又曾為棒球選手的菊名在統馭力上更勝一籌之故。據說忠雄在副組長任內很負責任。在學業成績上，只有一年級的第一學期由菊名寬一拿第一名，矢內原忠雄居次，從一年級第二學期直到畢業為止，矢內原一直都維持著第一名的成績。菊名表示，「五年來，我們一直都是同學，矢內原每次都有預習和複習，所以我總是比不上他。總之，他很認真，五年間只是往返於自己的家與學校之間，不曾逛過神戶的任何一處」。當然，說不曾逛過神戶的任何一處是有點誇張，如果說他沒有去過熱鬧的市區的話，倒是可以相信。總之可以確信的是，他是一個認真到會流傳出這種傳言的學生：他是一個成績卓越的優等生，身為副組長的他熱心參與自治活動，是個注

6. 鐵拳制裁：揮拳教訓，暴力相向。

重「自治」校風的校風主義者。

在前面提到的〈中學的五年間〉中，他以第三人稱「他」的角度來記述自己的事情，裡面寫到——升上了二年級，這次的級長是一個叫做川西的人。在自治的神戶中學裡，五年級的組長相當於總理大臣的地位。他對這位組長的尊敬，比對當時的寺內首相的尊敬還要高上數百倍。當川西龐大而穩重的身影出現在操場一角的柳樹下，透過眼鏡觀看四方或是其他時候，他都感受到川西的威風八面。……如果說他也有崇拜英雄人物的時期，那麼他對川西的崇拜，應該是最初也最強烈的時候吧。……不過，由於他的朋友小武認識川西，因此單純的他很快就和心中的人成為一同遊玩的朋友。他們常和川西、高橋、井上等五年級生進行俳句的遊戲。在那之後，每當他坐在花壇的長椅上休息時，川西總是從身後偷襲他、搔他癢；他為了要報復川西，便搶去川西夾在腋下的神田第五讀本逃走了，書後面大大地寫著「何糞」[7]。他並不喜歡「糞」這個字。不過，對於意氣高昂的川西，他是相當尊敬佩服的。

之後，忠雄透過大他三個學年的學長川西實三的介紹，有機會踏入可說是他一生的導師的新渡戶稻造與內村鑑三的門下。在矢內原忠雄去世後，川西實三為這個學弟寫下題為〈渡船頭〉的文章，投稿至月報《全集》。這是一篇很有趣的文章，因為有點長，所以在這裡引用其中的中學時代內容。出乎意料地與前文引用到的〈中學的五年間〉相呼應：

「我明確意識到矢內原學弟的存在，是在明治三十九年，他讀二年級，我讀五年級的時候。我們學校在與新渡戶、內村老師為同屆畢業生的鶴崎校長的帶領下，以一高為模範，自治和樸實剛健的精神為本校的驕傲。彼此皆為組長，我們曾經召開各學年合同的組長會議，議論校風的問題。身材瘦小的這名學弟確

7. 何糞：提振士氣的用語，類似「豈能被打敗！」「永不放棄！」之意。

實地陳述了他的意見，在覺得他可愛的同時，也覺得他很了不起。

午休時間，我很喜歡和這個學弟玩接球遊戲。

明治三十九年六月九日的日記中，我寫有這位學弟在學校辯論大會中的演說表現。當我這個主持人叫到他的名字後，這個二年級的學弟便站上辯論台。他的身材尚未抽高，長而尖的頭剛好露出桌面。不過即使如此，他還是拍著桌面，進行了熱烈精采的辯論。辯論的題目是『自治』。我在日記中所做的評價是：『發言沒有遲疑停頓，論點明確、熱烈、痛快，當他下台時掌聲不絕於耳，是今天最好的辯論。』

他在當時每天從我們的導師，同時也是他的表哥望月老師的家來學校上課。對從距離學校東方五公里遠的村子經過鄉間小路到學校的我而言，每天都很期待能遇到在距離學校比較近的箕合上筒井下車，抱著白色布包的他。然後在到學校的二、三十分路程的路上和他聊天。不能在路上遇到的時候，我總是覺得好像缺少了什麼，而感到孤單。」（《矢內原忠雄─信仰．學問．生涯》三〇頁）

上面記事中「彼此皆為組長」的部分，如同前述一般，正確應該是「川西為組長，矢內原為副組長」才對。關於辯論大會，則是學校的談話社每年都會舉辦一次或兩次的談話大會，並募集學校的辯論自願者。矢內原忠雄好幾次都參加了辯論大會，一展長才。在進入一高後，忠雄更加入了辯論社，屢次登上辯論台。與其說他喜歡演講，更不如說他認為發表自己的意見，並藉此培養鼓動人心的能力是很重要的。他在二年級和三年級時，將自己寫的作文訂成一本，並題名為《文林》，封面內側就大大地寫著「口和筆，是二十世紀的最大的武器」。四年級時，他將辯論大會的詳細記錄整理成〈談話部報〉，刊登於校友會會刊《會誌》中。他用這樣的一句話替該篇記錄作結：「筆與舌是人生中最大的武器，各位千萬別忘記。」（《全集》第二十七卷八二頁）由此足以窺見他寄託於演說的確信。日後他正是將筆舌視為最大的武器，堅決果敢的奮戰。

一個十三歲的少年應該不會預測到自己將來的抗戰，不過，前文的確信在日後被實現、被證實了。

前面提到的，川西實三學長稱讚有佳的題目為《自治》的演說，內容當然無從得知，不過有資料足以讓我們來推測內容。這是因為忠雄在二年級時寫下的題為〈自治〉的作文被保存了下來。這是一篇看不出來是出自十三歲的少年筆下的名文，因此不厭其煩地將整篇介紹出來。一篇出色的文章是不容許被省略的：

「所謂的自治，如同文字表面意義，就是自己治理自己。

人生在世，必須不接受他人的干涉，以獨自自強的精神處世。想藉他人之力來達到成功的願望，有如坐在山麓卻想要攀到山頂一般，一點出息都沒有！

人的一生不能像海參一樣，必須成為有為的人物。而自治，便是達成此一目的的唯一武器。要步上自治之道，便要通達其德行，成就其學問，這就是古人所說的『天助自助者也』。冀望牡丹餅從棚子中掉進口中的僥倖之徒，為何總是無法覺悟呢？

在了解個人自治的重要性後，進一步要追求的是團體的自治。團體是個人的集合。因此，只要個人能夠依循自治的精神、遵守正道的規範的話，自然而然地，個人所屬的團體就會成為一個優良的自治團體。不管是家庭、學校、鄉村，乃至於社會都適用於此一原則。不必怨嘆首長無能、或是仰賴他人的指導。要自己管理自己。當人人都可以自己管理自己時，就算是首長無能、就算不倚靠他人的指導，其團體也必將成為一個良善的團體。不過，有兩個地方是需要注意的：

一、教導別人絕非惡事，但在此之前必須先治己。自己要先成為一個有德的人之後，才有資格指導他人。自己的學德尚未修養完全就來責備他人，有如釘釘子在米糠之上一般，一點用處都沒有。

二、要模仿他人的言行。就算是大英雄也會有缺點，更何況是一般凡人。所以學習別人的長處是一件好事，不過任意地模仿，到頭來模仿到的都是他人的缺點。也就是說，在此需要的是更深一層面的自治，先有了自治的精神，才能產生固定的觀念，取善捨惡，絕不會出差錯。

我們現在體認到了自治的重要性。那麼，要實行自治需要什麼手段呢？

第一，要下定決心。不論對任何事情，只要缺少決心都無法成功，更何況是走上人類至重之途，更需要決心。既然已經下定決心要實行自治，就應該立即付諸實踐。一刻也不容許猶豫！

第二，需要反省。所謂反省，便是回顧自己所做過的行為。我認為要做到反省最好的辦法，便是寫日記。讀每天的日記來反省過去的所作所為，看自己有沒有重蹈曾犯下的惡事或過失，並將行善視為要務，如此一來隨著歲月流逝，不知不覺間便能成為有德的人才。

我在此做一個整理：『自治對於個人乃至團體的發展來說，是最必要的東西。而要實行自治，必須要有決心及時常反省。』

現在，我們神戶中學廢除學生規範，將其交給學生自治管理。對學生而言，沒有比這更名譽的事情了。然而，伴隨著名譽而來的便是責任。希望大家各自更加努力，發揚自治體系的美善。這樣的話，不論是各自的名譽、學校的名譽，還是國家的將來，都是值得歡欣的事。」

這好像是學校的作業，級任老師用紅筆在一旁寫下了評語：「字字真摯，下筆認真。下筆認真之人，方能自治善身，光說不練之徒，虛有其表以終，實應慚愧之至。」（寫下評語的是奧村奧右衛門老師。他將所有的文章都用紅筆改正過，指導其文章的書寫方法，並指出該訂正的地方，寫下極為肯切的長篇批評。雖然說忠雄很認真求學，但也多虧有這樣的好老師來指導他。）

5 注意微不足道的小事——修養

中學二年級時寫下的作文〈自治〉出色之處，不單僅止於字裡行間的用字遣辭，而是因為那是他自己的想法，而且內容相當紮實。他認為自治是「自己治理自己」，論述到如果個人不先自己治理自己，成為有德性的人的話，團體將無法發揮效用；並主張藉由決心及反省來陶冶自己的善。一個十三歲的少年在學校作業的作文中寫下的東西算不算是「思想」，少年時代的想法有沒有可能在成長後直接成為日後的思想的起源，這是值得思考的問題。雖然說氣質和性格不容易改變，但是思想是容易改變的。回想起我十三歲的時候，我不認為自己擁有可以稱為所謂思想的東西，就算有想著什麼好了，我想也跟現在的我的思想扯不上一點關係。不過，以矢內原忠雄來說，從前面引用的作文〈自治〉中，已經可以看出：在昭和十年，法西斯主義盛行的年代中，勇於對抗當時的政治權力，主張每個國民個人精神的變革的必要；在太平洋戰爭日本重建期時，主張不是由政治將民主主義根植於人心，而是藉由宗教與教育，因此四處奔走的矢內原忠雄的日後思想的雛型。

不過，中學二年級時的矢內原忠雄尚未明確了解到，何謂「善」、何謂「有德」、何謂「正道」以及為何必須尊重之，「天晴有為的人物」是什麼意思呢？他應該是遵循著父親的教誨走在「誠」的正道上，以忠君、孝親、樸質儉約為宗旨，遠離老師或是世間所非難的行為，以遵守「正道」，專注於學業來讓父母安心，期望成為國家有為的人物。也就是說，這對他而言就是所謂的「自治」，也就是「修養」。以二宮金次郎為模範的道德觀念，乃由儒家或武士道打下基礎，並藉由以教育勅令為根幹的明治政府的教育政策，徹底普及至一般國民。在忠雄為中學生的明治末期時，這種觀念早已成為一般常識，至今仍然是一般性、常識性的道德規範。幸運的是，教育勅令如今已經消失，不過其內容至今仍存在在這個社會中。將勒令神聖化是一件錯誤的事，不過其內容是好的東西，因此有被保存下來的必要。如此的議論至今仍被討論著。這樣的議論與教育勒令的復活相關聯，不可以不警戒之（在中國，批判孔子的風潮很盛；不過在我國[8]，不論是儒家的批判還是教育勒令的批判，都沒有充分的實行）。

之後，忠雄進入高等學校，並在內村鑑三的引領下信仰基督教，並以此信仰貫徹其一生。因此，他在成年之後所主張的道德，是基於基督教信仰的道德，自然與前面提到的日本儒家常識性道德不同。但是我感興趣的是，他的基督教道德並非與日本明治時期的儒家常識性道德有所對立而欲排除之，而是在其延長線上，以將之包含在內的形式而產生。內村鑑三表示，日本的基督教不能模仿歐美基督教，而必須是日本獨自的東西，並用「將基督教接木於武士道之上」的說法來表現其想法。矢內原忠雄的另一位老師，新渡戶稻造是近代日本少有的國際自由主義者。而其國際主義也是接木於武士道之上一事，可以從其知名的英文著作《武士道》得知。同樣的說法是否可以套在矢內原忠雄身上呢？大體上可以套用吧。但是仔細檢討的話，矢內原忠雄的情形，又與內村鑑三與新渡戶稻造不同。這是因為內村與新渡戶所謂的武士道，和矢內原成長背景息息相關的明治末期的儒家的、教育勒令性的常識性道德不同（在這裡，有個關於近代日本對西歐思想的接納方式，不易解明且重要的問題橫亙在眼前）。

舉「儉約」為例，這看起來像是微不足道的小事，然而即使是微不足道的小事也不輕易忽略，正是「修養」之所以是「修養」的部分。「不注意小事的人無法成就大事」，我從小就常常受到父親這樣的教誨。我不知道這樣的格言是儒家的還是基督教的，但是父親經常用這句話來教訓我。忠雄於中學時即常常在日記裡寫到儉約的重要性，從字裡行間可以得知他是儉約家，而儉約正是「樸實剛健」這一部分的表現。忠雄在受到神戶一中的校風薰陶前，已被教授了儉約的重

8. 我國：指日本。

要性，在中學時期遵循校風，以樸素儉約為宗旨進行「修養」，終其一生都沒改變儉約的宗旨。對他而言，可以說「道德」轉化成了「氣質」。關於儉約一事，忠雄的妹妹田原悅子於忠雄過世後寫下的〈兄長忠雄的回憶〉文章中，有下面這一段話：

「忠雄哥哥非常珍惜東西。應該是河南小學時的事情，他撿拾了許多鈕扣並仔細縫在厚紙上，在學校的展覽會中展示出來，並受到了誇獎。回到家中，父親召集大家，告訴大家要珍惜物品。據說當時穿著襯衫或洋服的人不多，釦子是貴重的東西。他珍惜的東西很廣泛，作品的原稿、演講的準備稿等等，都是利用廢紙的背面或是廣告紙來書寫，連小包裹的繩子也仔細保存下來。」（《矢內原忠雄─信仰・學問・生涯》六四二頁）

父親的確如所寫的一樣，寄來的包裹的包裝紙及繩子等都沒有丟掉而留下來再利用，演講或授課的筆記也是利用廢紙來寫。這並不單單是因為戰爭中物資缺乏的緣故。珍惜東西、不亂花錢，是他終其一生的習慣。但這並不是說他對金錢吝嗇。父親在戰時的貧困家計下，仍然捐出一部分的錢，持續地捐款給社會福利機構或是病患、傳道士。為了達成這樣充滿愛的行為，他在日常生活中時時儉約就是一件重要的事吧。儉約是美德，但我在這裡想說的是，他的這種儉約精神是出自於基督教信仰呢？亦或是少年時代所受到的儒家或是常識性道德的延伸呢？基督教教義將質樸儉約視為美德，凱爾文森或是清教徒在這方面更是講究。不過，父親將綑綁包裹的繩子放入櫥櫃中的舉動，與其說是基督教的影響，不如說是少年時代「修養」的結果。

身為勤儉家的父親，對孩子們也同樣要求要儉省——鉛筆還沒用到無法握住之前，絕對不買新的——不管對什麼事情，都是這個態度。我小學四年級時，我們一家人住在大森的山王，附近的神社有廟會，擺出了很多攤販。我利用母親給我的微薄零用錢，在其中一個攤販買了一個小徽章。雖然說是徽章，但其實也只是馬口鐵的廉價品，然而小孩子就算只是別上那樣一個小小的徽章，也可以高興個半天。不過，父親在得知這件事後勃然大怒。父親說，絕對不可以買沒有用的東西。我的手被綁住，被關進了壁櫥裡。那時父親怒火之盛，我到現在還無法忘記。另外，我中學四年級時，一心準備考試，用自己存的零用錢買了英語參考書。那是我老早就想要買的書，卻被父親罵得很悽慘。父親說，不可以把錢花在像參考書這樣沒必要的東西上。

節儉只是其中一個例子，我認為父親在自己遵守的同時，也要求我們這些孩子遵守日常道德，大部分是在成為基督教徒之前藉由「修養」而養成的習慣：正直、勤勉、孝親、幫忙家事、重情理、不抽煙不喝酒、不接近一切對「修養」無益的娛樂（文學、藝術也包含在內）等等。基督教信仰的功效是將這些「美德」強化，並將之提升到更高層次。這樣的情況不只是發生在父親身上，也不一定要是基督徒。而是學習西歐思想的我國近代知識分子，在某一程度上都普遍可以發現的現象。甚至是今日的我們的身上也有可能有這種現象。近代主義者或是馬克思主義者，在日常生活中往往是封建道德的實踐者。至於我，或許對父親的那些儒家的、基督教的道德規條感到反感，要節省對我來說也非易事，說我是一個浪費的人或許還比較恰當。不過即使如此，叫我把綑綁包裹的小繩子丟掉卻很難辦到。儘管有所反彈，仍免不了受到父親很大的影響。

在這裡，必須將話題轉回中學生時代的矢內原忠雄。我想要表達的是，矢內原忠雄日後接觸到的基督教道德，並沒有和他少年時期藉由「修養」所習得的道德產生矛盾衝突，反而產生了連續性的發展。這個發展有一定的習慣，雖然是連續性的發展卻非單純的延長。不過，連續性的發展，就代表著是同質的東西持續發展的意思。這就像是內村鑑三所謂的「接木」吧。（不論是武士道還是儒家、教育勒令中，「忠孝」都是中心思想。基督教中也有應該對神忠誠的教義，表示應該尊敬「如同父親一般的神」。忠孝的觀念在此應該有所變質。然而，假使有所變質的話，為什麼又要叫神為「父親」呢？）

矢內原忠雄在中學時所受的教育中，另一項引起我注意的是，他的天皇觀、國體觀。從盧溝橋事變到太平洋戰爭的軍國主義時代中，他是勇敢抵抗並從正面批判天皇制國家主義以及國粹主義的知識分子（這樣的知識分子在當時可以說是少之又少，例外中的例外），是一名堅決反對戰後與天皇制或是教育勒令的復活相關聯的所有動向的民主主義者。儘管如此，他一生中都不曾中斷對天皇或是皇族的尊崇敬愛的念頭。這和他經歷過日俄戰爭以及之後的中學時代有關係吧。如前所述，神戶中學並非格外注重鼓吹軍國主義的學校，但崇拜天皇是當時風偃全日本的風潮，因此不管是神戶中學還是矢內原，都自然被捲入這股風潮裡。這股風潮帶來的影響，時而出現在矢內原忠雄的日記裡，不過最能夠完整表現出他的國體觀的，是中學五年級第二學期寫下的作文〈祖先崇拜與國民的團結〉（收錄於《全集》第二十七卷）（他以神的正義觀點來批判軍國主義支配下的日本人的國體觀[9]，強調戰敗後的混亂時期「自國國體」的優點，並主張其可以與民主主義「接木」，不過他並沒有直接使用這個字眼，這樣的國體觀與他中學五年級時寫下的作文有直接關係）。

不過，認真的優等生矢內原忠雄並非專注於「修養」上。他是十三、十四歲的純真少年、普通高中生。下課時間或放學後玩「踢線球」或是投接球，或偶爾在家能吃到餅乾時，就感到無比高興；有對外校的棒球賽時，則熱心幫母校加油的普通中學生。關於棒球，當時的神戶中學似乎很流行棒球，經常有各年級間的校內棒球競賽，棒球社也常常和外校比賽。忠雄的哥哥安昌在一年級上學期，是棒球社的選手，以第一打手、名三壘手的身分活躍於隊中。忠雄愛校心旺盛，則熱心於幫學校隊伍加油。

明治四十年，忠雄三年級時的日記中，十月一日寫著：

「今天是練習柔道的日子，拇指被用力的踩過去，一整天都在痛。手、背部，連臉都被打到，幾乎沒有一刻能夠喘氣。我去看了三點開始在東遊樂園的

9. 國體論：日本的國體論。日本人普遍認為國體論導致日本走向軍國主義。

棒球比賽（本校對Cricket的練習比賽）。他們的打擊很強。第三局得兩分、第六局得兩分、第七局三分，合計七分十A[10]。我方僅僅在第九局時得了一分（哥哥），慘敗給對手。因為輸了而生氣，是凡人的作為吧……」

接著十月四日寫著：

「四點開始有和Cricket的棒球賽，我約了清水一起去看，結果以七比三落敗。實在是太可惜了！」並記下兩隊的隊員、得點，以及第一局到第九局各局的戰況。

「比賽由外國人先攻。才剛在掌聲中站上壘包，就馬上被三振出局，在掌聲中退場。接著迪肯、可羅亞的高飛球被對方各投捕手接殺，下場。我軍進攻，矢內原先鋒攻陷一壘，掌聲震耳欲聾。瀨戶、菊名連續被三振，兩軍都沒得分」，比賽就是以這種調調進行著。和其他的中學一樣，神戶中學時常會和三高比賽，不過最常的還是和住在神戶的外國人隊伍比賽。「Cricket」就是外國人隊伍的其中之一。前文寫到的矢內原是忠雄的哥哥安昌，菊名是忠雄那組的組長菊名寬一（投手）。將三振寫作「三揮」的地方也很有意思，安打則是「安全球」。詳細記載各局戰況的比賽記錄以下述文章作結：

「第九局，敵我兩方都使出全力。不過我軍再怎麼加油也很難拉平五分的差距。最後，我方得一分，以七比三敗給對方。儘管裁判有一點點不公平，但是輸了就是輸了。儘管如此，我軍在中盤時一反消沉之氣，到最後為止都努力抗戰。唉，佐佐木、和田走了之後神中的棒球界就顯得寂寞，以往稱霸關西的威風已不復往昔。」

同樣的「實況」記事在十月三十日的日記中也有寫。這些全都是用細字毛筆寫在和紙上的。一場比賽的紀錄長達七到八頁，記錄得極為詳盡。在十月三十日的紀錄中寫到：

「下午三點半開始，在遊樂園有本校對Cricket俱

10. 由於從原文意中難以查出當時的比賽計分，因此於此以原文呈現。

樂部的棒球賽。我軍雖然兩度敗北，不過也算是擊敗三高的強者，對方也是擊敗了業餘俱樂部的強者，強者對強者，因此今天觀看比賽的觀眾多達約五千人。比賽的結果是由我方以二比一獲勝。」

同時記錄了雙方的隊員，並詳細記錄每局的攻防。其生動的文筆，比今日的體育新聞更有趣。在這之後還記下雙方的三振、四球、死球、安全球、得點數的對照，可以說是非常優秀的比賽紀錄。日後的矢內原忠雄不僅是對棒球，對所有的運動也都不關心。在這點上，可以說是有很大的改變。

矢內原忠雄就是這樣單純地替母校加油。我會引用忠雄這麼長的的棒球紀錄，一方面是為了要介紹哥哥安昌活躍的樣子，一方面想要表達的是，儘管當時忠雄和安昌的感情不一定融洽，但是忠雄還是景仰這位哥哥。前文中提到「眼睛不好」，是由於安昌當時得了鼻病，耳朵也生病，眼睛也不好，可以說是以處處故障的身體來參加比賽。安昌與忠雄雖然住在同一個家，就讀同一所學校，不過個性不同，行為模式也不同。安昌儘管身體不好仍持續參加球賽，因此搞壞了身體，在中學四年升到五年時落第，而轉入了今治中學。在忠雄中學五年級時寫下的《暑假日記》七月二十八日中寫到：「哥哥騎腳踏車到今治迎接我。雖然以前常常吵架，不過隨著年齡增長，兩個人也變得親近」(《全集》第二十七卷一四頁)。雖然無法得知文中的「吵架」是怎麼樣的吵法、「以前」是多久以前，不過從忠雄的日記中可以得知，兩人同住神戶時的感情並不好。與其說是吵架，不如說是個別行動，在忠雄的日記中鮮少有哥哥的出現。前面介紹的棒球比賽那一陣子的日記(十月七日)中，寫到了哥哥的鼻子、耳朵、眼睛在神戶的醫生的治療下不見起色，因此前往京都的帝大醫院接受診察：

「五點起床，為了替哥哥送行，五點四十五分和竹內同學一起出發前往三宮車站。哥哥搭乘六點四十三分的列車前往京都。一個人前往京都就醫，實在有點可憐。我應該注意身體健康，過規律的生活」。

最後一句隱含著批評哥哥安昌搞壞身體，是因為生活不規律的緣故的意思。總之，忠雄在中學的五年間非常注意身體健康，這也是他的「修養」。此外，文中的竹內同學全名是竹內正夫，是安昌同年級的朋友，與安昌、忠雄兄弟兩人一同寄居在望月老師家中。竹內正夫是蟬連第一的秀才。對正值多愁善感的青春期的少年忠雄而言，同住一個屋簷下的這位學長的存在，替忠雄投下了一道陰影。

6　優點與缺點

「我中學時期讀的書為井上哲次郎、德富蘇峰、德富蘆花、大町桂月之類的作家的作品。現在回想起來，實在是一些沒有助益的書。當時很盛行人格修養，我也從中學三、四年期開始，一心想成為認真、正直的人，以及父親教我的真誠的人。不過，我總算開始了解，就算只有正直一項，也很難做到。同時，悄悄地情慾也微微地開始作祟。我開始注意到認真的心與罪惡的慾望，是如何不協調地在我的心中紮根。」（〈我如何成為基督教徒〉，《全集》第二十六卷一四〇頁）

這是忠雄日後的回想。同樣的回想，在NHK連續播放的「我的人生遍歷」中也有提到（《全集》第二十六卷二二五頁）。矢內原忠雄於大學畢業時，將自己化為第三人稱的「他」，寫下了〈中學的五年間〉的文章，向神戶一中校友會《會誌》投稿。前面也引用過了這篇文章，而他在這裡寫著：

「在他十五歲時，三年級的春學期開始了。十五歲是以前稱為元服[11]的年紀，也是神中的中堅學年。這兩件事給他帶來了幾分緊張，也喚起了他自覺的念頭。這樣的自覺，替他單純的少年時代畫上休止符。他們的教室位在看得見海的明亮的二樓。尤其是正午五分鐘前，欣賞觀測所降下標示性的紅球是他們的樂趣之一。

在某節修身課時，有個耳朵無比大的人前來參觀。『那個人是誰？』『會不會是萬歲園的人？』『萬歲園的人來做什麼？』到了後來才知道，從河對面的植木星萬歲園，來了一位名為島地雷夢的修身老師。老師的話題很有趣，至今仍無法忘記。有一次老師對他說，『你的頭的角太尖了，應該要向川西那樣圓頭才行。』在他的心中這樣的回答，『頭長成這樣是父母生的，叫我改也沒有辦法。』他等到升上高等學校以後，才了解這位老師話中的真意。

四年級對他來說是一個危機。在讓他看見了世界上的惡的同時，惡在他的心中也發了芽。到目前為止，太陽的光線都能自由地穿過他的胸膛，不過如今在他的胸中出現了黑色的結塊。他知道世界上有秘密，光是這樣就足以污染了他。同時，他對世上所有的人都有不滿，連他的好朋友武同學的說話聲都讓他不悅，他反抗所有的人。這真的是一場危機！這是一句老話，降落在洛磯山的一滴雨水，僅僅是向東還是向西流的差異，就會帶來一是流向大西洋，一是流向太平洋的結果。傲慢自大與不潔四溢的十六、七歲，需要嚴重的警戒。」（《全集》第二十七卷二九八頁）

這裡記載的年齡全都是虛歲。也就是說，他認為

11. 元服：「元服禮」為成年衣冠禮。在元服之前為未成年。

充滿危機的年齡是他四年級十五歲的時候。前面的文章看起來好像輕鬆避開了危機，不過危機早在三年級時就已經開始，並持續了好幾年。關於修身的老師島地雷夢在後文會再提到。這位老師對學生們的「頭型」已做過評述。矢內原忠雄的優點是正直，缺點是不圓融，這兩者結合後以「尖頭」為象徵。而「對世上所有的人都有不滿」以及對所有事物「不悅」的神經質的性格，在中學三、四年級時萌芽，無視欲消去其「修養」的努力，這樣的性格並未被消去而固著在他的身上，成為了矢內原忠雄的個性之一。前面的文章是以面臨「危機」也沒有「步入歧途」的學長，以教訓的筆調寫給學弟，事實上，他避開了他所恐懼的「墮落」危機。但「危機」依舊潛在，並且成為他性格上的一部分。用他的話來講，確實是「傲慢自大與不潔四溢的十六、七（十五、六）歲的時候，需要嚴重的警戒」，不過氣質或性格的形成，是無論本人做多大的警戒，也無法改變事實的。

要知道這個「危機」，或是在他胸中形成的「黑色結塊」的實態，必須詳細檢討他當時的日記，以及主要的周遭環境——家庭環境。不過在那之前，先看看當時的忠雄是怎麼看自己的。忠雄在中學三年級時，寫下題為〈我的優點與缺點〉文章留在《作文清書帳》裡面。這篇文章旁寫有「在學校寫下的即席作，費時兩小時」，不過一如往例是篇好文章，因此在此將整篇介紹出來：

「人都有優缺點。將優點發揮的話，或許可以在工業上有重大的發明，或是在政治上能夠呼風喚雨；助長缺點的話，則可能會犯下道德上的大罪，或是失去為人的資格，終至於踏上毀滅之途。欲揚名天下、成就大業，則須知道自己的優缺點：發揚優點、壓抑缺點。

在這裡來想想我的優缺點。我非常愛好自然。即使是一朵小野花、一棵老松樹都蘊含有無限的趣味。啊，他們柔順的花瓣、亭亭而立的軀幹，是帶給我歡愉的上天使者。進入山中，漫步於田野間，讓溪流花草來洗淨我的身體，這與沉浸在市井演劇、酒席間的快樂是何等的天差地別啊！前者能暢快身心、洗盡塵俗，後者則讓心靈更顯卑屈，使精神腐敗。加上養育一草一木的愛情，可化為美善的精神，轉而為對他人的溫情。啊，這份愛好自然的心實在是我值得誇傲的優點。

筆鋒一轉，提到我的缺點，我最不足的就是大膽與敏捷。雖然不能說完全沒有大膽的個性，但是仍然不甚滿足。正如往往懷疑他人是否以言行毀謗我，實在是令人汗顏。至於提到敏捷的部分，則是完全不如別人。在精神方面上，無法臨機應變，就是所謂的遲鈍。在實務方面，則是不善於體操、操作機器等。這是旁人以及我自己都知道的缺點。啊，要成就大事業，無庸置疑自然需要大膽及敏捷的精神。雖然我已經努力補強我的缺點，仍力有未盡。不過，努力就一定能成功。我願一方面發揮我美好的優點，一方面抑制我的大缺點，養成優良的品格。」

這篇文章雖然有模範生的理論性作文的味道，不過無庸置疑的是，是他認真寫下的。由於是「即席作」，因此正直的寫下日常所感。在這篇作文中，忠雄將「愛好自然的心」視為自己的優點，「欠缺大膽及敏捷」視為自己的缺點。假使數年後（或是一年後）再讓忠雄寫下同樣題目的作文，他或許會舉出完全不同的優點和缺點吧。他的確喜愛自然，喜歡走在山野間的個性一生都沒改變，不過，他有比這更好的優點。（雖然他說由愛好自然的心發展為對人的溫情這一點，不能說不對，但是也有可能是因為討厭人，所以才喜愛自然。雖然不必太重視一個十四歲少年寫的作文，不過將市井演劇和酒席視為腐敗精神之物的成見，恐怕終其一生都未曾消滅。此外，將自然視為「高尚」、市井的生活視為「俗」的看法，不久將成為矢內原忠雄以「神之國」與罪惡的「現世」對照的基督教世界觀。從他將自然的花木視為「上天使者」的話來看，已經可以窺見其前兆。）

關於缺點，他說自己是「遲鈍的人」，不過他絕對不是「鈍」的人。他可能因為在日常生活中不夠機伶，被「姐姐」（望月信志的妻子）罵「你真是遲鈍」而掛記於心。不過他是否真的將「遲鈍」視為自己最大的缺點一事，值得懷疑。他的確是不擅長於體操，不過從他的日記中，並無法看見他為了克服不擅長體操這項「缺點」所做的努力。不如說是應該做的事盡全力去做，不擅長的事就算了的調調。他的缺點是在其他的方面，並且他自己也知道。前文中提到的「缺乏大膽」倒是接近問題中心，也就是過分小心——這並不是軟弱。正因為他倔強，所以對他人的言行相當在意，容易不滿。島地雷夢老師所說的「你頭上的角太過尖銳」，指的正是這一點。忠雄非常清楚這是自己最大的缺點，並努力地欲將其矯正。他希望能夠對他人更寬大，但是另一方面，他認為自己不容許一絲絲不正的，接近潔癖的正義感是自己的「優點」之一，一直保持著這樣的個性。如此的內心糾葛，在他從中學高學年到高中為止的日記中反覆出現。前面在描述關於他的頭型時引用到的日記中，寫到「啊，聖靈來吧，請擊碎我的心！」從此可以了解，這樣的內心糾葛是引領他成為基督教徒的一項重要原因。不過這樣的內心糾葛，恐怕是糾纏了他的一生。

在這裡提一下關於忠雄中學時代的運動。這個運動指的不是學生運動或政治運動，而是sports的運動。不過話說回來，sports和運動並不一樣。中學時代的忠雄做了許多運動，不過sports倒是沒有涉獵。

在這裡要再度引用他的作文。忠雄剛升上二年級時寫了一篇〈將本校運動現狀告知友人的信〉，從中可以了解當時神戶中學的運動性社團的狀況。

「神戶中學基於質樸剛建的校風，運動風氣極盛。目前本校的運動性社團有棒球社、劍道社、柔道社、划船社等四社，本校學生每人必須參加其中一社。……其中以棒球社最熱門，在運動性社團中居冠。其選手可謂稱霸關西。」

「我所參加的柔道社」：

「柔道的指導員為講道館四段的大坪克和教練，每逢練習日都熱心的指導大家。每週有三天的練習日，大家都熱心參與，並不將輸贏掛在心中，以鍛鍊身體及精神為宗旨。所以在酷熱的夏天，儘管汗如雨下也要到道場練習；在寒風刺骨的冬天，也不畏寒冷地只穿著一件練習服。請看看如此熱心於鍛鍊體魄的結果，神戶中學能有今日，實在要歸功於運動社團的貢獻。」

文中可看出少年忠雄意氣昂揚的樣子。他同時參加了柔道社和棒球社，每逢練習的日子便留在學校練習。不過雖然他熱衷於練習，但終究是不擅長。（前文中提到每週有三天的練習日，不過事實上學生只要其中一天去練習就好了，因此對忠雄來說，一星期中有一天是練柔道的日子，一天是練棒球的日子。）

比起棒球，他好像比較喜歡柔道，在他的日記中記有「練習柔道好像可以趕走感冒，通體舒暢」、「儘管今天比較冷，不過還是要提起精神去練習柔道」、「柔道練習的日子心情好」等等的語句。棒球的練習像是在玩耍一般，比較無趣的樣子。社內有所謂的第一選手、第二選手，選手們是有正式的練習，不過其他人就只是玩玩投接球遊戲而已。

「到了練習棒球的日子，隊員只是顧著自己的練習，我們這些普通的社員只有玩玩投接球遊戲，到了傍晚就各自回家。」

「練習棒球的日子，照例社員仍然沒來照顧我們。只給捕手及投手手套，安好壘包以後便開始練習，大家都打得不好，一點都沒有樂趣。」「練棒球的日子，隊員人數不滿兩組時，便開始玩起網球。」

忠雄的棒球練習情形大概就是這個調調。不過參加棒球社也不是只有練習而已，也有參加棒球比賽的經驗，忠雄四年級時在七月八日的日記中，記載他在棒球賽中擔任投手的記錄：「四點開始，我們的組和二年級的隊伍比賽。以五比七＋A的成績輸給了對方。再進一步說，我擔任了投手，投出了許多四壞球，其他地方也失敗連連。下次再戰絕對不會輸得這麼慘。」（後來的矢內原忠雄對中學時代曾經玩過棒球的事情一概不提，對棒球也沒有關心。不過當他任職東大校長時，曾參與六大學棒球聯盟的開賽儀式，登上球場開球。那時的他應該沒有想起少年時期玩棒球的自己。）

若要再提一件關於他對運動不在行的例子，就是他不會騎腳踏車吧。五年級時寫下的《暑假日記》（收錄於《全集》第二十七卷）中，寫到有關腳踏車的事情。七月二十八日，他回到懷念的家鄉。「哥哥騎腳踏車到今治迎接我」。哥哥安昌此時居住在今治，能夠自由的騎乘腳踏車。七月三十日，「在烏生試著騎腳踏車，但總是力不從心，看來練習是相當必要的。」烏生在今治附近，忠雄的姊姊夫妻倆，也就是野間音一住在那裡。八月十三日，「傍晚練習騎腳踏車時，和車子一起橫倒在路邊，膝蓋受了傷，貼了急救繃。」八月十五日，「腳傷一點也沒好轉，綁上了繃帶。」八月二十二日，「騎腳踏車的技術大大進步了。現在直線往返到車站已經沒有問題。不過至今為此，已經有好多次跌到水田裡的經驗，時而被石頭絆倒，身體處處是傷，難以忘懷。」所謂「直線往返到車站已沒問題」，也就是說不能轉彎的意思吧。八月二十六日，「傍晚，不顧哥哥的忠告騎腳踏車到遠處。從中寺沿大川堤而下到烏生。到野間家稍事休息之後，於點燈時間安全回到家。大家都很為我擔心。途中我只有一次跌倒，總算是得到了腳踏車，將來很令人高興。」所謂的「得到了腳踏車」，應該指的是熟練了騎腳踏車的技術，不過事實上並非如此。八月二十八日，「七點半起騎著腳踏車到藏敷，途中連人帶車一起跌入鄉的小川中，肩膀以下全溼透了。看了看前後，確定沒有人以後，才起來把衣服擰乾，實在是可笑至極。」鄉是地名，藏敷也是地名，忠雄的父親的老家，也就是望月家就在這裡。

之後，他依舊嘗試騎腳踏車，不過就是沒能熟練。大正二年的夏天，他回到今治的老家，在日記中寫到，騎著腳踏車「回途騎到水車的地方，翻倒到河的中間，呵呵」、「在辻堂的橋上，不知怎麼著就翻倒了」等等。（《全集》第二十八卷四二八、四三〇頁）

到了很後來的時候，矢內原忠雄於昭和十年在富士山麓山中湖畔有了一間自己的別墅小屋，之後的夏天多在此地渡過，他在這裡也經常騎腳踏車，並且經常跌倒。「去年是事故很多的一年。在與我親近的友人之間也是如此，A君病倒，B君遭強盜搶劫，C君的別墅被一燒而盡。我自己也在夏天於山中騎腳踏車時跌倒，身上好幾個地方都擦傷，不過還好沒有骨折」。這是他出版的個人傳道誌《嘉信》的昭和三十年二月號中的一節（《全集》第十七卷四七八頁）。昭和二十九年夏天是他獲選為東大校長的第三年，那時他六十一歲。昭和三十二年他擔任兩期的東大校長，然後辭任了。辭職後，他依舊在自由之丘的自家附近練習腳踏車作為運動，是在道路比較空曠的早晨練習。由於我住在別處，所以沒有直接看過，不過依據母親的話，他好像常常跌倒，常常推著腳踏車回家。該說是好笑呢，還是危險呢？於《嘉信》昭和三十三年七月號登有以下的詩：

早晨

夏天的早晨，早上五點，
為了運動騎上腳踏車。
沒有人的直線路，
劃開早晨的風前進。
誰也別阻撓我，
我將走在這條路上。

矢內原忠雄是名優秀的詩人。世間和詩壇都知道這件事，他寫下了許多好詩。我總有一天會談到關於詩人矢內原忠雄的事情。我也喜歡上面這首短詩。這是和下面的詩相對照的詩：

傍晚

寧靜的夏日，傍晚的天空，
斜陽替山鑲上金色的框。
彼方是我將前去的國度，
那裡吹著微涼的風。

忠雄在六十五歲時寫下這兩篇詩，是他去世的三年前。這兩篇收錄於單行本《人生與自然》之中（昭和三十五年發行），當時添附了「今年一月以來由於生病，未曾再騎乘腳踏車」的「追記」（《全集》第十七卷七九〇頁）。

〈早晨〉中「我將走在這條路上」的句子，是和前面引用到的短文〈堤上之道〉中寫到的，「欲描述我的人，就描述迎著風，獨自走在多摩川堤防上的我吧」相呼應的句子，象徵了他的人生行路。「誰也別阻撓我」這句話，讓人感覺到如果誰擋在他前面的話，以他的技術是無法迴避的。但是在此不再過問他腳踏車的技術。儘管時而跌倒，我仍相信他不將搗亂的人放在眼中，凜凜地劃破晨風向前邁進。

7　家庭

忠雄雖然不擅長運動，不過在中學時代同時參加學校的柔道社和棒球社，放假時喜歡散步於山野間，在家用冷水浴，會用冷水擦身體，努力培養健壯的身體。從三、四年級時的日記中，記有「因為好像快要感冒了，所以停止冷水浴」的記載看來，似乎除此之外未曾間斷過冷水浴。除了冷水浴之外，他哪天舉了鐵啞鈴或是沒舉鐵啞鈴的記事，也頻繁出現。每天舉鐵啞鈴來增強體力，三年級（明治四十年）時十月十三日的日記中寫到：

「去買鐵啞鈴，想買四磅的，但只有三磅的，便買了三磅的。不用多說，練習啞鈴主要是希望鍛鍊肌肉、增加氣力。我向神明起誓絕對不會中斷，並從今天開始練習。正同學也從兩、三星期前開始練習啞鈴，我們一起在睡前練習。」

正同學是與他同住的竹內正夫，他是仿效這位學長開始練習啞鈴的。隔年一月十六日傍晚洗完澡後：

「洗完澡不馬上睡覺，讓熱度跑掉的話，對感冒不好，因此今天啞鈴的練習就休息一天，馬上睡覺。今天實在太對不起神明了。以後一定會確實練習。」

同年二月十三日的日記中寫著：「舉啞鈴以及冷水浴暫時停止，並沒有什麼特別的理由，只是覺得麻煩。正夫也一樣，這也是意志薄弱的地方吧。」補註有「今天是舉啞鈴以來第八十天。」所謂的「老師」自然是寄宿家庭的主人——望月信治。

忠雄原本就說不上虛弱，但是也不是健壯，身形瘦小，若真要說的話應該屬於瘦弱的孩子。不過藉由這樣的規律生活及鍛鍊，身體逐漸變得強壯，雖然偶爾會感冒，不過中學五年間未曾缺席。這也可以說是「修養」吧。他的身材，在三年級時驟地抽高。根據他的日記，三年級四月健康檢查時，他的身高一五二公分，體重三十八公斤；不過四年級四月檢查時，他身高已經長到一六〇公分，體重四十三公斤。比起身高，體重稍輕，也就是雖然高但是瘦（哥哥安昌也一樣）。同樣是三年級（十四歲）的時候，他自覺到生理已進入青春期，並因此而煩惱。除此以外，最直接的家庭環境中也有許多煩惱。三年級時的《暑假日記》開頭的〈迎接暑假〉文章中，有以下敘述：

「曾經，像煩惱的煩惱對我而言，連想都不曾有過。不知是吹什麼樣的風，這學期開始許多事情都讓我煩惱。不需要勸諫，我一個人獨坐書桌前，痛心煩惱的事層出不窮。」

這裡寫到的「不需要勸諫」，指的應該是住在同一個屋簷下，使用忠雄隔壁的書桌，大他一歲的哥哥安昌的事情吧。前面提過，安昌是棒球選手，不像忠雄那樣是個優等生。根據忠雄那組的組長，同為棒球選手的菊名寬一的回憶：「比起忠雄，我跟安昌比較要好。和忠雄不同，我和安昌屬於不良的學生。」雖然說是不良，也只是偶爾出入於熱鬧的地方，不是真的不良少年。儘管如此，在認真的忠雄或嚴格的管教者望月信治眼中，應該有看不過去的地方吧。望月老師往往訓誡安昌，安昌對於其訓誡似乎抱持著不滿。本來，安昌的學業絕不是不好，儘管忙著棒球的練習和比賽，四年級時的成績仍保持在同學年的第八名。不過如前所述，四年級第二學期時，他身體開始變差，得了肌肉關節的疾病，連心臟的機能都受到影響。

在此摘錄明治四十年，也就是忠雄三年級、安昌四年級時，忠雄年末的感想文〈送別明治四拾年之辭〉的主要部分來看看：

「我中學三年級的大半都在這一年。我是怎麼渡過危險的三年級呢？我只是一如往常地，盡到我的本分而已。當然，這其中有不少過失，但是我相信沒有大失誤或過錯地渡過了這一年。關於我的身體，今年急速的成長，身高抽長，體重也增加了。最重要的是，今年夏天進入了青年期。迎接需要慎重注意的青年期到來，不更加注意不行。此外，在精神上，多少變得有點神經質，失去了容忍他人言行的度量，常常發火。從今年春天開始，和哥哥的朋友竹內正夫一起同住，當時我不被放在眼裡，這多少造成了我神經質的個性。（神經質時代，我最大的慰藉就是大利同學。痛苦難過時，總因為大利同學而笑顏逐開），然而，哥哥和竹內同學的交誼——這樣的交誼可能讓我的精神被污染，不過我並沒有受到太多的污染，這可以算得上是幸運吧。竹內同學在九月下旬時洗心革面成為一個善人，我的神經質也逐漸好轉，我的心胸也逐漸變得寬大。希望明年能夠（根本地）戒除這個不好的個性，回復以往快活的自己。至於哥哥則是身染疾病（鼻病、肌肉關節疾病、心內膜炎），（由於他的任性導致）病情延長，雖然鼻子、心臟已經幾乎痊癒了，但是肌肉關節疾病仍未痊癒，仍臥倒病床中。當他接受了鼻子的手術從京都大學附屬醫院回來時，想要加深與竹內的關係(實際數次目擊)，不過不知道是幸還是不幸，哥哥的心臟病再度發作，未達成其目的。

就這樣，讓我煩心的事並不單純只有一件事，總歸，今年比起快樂的事，讓我煩心的事情更多。不過我並未脫軌，盡到了自己的本分，因此現在回想起來是一件令我愉快的事，成績也經常保持在第一，這也是一件令人高興的事。」

前文中提到「神經質時代我最大的慰藉就是大利同學」，關於「大利同學」將在後文詳細敘述。忠雄以神經質時代是過去其中一個時代的口吻，說著「我的神經質已經逐漸和緩」，表示希望明年能夠遠離神經質的個性，不過實際上並非如此，他變得越來越神經質，也就是說，神經質成為他個性的一部分。關於此事在明治四十一年以後的日記中可以得知。造成他「神經質」的要因之一，如同忠雄所敘述的，是春天以來和竹內正夫的同住，以及正夫與安昌的「不正當交誼」。不過他說「我並沒有受到太多的感染」，卻不一定符合事實。比如隔年五月六日的日記中，忠雄寫到，

「我要向神謝罪。我今晚做了可恥的行為，連用筆記寫下都可恥的行為——我(和正夫同學同床)這已經是第二次了，每次都想說不應該不應該。現在是需要做下重大決定的時刻，不能養成這種習性。我今夜下定決心，啊，這是我人生的危機，不注意不行。已經有了前車之鑑，怎可重蹈覆轍。」

「已經有了前車之鑑」，這句話明顯是在說哥哥安昌。但是，不管是正夫和安昌的「不正當交誼」，還是忠雄的「同床」，這都是青春期的少年會有的正常行為。當然由於羞恥心，不應該和別人提起，不過沒有必要將這種事情視為「不正當」，對自己感到罪惡感。沒有性慾的人才是不正常吧。就算忠雄是再怎麼認真

的少年，會有這種事情發生也不值得感到驚訝。重要的是，他對這件事情感到「不正當」，是「污穢的事」，非常的後悔，向神謝罪的舉動。這時候他並沒有特別的宗教信仰。但是將自己放在神前這樣的宗教性舉動，處處可見於中學時代的日記中。只要讀書稍微懈怠，或是一天沒做鐵啞鈴的運動，就會在日記中寫著——「今天實在是對不起神明」。日後基督教信仰的基礎，在他的不自覺中儼然已經形成。「失去了容忍他人言行的度量，常常發火」，想要脫離神經質個性的痛切願望，成為引導他進入宗教世界的要因。

照料中學時代的安昌、忠雄的望月信治，其家庭狀況又是如何呢？如前所述，望月信治是這對兄弟的表哥，也就是安昌、忠雄的父親謙一的哥哥望月德三郎的獨子，在神戶中學裡是個性嚴格的數學教師，但是他並沒有被學生討厭。望月老師儘管因為嚴格而被學生們所畏懼，但是由於他教學認真，很得學生們的信賴。川西實三及菊名寬一都表示，「他是位嚴格而可怕的老師，但是是一位好老師」。忠雄在三年級第三學期後，在教室裡向這位是表哥，也是保護者、監督者的老師學習幾何學。在忠雄的日記中寫到，「老師在學校裡是位理想的教師，不過在家裡面就……」這裡的「就……」讓人很有想像空間。不過大體上來說，儘管也有反抗的時候，但是他對這位「老師」始終抱持著尊敬與感恩的念頭，遵從其訓誡以達成「修養」。在老師方面，很難推測老師是否有將忠雄當作家庭成員來疼愛，不過在家庭中依舊保持著嚴格的態度。這樣的態度對安昌也是一樣，不過從忠雄的日記中看來，比起安昌，老師對忠雄似乎比較嚴格。忠雄時常聽老師說教，正因為如此，可以說老師比較注意忠雄吧。望月信治的妻子叫作「彩」，屬於難以親近的個性，好像相當囉唆的樣子。忠雄在日記中將這位夫人記為「姐姐」，有時候也記為「媽媽」。夫妻間育有一名叫作「歌子」的女兒，沒有兒子。忠雄中學三年級時，歌子六歲。

在忠雄中學三年級的夏天，望月信治的家中有著將忠雄收為養子的提案。這年夏天，忠雄照例返回今治家鄉的父母身邊（此時望月老師回到今治藏敷的老家中）。在《暑假日記》八月四日寫到：

「上午，從父親口中聽到望月家希望收我為養子，而祖母、兩親也答應了，問我的想法如何。這實在不是一件小事，我的胸中充滿了驚訝。叫我如何離開矢內原家，如何離開慈愛的親生父母呢？我不想去望月家，父親也不想把我送給別人。不過想到矢內原家和望月家複雜的關係，為了不要斷絕香火必須互相幫忙，這是世間的義理，即使是情愛也敵不過義理。尤其是望月家表示願意出資資助我學習我所喜愛的幾何學，我進入望月家對我的學業也有益處，又可以保持兩家的親密關係。世界上有叫作義理的東西，即使有些微的痛苦也必須遵從。從種種來看，我似乎都必須成為望月家的養子。連帶病的母親都出面以義理人情來說服我。當下，我的胸中彷彿遭到一陣亂打，警鐘作響。不過，火災過後的痕跡非常悽慘。我的胸口彷彿要撕裂了一般，熱淚沾濕了我的臉頰。這件事畢竟是事關我一生的大問題，我需要深思熟慮之後才能做答覆，因此我沒有回答。父母離開後，我獨坐在書桌前陷入沉思。」

在此，忠雄的父親謙一所說的「義理」，是因為謙一是出身於望月家，為了延續矢內原家的香火才成為矢內原家的養子。因此，這次為了延續望月家的香火，應該將忠雄送到望月家當養子。不難推測，這對當時十四歲的少年忠雄而言，是一件晴天霹靂的大打擊。這從前文可以明白地表露出來。此外，為了了解暑假中忠雄的動態，在此繼續引用前面日記的續文。日記如下繼續寫著：

「總之，在沉思中又是一股熱淚。這是不應該有的情形，因此壓抑住眼淚，擦了臉後起身。今天是野間的女兒的命名日以及藏敷的休息日，而我有受到招待，應該是要帶兩個妹妹前往才是。

我趕緊換上外出服，帶著兩個妹妹離開了家。在路上想到這件事情仍然不禁淚流。不一會兒就抵達野間家，幼兒長得很像小艷，母子都很健康。小艷很害羞不肯靠近，想必是我沒有如同田村的魅力吧。到二樓去玩，一點都不涼快。從折柄四阪島的方向吹來濃煙。音哥哥說，四阪的煙害從去年開始加劇，受到煙中夾帶的亞硫酸瓦斯的影響，植物的葉子都變白，枯死的植物也不少，尤其對稻作有不小的影響，是目前越智郡燃眉之急的麻煩問題。這不只是對植物有影響，對小動物也有影響。比如說，今年夏天不管到哪裡，都聽不到蟋蟀的鳴聲，蟬也很少見到。吃完中餐後，望月一家也抵達，看到他們，我心中又是一陣揪疼，不過我馬上振作精神和他們打招呼，然後回到客房玩耍，和妹妹玩彈石頭。在琵琶湖舉行的划船競賽，我校的德島選手戰敗的消息傳來，實在可惜。泡完澡之後吃晚餐。啃了很多豆子，也喝了很多冷水。晚上參拜毘沙門（很熱鬧），買了糖，吃了糖、喝了水後就睡了。肯定弱胃迴腸又要作怪了。」

隔天的日記中記到，果然不出所料，伴隨著劇烈腹痛而來的是下痢。雖然說他平常飲食規律，不過他畢竟是正值最會吃的時期的少年。尤其是放假的時候，忠雄彷彿被解放，總是吃很多（日後他也是如此，一方面是飲食規律的遵從者，一方面也是個愛吃的人——不過實際上是想吃的東西往往吃不到）。文中提到的「小艷」，是忠雄的姊姊野間音一、文代夫婦的長女，當時還是個三歲的幼兒，她不肯接近他的原因，忠雄認為是因為自己沒有英雄坂上田村麻呂[12]那樣的魅力的緣故。這樣幽默的表現在「弱胃迴腸肯定又要作怪了」這句話中也可以看到。在他的日記隨處可見這樣的幽默。就因為那是非常認真的日記，所以也讓讀的人會心一笑。他本人以非常認真的「修養」鞭韃自己，對自己的「神經質」感到煩

12. 田村麻君：日本平安時代的武官，征夷大將軍，也是日本文化中的武神。

惱，一方面藉由這樣的幽默，來緩和自己的緊張感。

前文日記中寫到的四阪島煙害，是由於愛媛縣新居濱附近的別子銅山生產銅礦的精煉場設在四阪島之故，從該精煉廠排出的廢氣，越過海洋來到此地。從這篇日記可以得知，公害問題在當時已經造成嚴重的影響。矢內原忠雄於大學畢業後，前往新居濱的別子銅山就業，可以想見他就職於該地的動機之一，是為了想要解決鄉土的煙害問題。不過這是將來的事情了。回到忠雄的養子問題，接續上面的日記，八月八日寫到：

「我連日思量關於我將被收養的事情。結論是，沒有任何事物能夠敵過義理。因為我一個人的頑固，而破壞矢內原家和望月家長久以來的親密關係，是一件愚蠢的事。即使是成為望月家的養子，我依舊可以對父母（親生的）盡孝道。孝經有道，『身體髮膚，受之父母，不敢毀傷，孝之始也。立身行道，名揚後世，彰顯父母，孝之終也』。到望月家當養子一事，對我而言也沒有什麼大損害，根據這些理由，我答應到望月家當養子一事，不過我向父母表示，條件是必須等到中學畢業以後才入籍望月家。即使這是事前已經有所覺悟的事情，我還是感到胸口疼痛，不覺眼淚四溢。父母也因此安心，望月也因此得以滿足，死去的啟太先生一定也能含笑九泉吧。儘管如此，我還是感到胸中如撕裂一般的痛苦。」

「啟太先生」是謙一的父親望月啟太。儘管矢內原忠雄對於父母或兄弟姊妹的情感比任何人都強烈，不過既然已經下定決心當望月家的養子，所以在中學五年生活的後半，他就是以這樣的心情在神戶的望月家渡過的。日記中寫到「姐姐」的地方，後來寫作「媽媽」，就是因為這個原因。好像是有意識地要將叫法改正，可以看出日記中有幾個地方是將寫下的「姐姐」改正成「媽媽」的。同時，成為養子也意味著，他將來必須和望月家的唯一女兒歌子結婚。

8 家庭（續篇）

中學三年級的忠雄，在寒假回到父母身邊的除夕夜，寫下了〈送別明治四拾年之辭〉這篇文章。天一亮就是一月一日，「六點半起床，啟太郎突然喊道恭喜。恭喜聲便此起彼落，家中和氣滿堂……早餐前以我為中心，指揮孩子們清掃平常骯髒的書房以及起居室，打掃過後清爽多了。這些都結束後，一家齊聚一堂共進早餐。雜煮三碗、麻薯九個，食物的熱氣冉冉上升。實在是天下太平，一家安穩的理想圖吧。二妹穿著晴天外出的衣服準備出外祝賀，我練習了一下子代數，之後便是快樂的玩樂時間。」此時，小弟啟太郎才六歲。夏天和冬天的一家團圓，對忠雄來說是無上的喜悅，以啟太郎為首，他疼愛悅子、千代兩位妹妹，和他們一起快樂的遊玩。這個寒假，他也成為孩子軍團中的孩子王，經常帶領孩子們一起放風箏、丟陀螺、玩捉迷藏、玩牌。不過這並不代表一定是「一家安穩」。會這麼說，是因為哥哥安昌的肌肉關節疾病尚未康復，而休假結束後，忠雄就要獨自出發前往神戶。一月七日的日記寫到：

「早上五點起床，吃了祖母做的燒餅，吃完早餐便搭上車離開家門。母親和弟弟替我送行。寒冷的天氣中真是辛苦他們了。哥哥最近恢復的情況甚佳，比如昨天，他已經可以在白天起來，到暖桌邊說說話、玩玩小遊戲了。不過身體狀況還是未能恢復到以往，因此沒辦法和我一起前往神戶，決定先請假一、兩個月，待身體恢復以後再重返學校。……但是年老父親是多麼地擔心……雖然不肖，但是對於哥哥的境遇，我也是數度不忍淚流。今早告別時，我心口一緊，眼淚險些奪眶而出。沉默時而出現在兩人之間，不過我心中向哥哥道別，並祈禱著希望哥哥一直都健在，早些康復，好繼續學業，不要再過不規律的生活。

不同於哥哥的病弱，我最近身強體健，過著不知藥為何物的日子，因此，安慰為哥哥的病情而勞心勞力的家人，應該是我的責任。我雖然健康，但是難說何時會遭逢病魔。我要在健康的時候努力讀書——連哥哥的份一起努力，成為有出息的人，這不僅是要慰勞父母的辛勞，也是對所有相關的人以及對我自己的忠義。小心謹慎、不脫離正道，以哥哥為鑑精勵圖成，安慰父母、光耀家名是我的責任。

我實在是比神背負著更大的責任……。」

當然，此時的忠雄尚不知道，最後他在前文提到的「大責任」不僅僅止於中學時代，而是直到高中時代、大學時代都一直必須背負著。忠雄的青年時代一直持續有著必須代替哥哥成為一家的支柱，守護家業、照顧弟妹的意識。他不只是有這樣的意識，事實上，現實加諸了他這樣的責任，而他也忠實的扮演好這樣的角色。哥哥安昌的失敗（不僅只是健康上），是忠雄青年時代最心痛的事。

安昌的病並沒有那麼嚴重，該年一月二十日起，暫時和祖母一同前往別府進行療養。忠雄於一月二十一日的日記中寫到，「晚上，從老師口中得知哥哥的事情，回想起前後的事情不禁眼淚盈眶。最後，依據老師的意旨向父親發了一封信，是一篇很長的信。」並大略記有給父親的信的內容。簡而言之，就是安昌如果在二月中返回神戶的話應該可以順利升級，因此要安昌快點來神戶——總之先升上五年級，如果有必要的話再請假就好了。此外寫到，「老師非常替哥哥擔心，哥哥的任性有損老師的體面，老師也大怒，寄信表示無法再照顧安昌。不過對於此，老師並沒有收到致歉信，這實在是太失禮了。老師也說，如果寄致歉信來的話，還願意再照顧安昌。」所以希望哥哥及父親寄道歉信給老師（望月信治）。

不過安昌的病（心臟）並沒有馬上復原，於是第三學期便休學了。所以到了四月，安昌是四年級，忠雄也是四年級。這個春假，忠雄人在神戶，而安昌於四月三日抵達神戶，一起購買了四年級要用的新教科書。接著新學期就開始了。四月十八日從學校回家後，母親出乎意料地來了。依據忠雄的日記：

「原來母親這次是來帶哥哥回去的。晚上整理哥哥的行李。當眾人都入睡後，母親和我對坐於桌邊。——去年年末望月老師表示無法再照顧安昌，不過在我們的懇求之後，他終究答應了。後來，安昌因病回鄉兩個月，病情不見好轉，因此來帶他回家。」

接著，詳細記錄母親的話。簡言之，就是望月老師說不能再照顧安昌，安昌和忠雄同一學年想必也不是滋味，因此決定讓安昌回到父母身邊，轉學回今治。母親以為安昌做了什麼壞事，嚇了一跳大老遠跑來，不過實際上也沒什麼壞事。忠雄接著寫道：

「望月先生的愛憎太過分明，明顯地只對哥哥冷淡，而厚待正夫同學和我。他只知道以惡制惡，不知道以德服人。我也寧願回到家鄉，承歡父母膝下求學。但一想到這也是前世的因緣，一種修養，就只好在這裡勵精圖強。我一人在床上想著，獨自淚流」。

就這樣，哥哥安昌回到了故鄉今治。竹內正夫以第一名的成績升上五年級，和忠雄一同住在望月老師家的二樓。從前面引用到的忠雄的日記也可窺知，竹內正夫很得望月老師的寵愛。忠雄當然也被老師疼愛，但因為是親戚，對忠雄的訓誡也格外嚴苛。比如說，當正夫唸書唸出聲音來時，若忠雄說很吵的話，被罵的人會是忠雄。那一陣子忠雄在日記裡穿插有向父親報告近況的信的草稿，其中可見：

「許多人一起唸書，人際關係自然不容易處理，像我就常常有不順心的時候。比如說，當我在想數學問題時，旁邊的人或是唱歌，或是大聲唸書，總令我感到不愉快。在這種環境下讀書也是一種修養。最近我的心越見扭曲……近來彆扭的個性逐漸加劇，以至於他人的所有行為在我眼裡看來都是冷淡且不愉快的……這麼一來，連我自己的言行態度也變得冷淡，不討人喜歡且易怒。但這都不是旁人的錯，大家都當我是器量狹小的人，這實在是身為男子的一大恥辱……今晚被老師說，你越來越像你安昌哥哥了，好好的想想今後該如何改正自己的態度吧……從此必須洗心革面，回到從前的忠雄……」

他自覺到自己「心的扭曲」並加以反省，努力想要將之矯正，反覆努力修養。不過，努力使自己不要有神經質這一件事，本身就耗費不少神經，因此這是極為困難的努力。加上，使他的心「扭曲」的原因，除了同居者以外，還有其他很多因素。

望月老師的妻子對於在神戶的忠雄而言，可以說是取代了母親的地位，他在飲食和衣著上都受到這位夫人的照顧，不過這位夫人相當囉唆。中學三年級的後半，忠雄在日記中開始改變原本「姐姐」的稱呼，稱她為「媽媽」。雖然他屢屢戒告自己，不可以對有恩義於自己的長輩有不好的念頭，不過他仍然屢屢在日記中寫下對「媽媽」的不平不滿。在這裡，以明治四十一年三月十日忠雄（當時三年級）的日記一部分為例。當天早上天晴，不過到了中午開始下雨，忠雄和竹內正夫都淋著雨回來。

「一登上二樓不久，就聽到媽媽的吩咐。猜拳輸的人替老師送傘去。我最討厭這樣。猜拳是一項投機行為，如果對方輸了，我就可以悠閒地待在家裡，但是這樣心裡又會覺得奇怪。如果我一直贏下去該怎麼辦呢？如果我輸了，我應該欣喜的接受吩咐，但是會被認為是因為猜輸了才不得不去。我比較喜歡自己主動說要去，或者是被指名前去的方式，這樣乾脆多了。……我不喜歡猜拳，我回答說我要去，便穿上和服褲走下樓，正夫也有的沒的拎著和服褲下了樓。我對媽媽說，請不要讓我們猜拳，與其猜輸了才去，我喜歡因為自己想去才去。結果惹得媽媽大怒……她說：要去的人就自己去了。我有神經也有血管，平常就對她不滿，像現在這樣講話講到一半突然發火，實在是惹毛了我，……老師的傘在哪？對方不看我粗暴的做著別的事，我也無視對方，問了傘就出門了……」

明明只要乾脆猜了拳就可以解決的事情，但像前文那樣思考事情是忠雄的性格，也可以說是他想法的特色。他認為自己率先去送傘就沒事了，卻沒有考慮到別人的想法。在寫下上文之後，忠雄又做了反省，寫到：

「啊，我實在是做了壞事。一時忍不住把平常的不平不滿說出口，傷害了媽媽和正同學的感情，實在是太可惜了。……總之，我誰也不怨恨，不怨恨姐姐，也不怨恨正夫同學。會陷入這樣的境遇是因為自己的德行不足。……但是我相信自己的信念，不會為了討好姐姐而扭曲我的堅持與想法……啊，所有的一切都是為了要讓我有所成長而存在出現的……」並以下面的句子結束這篇長篇日記，「即使如此，我還是懷念故鄉的一切」。同樣的話在隔天三月十一日的日記中也有寫到，一方面他說，「我絕不會因為要討別人歡心而扭曲我所信奉的主義」，但是另一方面又說，「好，從此之後，我不再因為小事而擺臭臉、冷言冷語，要逐漸養成大度量」。養成大度量是極為困難的事。對「媽媽」的不平不滿，以及對表現於外地讓「媽媽」不高興的舉動的反省，以後更頻繁出現於日記中。日記中寫有「在學校很愉快，在家裡不愉快」，可以說是忠雄中學生活後半的基調。由於這份「不愉快」，讓他更努力於讀書，也讓他更懷念家鄉。

這位「媽媽」於忠雄四年級的那年年尾（明治四十一年）產下了一名男嬰，取名為「望」。這年寒假，忠雄沒有回家而留在神戶，明治四十二年一月一日的日記如下寫到。（從這天起，忠雄停止用毛筆寫在和紙上的習慣，改用鋼筆橫書寫在大學筆記上。透過此日記，記載得更詳細了。此外，他有時候也用英文寫日記，英文的日記中「媽媽」是Mrs. M。）

「Got up at 7 o'clock, and was scolded by Mrs. M.『年初的客人很早就要來了，baby又在哭，你也要早點去學校，怎麼動作還這麼慢，還在bed做什麼！』古語有曰：「一年之計在元旦，一日之計在於晨。」我於今天——元旦的一早——就被罵，實在很難開心。加上我洗完臉後，向Mrs. M說了兩次I wish you have a Happy New Year！她一句回答也沒有，頭也沒回，我的心豈能平靜！」

這與本節一開始介紹的元旦正好成對比。忠雄在之後繼續寫到，要將這當成修養的試金石。

「可笑的凡夫俗子，人應該與大自然為友，仰望浮雲之白，俯視百花之紅。天地之悠悠。人，將身體置於此間，則胸中產生悠閒時間，精神暢快，產生登天之思。何須為了人生逆境而煩悶」。

忠雄不一定是身處「逆境」，只是剛好Mrs. M因為正月和育兒忙碌罷了。忠雄還年輕，才正要迎接十六歲的生日。這天，他參加學校的四方拜[13]拜賀式後，自己用作畫的紙做了個人名片，到各個老師的家中拜年，說正月總還是可喜可賀，也寫到：

「我們雖然穿著破衣，但是仍會有值得高興的事。回到家，就算是姐姐也感染到新年的氣氛，高興的和我打招呼，給了我煎餅之類的。」

就這樣，忠雄持續了一陣子在家中唱「搖籃曲」，當小學一年級的歌子的玩伴。但是，在二月十九日

13. 四方拜：戰前稱為「四方節」。朝拜者面向天地四方的神靈與天皇陵寢的方向頂禮膜拜，祈求國泰民安，作物豐收。

時，望月家發生了一點事情（竹內正夫於前年秋天就離開望月家，因此這一陣子寄宿的只有忠雄一人。但是他並不只是單純的寄宿人，他還是養子的預定者）。當天，忠雄的日記是這樣開始的：

「啊，今天有許多事都值得思量。我就這麼的被人生的悲所追趕，嘗盡人生的苦澀。啊，Destruction! Destruction! 我不想在日記中寫下這種事情！

吃完晚餐，我在二樓練習英語的Reading時，聽到樓下有打破陶瓷器的聲音。突然，「忠雄！」我嚇了一跳，沒多想什麼就到樓下去。看哪，老師面如土灰，臉上青筋縱橫，看起來更具威勢。姐姐抱著小望一臉疑惑悄然而立。『今天起，我要破壞這個家庭，你們自己做想做的事吧！』一些傢俱都被燒掉，我什麼也不知道，心頭一驚，『為了什麼事要破壞家庭？』『如果你不知道的話，那你也太遲鈍了吧。從今天起，我是我，妻子是妻子，你是你，各自過各自想要的生活。反正你本來就沒有對身為主人的我有多少敬意。……我早上起床端出冷的醃漬物時，你是怎麼看的！……我已經不想再待在這個不愉快的家庭裡了。各自做自己想做的事吧！』」

望月夫妻的感情絕對不差，只是此時老師的心情不好，看什麼都不順眼。老師由於自己在家庭中沒有受到尊重而向妻子發怒，忠雄也受到怒火波及。忠雄冷靜沉著的應對，在日記中寫到，「這麼一來，我必須冷靜的應對。這件事情一定要讓它和平解決，我必須不畏懼的將一切都說出來。」忠雄向老師道歉，表示平常沒有盡到分擔家事的責任，今後會努力不讓老師有不愉快的念頭，因此請老師不要說要破壞家庭這樣的話。老師的怒氣持續到隔天，妻子和忠雄都輪流向老師道歉。忠雄並沒有因為這件事而改變對老師的信賴以及服從。「感謝老師的寬宏大量，我在家和在學校都必須十分用心，以期不要再發生令人感到遺憾的事」，這就是忠雄對這個事件所做的結語。

四年級結束時，忠雄在日記中寫到，「給我的精神帶來大變化的四年級結束了。在學業、運動、思想三方面，來對四年級期間做一個回想」，筆記本二十二頁中都用細字寫下了四年級時代的回想的總括。在此，稍微引用「思想」部分中提到家庭的地方。

「我不認為在家庭中的望月老師有像在學校中那樣成功。不知道是否因為我們做錯事，老師經常板著嚴肅的臉孔，雖然說是常在容忍我們的過錯，不過這無法成為一家和樂的本源。此外，望月姐姐是沒有罪過的人，毫不掩飾自己，這點值得高興，但是她實在太大聲，又常常因為小事囉唆責罵小歌。這樣一來，小歌會隨著年齡增長變得狡猾，開始在暗地裡說壞話，反抗心也會越見增強吧……此外，教訓小歌的時候，老師與姐姐的意見十之八九都不合，因此有可能給孩子帶來不良影響。我實在是為此感到痛心。」

接著，他對四年級得到的四個「思想」，「Great與Good的一致」、「謙遜」、「服從」、「硬著忍耐」做了詳細的說明。透過忠雄的日記，可以得知以上的家庭面貌，他努力讓自己的心不要被「扭曲」。不管他有沒有成功，透過這樣的不斷努力，「遲鈍的忠雄」依舊是「遲鈍的忠雄」。

雖然說望月家產下了一名男孩，但是忠雄的養子問題並未因此得以解決。

修	身	93
國語漢文I		96
國語漢文II		96
英	語I	93
英	語II	89
地	理	96
歷	史	99
代	數	100
幾	何	92
博	物	97
化	學	99
圖	畫	86
體	操	100
平	均	95
席	欠	1
缺席日數		0

9 暑假

忠雄以優秀的成績升上了五年級。在這裡提出他四年級的學年成績（各學期的平均）作為佐證（見前頁圖）。他把每學年每學期的成績都記在日記裡，這是其中一例。

要知道這是多麼優秀的成績，可以從第二名的人平均八十八分，學年平均的平均點是七十四分得知。他喜歡且擅長的學科是國語、英語、歷史。體操之所以得一百點，是因為他參加的是兵式體操，因此想必教練是依據平常的認真度來給分的。總之，就算是他不拿手的學科，他也會努力拿到好分數。不過，他是因為尊重求學這一件事才努力讀書，並不是一般為得高分而讀書的學生。對於課業，他的態度四處可見於日記中。這裡引用他剛升上五年級時寫下的作文〈最後的新學年的覺悟〉的一部分（《全集》第二十七卷）。

「進入神戶中學已經四年，基於父母的恩德來到神戶其實已經五年了。當初不過是一個弱小的少年，如今已經是中學五年級的學生了，回想過往真是感慨。一、二、三年級時，只要單純顧好自己的學業，沒有他務。不過到了四年級後，逐漸產生人格的觀念，開始深深地思考自己將來的方向，尤其是我的朋友將兩個學弟託付給我照顧，之後對於冥想一事更是專心。另一方面，課業變得比以前更複雜。想這想那，幾度不覺黯然淚下。不過我有自覺心，欲奮發圖強。方才的眼淚就是我的原動力。我並沒有特別的娛樂，帶著確定的覺悟向前邁進，就是我最大的快樂。正確的修習學業、嚴格的反省修養品行，就是無限的快樂。（中略）……

我常常因為至今為止的錯誤而污穢了所謂的第一名。和他人為了得到第一名而努力唸書比起來，辛勞是多了一點，快樂是少了一點。但是，這不過是單純表相上來看而已。學問是深遠的，真相是無窮的。我的前途可以說是非常遼闊的。掛心於探究學問的奧妙、發現未被發現的真理，能夠產生奮發向上的心情，也能夠產生愉快的心情。與僅僅數十人的同學爭一二實在無趣，要與天下的秀才逐鹿，探究學問的奧秘，並將之實際應用，做有利眾生的行為，才是我的志向。（中略）……

更進一步想的話，我只能努力唸書不懈怠。現在我身為最高年級，作為全校的模範，必須深深加以自治，以期不侮辱神戶中學的校譽。加上我雖然遲鈍，但畢竟身為副組長，既然接下了這個職務，就必須盡最大的誠意將它做好。（後略）」

這篇作文旁加有「四月十七日稿，即題」的注解，可以知道是在教室臨時被給予題目所寫下的。看起來像是模範生一般的優秀文章，不過事實上絕非如此，他是認真的這麼想的。「正確的修習學業、嚴格的反省修養品行，就是無限的快樂」是他真心的想法。上面引用的作文中的同樣內容，亦出現在他的日記中，可見他平常就有這樣的想法，所以才能當場寫下這樣的作文。但是，斷言「正確的修習學業、嚴格的反省修養品行，就是無限的快樂」是有點勉強。「幾度不覺黯然淚下」，他無法以奮發心來抵抗淚水，也是他後來加入基督教的要因。

前面作文中提到「我的朋友將兩個學弟託付給我照顧」以及身為五年級副組長，為端正校風所從事的活動將在後文介紹。在這裡先接續前節，描述他的家庭生活。

從前面的作文可以了解，他抱持著「覺悟」努力於學業和學校生活，不過家庭生活仍是一成不變。由於自己的意識增強，對家人（尤其是「媽媽」）的反抗也變得更強烈。這並不代表「媽媽」對忠雄很冷淡。只是忠雄自己這麼感覺罷了。這一方面是一個十六歲的少年由於多愁善感而多反抗，一方面也是比別人更需要家庭溫暖的忠雄「寂寞」的表現。以忠雄來說，是因為寂寞而反抗，因為反抗而更加寂寞。為求貫徹信仰，而不願討好別人的個性（我無法區分那是頑固、任性，還是尖銳的正義感——恐怕他自己也無法區別吧），使他的反抗更強烈，然後就更加深了他的「寂寞」。

看了他升上五年級的日記，在五月十五日寫著：「我在家中總算被當成外人了。飯菜都比小歌差，沒有點心，也沒人願意跟我說話，啊——但是這麼想來，我的心胸也很狹窄啊！」接著五月三十日，他將平日的不滿寫成信寄給父親，日記裡寫有信的內容：一則是關於養子的事情，表示望月家已經有男孩了，自己沒有必要成為養子；一則是吐露對望月家家庭生活的不滿。「我在應該是奮鬥的休息場地的家感到非常不愉快。我向對方發話，對方也不回話，對方對我說的話也多半是責罵，或者是有事時才會找我。不快！不快！真懷念故鄉。Home sick! ……我好寂寞，好寂寞。」隔天，在五月三十一日的日記中寫到，受到望月老師的託付，為了打電報而徒步走到三宮再走回家，不過「說你辛苦了的聲音，很小又遲，聲音中彷彿帶刺，啊。」這一陣子的日記寫下很多類似的事情。

關於養子的事情，忠雄也記下父親對前述的信的回覆，父親和忠雄抱持同樣的看法，不過這件事情一直未談妥。反被「媽媽」罵說，「難道認為我把忠雄當作養子來對待嗎？」（六月五日），望月老師也罵說：「有什麼事情不先和我們商量，就自己寫信給父親嗎？」（七月二日）。關於此點，忠雄做了反省，在七月二日的日記中寫到：

「啊，我是多麼的輕率。因為一時的感情激動就寫信給父親，結果給父母、望月夫妻都帶來困擾。我原先只是一心考慮望月、矢內原兩家將來的安全，卻由於我思慮的不足，反而使兩家的關係不和。藉由這件事，知道望月先生並不是將未來寄託在晚出生的小望身上，而是寄託在我身上。（中略）只要望月先生沒有不要我，我都將成為望月家的人。（中略）即使我自己痛苦，也不能不屈從於義理。（中略）啊啊，我應該不要想一些有的沒的，只要向拉馬車的馬一樣專心前進，認真讀書就好了。關於我的命運，就讓人來安排吧。」

忠雄就在這樣的狀態、這樣的心情下渡過了中學五年級的時光。隔年三月，他從中學畢業，九月進入高中就讀，不過進入高中時，他仍是望月家養子的預定者。高中入學前夕的八月，他回到故鄉的父母身邊，明治四十三年八月十三日的日記中如此寫下：

「昨晚我向母親提起養子的事情。這件事好像大家都已經公開知道了。母親說：『最近什麼也沒想。就算是什麼樣的姓氏，反正都不是這裡的人』。我也是什麼都沒想。但是只要一想起，就會想起小望的將來，想起小歌將如何成長……我討厭這樣的想東想西，怎麼樣都行，一切順其自然吧。今天格外地想念小艷。」

這篇文章最後寫到的「小艷」，是忠雄當時喜歡的女性的名字。這段初戀在後文會敘述。關於矢內原家和望月家的事情，忠雄到望月家當養子也行、不當也行的時候，是他就讀高中時。因為矢內原家發生了一些事，使得忠雄對矢內原家而言，成為不可或缺的存在。不過這還是將來的事情。此外，最後望月家收了別人家的孩子做養子，跟歌子結了婚。

對寄居在神戶望月家的忠雄而言，最快樂的事情便是休假期間返回家鄉的父母身邊。他尤其期待夏天的長假。對於敬愛忠雄的弟妹來說，忠雄回家自然是他們最高興的事。小忠雄四歲的妹妹悅子於忠雄去世後，回想兒時：

「我們弟妹叫上面的哥哥為『安哥哥』、『忠哥哥』。這兩個人為了求學，在十四歲和十一歲的時候寄居在神戶的親戚家中。我小時候的記憶主要是暑假時發生的事情。

我們弟妹們只要從筆直的路上望去，遠遠地看到兩個哥哥身穿在鄉下不常見的學生制服回來的樣子，就跑過去迎接他們。這對暑假期間等哥哥們回家等到望眼欲穿的我們來說，是最開心的事情之一。至今仍時常懷念當時的情況，常常想起。

忠哥哥經常陪我們玩。踢石頭、躲貓貓、扮鬼遊戲、沙包或是玩球等，有時候則擔任扮家家酒中的客人，假裝吃盛在葉子上的花瓣，逗我們開心。

有一天他扮成大狗，一邊汪汪地叫著、一邊在家裡面爬著，打開廚房裡的大櫃子找飯來吃。我們也扮成小狗，跟著他在家裡學狗爬來爬去，呀呀地嘻鬧。弟弟一會兒乘在狗爸爸的背上，一會兒掉下來。（中略）

到了傍晚，在寬廣的庭園中用大灶燒的熱水來沖身體，之後穿上浴衣拿著團扇在走廊上乘涼。那時候，忠哥哥會告訴我們星星的話，還有許多有趣的話或稀奇的話，有時候也會講一些恐怖的事情給我們聽。有天傍晚，穿著草鞋提著水桶的祖母從旁走過，勤勞的她是要到田裡澆水。忠雄見狀立刻脫下薄和服說：『祖母，讓我來吧！』並把桶子接過手到田裡去了。有小河流過，將河水裝滿桶子，走在田畝上灌溉。明明剛才才剛沖完身體的！（中略）

暑假中真正的工作是曬書或和服，忠哥哥經常幫忙。曬和服的時候，時而配上武士刀在家中晃來晃去，時而穿上母親的和服學女人走路的樣子，讓家中眾人大笑。

曬書好像是忠哥哥的工作，我們也幫忙一起攤開父親或祖父的藏書。忠哥哥有時候坐在翻開了的書堆中，像是在讀什麼的樣子。後來從忠哥哥那裡聽來，那是他第一次接觸到聖經。（後略）」（原田悅子，〈對忠哥哥的回憶〉，《矢內原忠雄—信仰・學問・生涯》六四一頁）

正如這篇文章所寫到的，回到家中的忠雄非常疼愛弟妹，常常陪弟妹們玩耍，亦常常幫忙家事。三年級時寫下的《暑假日記》中，接連幾天早上都在藥局幫忙，「大多很忙碌，藥劑師們都忙得昏頭轉向」、「繕完了藥品調配筆記」或是「今天患者特別多，充當藥劑師的我非常地忙碌。尤其是非常輕的強酸性的鎂八瓦、十瓦，甲也要、乙也要的時候，實在是笑不出來。」他非常疼愛弟妹，常帶兩個妹妹去泡海水浴或去其他地方，也會一起玩彈珠。下午則是每天都帶弟弟啟太郎（忠雄中學三年級時，啟太郎五歲）到附近的河邊釣魚。「我又和啟太郎去釣魚，不過不是很順手，啟太郎只有釣到五條，敗興而歸」、「補償昨天一整天都沒釣到多少魚，今天是一個大豐收。福神笑得合不攏嘴。……啟太郎像小狗一樣嘻鬧。這都要歸功於我的技巧。」

另外，日記中也記載下田工作、下將棋、常常唱琵琶歌。所謂的琵琶歌，是邊彈琵琶邊唱述那須與一[14]、楠公父子[15]、加藤清正[16]等歷史人物逸事的說唱藝術。明治時代的青少年，喜歡一邊彈琵琶、一邊唱這樣的歌曲。如同忠雄不擅長運動一般，對音樂也不擅長，是很嚴重的音癡。但是他喜歡唱歌。七月二十八日的日記中寫到，「我唱琵琶歌的時候，大家都聽不出我是在念經，還是在唱什麼。我回答大家，唱琵琶歌是為了讓肚子快點餓，大家都笑得不得了」，八月一日寫到，「吃完晚餐，大吼完琵琶歌後就睡了。」我想他寫得很貼切，與其說他是唱歌，不如說他是大吼吧。日後他也時常在家一個人唱起讚美歌，也是「都聽不出我是在念經，還是在唱什麼。」關於這點，昭和九年起的六年半間，寄住在矢內原家的藤井偕子（忠雄的妻子惠子的姪女，當時名為松村偕子）有這樣的證言，「從浴室裡傳出聽起來心情很好的讚美歌，不過若不是認真地聽上一陣子的話，實在不知道他在唱什麼，是非常嚴重的音癡。」（《矢內原忠雄―信仰・學問・生涯》六五八頁）

中學三年級時的《暑假日記》以〈送別暑假之詞〉收尾。他這樣寫著（這是日記的一部分，並不是為了要讓別人看才寫的）。

「啊，暑假就要結束了。

你的到來是多麼地遲，你的離去是如何地快……。這個暑假仍沒有脫離那件事的陰影，也

14. 那須與一（一一六九～一二三二），為日本平安時代源氏武將。
15. 楠公父子，楠木正成、楠木正行，為鎌倉末期至南北朝初期的武將。
16. 加藤清正（一五六二～一六一一），為安土桃山時代、江戸時代之武將與大名。

沒有去旅行。縮在南海鄉間的一角是有多麼幸福，這樣的想法只不過是光看表面的想法罷了。現在我仔細回想，我所感到享樂的事情大致有以下幾項，我試著列出來：

擁有健康的身體，能夠早晚奉養父母以及讓祖母安心，盡幾分的孝——即使是小事也是盡孝——是我最大的幸福。

常和弟妹遊玩，讓他們有快樂的假期，盡幾分的悌——一點點的小事也是盡悌——是我最大的幸福。

幫忙藥局的雜務，幫忙下田、家務等是我最大的幸福。

始終維持身體健康，一次也不拉肚子，不讓病魔侵犯自己的身體，並且嘗美食，心情也保持悠閒是我最大的幸福。」（以下略）

前文中，「那件事」是指被父母說服到望月家當養子的事情。前文已經講述了他三年級到五年級在神戶的家庭生活。根據前文，也可以了解他的思鄉之情越發深重。五年級時寫下的《暑假日記》（《全集》第二十七卷）要給校長看，所以寫的比較仔細，不過幫忙家事、和弟弟妹妹一起玩耍、一家團圓的描寫，和三年級的時候沒有改變。五年級時的神戶生活，緊張和不愉快加深，回鄉下對他來說更成為莫大的安慰。

他和母親及兄弟姊妹一起到櫻井的石溫泉投宿時寫下的俳句中，洋溢了歡樂的心情。

「吃完晚飯後，大家一起到海邊玩。涼風吹入胸懷頓生吟思。低吟神往。——海邊充滿著追逐著螃蟹的妹妹和母親的笑聲。」

五年級時的《暑假日記》中也以〈送別暑假〉作結：

「這個暑假對我而言有特別的意義。如果沒有家事要做的話，我預定花兩小時來讀書，不過事實上只有做到一半。但是在使家庭和樂方面，收穫比預期的還要多。今年春天以來身體變虛弱的母親也變得有精神，弟弟、妹妹也都很高興。父親和祖母、哥哥也得到了安慰和滿足，我還是這個家的孩子。這樣的生活平凡而悠閒。聽到川西兄在明德軒有大活動不得悠閒，實在讓人稱羨。不過，忙碌有忙碌的快樂，悠閒自有悠閒的快樂。我想到這樣悠閒的日子帶給父母多少的欣慰，又帶給我自己的身心多少的安適，就能得到很大的滿足。我充滿喜悅來迎接新的學期。秋天是緊肅的時節：認真讀書的季節、思想的季節、運動的季節，我要將放假時儲存的精力提出，積極的參加活動。」

「明德軒」會在後文介紹到。五年級的暑假，發生了為他的生活帶來重大變化的事件。就是他在神戶的監護人望月信治要從神戶中學轉到今治中學。這意味著，忠雄將失去在神戶的住處。

10 摯友

對於離開家鄉到神戶求學的忠雄而言，最大的安慰就是和同年級的大利武祐交友。這件事在本章第7節中引用到的〈送別明治四拾年之辭〉一文的說明中已經提到，「神經質時代，他最大的安慰就是大利同學。因為有大利同學的存在，苦悶的氣氛也變成笑容」。為了懷念這位年輕就去世的好朋友，忠雄寫下了題為〈武同學〉的追悼文，來描述兩人動人美麗的友情。關於武同學的去世，在後文還會提到。大利武祐去世於大正二年，是忠雄從一高畢業的那年夏天。這篇追悼文寫於大正三年的冬天，發表於神戶一中校友會的《會誌》中。這篇文章開頭的地方寫到：

「說到武同學，想必大部分的人都不知道他吧。他名叫大利武祐，是六甲山的山麓音平之里，一個山清水明之處舊家的養子，和養母過著兩人相依為命的生活。他和我都是明治三十八年春天進入神戶中學的。當時我住在上筒井，他邀我一同上下學，於是就一起上下學了。（詳細說來，是住在他家那位讀二年級的北尾同學約我哥哥一起上下學，而我自然就跟著一起了。）就這樣，兩個人從開學第一天就成為好朋友，一直到畢業典禮那天都是好朋友。不過，我們兩個人的關係不僅僅止於一起上下學的同伴。雖然說年僅十三歲的孩子，應該不會有什麼特別的想法，不過個性投合與否就是一件奇妙的事情，我就是深深的被他所吸引。尤其是兩個人都喜歡徜徉於大自然中，更是加深了兩人的友誼。兩人一同數度造訪了摩耶六甲、須磨明石、箕面有馬，或是前往小豆島的寒霞溪、篠山的深處。這其中印象最深刻的，應該是在三年級時探索布引的水源地了。那時正是秋天，蘆花開滿山野，小徑上的油菊遮蓋了我們的小腿，涉過溪流後抵達了六甲山水源地的水池。我們的樂趣沒有比遠遊更快樂的了，溫暖了快活的少年心房，在清淨的大自然中盡興的歡笑、奔跑、替野花歌頌，然後讓落日照在肩膀上，靜靜的站在山峰，彷彿體現了華茲華斯的詩一般。」（《全集》第二十七卷二七三頁）

根據這篇文章可以了解兩人交往的契機，推測兩人逐漸親密的模樣。而在日記中，透過實際描述兩人的交往過程，更能了解這位朋友對忠雄而言是多麼珍貴的存在。在描述日記前，先來介紹忠雄於二年級第二學期時寫下題為〈我的摯友〉的作文。雖然必須考慮到這是在教室中寫下的作文，不過他對朋友的看法可以從此篇文章一窺而知（儘管他當時才十三歲）：

「能稱得上朋友的人，是捨惡取善，即使經過幾番變遷也不捨棄自己理想的人物，不過我並沒有遇上這樣的人。但是，有一、兩位越來越接近這樣理想的朋友。

首先第一位是川西實三同學。我們年紀不同，其堂堂的風采以及認真的態度、單純的精神，都是我的模範。某天，他壯碩的軀體出現在校庭的柳樹下，透過眼鏡看著操場，讓我覺得彷彿看到了『活銅像』。他實在是我最敬愛的朋友。

第二是吉田稔同學。他是一個溫和快活的人，一個認真、擁有凜凜精神、富於同情心的人。他擁有『區分小事，不要為大事而驚訝』，『不要輸給小事』的精神。簡言之，他是最接近我的理想的人，雖然他也有一些缺點，但他實在是我最親近的朋友。

接著是大利武祐同學。說起來實在沒有人像他那樣了不起。面對家庭的難題，每天從遠處來上學，以樂觀的生活處世精神給了我莫大的安慰。我們常常去他家玩，也常常一同遠遊。他實在是我最好的朋友。

到現在為止，我所提到的朋友全都是比我還了不起的人物，都是我應該當作哥哥來尊敬的人物。受這些人的感化是我最大的幸福。不過我也希望我的精神習慣能成為他們的模範，希望幫他們彌補缺點。一這麼想，我自然就會立志要修養我的學德。朋友也應該這麼想吧。

如此，和朋友一同攜手邁進理想的境界，實在是一件愉快的事情。」

在這裡提到的三個朋友，第一位川西實三在本章第4節已經提過了。這位大三歲的學長，在忠雄三年級時進入了一高，之後兩人的交往仍密切地持續著。甚至可以說，與川西實三的交往是在忠雄中學四年級尾聲時，才真正變得密切。第二個寫到的吉田稔是同年級的同學，在後來算不上特別的「摯友」，和其他同年的同學一樣只是普通朋友。從忠雄日記中寫到的運動大會及班上的茶會中可以看出，忠雄的班級很團結，他和班上每一個人感情都很好。關於第三個寫到的朋友大利武祐，和作文〈武同學〉相比較可以發現，二年級時還是普通交誼的兩人，隨著年齡增加，友情也急速加深。大利武祐對忠雄來說，實在是獨一無二的摯友。前面引用的文章也提到，大利家在六甲山麓的音平，該地今日名為「大土平町」，建有神戶大學，但在當時是完完全全的鄉下，「山麓的山清水明處」。他們家保有注重家規儀式的舊式家風，和養母兩個人一同生活。忠雄時常在假日造訪他家，和武祐的母親也很親近，時常在他們家吃飯。在此引用明治四十二年正月一月二日的日記一部分：

「Mr. Otoshi called on me at about 10, and we talked delightfully. 兩點時，帶著牛肉到大利君家玩。在火爐邊聊天歡笑，讀讀《中學世界》。晚餐圍著爐邊，和武同學及其母親一起吃牛肉涮涮鍋。實在是太好吃了，不由得多吃了好幾碗飯。他家是舊式家風，所以什麼事都有一定的規矩。據說正月時，武同學會穿著繡有黑紋的和服外套，下面穿著和服長褲，阿姨則是穿正式的和服。（中略）晚餐後，武同學去洗澡，我則和阿姨聊天。」

和「阿姨」談話的內容，是武祐將來出路的問題（武祐希望繼續學業，不過大利家基於一些原因不能讓武祐去太遠的地方），這些談話都詳盡記錄在日記裡，忠雄也將對此所做的綿密考察寫在日記裡：

「武同學！我獨一無二的摯友武同學！如果能夠的話，你應該進入大學研究工業或是醫學。如果可以的話，就進入大阪高醫或是高工吧。如果連高中都無法就讀的話，就不要眷戀學士的稱號，將功名心轉成為一個善良村子裡的老師吧。村子裡的老師縱然無法享有功名，但實際上能感化人民，改善社會風氣，也非常偉大。你絕不要因此失意。你應該以天地自然為友，積德行。」

當晚，忠雄住在武祐家，隔天一整天也和武祐渡過了快樂的一天，吃完晚餐後才回家。

這只不過是其中一例，大利武祐和忠雄的交往十分密切。此外，忠雄對武祐出路的考察是檢討了所有條件和可能性，從情理兩面綿密分析後寫下的。可以從此推測，日後忠雄對事情準確的判斷力就是這樣養成的。此外，從村子裡的老師等想法中，也可以窺見忠雄對自己將來出路的想法（他在大學時代，也曾想要回鄉下擔任老師）。

前面介紹的一月二日的日記隔天，一月三日的日記中寫到，他從武祐家回來後，收到川西實三寄來的明信片。川西實三在忠雄三年級那年的九月進入東京的一高，此時他為二年級，寒假在學生宿舍度過。明信片裡寫到，「請不要捨棄武同學」。忠雄將明信片裡寫有這句話的事記在日記中：

「我愕然，無限感慨。武同學和我是意氣投合的好朋友，我們一直都相依相助。我不開心的時候，只要和武同學見面，陰鬱的心情就突然一掃而空。我和他什麼都開誠布公，尤其是我給武同學的母親添了很多次麻煩。我從來沒有想過捨去或不捨去武同學的問題，我相信我和武同學的友誼將永遠幸福地持續下去。然而，今天我收到在東京的川西兄的叮嚀。（中略）看了川西君的字句，我感到自己的誠意確實有些許不足。（中略）好，我要更有誠意的和大利同學交往。知道的人自然知道。神明也確實在看著」。

此時，川西實三常常寄長信給忠雄。川西在忠雄去世後寫下的回想文〈渡船頭〉在前面曾引用過，在回想文中還寫有以下內容：

「我就讀一高的三年間，一直都在宿舍裡渡過。寒假時，所有的學生都各自返鄉，只有我一個人煞風景地還待在宿舍，一邊用茶瓶的熱水溫暖我的手，一邊寫長長的信給我『敬愛的』忠雄學弟（當時我叫他小弟，他也回應叫我大哥）。有時候也違反郵件法寄小包裹。」（川西實三，〈渡船頭〉，《矢內原忠雄—信仰・學問・生涯》三一頁）

對於尊敬的學長寄來的信，忠雄感到非常感激。

對於前提的「請不要捨棄武同學」的川西的話，忠雄立刻寫了回信（矢內原忠雄非常耐心於寫長信，這點從忠雄時代到晚年都沒有改變），而川西也立即回覆忠雄的信。忠雄於一月七日的日記中，記下讀完川西寄來的長信後長達五頁的感想，摘要其中如下：

「我在前文中稱川西同學為大哥，川西同學也稱我為小弟。這樣被稱為大哥，稱我為小弟一事，實際上讓川西同學感動得流淚。（中略）讀了信後我也哭了。啊，令人懷念的川西兄。（中略）電燈關掉後，我在燭光下讀信以及寫信。啊，燭光下的大哥。好懷念他，好仰慕他，好思念他。」

之後抄下了川西的文章，「啊，這是神的愛。忠雄，如果肆無忌憚地吐露我的心情的話，我實在是全身充滿了對你的愛，無時無刻都在思念你，也想著武同學的近況。我絕對沒有資格被你稱為大哥，不過忠雄，在這裡讓我正式告訴你我的願望，希望我們能永遠不改變真心，成為兄弟互相扶持共進。我想，以愛和意氣結成的兄弟，是以天地為父母的真正兄弟（後略）」。

接著忠雄這麼寫著：「真是一段好話，讓我不由得吐了一口大氣，以天地為父母的兄弟實在很可靠。既然成為兄弟，身為小弟的我應該一切都聽從哥哥的話。能夠有川西這位哥哥來倚靠，實在是我人生的一大至幸。」

川西實三和忠雄就這麼成為了「兄弟」。大利武祐也是川西實三的「小弟」（武祐比忠雄更早和川西熟識，忠雄起先也是透過武祐的介紹才認識川西的）。這三個人加上增井正治，在「以天地為父母的四人兄弟」的友情中，渡過忠雄中學的最後一年。

增井正治當時是神戶中學一年級生。忠雄是在前述一月七日接到的信中，受到「東京的大哥」川西的囑咐，指導增井學弟。增井正治的母親，出身於製造灘區的名酒「世界長」的小網家，住在御影，正治有哥哥和姊姊。川西實三是正治的哥哥的朋友，和增井家交遊良好，受其母親的託付照顧正治。不過川西人在東京，所以請忠雄幫忙代替自己照顧增井正治。從忠雄的日記中引用川西的話如下：「現在很幸運有你這名兄弟。希望你也成為正治的兄長。忠雄，這是我特別的希望。親愛的、懷念的、可愛的我的兄弟啊，希望你完成我的心願」。忠雄對此寫到，「啊，我是如此的被信賴著。嗚呼，胸中漲漲的，實在是太可喜了，太可喜了。我將盡全力成為正治的良師益友。正治同學是我的小弟。擦了淚，吐了一口大氣，我發誓為了大哥要替正治盡全力。」

忠雄立即和未曾謀面的一年級生增井正治碰面，致力於加深兩人的友情，對讀書的方法或者是作業、交友、運動等方面給予忠告。「日日逐漸親密實在是令人高興。啊，可愛的少年啊，我雖力有不逮，但願為了你而盡全力」（一月十六日）。二月一日（紀元節）的假日，忠雄帶著正治到大利家，和武祐三個人一起開心遊玩，寫了給「東京的大哥」的信。當時武祐寫的歌是這樣的，「以天地為母的同胞，心中梅花綻放」[17]。學年測驗前夕，忠雄告訴正治準備考試的方法以及答案的寫法等細節。然後那年，正治的成績突飛猛進！正治的成績在學年的八十名中學生，第一學期是五十七名，第二學期是六十二名，前三學期的平均學年成績是四十六名，由此可見他第三學期的成績非常好。忠雄是第一名，不過比起自己得第一，正治的成績有所進步更讓他高興。忠雄在日記中寫到，「我實在是太高興了，高興得手舞足蹈。」（當時神戶一中每學期都會公布所有學生的成績名次。）此外，關於大利武祐的成績，忠雄這樣寫著：「武同學從第二十九名前進十名，這也讓我非常高興。像武同學那樣每天從遠處通學，又有很多家事要做，儘管如此，他從來沒有露出不滿不悅的表情，專心於課業，實在是像我們這些安閒讀書的人的榜樣。」

忠雄和武祐升上五年級時，正治二年級，三個人的交誼更親密了。比如說他以第三人稱寫下的〈中學

17. 作者註：庭梅和庭櫻很像，一處聚集了很多小花很美，因此用來比喻兄弟間美好的感情。

的五年間〉文章中有以下一節：

「某時就讀一高的川西同學來了封長信，信中囑託照顧一年級的增井同學。他感到了不少的責任感。現在回想起他在講堂旁的紫陽花叢邊，以指導者的口吻和增井同學說話的事，覺得非常汗顏。雖然說學長和學弟交遊容易產生弊害，不過他相信只要持有責任感，做真心的交往，對雙方都有益。當他讀到描寫Rugby中學生活《*Tom Brown's School-days*》的一書時，他格外這麼覺得。」（《全集》第二十七卷三九九頁）

此外，前面引用到的〈最後的新學年的覺悟〉中寫到：「我受到一位好友的請託，指導三位學弟，其後感情與日俱增。」除了增井正治以外，還有當忠雄剛升上五年級時，收到川西實三的來信，希望忠雄幫忙照顧實三的親弟川西芳藏（當時一年級）。忠雄努力親近芳藏，不過似乎不太成功。忠雄一如以往，常常收到川西實三寄來報告一高生活的長信。六月二十三日，川西由於放暑假而回到了鄉下（川西的家在御影附近的德井）。二十四日的忠雄在日記中寫著：

「早上上學時，川西兄出乎意料地出現在我眼前。（中略）我和川西兄弟、武同學一起回家。最後決定去武同學家，到他家吃杏子或餅乾。想說的話數不盡，不過大家都哽在喉中沒有說出口，我知道這是因為大家太高興了，以至於失去了言語。（中略）大約五點時離開了武同學家。我不想分開，大哥也不想分開。大哥緊緊的抱住我，瞬間我的眼淚潸然落下。總算能夠止住眼淚分開時，已經是晚上七點半了。我說我會早點回去，結果待到這麼晚，大家一定不高興，所以我急忙回家了。八點到家。雖然沒有被罵，不過也沒有給我好臉色看。」

這時候忠雄家庭的情況，在前面已經提過了。

總算期末考結束，進入暑假。川西實三計畫在這個夏天帶著中學生的學弟們征服大峰山，忠雄也很期待參加這個計畫，不過一到暑假，忠雄就想早日回到鄉下的父母身邊。在此將明治四十二年《暑假日記》七月二十六日的全文列於下。隔天，神戶的望月家全員一同回到了今治。

「七月二十六日　星期一　晴

早上，從洗衣店繞到紫野去買東西。將二樓徹底整理好，就去一樓幫忙。重的行李交給西田甚藏等處理，櫃子上釘上釘子，店的主人要來住這裡。大約兩點半，老師從學校回來。得到了許可，我到武同學那裡。稍微休息後，兩人一起拜訪川西兄。川西兄請我們吃晚餐，再三個人一起去找正治，把歷史的書還給他。一起到海邊，礁岩屹立，浪花四濺，太陽就將西沉。四個兄弟向西走在御影的沙灘上。談話聲不絕於耳，撲面清風也未曾停歇。大哥談著武同學以及武同學的未來，我則是忘我於明天回鄉下的事情，抱著正治、望著斜陽，歌誦著傍晚海洋的美好。四個人手牽著手，仰望明月，俯看破浪。一想到四個人的胸中以溫暖清澈的情愛結合在一起，不覺輕顫。窺視東明的明德軒，朝向山手。武同學在途中道別，我步上演習的路上，微風吹撫過稻田，走在田中的三個人意在言中。那時，我相信所謂的以心傳心，事實上真的存在。到了家門前，我目送兩人遠去。仰慕的川西兄，可愛的增井同學，你們要過的好啊。兩人踏上歸途後，我便進入家門。家中充滿了行李，我突然想到老師叫我早點回家，我努力的幫忙，並於十二點半就寢。」（《全集》第二十七卷一二頁）

11　校風主義者

關於「東京的大哥」川西實三經常寫信來一事，矢內原忠雄日後如此說到：

「我中學四年級時，中學的學長川西實三到東京求學，進入了一高，也就是第一高等中學。這位川西同學是我在中學最初的時候，就有親近往來的學長。他在大學畢業以後進入內務省，歷經琦玉縣知事、長崎縣知事、京都府知事、東京府知事，現為社會保險審議會的委員長。現在仍非常健朗。他到東京進入一高一事，對我後來的人生有決定性的影響。

他進入一高，直接受到校長新渡戶稻造老師的影響，又和森戶辰男、三谷隆正等其他的友人組成團體。他自己應該也受到了這些人的影響，因為來到東京，藉由認識許多老師和朋友，使得精神世界得到急速的拓展。他常常寫信給我們這些還在中學的學弟們，時而寄雜誌、書籍等過來，讓我們了解東京的情形。特別是關於學生間談論的精神性問題等，寫成了長篇的信寄過來，我們利用中學的午休等時間，大家一起讀學長寄來的信。」（《全集》第二十六卷二二五頁）

這是昭和三十三年，也就是他辭職東大校長的隔年，在NHK廣播放送的「我的人生遍歷」中的一節。引用文一開始說是中學四年級的時候，其實應該是「中學三年級的九月」。川西實三在以上經歷後，後來又擔任身體障礙者福祉審議會會長、日本紅十字會會長等，現在一九七五年為日本ILO協會[18]會長，雖為八十六歲高齡，仍然很有精神。去年出版了生涯回憶錄《感銘錄》（非賣限定版）。如同書中所記，我也曾經

18. 日本ILO協會：即日本國際勞工組織協會

直接向他請教，他出生於御影[19]附近的德井，家計非常的貧困，原本在中學畢業後要放棄進入一高，但是灘區篤信真宗的造酒家高嶋太介突然表示，願意無條件提供學費，他才得以進入一高、東大求學。如果這位熱心的佛教信徒沒有向少年川西實三伸出援手，矢內原忠雄的生涯也將會有很大的改變。

高嶋太介提供御影的東明海岸的一棟房子，讓暑假回鄉的川西實三在該地教授西起神戶、東迄西宮的男女中小學生。這就是之前忠雄日記中所提的「明德軒」。川西實三每逢暑假，都在「明德軒」裡熱心教導學弟妹。矢內原忠雄由於暑假多在家鄉渡過，所以未能參與「明德軒」的活動。

忠雄五年級的《暑假日記》中，七月二十六日提到在這個暑假期間，忠雄在神戶的監護人望月信治從神戶中學轉任到今治中學，所以神戶的望月家將遷到今治。八月十九日的日記寫到：

「吃完早餐，赤裸著身體登到屋頂上摘梨子來吃時，望月老師開著車來，告訴我晴天霹靂的消息。我胸中糾結，連下筆都變得困難——老師要調走了！為什麼這麼突然。聽到這個突然而重大的消息，我沒辦法遏止自己驚愕的情緒。老師在任十多年，在神戶一中頗有好評，可以說是神戶中學的支柱。老師的轉任，對六百名學生來說是多麼大的打擊。（中略）神中學生全體感到遺憾自不在話下，我更是感到大大的挫折。六年間住在神戶的老師的家，過著幸福生活的我，就要失去住處以及最優秀的監督者。在身為親戚的溫情和身為教師的嚴厲兼具的老師的羽翼下，渡過如夢一般的六年歲月。這樣也好，這也是一個經驗。離開老師，我可以練習一邊自己照顧自己，一邊讀書，作為以後前往東京讀書的準備。我要十分注意不被罪惡所誘惑，要比老師在的時候更注意修身，要有順應境遇累積修養的覺悟。但是此後我該住哪裡呢？這是燃眉之急的問題。」

19. 御影（みかげ）：位於神戶市。

日記在這之後也長長的持續著，簡而言之，就是望月老師的父親，也就是忠雄的伯父望月德三郎年老加上帶病，望月信治遲早必須回到故鄉今治任教，而剛好今治中學此時有想要轉出的數學教師，因此便急忙與該名教師交換地位，這便是望月老師急忙從神戶中學（當時為神戶一中）轉入今治中學的原委。忠雄左思右想，考慮是要住進其他老師家、寄住朋友家，還是住進普通的學生宿舍，結果暑假結束回到神戶後，決定寄住在摯友大利武祐家。前面也提過，大利武祐家在「山幽水明處」，步行到學校單程要花費一個半小時，很不方便。不過能住在幽靜的山間，又是和摯友共同生活，讓忠雄非常高興。前面引用的望月老師轉任到今治中學的日記，裡面表現了對望月老師離開神戶中學的惋惜，以及可惜失去了「最優秀的監督者」，但是從他說「自此開始，我應該進入新環境、開拓新生命」，隱約可以看出他對脫離嚴格的監督者所感到的喜悅。事實上，忠雄五年級的第二、第三學期是以之前都未曾有過的開放心情渡過的。比如說望月老師不准忠雄在晚上出門，就算是白天要出門也要一一請示老師的准許。不過現在忠雄住在大利家，是無比的自由。他可以在他喜歡的時候外出，也可以住在外面。在提到他外出或住外面之前，我必須再將時間倒轉到忠雄剛升上五年級的時候。

在他將以第三人稱記下的〈中學的五年間〉文章中，寫有以下的一節：

「青年對責任一事無比認真。他由對一個學弟[20]的責任感，衍生出身為五年級的學生對神中全校的責任感。他也抱有彷彿神中這個自治國的內務大臣般的自尊心，常常站在柳樹下看著操場。大家都感到『最近規律鬆弛』。於是召集各年級生到講堂中，由五年級學生來告誡學弟們。松尾大聲的說『要知恥』，他也大叫『不覺得慚愧嗎』。三年級以下都沒問題，不過四年級提出了一、兩個反

20. 作者註：學弟為增井正治。

抗問題。總之，四、五年級間很容易發生衝突，當他們是四年級的時候也是如此。有次，老師說今後學生的服裝檢查由教師來執行，他們一齊反對，說『學校裡的事情由我們自己來取締』，其意氣不小。松永同學在談話會中表示，不應該把新酒裝入舊皮囊中，反對固定形式的校風論。他非常生氣的說，這種想法等於是走在猶太的沙漠中，在我神戶中學是絕對不被允許的。他愛校的感情如炙炎般燃燒。」(《全集》第二十七卷二九九頁)

在本章第4節已提過，忠雄本來就富於愛校心，以身為神戶一中的一份子為榮，注重校風的「樸實剛健」、「自重自治」的精神，是一位熱心的校風主義者。比如可從他四年級時寫下的作文〈論本校校風〉(《全集》第二十七卷)窺知。他說：

「我等應該遵守神戶一中校風，以不侮辱神中名聲。此外，應防止校風的消滅，講求發展校風，並將此優美的校風流傳給後輩。這實在是我們對學校的責任，也是回報諸位恩師、學長的方法。

校風最完備健全的時候是在兩、三年前。當時的學生真的把校風視為神聖的存在，超脫俗世的東西。啊，圓滿了就會開始產生缺陷，這是世間的定律，愛好虛榮是人之常情。到了最近，我校校風也產生了一點陰影。不能讓校風腐朽，讓學生的心腐敗。我校的盛名全國皆知，學生漸漸安於現狀，而誤解了校風的真義，誤以自治為自由，以自重為自得意滿，以至於比起樸質剛健更喜愛奢侈軟弱。粗暴自不在話下，奢侈軟弱也不好。校風的興盛其實就等於神中的盛衰。振作吧！五百健兒，你們的怠惰將會導致校風的衰頹。」

如此，忠雄升上了五年級。選舉的結果，一組的組長是松尾、副組長是矢內原。二組的組長是垣谷、副組長是菊名。在注重「自治」校風的這間中學裡，五年級的組長、副組長對全校的學生負有很大的權限及責任。運動會、茶會、行軍，以及其他許許多多的活動都是以這四個人為中心舉辦。其中尤其重要的是，五年級對學弟的監督、制裁。關於制裁一點似乎有許多問題，在矢內原的日記中，在開學典禮時，校長鶴崎表示：「制裁確實有必要，但是也會產生許多弊害。新的五年級生必須不要濫用制裁的權力，對學弟們與其帶著權力，不如帶著慈悲心。威服不如心服！」對此，忠雄也帶有同感。新組長、副組長基於此方針，將素行不良的學生個別叫出，給予忠告。忠雄在日記中寫到，「我們的方針恐助長學弟的氣焰，必須給以棒喝使其覺醒」（四月二十八日）。最初痛下「棒喝」的是在五月二十八日，對象是一位被視為不良的學生。在其他眾多學生的面前，五年級的組長、副組長對其痛加斥責說教，給予制裁。當天忠雄的日記這樣寫到：「我說不定是四個人中話最多的。此外，揍他的次數也過少，只有兩拳真是太可惜了。（這是為了要拉緊在旁觀看的人，不是廣指一般的學生而已，尤其是拉緊低年級學生的心才是主要目的。）」這一陣子，他的日記中常寫到對校風不振的憤慨。最後為了振興全校學生的風紀，由五年級全體召集四年級以下學生，在大講堂予以訓誡。這件事情是由忠雄主導的。六月二十一日放學後，召集全四年級學生，隔天二十二日午休召集二、三年級，放學後召集一年級，由前面提及的四人代表五年級在講堂輪流演講。這就是前面引用的〈中學的五年間〉裡提及的「於是召集各年級生在講堂中，由五年級學生來告誡學弟們」的事件。忠雄在日記中詳細記下整件事情。以「有的學生聽得淚流滿面。我們也一邊流淚，一邊給予忠告。現在也一邊流淚，一邊寫著這篇日記。啊，親愛的神中校風、親愛的神中健兒！」作結。

因為他是這樣熱切的一個校風主義者，因此當他在聽到同樣是五年級的松永信成發表批判校風的演說時，非常憤慨。那是第二學期的十月三十日召開的談話大會時發生的事情。松永是一個穩重認真的學生，父親是牧師，所以是一名基督徒，也是文藝社的社員，擁有新的思想。他以《舊家已腐朽》為題，批判一成不變且保守的舊式校風，表示現狀是以自治為名行束縛之實，批評五年級組長、副組長對學弟的制裁，要求自由。在這場談話大會中，忠雄原本要在松永的後面發表題為《秋之感想》的演說，不過因為對松永的校風批判感到非常憤怒，當場改變論題，在講臺上對松永的演講做了激烈的批判。他說：

「我做下的制裁實在是以血淚在做忠告，即使只有一個人也好，希望能讓本校變得更好。不能理解質樸剛健、自重自治或是制裁的真髓的人，不如早日離開這所學校，到阿拉伯的大草原上自由的叫喊吧。我希望和與我有同樣想法的人，一起發揮校風的真髓。」

忠雄對松永的攻擊感動了其他學生，談話大會後，五年級全體聚集在一起對松永加以制裁。根據忠雄的日記：

「他是基督徒、文學人、社會主義者。在這種場合賣弄談話藝術，實在丟臉。全員群情激憤，淚如雨下，鐵拳伴隨著噓聲落下，一室中充滿著叫他退學的聲音，最後他出國去了。熱情洋溢，啊，愛國愛校愛級的熱淚。組長松尾確實是一個了不起的人物。他出來安撫大家的情緒，說如果要讓松永退學的話，那我也一起退學，今天就原諒松永吧，拜託。松尾君痛哭，松永君更不用說了。沒有人不是流淚的。大家有的勸戒松永、有的安撫松永。事情結束後茫然地站在教室裡不願離去，在松尾催促數次下，流出新的淚水而解散。」

由忠雄帶頭的這項對松永的制裁，對忠雄的心產生怎樣的影響，這點無法得知——從當時忠雄的日記中無法看出。他依舊是一個燃著愛校心的校風主義者，不過，制裁松永這件事應該如同制裁他自己一般，使他的心感到疼痛吧。這樣的痛並沒有立刻表現於外，不過是他日後成為基督教徒的潛在要因。他在前面的〈中學的五年間〉裡寫到「什麼也不明白，因此如果有什麼的話希望能夠得到諒解」時，他已經成為他中學五年級時所攻擊的基督徒了。

在此事的五十一年之後的昭和三十五年，也就是他去世的前一年，六十七歲時，矢內原忠雄在個人傳道誌《嘉信》中，寫下一篇〈小掃羅（サウロ）——中學時代的回憶〉短文：

「和我同年級的學生中，有一個神戶教會牧師的兒子名叫松永信成。我們五年級時，在談話大會中——也就是辯論大會，那時我們是這麼稱辯論大會的——他以『舊囊不應裝新酒』為題，發表了批判校風的演說。當時還是個小掃羅的我非常憤怒，因為他的演講題目聽起來非常刺耳，所以我在之後的談話大會中發表了擁護校風的演講。

松永進入早稻田大學的俄語文學系，不過可惜的是學業還未完成就英年早逝。身為小掃羅的我受到神的引導，才能有今天的恩惠。」（《全集》第十七卷六二一頁）

前文的記憶和事實有點出入。松永在演說中的確提到了「不應該用舊囊裝新酒」，不過演講的題目如前所述，應該是《舊家已經腐朽》。此外，忠雄對松永的批判校風論感到憤慨，發表了擁護校風的演說是在同一場談話大會，而不是在「之後的談話大會」。所謂的「掃羅」是使徒保羅信奉基督教以前的猶太名字，掃羅是個忠實於猶太律法的傳統主義者，迫害了以司提反（stephanus）為首的許多基督教徒。他為了逮捕基督教徒而前往大馬士革（Damascus）的途中，聽到耶穌的聲音：「掃羅、掃羅，為何要迫害我！」並因天上照下的亮光而失明了三天，之後便成為基督教徒。矢內原忠雄沒有這麼明顯的體驗，不過在對松永制裁的兩年後，他即信仰了基督教，然後五十年間都持續認為自己是小掃羅。

另外，關於這件事情，矢內原忠雄在昭和二十七年同志社大學座談會發表的演講內容提到：

「當時有一位中學時代的學長，進入東京的一高就讀，是名叫川西的朋友，常常寄內村鑑三的《聖經之研究》給我。他總是說，內村老師是一位很偉大的人，因此我自然也如此認為。不過，我中學五年級時有一位神戶教會牧師的兒子，跟我同年級，名為松永的人，在辯論大會中發表了題為《舊囊不應裝新酒》的演講。而神戶一中有叫作校風論者的保守派，排斥新思想及新的生活方式。所以，我也曾經覺得松永的演說非常自負、基督教很奇怪。當然，我那時候對於基督教沒有任何一點了解。不過，那年夏天，我偶然看到了聖經。我的家鄉在愛媛縣今治，是一個鄉下地方，每逢休假，我總是從神戶回到家鄉的父母身邊。暑假期間，將書拿出來曬太陽是我的工作。那年夏天，我在家裡的藏書中發現了《聖經》的存在。那時我想這就是內村鑑三老師寫的《聖經之研究》中的《聖經》，加上有那場『自負的演講』，遂引發我閱讀的好奇心，開始讀起了聖經。」（〈述說自己〉，《全集》第二十六卷一七一頁）

這場談話裡也有不正確的記憶。松永的「自負的演講」，發生於忠雄第一次閱讀聖經的暑假結束後的第二學期。當時忠雄對基督教仍是一無所知，不如說忠雄覺得「基督教很奇怪」來得貼切。不過藉由制裁基督徒松永一事，反而使他與基督教更接近了一步。前面也提過，原本他的心中就有著相信神存在的宗教性感情。明治四十三年元旦，他以下面四言絕句風的五行文字表達了年初的感想：

天神在上
至誠存內
親朋待外
茅屋新年
發奮淚下

12 志願

五年的中學生活接近尾聲，忠雄眼看就要畢業。明治四十三年元旦，他寫下了「天神在上，至誠存內。」可以說是將他中學時代的精神一言以蔽之。他並沒有什麼特別的信仰，不過對於神的觀念卻很早就存有了。當然他並沒有明確認識到心中的神是什麼神，對神佛敬仰的心是在父親及祖母的教誨下，自幼養成的。中學時代，隨著他的自覺，強化了他認為神會看到一切的信念。這件事情從目前為止所引用的日記中可以得知。但是此時要注意的是，與其說這是一種信仰，不如說「神」是他自己「誠」的投影吧。「天神在上」與「至誠存內」幾乎同義，「神」的信念就是「誠」的信念。「誠」是父親謙一的教誨，也是忠雄在神戶五年半的監督者望月信治日常的教誨。明治四十二年的除夕夜，當時中學五年級的忠雄的日記中，寫到：

「望月老師離開神戶，這是本年度的大事件。我能夠有今日，一半要歸功於望月老師。六年嚴苛的生活，讓我養成了不可動搖的信念——正義、至誠——的基礎。不管我將來會不會成為他的養子，望月老師都是我的歷史中值得大書特書的人物。」

信仰與信念相同這件事，從他五年級的《暑假日記》寫下德富蘆花的小說《不如歸》的讀後感中，可以一窺而知：

「世界上沒有比無法測知的命運更恐怖的事。而在這個命運被翻弄的世界中，想要掌握自己的生命，唯一能依靠的只有自己的信仰（——宗教——）的力量。……我認同信仰的力量，信念、信仰讓人安心，我身為神中學生的自信是如何刺激我疲憊的心靈，又是如何讓我得到安慰的。——這是讀完《不如歸》後的感想。」（《全集》第二十七卷一九頁）

關於基督教，如同他敘述到的，中學時代的忠雄對基督教幾乎一無所知，並受到當時一般風潮的影響，對基督教抱持反感。關於五年級時第一次閱讀聖經的事情，在前節引用的〈述說自己〉有提到過，在別的文章中也寫到：

「中學的學長K同學進入一高就讀後，替我的周遭帶來新的空氣。感激性強的他在和新渡戶老師、內村老師接觸後，將其所得到思想上的感激，原原本本的傳給我們這些學弟。

我的故鄉今治在明治初年時傳入了基督教，特別是以橫井時雄的傳道地而聞名。不過附近的農村幾乎沒有受到影響，我的村子裡信仰基督教的人一個也沒有。我到神戶以後，也沒有機會接觸基督教信仰，只是覺得那不是什麼好東西。不過如今，由我尊敬的學長傳來了基督教的空氣。中學五年級的暑假在鄉下的家裡幫忙曬書時，偶然發現了可能是姊姊持有的聖經，便讀了起來。那是我最初的聖經。由於我不知道聖經的讀法，所以從開卷第一頁，也就是創世記開始讀起。忍耐加上忍耐，總算是讀到民數記的一半，就放棄了。那盡是一些羅列著無趣的專有名詞的東西。」

（〈我如何成為基督教徒〉，《全集》第二十六卷一四〇頁）

忠雄同父異母的姊姊文代在當時女性的最高學府神戶女學院求學，這間教會學校的學生都擁有聖經，因此忠雄家的聖經應該是這位姊姊的。前提到的「讀到了民數記的一半」，在前期的〈述說自己〉中寫到他讀到歷代志的部分，在「我的人生遍歷」中也提到讀到「歷代志的年代記」，但「讀到民數記」和「讀到歷代志」的距離相差不小。不過這並不重要，只是一個證明記憶往往不正確的例子。此時，讀到「民數記的一半」應該是正確的。〈告白講義〉中也有提到他首次接觸聖經的事情，那裡寫著「我忍耐再忍耐，壓抑著無趣以及道德的反抗，總算是讀到民數記的第二十六章，終於

受不了而停止。」（《全集》第二十二卷四六二頁）

總之，他那時尚不知基督教，雖有「天神在上」的信念，但那「神」不過是他自己的「誠」的投影。儘管如此，他還是碰到以自己的「誠」無法解決的問題，此時，與信念不同的、對信仰的志向已經準備在那裡，只是他本人也沒有注意這是他日後加入基督教的要因的胚胎。也就是說，他在自己也不知道的情況下走上宗教之路。關於此，至今為止已經提到很多次，更進一步，要提到養成他宗教性信仰的人物，不可不提到修身老師島地雷夢的感化。

住在學校的河川對面的植木屋「萬歲園」中的島地雷夢，在忠雄中學三年級時成為神戶一中的教師，擔任忠雄的修身老師。關於這件事已經在本章第6節引用忠雄的文章（〈中學的五年間〉）中提過了。太平洋戰爭以前就存在於中學教育裡的「修身課」，到了明治以來，遵從教育勒令，成為從國家主義的立場出發、教授以忠君愛國為中心等德目的無趣科目。不過，這位島地老師的課，打破傳統的教科書形式，自由提出了許多古典或文藝的書或人物的話題，也就是以人性的立場來闡述為人之道。熱心於校風主義的忠雄，對於這位老師過於自由的教學方法似乎有點反感，在日記中寫下了批判的話語，不過透過四年級、五年級的課程，逐漸心服於這位老師。

比如說，忠雄在結束四年級，回顧四年級時代的日記中寫到，四年級時得到的「思想」之一是「Great與Good的一致」，這點在本章第8節也提過了，這正是從島地老師的課程中得到的「思想」。四年級尾聲的三月十三日日記中寫到：

「修身的課程到今天結束。我們讀了國木田獨步的小說《日出》，並給我們適切的教誨。我從來沒有像今天一樣，感覺到島地老師的課程一直都是活著的。小說的內容是『看日出』，有一個老人教導年輕人要『做如日出般偉大(Great)的行為，同時做如日出般美好(Good)的行為。』不可以只有Great或是Good，我們必須如同日出般的豪氣、男子氣慨，也必須溫和善良。」

然後在總結四年級的日記(三月二十四日)中記有：

「以拘泥於教科書的內容，枯燥無味的教授法來教授修身這門科目，我們只能死背教科書中寫下的東西。那是死學問，對人格實際上的養成沒有幫助。不過島地老師只帶我們讀過一次教科書，再告訴我們種種適當的教訓，時間不知不覺就過去，對他除了敬佩，沒有別的感想。老師的話很符合我的境遇，我總能從得到安慰，當我一個人思考的時候常常想起老師的話，而能夠走向正道。」

島地老師為文學士，是高僧島地默雷禪師的兒子，而且是基督教徒。

仙台有一所名為「尚絅女學院」的教會學校。這是由一位名為米斯·布蕙爾的女性傳道者所創立的。矢內原忠雄應這所學校的邀請，於昭和二十七年(東大校長時代)在百忙之中抽空前往仙台，為這所學校創立六十週年的校慶演講。在前往仙台的列車中，他讀了《布蕙爾老師傳》這本書，發表了題為《傳道的精神》的演講。演講中有下面一節：

「當我讀《布蕙爾老師傳》，發現布蕙爾在仙台第二高等學校替學生講授聖經的內容時，出席的人裡面有兩個與我關係密切的人。一位是吉野作造老師，我在大學時上了老師政治史的課。我剛進大學時，老師剛好從歐洲留學回國，因此我所上的課是老師最初的課。老師以近代立憲政治發展史為題，精神奕奕的講授了關於民主的種種，帶給我們深刻的精神感化。另一人是名為島地雷夢的老師，他是著名的佛教僧侶島地默雷的兒子，在聽了布蕙爾老師的聖經課才接受洗禮，這點成為一個大問題。這件事情在布蕙爾傳裡也有寫到，當時這位老師一邊做病後的修養，住在我的中學——神戶中學——的河對面，一邊在名為萬歲園的植木屋裡照顧花草。他來到我們學校擔任修身課的老師，給我們學生帶來了大大的驚訝，我們立刻給他取了個綽號叫「萬歲園」，當時修身課一般來說都很無趣，不過島地老師的課打破傳統，是有廣泛的教養、富文學性、能修養人心的課。我們班聽老師以連續故事的方式講述冉阿讓[21]的事情，連續了好幾回。我是第一次聽到這種類型的故事。他並沒有刻意替基督教傳教，不過他讓我們知道基督教徒的心，在我們的心中投射了一道光。這是我的精神史上不可以缺少的一頁。當我知道吉野老師和島地老師的基督教的心，是出自於尚絅的布薏爾老師，我感到驚訝！」（《全集》第十五卷三〇六頁）

對忠雄說「你頭上的角太尖銳，必須要像川西一樣有個圓頭才行」的也是這位島地老師（參照本章第6節）。然後川西實三學長將一高生活的新鮮空氣傳達給忠雄，頻繁地將新渡戶稻造及內村鑑三的教誨寫下寄給忠雄。忠雄的心必須加入基督教，是因為內外都已經耕耘好了之故。

忠雄將來想做什麼呢？他認真讀書，修養身心，欲成為有為的人物以安父母之心，貢獻社會，不過關於將來要朝哪一方面前進，他並沒有仔細的考慮過。也就是說，他並沒有想要成就大功名。由於父親是醫生，所以他一開始原本打算從醫，不過也不積極，他並沒有訂定一定的志願。當決定由哥哥繼承家業以後，他變得沒有繼承家業的重擔。他的日記開始出現關於將來出路的記載，是在中學三年級時一月十八日的日記，其中寫到，「和老師（望月信治）、正同學（竹內正夫）三個人一起討論將來的出路。老師說，我畢業以後應該要進入高等中學一類（法科）或是海軍兵學校等。我的個性除了這兩者以外沒有適合我的。要當醫生也是可以，不過我的手腕不夠靈活。我現在還沒決定將來該怎麼辦。」

21. 冉阿讓，世界名著《悲慘世界》中的男主角。

不過，到了四年級時，他開始認真考慮自己的將來。他想要進入高等中學的一類或是三類。要選擇哪一步的問題，到他中學五年級的第二學期時仍無法決定。當時的高中分為三類，一類是文法科、二類是理工科、三類是醫科。不過，受了「東京的大哥」川西實三的影響，他很早就想進入一高。四年級的尾聲，在三月三日的日記中寫到，「從東京的大哥那裡收到了三月一日舉行紀念祭的紀念明信片一套。啊，我也好想早點進入那間學生宿舍、早點在那間教室裡學習，然後聽新渡戶稻造校長的談話。」問題在於選擇一類還是三類。五年級的十二月十一日寫下的作文〈闡述我的志願徵求意見〉中，他也迷惑著。他說：

「首先，先反省我的個性，我比較欠缺數學頭腦，因此二類是不適合的，那麼剩下的就是一類和三類了。從我的缺點來看，我缺乏政治家們的縱橫經世之才，也缺乏掌刀的人應有的靈活手腕。不過從優點來看的話，我認真踏實，哪一樣都適合，因此實在讓我難以下決定。接著從家庭的情況來看，代代從醫的矢內原家有哥哥來繼承，因此也不一定要我學醫，因此我的出路非常自由，一切都由我的心意決定。我需要使社會達到一般化的同時，也需要使社會特殊化。我的父親、叔父、姊夫都從醫，我若也加入醫門，則可藉由行醫一事替社會做出貢獻，也可以發揚家族名聲。加上哥哥的胸腔患了不治之病，我應該從醫來使父母安心。加上在醫生世家成長的我，從小就有要成為醫生這樣先入為主的念頭。但是，另一方面，讀一類最方便修養品行，只要想到一類的歷史、漢文、語文等都是我喜歡的科目，就不自主的偏心向一類——但是稍微冷靜一點後，又覺得還是三類好。

說到醫生和政治家對社會的貢獻的話，醫生是醫治一個病人，而政治家是醫治整個國家的疾病，兩者都是尊貴的職業。我雖然無法成為良相，但至少應該要成為一位良醫。」（《全集》第二十七卷七〇頁）

寫下這篇作文的兩星期後，忠雄決定要進入一高的一類。這其實是受到川西實三強烈的影響。根據他十二月二十五日的日記，學校於這天開始進入寒假，他原本應該於隔天就返回家鄉的，不過他造訪了同樣因為寒假而返回家鄉的川西（如前所述，這位「東京的大哥」在寒假時也都在宿舍渡過，不過這年是因為要向學弟們傳達一高的生活，才特地回鄉的）的家。此時川西是一高一類的三年級生，他接近新渡戶、內村兩位老師，並於其門下得到許多好友知己，擁有充實的精神生活，因此熱情地告訴忠雄有關他的好朋友或是「讀書會」的事情。川西「大哥」與忠雄兩人一同於下著小雪的寒冷天氣裡，離開川西的家，前往忠雄寄宿的大利武祐家。「大哥和我同披一件外套，相擁而行。大哥的身體非常溫暖。他告訴我讀書會的事情以及新渡戶老師、內村老師的事情。大哥已經把我的事講述給他的朋友知道，因此岩切（岩切重雄——川西實三的好朋友）想要給我帽子。我不管如何都一定要進入一高。將來的志願也煩惱了很久，不過現在已經決定要進入一類。我想要成為真正的人。而最適合這樣的我的是一類。我想，家裡方面應該沒有問題，所以這次回鄉下要爭取望月老師及父親的同意。」關於這些事情，矢內原忠雄在很後來的時候這樣說到：

「我家開醫院，因此我曾經也想過要成為醫生，身旁的人也這麼期待著。不過當中學畢業，要接受高中入學考試時，川西同學覺得我應該跟隨他的腳步進入東京的一高，而在一高當然是進入法科。總之，彷彿是川西同學決定了我的出路一般。我並非討厭這樣，我心中對這位學長充滿了尊敬，因此萬事都服從他的指導。但是我膽小怕事，所以我害怕解剖、外科手術等，這也是我不想成為醫師的理由之一。和父親商量之後，父親說我不成為醫生也無所謂，只要照自己的想法前進就好了。因此，我放棄醫科，選擇法科。」（〈我的人生遍歷〉，《全集》第二十六卷二二七頁）

就這樣，忠雄從一中畢業以後決定進入一高的一類。這不僅是他將來職業出路的決定，也是他精神的出路，影響他思想形成的決定。不過在敘述他進入高中以後的事情之前，他中學畢業前生活的最後一件事非說不可。

「中學畢業前後，恐怕是我人生中最活躍的社交時光」，這是進入大學時，忠雄日記中寫到的（《全集》第二十八卷四六六頁）。要提到這所謂的「最活躍的社交時光」，也必須提到當時十七歲純情的少年忠雄的初戀。

13 初戀

熱血爽快的男子川西實三、認真純情的感情家矢內原忠雄，和比忠雄更穩重的溫厚摯友大利武祐，以及才十四歲的少年增井正治，這「以天地為父母的四人兄弟」的友情，到了忠雄的中學五年級後半的寒假前後達到最高潮。在這年寒假的第一天，也就是十二月二十五日忠雄和川西相見，決心要進入一高的一類，不過那天忠雄原本準備要回鄉下的家。那是因為他親愛的弟弟啟太郎（當時七歲）自十二月開始身染重病，接受了肋膜的手術，至今仍臥病在床。所以，想念弟弟的忠雄即使是一天也好，也想盡早回到家鄉的弟弟身邊。但是和這位從東京回來的「大哥」相見後便難分難捨，便延遲一天回家鄉。結果這天晚上，四個人都住在大利家。根據忠雄的日記，「客廳鋪了三個被褥，武同學、正治同學、大哥、忠雄四個人並排緊貼在一起睡。我和大哥手挽著手，啊，高興又快樂」。

隔天，忠雄出發前往今治，在家中度過了寒假。弟弟的病情明顯好轉，父親也允許忠雄進入一高的一類組。忠雄在一月一日寫下了「天神在上……等等」的五行文字。前面已經介紹過了忠雄的中學三年級、四年級一月一日的日記，而他五年級的一月一日日記中，不只是高昂著有自覺的思想，更洋溢著得到友情的歡喜。他寫到「一想到我真是幸福」，寫下對父母以及老師的感謝，更寫到：

「最令人高興的是得到了以天地為父母的兄弟。有我最敬愛的川西兄、親愛無隔閡的武同學、可愛而無法忘記的正治，啊，真是令人開心的拜把知交。令人懷念，令人愛戀。愛戀一字一般讓人感到不潔，但是我指的是神聖的love。那是愛，那是愛。啊，能認識大哥、武同學、正治真是太可喜可賀了！」

接近寒假尾聲的一月六日早晨，忠雄搭船回神戶，在大利家和武祐聊天時，川西實三和增井正治也來了。這一天川西也和忠雄走了長長的一段路，熱情的將新渡戶稻造校長的教誨等告訴忠雄，讓忠雄充滿感激。這天傍晚「四人兄弟」到了御影的增井正治家。在增井家吃完晚餐後，一起洗澡，一起睡覺。忠雄感激於這份友情而落淚。他在日記中寫到：「只是不發一語的抱著大哥，抱著那粗壯的手哭了。啊，聖潔的眼淚！愛情！眼淚！眼淚！」

隔天早上，大家都很早就醒了，不過還是在床上聊天。此時正治的姊姊也加入一起聊天。在此引用忠雄的日記。「不知不覺對她產生親近感，說姊姊請過來這邊。姊姊也很爽朗，而且文靜，終於來到我的身邊睡下了。我的手和姊姊的手、大哥的手、正治的手交疊在一起，我可以感到溫暖的血在流動。我的左手擺在姊姊的上臂上，右手握著正治的手，被大哥抱著睡在正中間。大家說我是angel，我很高興。姊姊的手腕比我大上一吋，不過顏色很白。〔中略〕姊姊喜歡秋天、野菊花，和我的喜好幾乎一致，我們很快就熟稔起來，進而衍生出相愛之情。」

不用說，忠雄自此為止造訪過增井家好多次，不過都是為了指導正治的課業。他和正治的母親也有一定程度的熟識，但是他到此為止都沒有和正治的姊姊說過話，在增井家過夜也是第一次。他這時才開始跟正治的姊姊變親密，她叫「艷子」，和忠雄同年同月出生，也是十七歲，前年畢業於京都的女子學校。艷子和正治姊弟的上面還有一個哥哥，不過他住在京都的學生宿舍，因此平常增井家是三個人住在一起。川西實三早先便和增井母子有親密交情，常常住在增井家，增井家三人都對川西實三寄予極大的信賴。正治的母親和姊姊熱情款待身為川西的弟弟、也算正治的哥哥的忠雄以及武祐。正治的母親很喜歡照顧人，對於男女交往的想法在當時來說算是自由開放。

至於忠雄，認真又有潔癖的校風主義者忠雄，至此為止，一次也沒有和女性交往的經驗，前文引用的一月一日日記中，也寫到「『愛戀』一般讓人感到不潔」，他認為戀愛是不潔、墮落的。比如說他中學三年級七月三日的日記中寫到，國語課中，老師介紹《金葉集》的一首詩，「暗影青苔下／枯落滿地鋪／尋眼百方度／乍見君立身」，並解釋道：「這原本是一首戀詩，述說戀愛並非污穢不潔之事，男女相愛的真情原本是美善清淨的。」忠雄對於老師的話憤慨地表示：「啊，那是什麼話啊！我不容許在神聖的教室裡污染我們潔白頭腦的大罪。」他就是所謂的「硬派」。但是他也是一個渴望情愛、容易寂寞的人，是愛情濃厚的感情家。他那年十七歲，在上述情況下和增井艷子相識，而急速親近發展成戀情。話雖如此，那速度非比尋常。忠雄於早上的睡床上第一次和艷子變熟後的下午，川西因為有事而到別處去，增井母子便和忠雄、武祐五人一起到香爐園（有動物園等的遊樂園）去玩。增井的母親說「我有四個大孩子」，又說「忠雄和艷子是雙胞胎」。傍晚先回到增井家，忠雄和武祐原先想要告辭，不過被挽留下來吃晚餐。吃完後，忠雄寫到：「我和姊姊相擁，互相摩擦著彼此的手臂，由於我們同年，所以感情特別好。我不覺得這是墮落，或是什麼其他的。〔中略〕總之，我頭一次感受到年輕女性柔軟的身體。她有令人愉快的眼睛，可愛的精神。」接著他也寫下了和艷子的對話：「我喜歡忠雄。」「我喜歡姊姊。」「我們是雙胞胎。」「好高興啊！」大致上是這種感覺。武祐與正治用同一個火爐取暖，他則寫到「我以姊姊的膝為枕，即使沒有火爐也很溫暖開心。」正當其時，辦完事情的川西「大哥」「滿身大汗」的回來了。他以悲痛的口吻說，他下了「一大決心」，決定要「過著清明的生活，要成為像新渡戶先生那樣的人，成為世間青年真正的朋友」。大家都變得肅穆起來，忠雄的日記中寫到：「一段時間大家都默不作聲，川西兄說把熱鬧的氣氛搞僵真是不好意思，便站起身用他的美聲唱起了浪花節的歌謠。我很佩服他能夠分開使用認真和滑稽兩面。大家又變得熱絡起來。我和姊姊再度靠在一起，互相擁抱。好高興！」

隔天，第三學期就開始了，忠雄又回頭認真讀書，不過一星期後的星期六，忠雄再度和武祐一起到增井家去住。忠雄的日記中寫到：

「大家非常歡迎我們，我有點嚇到了。一進入這個家，我煩人的性格就變得稍稍有趣一點了。熱熱鬧鬧的吃完晚餐後就睡了，一開始睡覺的位置從北開始是正治、姊姊、我、武同學，不過大家的位置變來變去，有時候是正治、我、武同學、姊姊，有時候是正治、武同學、我、姊姊，到了天明時的位置變成正治、我、姊姊、武同學。我和姊姊微妙地加深了親密度。緊密的結合。姊姊的腳和我的腳交纏在一起，我們抱著彼此的身體，我們開心的聊著天，直到早上一點的鐘響時才睡下。……我從夢中醒來，全身是汗。我脫下睡衣、擦乾了身體，借了正治的衣服來穿，不過果然有點小。我再回到睡床上，聽到了兩點的鐘敲了。之後我沒有再睡著，和姊姊一起小聲的聊天到早上。外面聽得到雨的聲音。」

在那之後兩星期的一月二十九日，忠雄在回家的途中直接到增井家去了。武祐在途中就向忠雄告別，自己回家了。忠雄一個人到增井家之後，只有正治一個人在，媽媽和姊姊都出去了。「我只是突然想到，就到了增井家。隨便和正治說了一下話，眼淚很想流出。說一些沒有意義的話時，大家就回來了。啊，姊姊回來了。此時我總算有心情和人說話，開始開心起來了。姊姊說，忠雄到東京後，我一定會哭，啊。」這天，本來忠雄也想住在這裡，對方也熱心的邀請，不過武祐突然來了，所以只好在吃完晚餐後就回家了。

下下個星期六的二月十二日，忠雄準備到增井家去住。前一天也到了增井家和艷子見面，忠雄在十一日的日記裡寫到：「今天我想待更久，不過這樣子對武同學過意不去，所以我明天再來住。我一到這個家就彷彿回到自己家一般悠閒舒暢，而武同學的家則是好像去親戚家一樣。」隔天十二日的日記裡則是寫到：「我昨天開始就想著今天要去增井家住，即使武同學不能去，我也要一個人去。我問武同學：『要不要去啊？』他說：『我想去，可是我不能在那裡過夜。』我的本意是要去那裡過夜，不過他想去但不能過夜。而我總不能說：『那我就一個人去囉！』」詳細記載他的行動與心理狀況。這一天，增井的母親好像也不容許只有忠雄一個人住下的樣子。

「我和姊姊兩個人一起到中間的房間，相擁而泣。我是愛著小艷的，實實在在的愛著她；小艷也愛著我，實實在在的愛著我。正治好像要開我們的玩笑，要嘲笑就讓他嘲笑吧。姊姊說：『要不要等到忠雄大學畢業呢？要不要一起去東京呢？』我們身體輕顫，kiss對方的後頸，緊緊相擁。『今天晚上，兩個人一起就著這個暖桌睡覺吧！』『就算沒有這暖桌，只要我倆在一起就夠溫暖了！』啊，今晚真想住下來。」

不過武祐在催促，艷子的母親也在催，忠雄只好抱著「斷腸之思」離開了增井家。忠雄將在新聞上看到的短歌，記在日記中：「分別已數夜／思念悄上心頭／多麼想念妳的黑髮」。與謝野鐵幹、晶子等人的《昴》創刊於前一年的明治四十二年，明治的浪漫文學主義運動此時正值最盛期，認真的中學生忠雄也受到了影響。這一天，借來了燈籠，兩個人一起在寒冷的黑夜中走回家。武祐對忠雄說：「你最近很鬆弛懈怠。」對於此忠雄寫到：「啊，對於他人的用心甚多的苦悶世間，難道沒有能夠自由的容納我倆的地方嗎？啊，知道的人自然知道，這是人的情。但是我也自覺到我最近的懈怠。啊，我要狠下心來，一陣子不要去御影。」

過了二月，三月十二日，忠雄的最後一個學年考試結束了。這一天，忠雄預定到京都的醫院去看弟弟啟太郎，準備了給弟弟的禮物。將這件事告訴大利家的人後，傍晚離開了家。前面提過，啟太郎接受了肋膜的手術，於正月時已漸起色，不過之後又再度惡化，胸中積了膿，為了治療，啟太郎於二月再度入院。離開了家的忠雄在搭電車之前，先到了德井的川西家。受到實三的托付要指導他弟弟芳藏（當時神戶一中一年級），因此他是來找芳藏的。因為才是一年級，所以一從學校回家後就立刻出去玩，是很正常的事，不過忠雄並不這麼認為，難得來卻撲了個空，忠雄生起氣來，認為芳藏一回家不讀書就跑出去玩是不應該的，等到芳藏回來後便對芳藏說：「你不覺得丟臉嗎？你覺得這樣下去可以嗎？」冗長地說起教來。之後他說他現在要前往京都，便離開了川西家。不過他自己也不知道自己是往哪裡走的。「石川屋的長堤，松風怒濤，撲向我胸膛，天上星光燦爛。啊，石川屋的長堤，我的去處只有一處。電車一閃而過，看了手錶已經八點，我決定要到御影去過夜。」之後他也相當猶豫，晃到御影，失心一般的進入增井家。「我、正、姊姊三人一起睡了。我有點睡不著。我的心變得怪怪的，姊姊也這麼認為，因此沒有叫我過去她身邊，我們就這樣各自睡了。」隔天到了下午，忠雄還待在增井家。「小艷來到我身邊，擁著我的肩一起望著庭院。小艷說：『我和誰都沒也這麼親近過，只有和你。和小實、武也沒有像這樣喔！』啊，小艷，那溫柔的眼，潔白的手臂。這就是所謂的戀愛啊！」之後忠雄到京都探望弟弟，不過啟太郎的病在兩星期的住院期間已經康復，前一天已經出院，因此忠雄是在京都的旅館與父母和啟太郎相見。

忠雄以第一名全勤的成績從中學畢業，三月二十五日的畢業典禮時，他代表全體畢業生讀了《全體畢業生代表辭》。這個「答辭」是他自己苦心寫出的文章，因此將之介紹出來（《全集》第二十七卷八五頁）：

「這次本校舉行第十一屆畢業證書授與典禮，以知事閣下的帶領為首，許多貴紳蒞臨，是我等學生的光榮。

回顧我等自入學以來，從原本的資質駑鈍能有今日，全拜校長和諸位老師的嚴正教誨及熱心指導之賜。這次又得到知事和校長的訓勉，實在是無比感激。從這間學校畢業只是我們人生千里路中的一小步，前途渺茫，雲煙萬里荊棘亦多，不過秉持著本校訓育的宗旨，實踐質樸剛健、自重自治的精神，必定能夠創造光明前程。我等雖駑鈍，但願意服膺兩位先生的高論，夙夜匪懈以期將來有所成就，報答多年薰陶的大恩，絕不讓今日畢業的光榮消失。

謹代表畢業生全體發表答辭

明治四十三年三月二十五日

兵庫縣立第一神戶中學校第十一屆畢業生總代表

矢內原忠雄」

在這個畢業典禮前後，忠雄想必是感到從中學時代的種種解放出來，因此也不在意大利武祐，好幾次到御影的增井家去玩。身為總代表閱讀致詞的那天下午，他也一個人前往增井家，然後很晚才回大利家。一回到大利家，才發現因為忠雄太晚回家了，因而武祐有點擔心，所以出去尋接忠雄了。隔天他也到了增井家，這天他在增井家過夜，和「姊姊」聊天到早上。然後隔天，三月二十七日，他踏上了回家的路。

當時，小學和中學是四月開學，不過高中和大學是九月開學，因此志願是一高的忠雄的入學考試在七月上半舉行。他也想到不準備考試不行，他決定不在故鄉的父母身邊準備考試，而是在神戶的大利武祐家準備考試。那樣比較方便，一方面也可以到御影的增井家去玩。此時他雖然踏上了返鄉的路，不過那是為了向父母報告畢業的事情，隔幾天他又回到了神戶。在神戶的六年間，他都是只要一放假就立刻回到家鄉，並且就算多一天也好地希望留在父母弟妹身邊。不過這次卻不一樣，他希望早點回到神戶。不過事情未能如他所願。今治的老家在四月三日有先祖的法事，加上為了慶祝啟太郎的病痊癒以及安昌（於今年從今治中學畢業）和忠雄從中學畢業，忠雄不得不待到那日為止。忠雄於三月三十日的日記中寫到：「法事結束後，還要慶祝啟太郎的痊癒以及安昌和我的畢業，所以必定會拖到七日或八日以後才能回到神戶。雖然可惜，但是沒辦法。有時候我會對小艷自說自話。」加上啟太郎的病雖然好了，不過母親為了照料啟太郎積勞成疾，臥病在床。因為種種原因，他回到神戶的日期比他預料的還晚，是四月十一日。十二日，他立刻就到增井家過夜。「自御影受到了招待。今天我預定在這裡過夜，隔天六點到神戶，拜訪奧村、奧田、半田老師等人，十一點過後回到御影睡覺。」（四月十二日）「我和姊姊開玩笑。摘下了院子裡紫陽花的嫩葉，說『這就是燃燒青春的顏色』，兩個人眉眼相對。啊、啊！」（四月十三日）忠雄的摯友大利武祐放棄升學，待在家裡以戶主的身分努力工作。忠雄就在大利家準備考試，不到三天就去御影玩，常常寄住在增井家。櫻花開了又謝，枝椏上佈滿新綠，「最盛的社交時代」就這麼快速地過去了。

14　一高入學

忠雄交出了一高一類組甲部(英法科)的志願書，他對自己的學力相當有自信，不過他想到一旦落榜就糟糕了，所以還是替考試做了準備。正當此時，正確的說來應該是明治四十三年五月十四日，文部省公布了「高等學校大學預科入學者選拔試驗無試驗檢定規定」，其中第一條為：「各高等學校大學預科各部入學希望者人數超過時，各部各類募集人員的五分之一可以由甄試的管道入學。」也就是推薦入學制度在這一年設立。這其中還有許多細節，不過大致上是說，中學校長可以推薦該校特別優秀的學生給高中，高中方面依據書面考察，決定幾名學生可以不用經過考試即入學。神戶一中的鶴崎校長立刻向一高校長新渡戶稻造推薦矢內原忠雄。這件事情，忠雄當然立刻就知道，老師們都斷定的說，「你一定沒問題」、「你等於已經進入一高了，不用準備考試也沒關係了。」不過，那是要從全國中學的優秀學生中選出數名，因此如果沒被選上的話，還是要接受考試。但忠雄非常的興奮，沒辦法專心於準備考試。那是因為他對自己的能力有自信，加上可能可以不用考試就進入一高，而且他的心都在御影的增井艷子那裡。

推薦入學的結果於六月二十四日發表，入學考試則是在七月上旬，忠雄為了習慣東京的生活，準備於六月中旬先到東京，不過川西實三希望他早點來東京，所以叫他五月二十日就先過來。即將從一高畢業的川西，在「讀書會」認識了優秀的朋友(森戶辰男、岩切重雄、三谷隆正、澤田廉三、膳桂之助、樋口實、內山直等人)，渡過了高昂充實的精神生活，他希望早日把他引以為榮的這位學弟介紹給朋友們認識，也希望早日給忠雄介紹這些朋友。在川西的鼓吹下，忠雄也想早點到東京，便在五月十七日到增井家過夜。

那天的日記中寫到：「我和小艷走到庭院仰望天空，明月皎潔、萬籟俱寂，樹木的葉子也映著白光。

仰望月亮，數著天上星星，兩個人緊緊的擁抱kiss，眼淚流出。啊、好懷念——恨離別。」隔天，他先回到家，十九日又到增井家過夜，然後於二十一日搭夜行列車到東京。

關於當時列車需要的時間，忠雄搭乘的是特快車，於下午七點三十八分從三宮出發，隔天的早上十一點到新橋。當時的終點站是新橋，到了新橋，川西由於有事無法前來迎接，代之迎接的是高忠雄一個年級的學長——鶴田悌三——前來接忠雄。忠雄的日記中記著「小悌」，比忠雄早一年從神戶一中畢業的這位學長，住在東京的宿舍準備考試，因為是川西親近的學弟，所以在川西的斡旋下，忠雄住在鶴田悌三的宿舍。忠雄在日記中記著：「和鶴田一起坐電車經過銀座，換了三次車後在小石川表町下車，到了竹早町相州館的房子，鶴田的房間就在這裡。總算可以休息了。」這是他有生以來第一次到東京。川西實三於這天下午來到宿舍和忠雄相見，晚上馬上就帶忠雄到一高的體育場及學生宿舍。

「我很害羞，猶豫不前，不過被拉著進門，仰望大鐘。月色皎潔……十七號仰望月亮的時候，是和小艷一起的。啊，小艷現在過得如何呢？她是否將思念托給明月傳達給我呢？月亮令人懷念，人也令人懷念」。

忠雄還不知道能不能入學，所以抱著不安的情緒，不過川西「大哥」已經把忠雄當成準一高生，馬上召集了前述的朋友到忠雄住的地方，召開「讀書會」。所謂的「讀書會」是受到新渡戶稻造強烈感召的一高生（當時全員皆為三年級）所組成的，各自介紹自己所讀的書以及感想的聚會。大家熱心且頻繁的舉辦這樣的聚會。忠雄第一次接觸到這樣「高尚」的世界而感到感動，不過他其實不覺得聚會本身有多麼的有趣。他很快的就對喧囂悶熱的東京宿舍生活感到厭倦，想要早早回到神戶。他在前述的讀書會召開後的隔天，五月二十五日的日記中這樣寫到：

「我為什麼要這麼早就到東京來呢？明明沒有必要為什麼要這麼早來呢？我雖然高興能夠和大哥見面，不過一旦道別就突然寂寞起來——我好懷念音平、御影的天空。啊，我已經不想再待在這裡了。來這裡還沒到一個星期，被人家笑話也好、嘲諷也好，我想回到御影。」

川西「大哥」聽了忠雄想要回家的心情，對忠雄說：「那就回去比較好吧。」忠雄聽了之後「難掩高興之情，手舞足蹈」。不過隔天，川西和忠雄到了東大校園裡的三四郎池邊，說：「我了解忠雄想回神戶的心情，不過留在東京比較能符合武士的精神。」他舉出對於同房的鶴田悌三的義理等等理由，建議忠雄一如預定留在東京直到六月底。

忠雄變得不知道該如何是好，總之先聽從「大哥」的話留在東京，靠著「大哥」的肩流淚。川西雖然住在學生宿舍，不過他為了忠雄遞出通學申請，每天晚上住在忠雄的房間。通學申請的理由寫著：「由於帶病的弟弟來到東京，一切都需要人照顧等等。」忠雄在日記中寫到：「我好像神經衰弱，頭也開始痛起來。不過大哥和我一起住，多少給我帶來一點安慰。」

川西雖然每晚都來住，不過忠雄的心仍舊未能放晴，這一陣子的日記中寫著「頭陣陣作痛」、「陷入煩惱」、「無法唸書，什麼事都無法做」、「小人閒居於家，懷念西方的人」。「姊姊寄來的信中叫我要忍耐。不過忍耐真不是簡單的事啊！」艷子常常寄信給他，而忠雄則是更頻繁的寫信給艷子。

不過，這段到東京的時光，對忠雄的精神史來說有重大意義。前記的「讀書會」讓他覺得必須對人生問題做深入的思索，並且川西帶他去聽內村鑑三的談話，只要想到矢內原忠雄的一生中，內村鑑三有多大的影響，就可以知道這是多麼值得紀念的事情。當時，日俄戰爭之際，主張非戰論而遭到萬朝報社退社的內村鑑三，住在新宿附近的柏木，出版個人誌《聖經之研究》，在名為今井館的聖經講堂聚集了少數信徒講述聖經。雖然說是聖經講堂，但其實只是小小的平房，為依循大阪的香料商人今井樟太郎的遺志捐贈的。六月三日的忠雄在日記中寫到：

「今天大哥要帶我到柏木聽內村老師的講話。下午午睡了一小時，四點左右去泡了澡。六點左右離開宿舍，從牛込搭上電車，森戶、樋口兩人也在。在大久保下車，到今井館已經是晚上七點。參加的人約有三十五人。兩個房間接連著的空間。是一個閑靜的夜晚。正面懸掛著基督的肖像，還懸掛世界地圖以及『信望愛』的匾額等。七點二十分，內村老師出現，坐在正面的椅子上。膚色黝黑，看起來有點可怕的臉，啊，這就是內村老師。」

這一天並非講述聖經，內村鑑三為紀念前述的今井樟太郎去世四週年，講了美國實業家史蒂芬・吉拉德的事情。忠雄將那天的話詳細寫成八頁的日記，結尾如下：

「九點結束。我心茫然。不久就散會了。啊，真是開心、開心。我從未曾感受到像今天這樣pure的喜悅。啊，我明天死了也沒關係！

在床上聽大哥說話，我訝異於我的膚淺，彷彿在只有一種想法的我的頭腦（思想）的軟皮上扎針。

啊，勇氣、信、愛……」

他雖然還不知道基督教為何物，不過此時他已經深深的尊敬內村鑑三，對他的演講非常感動。覺得「基督教很奇怪」，攻擊制裁同年級的基督教徒松永信成不過是半年前的事情而已，忠雄的心已經來到了加入基督教信仰的前夕了。

總算期待已久的六月二十四日到來，這是發表推薦入學結果的日子。這天早上，川西帶著忠雄到新渡戶校長的家去。根據忠雄的日記：「新渡戶老師也要去學校，要帶我一起去。我非常惶恐的到他家拜訪，進入了會客室。不久後，老師走了出來，我誠惶誠恐地向老師敬禮，老師也輕輕的回禮。八點半一起出家門，前往一高。啊，這就是新渡戶老師啊。我走在老師身後，感到十分高興。啊，他是一位溫厚的人，沒有距離感的人，啊，我仰慕老師的人格而來到了一高。」內村鑑三和新渡戶稻造可以說是忠雄生涯的恩師。忠雄就這樣地先後接觸了這兩位老師。在見面之前，他早已尊敬內村鑑三，傾慕於新渡戶稻造。

看了一高的佈告欄以後，忠雄通過了推薦入學的名單。在他實在太過高興而發呆時，背後被人敲了一下，回頭一看是川西實三的好友三谷隆正的弟弟隆信。三谷隆信以第一名的成績畢業於宮津中學，也是來看推薦入學的告示的，不過可惜的是他沒有入選。忠雄透過川西實三已經認識了三谷兄弟，對這對兄弟帶有尊敬以及親愛的心情的忠雄，對於自己入選而隆信卻落選一事，感到很不好意思。不過之後隆信也順利通過入學考試，成為忠雄高中生涯中最好的朋友。而這份友情在忠雄有生之年都持續著。

雖然得以推薦入學，不過忠雄仍有別的難題。就是想念小艷的心情該如何處理，自己所設想的「姊姊」的關係應該如何處理的問題。忠雄雖然在中學得到了第一名的成績，不過對這種問題卻是破天荒頭一遭。正因為他個性認真，所以他東想西想，該怎麼辦才好，找不到解答。他為了尋求「安慰」而到增井家，和艷子相思相愛——忠雄是這麼認為的——可以這樣棄艷子於不顧嗎？

但是他單純的為推薦獲選感到高興，因此馬上發電報將這個好消息告訴雙親以及大利武祐和增井母子。忠雄說是大意也還真是大意，此時他尚未意識到前方的難題。戀愛使人盲目，忠雄也不例外。他高興的在發表隔天踏上歸途，雖說是歸途，但也不是往故鄉的歸途，而是回到御影。剛好此時一高的課也告一段落，森戶辰男、澤田廉三、岩切重雄、松村鐵男四位學長都各自回鄉，忠雄和他們搭乘同一班車，聽學長說了很多有關一高生活的事，感到安心。川西實三要晚一點才會回到家鄉，森戶、岩切、松村三位學長和忠雄一起住到大利武祐家。

他如同凱旋而歸的軍人一般，造訪增井家，在增井家過夜，不過氣氛似乎和之前有些不同。表面上一切都沒有改變，不過忠雄感到增井母子三人對忠雄的態度變得有點冷漠。然後川西實三從東京回來了，七月二日忠雄的日記中寫到：「今天早上我睡在增井家，小實和三谷（隆正）一起來了。小實或許知道我和姊姊感情好的事情了吧。」但是事實上，兩人的關係不僅是艷子的母親及弟弟，大利武祐和川西實三也知道，而且這些人都對忠雄太迷戀於艷子的事情表示擔心。只有忠雄不知道這一切。川西一回到神戶後，增井家可以說是川西的天下，忠雄感到不開心。七月五日他離開大利家去登山。根據忠雄的日記：「午後突然想要登上摩耶山，在那裡住上一星期。我和小武商量後，他表示贊成，於是便帶著檀寺蓮花院的介紹函，於五點過後一個人登上山了。我真的想要離開這塵世一陣子。」他就這樣帶著幾本書，投宿在山間寺廟，想要在寧靜的山間讓心情沉靜，不過他難以忍耐寂寞無聊，所以只住了一晚就下山了。他在日記中寫到：「今天我已經吸了仙風、吞了白霧，一天中完全忘我的脫離俗世。不過這樣的寒冷、這樣的孤獨——儘管寂靜是我所追求的，但是沒有一個人可以講話實在是太難熬了——驅使我於下午三點半左右下山。僧侶們一定也會笑話奇狂的我吧！」這天他住在神戶的朋友家一天，隔天他「被引力所牽引」又到增井家住了兩晚。增井家有川西實三，還有三谷隆正。三谷隆正開玩笑地給忠雄取了一個「韓國統監」的外號。當時日本將和韓國合併，這是全國國民最關心的一件事，而統監寺內正毅的頭型和忠雄很像（這個外號只是一個玩笑，不過既然忠雄被這麼叫著，這遂成為忠雄日後對朝鮮問題格外關心的遠因）。艷子開玩笑的說：「那我就成為統監夫人吧！」不過忠雄未必當這是玩笑話。實三取笑說：「忠雄和艷子就像夫妻一樣。」但是這樣的玩笑對忠雄不起作用。他覺得大哥是忌妒自己才會那麼冷淡。他在日記中寫到「沒有比忌妒更醜陋的東西了」，不過實際上忌妒的人不是實三而是忠雄，忠雄並沒有注意到自已陷入戀情而盲目著。七月九日的日記中寫到：「萬葉集時代有所謂戀歌的東西。有情的人都會愛戀上某人。戀愛不是道理，而是人情。不過，愛必須是出於衷心。我只認識一位年輕的女孩，並且我深深的愛上這位女孩。小實雖然冷言冷語，不過我不因此而生氣。」

實際上，由於忠雄實在是太熱衷於艷子了，所以艷子的母親為忠雄感到擔憂，拜託實三給忠雄忠告，讓忠雄對艷子的熱情降溫。實三半開玩笑的給忠雄忠告，不過這樣委婉的忠告對忠雄起不了作用。七月十日忠雄的日記中寫到：

「我們倆人的感情，除了出雲的眾神以及兩人之外沒有人知道。但是聽了小實的話，加上為兩人著想，必須暫時不得不聽聽理性的聲音。小實說，同樣十八歲（虛歲），對女生來說已經是該結婚的時候了，聽說有很多人想迎娶小艷。而我和小艷這樣交往下去，小艷將來嫁給別人必定會回想起兩人間的種種而無法承擔，這只會替她的一生播下不幸的種子。我愛小艷，小艷也愛我。如果我要和小艷結婚的話，那是我和她二十五歲，我大學畢業的時候。她願意等我等到那時嗎？這麼做不會有任何後悔嗎？如果決定要共渡一生的話，現在我應該以認真的態度來追求兩人的幸福。如果無法共渡一生的話，不如現在就分手。如果我失去小艷的話，我一定難以避免的會茫然失去自我。啊，我的心亂紛紛。啊，小艷，愛慕的人！」

忠雄的心仍舊如此的混亂，一星期後，七月十七日的日記中：「如果我和小艷不要這麼親密的話，對兩人都比較幸福吧。不過如今為了得到這樣的幸福，必須照實哥哥所說的來做。現在如果以我捨棄姊姊的形式分手的話，對我的自衛上、幸福上都比較好吧。但是小艷該怎麼辦呢？我會安慰小艷到底，成為她的朋友！」

川西實三因為再怎麼委婉的勸告忠雄也沒有用，於是就在和大利武祐商量後，於七月二十日造訪忠雄，率直的表達自己的意見。告訴忠雄，明明有「以天地為父母的兄弟」，還一個人煩惱，實在是太不聰明了。「我已經確定了艶子的態度，她乾脆的表明只是因為和忠雄同年所以親近，沒有想過要成為夫婦。」這樣的發言對忠雄來說是一種打擊，不過仔細想想，對於尋求解決辦法而苦心思量的忠雄來說，或許是幸運的事。也就是說，雖然是相思相愛的關係，不過如果不能成為夫妻的話，只好捨棄對方，這完全是忠雄單方面的想法。忠雄將自此為止的經過和內心的動搖告訴實三，老實地承認自己的不對，並為沒有和實三商量一事向實三道歉，表示不好意思讓大家操心了。實三原本就對忠雄沒有任何心結，忠雄對實三的心結也冰釋了。實三說：「御影那邊不好好說不行。你也如同往常一樣常常去玩，和大家保持友好關係吧。」「就這麼有點可惜又有點開心，十二點時和小實一起睡了。」這天的長日記就以此作結。

照實三的話，忠雄還是經常到增井家玩，和艶子親密的往來，一起聊天到天明。

不過，忠雄已經不再迷惘。原本兩個人的結婚問題就不成問題，加上艶子一開始就沒有這個打算。艶子不久就嫁給了別人，那時忠雄不過十七歲，剛剛進入一高，對前途尚感到一片茫然。

此外，補上後話，增井艶子於一年後的六月嫁入神戶的商家。明治四十四年六月二十三日一高一年級生的忠雄從學校回鄉時經過神戶，在日記中這樣寫到：「四點多開始向御影出發。姊姊於這個月十七日嫁入兵庫的淡路屋，最近回到了娘家。一切都是往昔的夢，回想起來，對這段純真戀情的進展，不感到開心也不感到悲哀，只是有許多必須注意的事情。戀愛使人盲目。實在是可怕、可怕！」（《全集》第二十八卷二一八頁）然後該年十二月二十四日的日記中有這樣的記載：

「今天到小實那裡去了。御影的姊姊目前患病回到增井的娘家養病，今後該如何是好？啊，我有罪。今天早上整理行李，撕毀了寫給姊姊的信。即使信撕毀了，還是有撕不破的黑色結塊存在著。

啊，我這帶罪之身，我無法說出，胸中苦悶無處發洩。小實沒有辦法完全了解我的想法，知道這件事情的只有幾個人而已，而知道我的真正心事的只有一人。啊，該怎麼辦，該怎麼辦？」(《全集》第二十八卷二二五頁)

在這之後，忠雄所寫下的文章中有出現增井艷子的，是在大正三年的文集《光之室》中的〈登六甲山〉的文章裡，記載這年的夏天「替小艷的墳上香」，如此而已(《全集》第二十七卷五二九頁)。

第二章　青年時代

1　南舍十號

明治四十三年八月，在故鄉和父母一起度過的忠雄，於八月底嘗試登上早先就已經想要征服的石鎚山（標高一九八一公尺，此山無比險阻，為不易攀登的靈場。健步的忠雄與其他幾位年輕人，一起在嚮導的領導下，辛苦的登上了山頂）。在前往東京途中，忠雄經過神戶，和摯友大利武祐及初戀情人增井艷子話別。九月八日抵達東京，十二日進入了一高的學生宿舍。他分到的是南舍十號房。當時的一高位於本鄉，現今的東大農學部之處，學生宿舍分為東舍、西舍、南舍、北舍、中舍、朵舍的六舍。採行寄宿制度，所有的學生都必須住進學生宿舍。各運動社團各自有其房間，沒有進入運動社團的人到了二年級以上也會依照英法或德法的分班，各自選擇自己希望的室友。不過一年級即是以打散的形式，由宿舍委員部分派房間。宿舍是粗糙的木製房屋，一樓是自習室，二樓是寢室。第一次看到這裡時，忠雄因其不潔與骯髒而吃了一驚。忠雄一年級時的室友有以下十一人，大家從各地而來，都是第一次見面：涉澤直一（英法）、森田浩一（二類）、山岸博愛（三類）、井川恭（就是日後的垣藤恭）、前田仙太郎（二類）、三溝又三（法法）、都築正男（三類）、武田章一（二類）、牧田彌次郎（德法）、小池四郎（二類）、水澤孝策（英法）。

順帶一提，和忠雄一起進入一高的人中，有這些有名的人，同樣英法科的井口孝親、石井滿、宇佐美六郎、小畑忠良、龜井貫一郎、黑川武雄、野呂一雄、星野直樹、細川嘉六、舞出長五郎、三谷隆信、目崎憲司等人，德法科有井野碩哉、秦豐吉、藤森成吉等人，法法科有系井靖之、涉澤秀雄等人，此外文科有芥川龍之介、菊池寬、久米正雄、倉田百三、土屋文明等人。

第一高校聚集天下英才自不待言，是孕育日本各界領導階層的搖籃。明治二十年到三十年間——也是從日俄戰爭到甲午戰爭的明治國家主義高揚的時代——一邊燃燒著對國家天下的抱負，一邊以自治宿舍為榮，看輕其他事物的「籠城主義[1]」的校風盛行。「漂流在污濁的海中／必須拯救我國國民／劃破逆浪／自治的大船勇往直前／尚武之風舞動船帆／出航已十二年」——這是明治三十五年著名寮歌《嗚呼玉杯》的一部分。其中的「尚武之風」代表了稱霸天下的運動社團，並美化了存在於自治與剛健名下的鐵拳制裁、學生晚上的演練，以及破衣蔽帽。動搖這樣的壯士國家主義的「籠城主義」，使青年外向的心轉向內向的人生問題的是——或者說是最能夠象徵這樣的動向的是，明治三十六年，一高學生藤村操投身華巖瀑布的事件[2]，留下有名的遺言〈巖頭之感〉：

「悠悠天際，遼遼古今，以五尺之小軀體，期達成這大事。郝瑞修(Horatio)[3]的哲學到底值得多少的權威。所有的真相一言以蔽之就是『不可解』。我懷著此恨，在煩悶的終點選擇了死亡。既然已經踏上了巖頭，我心中沒有任何不安。我第一次知道，至大的悲觀和至大的樂觀是一樣的。」

岩波書店的創始者岩波茂雄是高藤村操一屆的學長，他回顧當時寫道：「那時候以憂國志士為己任的書生，如同『我不出面，蒼生無法得救』一般，接在慷慨悲憤的時代後，將人生是什麼、我從何處來又將歸去何處視為問題，是內省性的煩悶時代。男子以出人頭地、功名富貴為恥，為了得到永遠的生命、貫徹根本的人生，許多人選擇了死亡。那是這樣的一個時代。」並引用前文的〈巖頭之感〉說道：「如同晴天霹

1. 籠城主義：指舊制第一高等學校高唱：「輕視世間的繁華，全體學生住校，遠離世俗喧囂，專心致志念書。」
2. 藤村操：為菁英學生，於一九〇三年在華嚴瀑布自殺，其遺書〈巖頭之感〉為當時注重出人頭地的日本社會以及知識份子帶來極大的衝擊，自殺原因則眾說紛云。
3. 郝瑞修（Horatio）：被認為是指莎士比亞名劇《哈姆雷特》（*Hamlet*）中的配角郝瑞修。

靂一般，莊嚴愷切的文章動搖了一世的魂。」（遺文〈回憶中的野尻湖〉，收錄於安倍能成所著的《岩波茂雄傳》）

總之，由於藤村操「哲學性的自殺」，一高的風潮從傳統的籠城主義轉為講求個人自覺的覺醒哲學性的內省傾向。後來和矢內原忠雄有密切關係的藤井武於明治三十七年進入一高就讀，於三年級時被選為文藝部委員，在校友會雜誌上發表了〈交友觀〉、〈思慕的生活〉的論文，都是以個人主義、理想主義為基調的人生論。這樣的哲學性內省傾向，在明治三十九年迎接新渡戶稻造為校長之後更為助長。矢內原忠雄入學的明治四十三年時，在新渡戶校長的感化下，透過閱讀與宗教追求人格修養的風氣，已經大大得到推廣。比如川西實三加入的「讀書會」，就是充滿了前述氣氛的活動。追求基督教而前往內村鑑三門下的一高學生也為數不少。前述的岩波茂雄、藤井武和川西實三都是其中一人。忠雄將走上的道路其實已經鋪設好了。這不光是因為已經準備好了，所以他走上已鋪設好的道路。而是這樣的環境，符合他為了成為真正的個人而想要求得思想與信仰的希望。又或者是，他內心的要求已經存在於一高學生中的各種傾向裡，因此他為了滿足這要求而前往尋求罷了。

因為想成為真正的個人，才以一高一類組為志願一事，在第一章12節已經提過，在進入南舍十號房以後，他在日記中這麼寫著：

「大家的臉上充滿微笑，反而是我鬱鬱沉沉。在即將展開向陵生活的現在，我實在沒有辦法感到愉快或痛快的感情。寮歌的歌聲從四處溢出，不過這都無法吸引我的注意。我認為向陵生活應該是要肅穆的。我並不是沉醉於一高的名聲才進入這所學校。雖然說川西兄的影響很大，不過比起川西，這裡對我有更大的吸引力。新渡戶老師！我是因為仰慕老師才邁向向陵，換言之，我是因為想讓自己成為一個個人而來到向陵的。如果沒有這個因素的話，我應該會去離家鄉更近的高中吧。我是為了成為一個人才來向陵的。聯誼不是我的目的，寮歌無法成為我的慰藉。我想要認真嚴肅的在這裡渡過三年。我是為了成為一個人才來的。當我這麼感覺的時候，我的心感到極度的嚴肅，變得認真，胸中感到疼痛。」

這是他九月十二日的日記一部分。隔天九月十三日於倫理講堂舉行開學典禮，忠雄聽了他最尊敬的新渡戶校長的演講，忠實記下那場演說的筆記，好長一段時間都保存在手邊，並於昭和五十一年出版的《我所尊敬的人物》（岩波書店）中發表這份筆記。這個演講的重點是，藉由人格感化的訓育的重要性，以及為了涵養人格，應該要有益友，互相尊敬對方並以禮相待，以及那年八月發生的兩個大事件，即全國的水災以及朝鮮合併。前者與植林治水事業有重要關聯，後者是由於日本即將成為大國，應該捨棄島國根性，擁有更寬闊的國際視野，以上等等。忠雄對於這場演講深有所感。為了解說演講中的「互相行禮」的「社交主義」，忠雄寫著：

「對於鎖國性的籠城主義的一高學生，喚起大家人格的自覺，解放個人的個性，並刺激新的友情。老師（新渡戶校長）對於這項變革，並沒有採行制度的變革、規則的制定等強制命令手段，而是以暗示的教訓及人格感化，在他在職的八年間達成了他的目的。不過老師的『社交主義』在傳統的籠城主義者看來，是軟弱、四面討好，不適合一高的。一時間成為攻擊的目標。」（〈我所尊敬的人物〉，《全集》第二十四卷一三九頁）

這篇文章最後寫到的，標榜「籠城主義」的校風主義者對新渡戶校長所發出的攻擊之聲，是於明治四十二年的紀念祭茶會上。矢內原忠雄在其他論述恩師新渡戶稻造的文章中寫到：

「在校內響起了排斥的聲音。這是在我入學前的事情，某年紀念祭的夜裡，有畢業生及學生出面發表激烈的排斥演講，指稱老師四面討好，沒有資格成為一高校長，不如引退。看了那時候的紀錄，老師微笑地穿上羽毛外套，『其從容模樣與平常無異』。那時老師身為校長，向同學表示了自己的想法，因此學生們感受到老師的人格，排斥校長的成員們也打從心底有所改變，成為仰慕老師的成員。那時候我還是中學生，因此從學長那裡得到了記載這件事的一高校友會會誌，我也決定要進入一高。」（〈身為人以及愛國者的新渡戶老師〉，《全集》第二十四卷六八八頁）

如此，新渡戶校長的感化浸透了一高全體，忠雄進入一高時，「籠城主義」的校風已經式微，取而代之的是修養人格、追求理想的風氣。以大局來看的話，時代風氣由明治國家主義逐漸轉為大正民主主義。自然，此時因為仰慕新渡戶校長而進入一高的忠雄，會對入學典禮時新渡戶校長的演講感到感動，不過與那份感動成反比的是，寂寥以及悲哀的心情也深深根植於他的心中。那是因為新渡戶校長的偉大，正好讓他感覺到了自己的卑微渺小，如同前面引用到的日記，他被「成為一個人」的課題所壓迫，突然進入一個新的環境和不認識的人一起生活，讓他覺得很無助。剛入宿舍時的日記中，與其說充滿了進入一高的喜悅，不如說是感嘆修養人格的困難，想到自己的微小，以及感傷自己沒有可以談心的朋友，充滿了悲傷的氣氛。

我在前面提到了忠雄進入一高時，一高學生之間已經受到了新渡戶稻造、內村鑑三的影響，有了內省的、宗教性的傾向，寫到了「忠雄將走向的道路已經鋪設好了」。但是那當然是事後回顧，或者是從已經過的歷史上空俯瞰得知的結果，當時對他而言，未來全是一片黑暗，他必須一邊在黑暗中摸索，一邊開拓自己要走的道路。對於剛進入一高的忠雄而言，他的確是切實地希望能達成「成為一個人」的願望，不過他並不知道那條路在哪裡。他並不知道他是應該要成為基督徒，還是成為佛教徒，還是該相信什麼？只是他感覺到，若要使自己人格高尚，要解決他內心的煩惱，必須要有宗教的幫助。他在南舍十號房的一角，一邊聽著別處傳來的寮歌或是聯誼的喧鬧聲，一邊熱心地讀著《菜根譚》或是《聖經》。然後常常到長了秋草的運動場去，一個人陷入沉思。日後矢內原忠雄回想當時的事，如此寫下：

「明治四十三年九月，我進入一高。那裡有學長為我準備好的交友圈。那裡有燃燒著感激與內省的基督教空氣。但是從那裡得到的並不是內心的充實，而是感情的昂奮，其背後伴隨著的是對於罪惡的自責。為了達成人格修養而接觸的基督教，讓我知道自己人格的空洞。對我這麼平凡又單純的人，那不僅是以思索上的疑問的方式迫近我，而且是在實際生活上的痛苦。於是我發現我自身非但沒有善，而且不管看向世界的哪一方都充滿了我的陰影，我感到我封閉在自己的黑暗中。但是即使是一點也好，我想要看這世上至純至堅的東西，想要看到光明。我知道在我自身裡面沒有光明的存在。但是如果可以看到這宇宙的某一角落存在著的光明，我就可以喘一口氣了。如果不這麼做的話，我會為我周遭的黑暗感到窒息。這就是我當時的情形。有時候，我會被皎潔的月光所吸引而漫步到遼闊的運動場上。然後當我嚮往著迎面一片發出白光的東西而接近時，那是一張報紙，紙面上的印刷字彷彿如無數的小惡魔一齊躍出來嘲笑我。污穢污穢、晦暗晦暗，我的心中沒有一點至純。我在那裡嘆息而流淚。」（〈我如何成為基督教徒〉，《全集》第二十六卷一四一頁）

這種罪惡的意識，從這篇文章即可以了解，是由於「為了修養人格」而接觸基督教的過程中加深的，剛進入一高時，他並沒有如此嚴重的罪惡意識。我再一次將話題轉回他剛入學的時候，在探討他內心的同時，一起摸索他外在的生活吧。

當他剛住進宿舍的時候，運動社團來邀請加入。忠雄受到許多運動社團的邀請，不過他選擇加入弓道社。雖說如此，他還是住在南舍十號房，在早上或是放學後，想要去的時候才去弓道場練習，接受學長的指導拉弓。繼續來看他剛進入宿舍的日記。日記中寫著：

「我到弓道場試著拉看看。不是偏旁邊就是向前落下，沒有成功的。吃完午餐後再去，這次有學長從姿勢教起，相當困難。不過使出了力氣，感覺不錯。」（九月十七日）

「早上練了弓，還滿有趣的。」（九月十八日）

「今天開始射靶，我命中一次。」（九月二十日）

不過他總是沒能得心應手，也缺乏練習的熱情，於是便漸漸減少練習的次數（教導新生忠雄練弓的學長，其中一人為江原萬里，日後和忠雄結為好友。當時江原萬里是三年級，不過忠雄當時還不知道他是誰）。

轉開話題，我於昭和十年進入一高，也進入了弓道社。那時我一點也不知道父親曾經加入一高的弓道社。照理應該要說「爸爸也在一高練習過弓術」之類的話，不過當父親知道我加入弓道社以後，他只擺了張苦臉，說了「加入運動性社團不好」。這件事情將會在這本傳記裡再提一次吧。進入弓道社的忠雄，接著也加入了基督教青年會與辯論社。所謂的基督教青年會和一般的YMCA[4]無關，是信仰基督教（新教）的學生以及想要信仰的學生所組成的無關宗教的小集會。森戶辰男、澤田廉三和忠雄已經認識的學長們都屬於這個青年會的成員。受到這些尊敬的學長的推薦，忠雄雖然沒加入基督教，不過還是和已經熟稔的三谷隆信一起加入這個青年會，出席活動。這個青年會的三年級生中有河上丈太郎。日後矢內原忠雄說起自己加入辯論社的原因：

「回想起一高時代的回憶，我屬於基督教青年會和辯論社[5]。這兩個都是川西同學推薦給我的，我並

4. YMCA，Young Men's Christian Association，「基督教青年會」。
5. 辯論社：此辯論社主要為進行講演、演說、時事批判活動的社團。

非喜歡辯論，也不擅長辯論，更不是因為要使辯論變厲害而加入辯論社。是因為學長告訴我加入辯論社可以認識好朋友，也可以達成精神的修養，因此我才加入的。」（〈我的人生遍歷〉，《全集》第二十六卷二二八頁）

在忠雄入學當時，辯論社的委員有河合榮治郎、河上丈太郎（都是三年級），森戶辰男、澤田廉三是前年度的委員。辯論社的學長有前田多門、鶴見祐輔、青木得三、石川鐵雄、金井清等人。在演說大會時，這些學長也和學弟們一起在講台上共組論陣。忠雄熱心的參加了辯論社的活動。在九月三十日的練習會中，忠雄立即和學長們組隊登上講台，以《向陵生活的出發》為題，講述了以「成為一個人」為旨趣的感想。他是為了「成為一個人」才進入一高，並不是為了參加同樂會（所謂的同樂會，就是把自習室的桌子聚集於中央，準備煎餅等零食，同室者敘述感想或是玩遊戲，最後合唱許多寮歌的親睦會）或是陶醉於寮歌中而來的。

他和同房的人不親近，又無法追上學長們的腳步，所以經常感到寂寥與悲哀，不過他逐漸習慣後，也開始和南舍同房的人熟稔起來，開始參加同樂會，一起陶醉於寮歌之中。不過和中學時代一樣，他還是熱心於課業，認真讀書。在他的日記中可以看到他常常抱怨一高的老師停課。與此相反，忠雄最喜歡的是每星期一下午的新渡戶校長的「倫理」課。每到這堂課，他總是認真聽講，每聽了課就深深的感動，彷彿被給予了新的力量。另外，每星期四的新渡戶校長的「會面日」也是忠雄幾乎從不缺席的活動。

2　新渡戶校長

一高的三年間對矢內原忠雄的人格形成、人生觀以及信仰基礎的確立有著決定性意義的重要時期。關於此，給予忠雄影響最大的是新渡戶稻造以及內村鑑三這兩位老師，以及與這兩位老師門下的學長或是朋友的交往。擁有優秀的老師和朋友是他的幸福，他自己也自覺於這份幸福。但是這絕不是自然落入他手中的。思想、信仰並不是像東西一樣可以藉由贈送的形式交給別人，也不是像水往低處流一般自然就會流過去的東西。他從新渡戶稻造學得了做人的涵養，從內村鑑三那裡學到了基督教的信仰，然而要學到這些東西，必須是他自己認真的探求，加上靈魂的渴望、對自己的愛的不足以及對罪過的煩惱、親近的人的患病與死亡，以及在其中以淚水和祈禱來進行的自我戰役。透過向陵三年的生活，他最親近的不是新渡戶校長的會面室、不是內村鑑三的講堂今井館，也不是教室，而是他離開宿舍一個人前往雜草茂密的深夜運動場。他常常一個人跪在那裡、一個人在那裡哭泣、一個人在那裡祈禱。他那不為人知的內心奮鬥，正是使新渡戶稻造及內村鑑三的教誨能成為他自己的血肉的原因。他在學校拿了很好的成績，在辯論社也很活躍。他喜歡唱寮歌，也感動於友情。但是他的高中時代被淚沾濕，染上的是悲傷的顏色。

正當一高生活將畫上句點時，大正二年五月的他在學校寫下題為〈三年的回顧〉的作文（《全集》第二十七卷四二九～四三六頁），回顧一年級的高中生活。此時他已經進入了信仰的世界：

「秋天九月，明月皎潔的時節，我進入了南舍十號房。我無法忘記最初的基督教青年會與辯論練習會的事情，在練習會中以《向陵生活的出發》為題，說到了我希望『成為一個人』。在青年會中，我也提到了相同的願望。純真的少年就這麼踏上了三年的旅程。希望成為一個人的願望至今仍未捨棄，我想我一生都不會捨棄這個願望。就這樣，我沒有遭遇到什麼大誘惑，沒有脫離正道而至今日，這應該讚美神吧。如果我不知道聖經，沒有知道其中奧義，我不會知道世上最棒的書。如果不知道祈禱的話，我不會知道那天下第一的力量。回顧我奇妙的命運，這雖然沒有什麼關係，不過同年級的山崎茂人同學借我一本小冊子，推薦我看看。那裡面的內容是清澤老師的《我信念》，談論到我等皆為污穢之身，而這污穢之身靠著神佛的誓願救贖，我覺得非常不可思議，便將感想整理成《救濟》，在練習會上發表。現在想起來其實大半已經可以了解。」

文中提到的山崎茂人就是日後的能瀨茂人，於一高在學期間，屬於名為德風會的佛教研究會（他在經歷過臺灣銀行、住友信託以後，成為京王帝都電鐵的董事長，現在（一九七五年）雖已隱退，不過仍然健在）。關於這個同年級同學把清澤滿之的書借給忠雄一事，忠雄於明治四十四年一月十八日的日記中有寫到：

「山崎茂人在上星期五同樂會結束後，依我的請求留在席上。當天夜已晚，因此我和他在席間小聊一下。正如同他信奉佛教，我寧願傾向基督教。但是如果要說主宰這宇宙的唯一power的話，不是佛教也不是基督教。我只是單純的相信這股力量。我不以對方是佛教徒還是基督教徒來取捨對方。他借了一個題為《清澤老師生的信念》的小冊子給我。清澤老師是一個佛教徒，相信菩薩的力量，從中尋求安心。」

接著，忠雄對於「只要信仰如來，就能得到救贖」這樣的宗教信仰，表示了疑問，那是不是表示不管犯什麼罪都可以被原諒呢。這就是前文中的「我覺得非常不可思議」的原委，後來他加入基督教之後，也開始能夠了解這樣的教義。所以他寫下，「現在想起來其實大半已經可以了解」。《三年的回顧》中，繼續寫到：

「給希望成為一個人的我力量，幫助我修養人格的人，是新渡戶老師。我老早就知道老師的名字，不過在實際接觸後，更感受到老師的光芒。在老師的倫理講堂裡，即使是看著田村將軍、菅公及文武的肖像，也未曾讓我感動。但是當老師以和藹的神色講述品格的修養時，我確實感到心中的躍動，心中覺得必須修文武。我是多麼思慕敬愛老師，如何地受到老師的薰陶感化，倫理時間、會面日、茶話會以及其他的場合，老師所說的一字一句都有助於我人格的養成。」

新渡戶稻造是盛岡縣人，與內村鑑三、神戶中學的校長鶴崎久米一都是札幌農學校第二期的學生，受到克拉克博士遺風的影響，加入了基督教。從農學校畢業後，想成為「太平洋的橋樑」，於是進入東大文學部一年，後來到美國、德國留學，研究農政學、農業經濟學等學問，與在美國認識的女性瑪莉（Mary Elkinton）結婚後回國，成為札幌農學校的教授，不過卻在此時患病，在療養中寫下了《農業本論》、《武士道》。之後，應臺灣民政長官後藤新平[6]的懇請，為臺灣農業、尤其是糖業的改良奠定基礎，後來成為京都帝國大學教授，兩年半間講授了殖民政策，並於明治三十九年九月被聘請來一高擔任校長。矢內原忠雄進入一高時，是新渡戶校長擔任一高校長的第五年，改變舊有的「籠城主義」校風，轉為以確立人格、積極培養社交性（社交主義或社會性）為基調的方針，此點前文已經提過。他同時為了一年級學生，每星期舉行一個小時的「倫理」講話。忠雄每次都很認真地聽講，從前文引用處可以窺知。

新渡戶稻造在晚年致力於國際友好，昭和八年出

6. 後藤新平（一八五七～一九二九），在臺灣民政長官任內，推動農業、工業、教育、科學等建設發展。

席於加拿大舉辦的太平洋會議時得病，於該地去世。昭和十一年，矢內原忠雄為紀念恩師，開始編輯《新渡戶博士文集》，這個《文集》中收錄了「學生的筆記中所收錄的未發表文章」，內容就是倫理講話。寫下這些詳盡筆記的學生，就是矢內原忠雄。

矢內原忠雄寫下了很多關於新渡戶校長的教育的文章，為了表示客觀，在這裡引用一些別人的話。在忠雄進入一高時，離開一高進入大學的森戶辰男於後年如此回想著：

「我在一高時，上過老師的正課就是一年級時一週一次的倫理課。從校長那邊聽來修身或倫理的話，一點也不稀奇。不過，這位老師的課對我來說是啟示。所謂的校長對我來說，與其說是人格者，不如說是校格者或是國格者。不過現在在我眼前所看到的校長，不是沒有血的道學者，也不是藉由憂世性的悲歌來掩飾自己教養之貧乏的所謂愛國主義者，而是積累了深奧的學問，對孤兒也會眼眶發熱的校長。這讓我感到驚訝。（中略）我每星期都很期待這堂倫理課。到了這堂課，大家都搶著坐前面的座位，為了不要漏聽隻字片語，都睜大了眼睛、豎起了耳朵。（中略）因為這堂和考試完全沒有關係的課，完全是根據我們難以壓抑的內心而來上的。」（森戶辰男，〈身為教育者的新渡戶老師〉，《新渡戶博士追憶集》三二四頁）

山岡柏郎著有《向陵三年》一書。作者的本名為山岡望，長久以來都在岡山第六高等學校擔任教職，現在也健在。山岡與忠雄同時進入一高，唸二類，一高畢業以後馬上寫下向陵三年的回憶，於大正八年出版了這本書。他和忠雄一樣也出席了這堂「倫理」課。關於這堂課，他在書中寫到：

「學科裡面，我最喜歡的就是修身課了。小學、中學時，絕對說不上喜歡這門科目，不過新渡戶老師親自講授這門課，每星期一下午三點到四點的一小時裡，給我們帶來很多有趣的談話。此時，大家都為了更接近老師，所以搶著坐前面的位置。座位都被一年級占據，二、三年級的人就隨意靠牆站立聽講。

老師站上講臺，捲起羽毛大衣的袖子，兩手環抱便開始講話。

『我不知道什麼倫理，因此只是將我少許的感想和你們分享而已。』

這是他第一句說的話。

『昨天的月亮實在太美好了，因此我眺望了一陣子，不過那時不知為何，突然湧上一陣寂寞又悲悽的心情……』

他的聲音絕不大，也不高昂。當然不是訓話的口吻，也不是說教的語調。不如說像是在訴說著什麼，用充滿著感情、柔軟的，而且能夠抵達人心深處的有力聲音，一點一點地敘述著。看著月亮，不知不覺就感到寂寞悲悽的事，今昔都未曾有改變。誰都有一樣的經驗吧。你們也有看著月亮，懷想起家鄉的親人、朋友，而愴然淚下的經驗吧。那個時候最好盡情哭泣。當盡情哭泣的時候，那眼淚會成為某種強大的力量吧。拯救世間、救贖人類的力量也是來自這眼淚。他大概說了這樣的話。」（山岡柏郎，《向陵三年》三一頁）

根據森戶、山岡兩人的文章，我們可以知道新渡戶校長的倫理課的情況，也可以知道尊敬這位校長的不只有矢內原忠雄，當時一高學生全體都是如此。前面引用的《向陵三年》中，還寫道「有一次他說了這樣的話」，接著他這麼記著：

「社交主義和籠城主義都重要，不過兩者無法並行。人不應該全然閉居在孤城裡，必須和其他人有所往來。但是以上的往來必須遵守自己的節操。人際關係有縱向，也有橫向。任何一個都不能捨棄。佐藤一齋老師在他的言志錄中已提到這件事：『不違背寬懷俗情，和也。立身俗情而不墮落，介也。』立身處世，重要的是必須同時計算到和與堅持的兩全。

老師伸長了手，取下了台上的時鐘，讓我注意到時間已經剩下不多了。此時，我感到一種無法言喻的悲悽惋惜的心情。如果可以，我希望能夠把時鐘撥前一個小時，讓老師再說一個鐘頭。不得已，時間一結束老師的身影即將從講台前消失。

只剩下溫柔而充滿感情的聲音，仍然漂浮在講堂中。我希望下星期這堂課結束時，我能夠以更清爽的心情離開這間教室。」

山岡這篇文章，因為是畢業後馬上寫下的，因此很能夠傳達當時的感覺，並且與忠雄的日記也符合。這裡寫到要同時注重「橫向關係」以及「縱向關係」，是這堂倫理課的中心思想，也可以說是新渡戶校長的教育中心思想。對「橫向關係」的重視，表現在強調「社交主義」及「國際心」，「縱向關係」則表現在強調人格的確立以及實踐上。新渡戶稻造受到許多誤解和非難，不過他喜歡「託付給看的人的心，高嶺上澄澈的秋月」這樣的古詩，並沒有因為世間的非難而動搖。其根源為基督教（他是教友派，也就是貴格會[7]）信仰。矢內原忠雄在往後的《我所尊敬的人物》（昭和十五年）中，以「橫向與縱向關係」來說明「新渡戶博士的教育精神」（《全集》第二十四卷一四二頁），其中有一節是：

「老師最喜歡的是秋天，尤其是秋天的明月，對月亮所感到的是悲哀。老師自己縱向生活的內容，就是『悲悽』。『悲悽』是人的靈魂追求神的聲音」。

這和山岡記下的新渡戶老師第一次「倫理」講話的內容相符，也可以從此窺見矢內原忠雄信仰的一端。這是因為，新渡戶稻造在表面上幾乎不曾談過基督教的學說，矢內原忠雄主要是從內村鑑三那裡學到基督教的信仰，不過這份信仰應該帶有和新渡戶稻造一樣的「悲悽」色彩。順道一提，同樣出身於札幌農學校的新渡戶稻造和內村鑑三，於畢業後完全走上不同的道路，身為一個人的性格不同，信仰的性格也不同，不

7. 貴格會：又稱公誼會或者教友派（Religious Society of Friends），成立於十七世紀的英國。

過一生都對對方抱持著尊敬與信賴的感情。大體上，可以說矢內原忠雄向新渡戶稻造學習成為「人」，向內村鑑三學習「基督教」信仰，不過從新渡戶稻造學來的基督教思想也不少。

愛學生，重視藉由人格接觸的訓育的新渡戶校長，設置了「會面日」來增加和學生談話的機會。他認為學生在校長室一定會緊張，因此特地在學校附近租了一間獨棟房子，在那裡和學生們談話，回答學生的問題，並透過這樣的座談來啟發學生的心靈。再度借用前述《向陵三年》的具體描寫：

「會場在二樓的十張榻榻米大小的房間。兩側也鋪著地毯，讓大家可以坐在地上。正面有老師的坐墊及火爐。三點前就有三、五人來到這裡，漸漸越來越熱鬧。穿越人群，老師連聲說著『不好意思』，便精神奕奕地上了樓，坐在自己的座墊上，學生們圍著老師坐成一個半圓形。一開始，老師前面是空著的，不過越到後來人越多，到最後，前面的人可以碰到老師的膝蓋。

老師一邊微笑著，一邊說：『有沒有什麼話題啊。你再坐過來一點啊。你也再靠近一點。』

老師說，什麼都忍耐不一定偉大。日本人總是在忍耐不需要忍耐的事；一旦發生必須忍耐的事，反而無法忍耐。這實在有點麻煩。」（同書二四四頁）

書中接著描寫到學生們提出種種問題，詳細地傳達了會場的氣氛。每星期一次的「會面日」，對忠雄來說是很大的樂趣。根據他的日記，他從未缺席，也曾和學長們一起提問。

就這樣，他教授了許多關於人生及修養的問題，忠雄那時候的日記中寫著，「我還不行」，悲觀的氣氛強烈。相關於老師說「結交益友」一事，他嘆息寫到：「我也想要結交益友，但是我這種個性實在不容易交到朋友。」

這裡有一段關於友情的插曲。南舍十號房的室友中，有一個名為水澤的三類學生，這個人很奇特，宣稱自己是個人主義，否定共同生活的意義，沒有融入房間的空氣。包括忠雄，其他的室友也對他感到困擾，不過都拿他沒有辦法，他可以說是被排擠的人。有天，忠雄拜訪學長川西實三，說起水澤的事情，川西實三說：「如同路人對待我們的態度一般，我們也用冷淡的態度對待路人。」這個學長的話帶給忠雄很大的衝擊。「嘴邊說宗教道德之類的話，不過連安慰一個朋友的心都沒有。我真是個笨蛋，我更覺得自己的渺小了。」（明治四十四年一月二十四日日記。《全集》第二十八卷一八頁）數日後，忠雄和水澤說話，解開了他的心結，努力想和水澤親近。他的努力得到了回報，水澤主動向同室的室友道歉，南舍十號房變成融洽的氣氛。這是一個小插曲，不過對忠雄來說，這是讓他知道友愛的重要經驗。一高畢業前夕，他寫下的作文〈三年的回顧〉中寫著：

> 「我同房有一個M同學。他缺乏協調的個性，和其他室友的關係彷彿不認識的路人一般。室友們也覺得他很可怕，批評、疏離他。但我不討厭他，也不嘲笑他，不如說是以一種好奇的心態看著他，我沒有興趣和其他人一起批評、嘲笑他。某一天我拜訪一位學長，告訴他房間裡有這樣的一個人，那位學長臉色嚴肅地跟我說：『你連一句親切的話也不跟那個人說嗎？你不進一步和他說話，了解他在想什麼嗎？你不這樣做而批評、嘲笑他，實在是太不親切了。』我告別那位學長，回到宿舍後，徹夜煩惱，我從未這麼煩惱過。的確，我有一個好的境遇。我有好老師、好學長，被介紹了好朋友，讀了好書。在一高裡面是少有的幸福的人。而如今，我連對一個平常生活在一起的人說一句話的愛心都沒有。他一定想，這世界上沒有人愛自己吧。我應該接近他，對他表現一點我溫暖的關懷之情。我只知道接受恩惠而不知道付出。我是恩惠的盜賊。這麼想著，我的心彷彿被攪亂，茫然地靠在自習室的椅子上。此時窗戶映出一片紅光，一望向外面，上野的森林陷

入一片火海。其實是美術學校失火了。我實在是無法忘記那個夜晚。這一晚對我而言，比高中三年全部更珍貴。這件事情對我而言，比其他事情更珍貴。啊，我無法忘記燭火消失後茫然自失的陰暗自習室。之後不久，M同學開始和室友變得融洽。暑假回鄉後，他立刻寄感謝的信給我。但是應該感謝的不是他，而是我，因我第一次知道何謂愛。」

他接著前面的文章說，一高三年間，「最懷念的是一年級時代」，「我最珍貴的，是不為人知的獨自痛苦、獨自流淚的剛入學時期。這實在可以說是奠定我一生基礎的時期」。

他因為水澤的事情感到自責，又看到上野失火的時候，是在一月二十四日。一星期後，以忠雄所屬的辯論社為導火線，發生了動搖一高全體，關係到新渡戶校長進退的大事件——德富蘆花所發表的演講《謀判論》。

3　《謀叛論》

在一高的官方歷史紀錄中，有一高於昭和十四年發行的《第一高等學校六十年史》以及大正二年第一高等學校學生宿舍編纂發行的《向陵誌》。前者主要羅列法令類的規章，記述制度上的變化；後者則是以自治宿舍為中心，由學生寫下校友會各部以及不屬於校友會的各會歷史，可以說是具有濃烈個人主觀意識的刊物，不過正因為如此，很能表現當時的時代氣氛。一高學生宿舍創設於明治二十三年，然後於創立第二十年的大正二年三月一日的紀念祭上，宿舍總代表會決定刊行這篇《向陵誌》，並由各委員執筆，在六月完成了達六百多頁的大作。矢內原忠雄於明治四十五年二月到大正二年二月為止，也就是二年級後半到三年級前半都擔任辯論社委員，他也替《向陵誌》寫下了〈辯論社社史〉。這收錄在《矢內原忠雄全集》第二十七卷中，可以說是《向陵誌》中的力作，既是了解一高歷史的重要資料，也是他一高畢業前夕有關傳道思想的重要資料。

不過目前先探究剛進入一高辯論社的一年級生忠雄。當時的辯論委員是河合榮治郎、河上丈太郎、鈴木憲三（皆為三年級）三人。對於三十歲、四十歲的人來說，兩、三歲的差距不算什麼，不過對於成長快速的十幾歲年輕人，尤其是舊制高中生來說，一年級和三年級的差距相當大。新生忠雄對這些三年級的委員們，應該是抱著敬畏的心情吧。前面提過，有時召開辯論社的練習會，忠雄也會和學長一起組隊參加，不過這時他的存在仍不顯眼。關於前述三人擔任辯論社委員期間的社內風氣，忠雄在上述的〈辯論社社史〉中寫到：

「河合是對歷史有興趣，重倫理的浪漫家；河上很瘦，有預言者的趣味，是承接前代越來越茁壯的吾社中不可缺少的人物。致力於減少空泛而缺少簡明意識的抽象論，復興批評精神，召開種種集會，使我們社團更豐富。河合與大家的友誼是吾社茶話會中，一個令人懷念的主題，使吾社社員間感情融洽。」

往後，東大經濟學部教授（忠雄的同事）河合榮治郎常常論及歷史，談論「友情」。日後，勞動運動的指導者、社會黨委員長河上丈太郎，在演講台上吐露了基督教信仰。矢內原忠雄在辯論社裡最尊敬這兩位委員。

新的一年開始，明治四十四年一月辯論社委員河上丈太郎與鈴木憲三拜訪了東京郊外粕谷里的德富蘆花。二月是委員更替的時期，委員們為了替自己畫上一個完美的句點，於每年此一時期都有邀請名人辦演講會的慣例，今年邀請的是德富蘆花，新渡戶校長也同意這件事，因此他們便去拜訪德富蘆花。蘆花於明治三十九年，也就是日俄戰爭後不久，前往耶路撒冷巡禮，訪問托爾斯泰，回國後便立即在一高發表了題為《勝之哀》的演講，獲得熱烈響應。其中提到對日俄戰爭的批判，因此引發世間的爭議。他是矢內原忠雄喜愛閱讀的《自然與人生》一書的作者，在當時一高學生中也極受歡迎。

根據日後河上丈太郎寫下的回憶，他與鈴木憲三從新宿走到粕谷，路上積滿了雪，路途遙遠。蘆花熱情地招待兩人，爽快地答應了這場演講。他說：「一高是一個非常適合發洩不平的地方。」當兩人問到這次演講預定的題目時，蘆花用火鉗來回地在火爐裡的灰燼上寫著字，突然他靈光一現，說出了《謀叛論》的題目：

「我在一瞬間心跳停了一拍。那時幸德秋水大逆事件的判決才剛下達，我直覺這似乎是跟秋水有關的演講。我想如果學校方面知道題目是這樣的話可能不會准許，因此和鈴木同學討論，遂在公告上寫下『論題未定』。在老師登上講壇的前一刻，學生們都已經聚集在講堂之後，才將事前準備好的海報：『《謀叛論》德富蘆花』貼出。貼上的瞬間，場內為之騷動，老師等到場上安靜下來後，才開始熱烈評論桂內閣對秋水的不當處置。我一生中，再沒有聽過比這更讓我感動的演說了。」（日本經濟新聞社《我的履歷書》）

所謂「大逆事件」的來龍去脈，如今大家都已經知道。那是桂內閣聽從元老山縣有朋的意思，為了將無政府主義者、激進的社會主義者全部一網打盡，進而檢舉、處刑、根絕他們的計畫。不過，這件事情要等待太平洋戰爭後，才為一般人所了解。當時是以「某重大事件」、「恐怖的重大陰謀」的感覺流傳於一般人之間，關於此事內容的報導一切禁止。明治四十三年五月底，一開始是長野縣內四個青年被逮捕，在這之後，菅野須賀子[8]、幸德秋水[9]等人被檢舉，檢舉遍布到全國，有數百名被懷疑謀反的「危險分子」被逮

8. 菅野須賀子（一八八一～一九九一），明治時代的新聞記者、婦運者、革命家。
9. 幸德秋水（一八七一～一九九一），明治時期社會主義者，思想家，創建社會民主黨。在大逆事件中最後予以處死。

捕。這其中有二十六人以大逆罪被起訴，明治四十四年一月十八日判決公審，有二十四人被宣告為死刑。其中十二人在隔天十九日，由於「天皇陛下的聖恩」得以特赦，由死刑轉為無期徒刑；而包含幸德秋水在內的十二人，則是於一星期後的二十四日被執行死刑。

矢內原忠雄住的南舍十號房，訂有《朝日》、《國民》、《讀賣》、《萬朝報》四份報紙，所以他們應該可以從新聞知道這件消息，不過新聞報導的內容非常少，大部分都是以幸德一派策劃了「恐怖的大陰謀」為前提而寫下的東西。此時，天皇崇拜、皇室至上的觀念，已經深植於人心之中。連幸德秋水曾經擔任過有力的論說記者的《萬朝報》，都對幸德的死刑判決表示：「他是天地不容的大罪人，這次的死刑判決對於法治國家的日本來說，沒有可以批判的地方。」（明治四四年一月一九日）所以，一高的學生們不知道這件事的真相是理所當然的。連擁有和桂首相親近的哥哥德富蘇峰，和以人道主義的觀點來看這一次的處刑，而批判這個處刑的蘆花，其實都不清楚事情的真相。

二月一日，一高的第一大教室裡，聚集了要聽辯論社主辦的蘆花的演講的學生，可以說擠得無立錐之地。講台上、走道上全都擠滿了聽眾，進不來的人則擠在窗邊。大家是在蘆花登臺的前一刻，才知道演講題目的。登臺後的蘆花從粕谷附近的吉田松陰的墳墓說起，再提到一星期前有十二名「謀叛人」被處刑的事情，告訴大家那些「謀叛人」其實是夢想自由平等的志士，國家處刑無政府主義者的行為只會造成更多無政府主義者的產生，這是對天皇的不忠，並激烈的對桂內閣做了攻擊。蘆花的立場，一方面是從否定死刑的人道主義出發；一方面表示自己「體內留著尊皇的血液」，是天皇尊崇主義者，正因為尊崇天皇，所以對天皇身側的大臣做出不人道的處刑，反而妨礙了天皇的仁慈一事表示彈劾。他對政府的攻擊很激烈。將近兩小時的演講，以「重點是人格的問題。各位同學，我們不可以懈怠人格的磨練」作結。講堂中的學生皆秉耳靜聽，感受到很大的感銘。

剛滿十八歲的矢內原忠雄，是怎麼聽這個激烈的演講呢？他尚未具有判斷政治的知識，也沒有經歷過那樣的思想訓練。他只是認真的聽從以前就很尊敬的蘆花的演講，被感動，然後感到應該從正義人道的立場來效忠國家。當天，忠雄的日記中這麼寫到：

「下午三點，在第一大教室有辯論社大會，河合發表辭任的致詞，小林發表上任的致詞，新委員有英法的小林、德法的岡上、法法的奧狄。接著，德富健次郎老師上台。（中略）老師說，為順應新時代的發展，必須有志士，比如說幸德等人。怒斥當局者以老朽的身體壓制年輕的生命，指責當局必須考慮『人』的觀念。

無矯飾的言詞，精神熱烈煥發。講者以熱烈演講，聽者以熱誠傾聽。他眼神散出光輝，臉頰紅熱。我們難以對老師的演說下判斷，只是熱心的傾聽。我並不覺得政府如何，假使老師的言論過於激烈，我們也不會為之動搖。我們覺得必須要替遲鈍褪色的勤皇之血注入新血，並且我們早晚都要成為日本的支柱棟樑，必須有體會忠君之道，以人道處世的決心。

五點，老師說了人格修養的重要後便下了講臺。聽眾默默的走向餐廳。即使這會引起政府神經敏感，卻這一點也不對我們產生什麼影響。室友們的思想都沒有動搖，如平常般平靜。」（《全集》第二十八卷二六頁。此外，《全集》中將這篇日記記為二月二日，不過其實應該是二月一日。）

這場演講的內容馬上就被文部省知道，隔天新渡戶校長被叫去文部省，在口頭上自行辭退了校長一職。二月三日，校長聚集所有學生於倫理講堂，表示：「對於這次的事件，我會負應盡的責任。不會給你們帶來困擾，你們安心讀書就好了。」忠雄在日記中寫著：

「句句莊重，不覺嗚咽。新渡戶校長已經提出辭呈。我們都很冷靜，思想絕對沒有動搖。但是這件事既然已經傳進了文部省的耳中，老師又提出辭呈，將來會變成怎麼樣實在令人擔心。新渡戶老師辭職這件事情，我難以接受，一高學生也無法接受，甚至是一高的畢業生也無法接受。」

學生們憂慮新渡戶校長是否會引咎辭職，想了許多辦法讓校長不要受到牽連。宿舍委員會決定「向校長表明，學生們一起聽演講、拍手，而其罪過卻要由校長來承擔，因此要向校長謝罪，並表示學生們並沒有受什麼感化」，代表學生還要造訪文部省官員，請求准許留任校長。中野好夫在詳細的蘆花傳中也提到此事，表示一高學生雖然熱心的聽了演講，不過為了保全校長，表示「沒有受到任何感化」一事是「徹底可笑」的（《蘆花德富建次郎》第三部三九頁），不過會這樣表示也沒有辦法吧。至少忠雄認真的聽講，為演講者的熱誠所感動，但他並沒有想要「謀叛」，他對事情演變成校長要辭退的局面感到非常痛心。

蘆花在一高發表演講一事在世間造成大騷動，二月五日在國學院大講堂召開「大逆事件演講會」，忠雄也前往參加。在資料上也有價值，所以在此介紹記錄有花田仲之助主辦的「立國大本演講會」的忠雄的日記：

「下午一點開會

開會致詞，山岡熊治：為有名的失明參謀。當他被牽引著上下講臺時，我不禁淚流。啊，旅順的花形參謀——。

南條文雄：關於大逆事件，只要世上的人都以誠處世，就不會發生這樣的事情。國民必須要健全。博士實在是懷念的老僧。

花田仲之助：堂堂的言論態度讓我想到了薩摩準人。啊，我在日本中喜歡的人又多了一個。

涉澤榮一：以實業家的立場看來，要使國民健全必須要，一是不將忠孝仁義與殖利之道分開。二是立志於救護下層貧民。

三宅雄次郎：以他的雄辯，批評審判的不公開，露出了批評當局處置的口吻。

井上哲次郎：幸德等人皆為受主義所鼓動的人士，審判從一開始就不對。十八世紀法國盧梭等人的思想，歷經中江兆民傳到幸德。此外，他到美國一事也值得注目。

這場演說結束的時候，有一位律師荒川五郎，狂吼欲登上講臺。聽眾全站起來聲援他。此時，花田一點也不慌張，——他以令人佩服的沉著態度發表致詞結束演講，並將荒川請到臺上。荒川攻擊雪嶺的立論淺薄，使得聽眾騷動起來，『荒川，你該不會是中央黨吧！』、『這裡已經不需要你了。』、『各位，應該中止荒川的演說吧！』，就這麼在喧囂聲中將荒川請下了講臺，雪嶺博士茫然地出現在臺上。雖然群眾熱情歡呼，但由於花田喊停，所以博士上上下下講臺，就這麼散會了。聽眾們大喊『博士萬歲』。

我想了想，人格的力量真偉大。區區的失言，區區的攻擊也不能損傷他。雪嶺博士的人格默默戰勝了。我最喜歡雪嶺先生了。」（《全集》第二十八卷三〇頁）

就這樣，這場《謀叛論》的演講替一高裡裡外外都帶來很大的迴響，關於一高的事情算是簡單解決了。二月八日，文部省對新渡戶校長及畔柳辯論社社長做出譴責處分，騷動就此停息。

忠雄於畢業前寫下的〈辯論社社史〉，對此次事件的來龍去脈做了以下描述：

「二月一日，新舊任委員交接儀式釀成了天下的議論。從俄羅斯回來後一無動靜。在粕谷過著田園生活的德富建次郎（蘆花）這一天，穿著五紋和服，以豐頰黑髯真摯的面貌出現在講臺上，以《謀反論》為題，開始了一場大演講。滿場擠得水洩不通，有人攀在窗戶上，有人盤坐在演講者的身後，全場聽眾都不發一語仔細聆聽。演說結束後立即爆發如雷掌聲，震破了第一大教室微暗的氣氛。我從來沒聽過這麼精采的演講。不過聽到這場演講在向陵舉辦，有人沸沸揚揚指出這樣的演講不應該在向陵舉辦，又說聽眾應該要起來讓演講中止。這實在是太淺薄的見解了，也是可怕的間接誤解。我一高學生尊重人格，沒有不靜靜傾聽演說的人。尤其是這樣真摯的演說，得到了一高健兒最正當的共鳴。因此，蘆花老師拒絕他處的邀請，爽快答應一高的邀請，述說他對幸德秋水等人的大逆事件判決，充滿切實、滿腔的感想。老師明言了他的血液中有勤王的血。他憂心國無諫臣，就如同中國的古聖先賢一般。他對於政府壓迫社會主義者及無政府主義者一事表示不妥，這不正和明治四十年在國會中向陵律師所憂心的一樣嗎？他主張廢止死刑，這不是和托爾斯泰的主張一致嗎？加上他最後是教我們不要被事物的表面所迷惑，說：『健兒們，希望你們修養人格。』他心情真摯且富有判斷力，我們為此而燃燒起人格的火焰，沒有理由產生對國家不敬且無秩序的念頭。如此不直接聽演說會就容易憤慨一事，還有文部省知道這件事後，校友都擔心會不會委員們也要承擔責任，不過新渡戶校長表示：『我們已經做了應辦的手續，你們只要安心讀書就好了。』最後，卻和畔柳社長一起接受了譴責。吾社實在是恐懼不知所措。我們社團所邀請來演講的名人，必須是人格高尚、學識淵博的人，或是官吏、學者等所謂『安全的人』。一高學生的判斷力並沒有這麼低，思想也不應該被限制，幸虧有寬大的校長包容我們。我們無法忍受這樣一位我們敬愛的老師被譴責，蒙受污名。文部省的方針應該更自由化，對我社團的束縛也應該鬆緩。」

（《向陵誌》一五三頁。《全集》第二十七卷一七七頁）

蘆花在這場演講中，以「各位同學，你們應該修養人格」作結，中野好夫對此表示「這有點虎頭蛇尾」（前書三七頁）。不過對當時的一高學生，比如說辯論社委員河上丈太郎、河合榮治郎及矢內原忠雄來說，這一句結尾的話比什麼都重要。他們修養人格，日後對於日本的法西斯主義發出「謀叛」的聲音。這和受到蘆花的演講的感化有很大的關係。

不過，藉由這次《謀叛論》演講的機會，三年級的河合榮治郎和一年級的矢內原忠雄間產生了一種奇妙的友情。對於當時忠雄的生活來說，比起蘆花的演講，這份友情的意義更大。

4　學長・河合榮治郎

前面已經提過了，一年級的忠雄對於辯論社委員中三年級的河合榮治郎抱有尊敬的念頭。這是一年級學弟對三年級學長抱有的漠然尊敬的念頭，並不是特別被河合榮治郎這個人吸引才尊敬他。他知道這位學長的活躍及其知識的淵博，不過還不知道他的人格。忠雄認識他人格的機會，是河合榮治郎先創造的。明治四十四年一月底，在蘆花演講《謀叛論》的前夕，河合榮治郎於深夜邀忠雄到運動場，訴說友情，在寒冬的深夜聊到天明。根據忠雄一月三十日的日記，這天下午兩點左右，河合榮治郎約他聊天，晚上一起造訪川西實三（當時大一）：

「十二點回宿舍。到南舍入口時，他約我到運動場聊天。他以朋友的口吻和我說話。他說，他平常被人家說像武士一般，無法表現自己的真性情。他說了赤城的生活，因此我夏天也想到赤城去看看。想和敬愛的河合同學一起在美麗的赤城渡過清高的生活的念頭無比強烈。河合第一次叫我『忠雄同學』。他說，他一開始以為我是一個可怕的人，無法跟我有來往。室友和class的人，都有人覺得我很可怕。我記得我曾經問過望月這樣一個奇怪的問題：『我很可怕嗎？』啊，我該怎麼辦才好。我的心完全不溫和，所以表現在我的臉上也是一樣。島地老師曾經說過，他看到川西時就覺得有溫暖的、令人懷念的感覺，但是看到我則未曾有這種感覺。雖然說，這並非出自與我有深交——heart與heart有接觸——的人的口中，但事實上的確如此。啊，這也是修養。

一顆星星也看不見的夜晚，在運動場的斜坡上，我被河合抱著，幻想起赤城的清靜高尚的交誼。眼前的人家彷彿如連綿的山巒。啊，彷彿如夢。我失去了時間的觀念。也不想睡，更不冷。我茫然。

雞啼了。早起的人好像要出來了，我看了看手錶，早上五點。站在露氣厚重的運動場中，暫時到我房間待了一會兒。東方漸漸露出了魚肚白，白煙升起，人們就要起床了。終於在六點道別。我想，我們從下午兩點聊到早上六點，還聊了真多。我聽了什麼、說了什麼，大多都不記得了。臨別時，河合同學抱著我：『忠雄，請你永遠保持pure。我喜歡你的pure。』我不覺得自己pure。我對污穢罪惡的自己、軟弱的自己感到可恥。我想陶醉於天然，在親愛父母、親愛的兄弟們的擁抱中，走向神所愛的路。我無法擴展交遊，不過我深愛著我的朋友。我希望我永遠保持pure。或許是我武士性的彆扭使我無法與人親近。不過進入向陵，和川西更親近，聽了新渡戶老師的教誨，我捨去無謂的見識，想要過愛所有人的social生活。這當然不壞，而且是大大的希望能辦到。不過，我中心的地方是否將為此失去，我會不會變得輕薄呢？今天，我聽到叫我永遠保持pure的話，我的冷汗滲透了背後。啊啊，我想要中心。我想要靠近能夠保護我免於走上輕薄之路的神。啊，我想要保持pure！」（《全集》第二十八卷二三～二五頁）

這是相當長的引用，這是河合榮治郎和矢內原忠雄這兩個擁有強烈個性的人最初的相遇，兩人的友情由於個性的不同，所以在學生時代複雜曲折地持續著。後來成為東大經濟系的同事時，產生了微妙的對立關係。前面的日記顯示了忠雄一年級時的心情。他一方面因為「我的心完全不溫和，所以表現在我的臉上也是一樣」的煩惱，認為應該要擁有愛的心，因此不修養不行，但另一方面又不想變成輕浮而廣泛的交往，想要只交幾個擁有pure的新朋友就好了。然後，他感到為了擁有pure的心，必須要有信仰。河合榮治郎對忠雄來說，是使他朝向pure的自己邁進的推動者、監督的激勵者。因此，忠雄對河合學長的友情感到感激，不過兩人的個性有相當大的差異。此外，忠雄對於想要變得pure卻無法如意的自己，感到深刻的反省。簡言之，河合是藉由「強」來向理想邁進，忠雄是想貫徹「弱」。透過與河合榮治郎的交往，忠雄越來越感受到自己的「弱」，這也使他更深深地走向宗教之路。

這是後來的事情，河合榮治郎與矢內原忠雄於大正九年，幾乎同時成為東京帝國大學經濟系助教授，接著再一起成為教授，直到昭和十二年矢內原忠雄發表了和平主義性的軍國主義批判論而被逐出教壇為止，十七年間兩人都一同共事於教壇，是同一個教授會的成員。河合榮治郎是理想主義者、自由主義者，矢內原忠雄亦同。在忠雄辭職後，河合教授也曾經因為批判法西斯主義而遭到右翼及調查當局壓迫，於昭和十四年的平賀肅學[10]中被逐出教壇。昭和一〇年代

10. 平賀肅學：平賀讓（一八七八～一九四三），為日本帝國海軍技術中將，大和號戰艦設計師。一九三五年繼任東京帝大工學部長，後於一九三八年任東大校長。上任後，於一九三九年先後將自由主義派的河合榮治郎停職處分，引起學部內其他共餘十多名教師跟進請辭，史稱「平賀肅學」。

初期時，河合榮治郎對法西斯主義的批判並不輸給矢內原忠雄，銳利、強力而勇敢。河合和矢內原在反法西斯主義上，倒是頗為接近。不過，在經濟系中，河合和矢內原的立場可以說是完全不同，不如說是對立的。這和有無信仰沒有關係，而是性格與行動模式的差異。河合教授在系上形成多數派占有優勢，矢內原忠雄則是屬於專心於研究的少數派。要探究河合榮治郎和矢內原忠雄這樣的關係，就要探究東大經濟系內部抗爭的軌跡，也就是探究從大正到昭和初期民助思想的性格與命運。我將在這本傳記的後文來討論這件事。往後兩人的相異點與相同點，在一高兩人交往時期就已經可以看出。本書並不是要寫河合榮治郎的傳記，不過理清這兩人的交往，對了解忠雄心的動向有重要幫助。

河合榮治郎和大一屆的川西實三很親近。川西真正親近的是前面提過的「讀書會」成員，也就是同年級的三谷隆正、森戶辰男、澤田廉三等人，河合榮治郎並不屬於這個圈子。不過，有包容力的川西對小一屆、住在對面宿舍的河合榮治郎，也交往親密。川西的團體於忠雄進入一高時，一起進入了大學，因此川西將三年級的河合介紹給忠雄。第一章11節已經引用過川西實三最新的回憶錄《感銘錄》，書中還有以下一節：

「我（川西實三）進大學後不久的某天晚上，拜訪了一高宿舍裡的河合、矢內原以及三谷（隆信）。一如以往認真地談論人生問題。晃了校園，已經過了半夜，乾脆步出校園徹夜散步聊天吧，我想。夜晚的散步是我得意的事情。三人同意了我的提議，我們走到浦和為止。天明，在麵店填了填肚子。我們想要不要拜訪這裡的中學校長，幸運地和校長會了面，然後得意洋洋地迎著風回到一高。」（川西實三，《感銘錄》四〇頁）。

根據忠雄的日記，這是三月十八日的事情。

河合榮治郎約忠雄到操場聊天是在一月三十日，後天二月一日是德富蘆花《謀叛論》的演講，二日新渡戶校長向文部省提出口頭辭呈。三日忠雄的日記中寫著：「晚上十點半河合來訪，約我到運動場。因為很冷，所以進了房間。他告訴我關於演講會的詳細事情。我很想睡覺，於是在兩點告別。」雖然不知道河合榮治郎告訴忠雄關於德富蘆花演講會的什麼事情。不過，當時學生間有要求辯論社賠罪的聲浪，因此河合可能是和忠雄討論有沒有道歉的必要。這件事情在兩個月後的四月三日，忠雄的日記中寫著：「河合一如以往，辯論社委員並沒有錯。雖然新渡戶校長遭到譴責，不過那是現在日本風俗的束縛，當神出面裁判時，老師就會恢復無罪之身。」

從此可以推測出以上的假設。

總之，河合榮治郎就是這樣地接近忠雄，忠雄也對能和這位尊敬的學長親近感到高興。二月十一日，忠雄在川西實三的地方，看了河合榮治郎寫給川西的信：「川西，謝謝你介紹忠雄給我認識。忠雄純潔的性格以及溫和的友情帶給我很大的力量。」忠雄又訝異、又歡喜、又感謝，他也想要努力不要輸給「河合同學」。這天晚上十點從川西的地方回宿舍以後，剛好室友牧田正在寫房間日記。南社十號房在忠雄的提議下，共同使用一本本子寫下個人意見和感想給大家，再輪流傳閱。那時，他有寫下這樣的話：

「矢內原，不知去向，尚未回宿舍。黑椅子看似孤單。他最近也不練弓。臉色蒼白，不如一學期時健康。現在喝啤酒太早了。前途還有六年，應該慢慢前進。總之，他有點變了，是需要注意的人物，等等。」

這是他室友眼中看來的一年級二學期的忠雄。前面的宿舍交換日記中，忠雄在欄外這樣寫下：

「你所寫下要注意的人物已經回來了。最近須要注意一下這個人。但是為何？不說為妙。不過，因為知道自己的微小而想要成長的同時，覺得自己無法辦到而感到苦悶。總之，一學期和二學期不一樣，是進步、還是退步，現在還無法得知。雖然我需要被提醒，不過提醒我的人是否更應該注意自己呢？多注意、多注意！」

忠雄認為，和室友沒有精神層面深交的日常交際是「輕薄的友情」，他選擇了跟像河合榮治郎那樣優秀的學長的友情。從前面提到的水澤的事情可以知道，他雖然努力想要和室友交好，不過他心中其實對與室友的交往無法滿足。前面牧田的文章其實顯出了他對忠雄的友情，不過忠雄將之曲解成是對自己的批評，對其表示反彈。他在自己的日記中寫到：「走吧！走吧！我的路。即使千萬人阻擋我，只要有神陪在我身邊，我不會哭泣。」由對朋友的批評有這樣的反應，可以看出忠雄個性的一部分。總之，他一味的追求神的慰藉，以及純粹的事物。正因為如此，他「臉色蒼白」。「因為知道自己的微小而想要成長的同時，覺得自己無法辦到而感到苦悶。」這句話恐怕最能代表當時忠雄的心境。

河合榮治郎常常邀忠雄去散步，忠雄高興的答應。河合非常認真，是會讓人吃驚的讀書家。借用忠雄的〈辯論社社史〉裡面的話，他是「重論理的浪漫家」。有天，河合帶忠雄到駒場去見他早先就已熟識的學長加藤完治及那須皓，在那兒住了一晚。當時，那兩人是農科大學三年級，加藤立志救濟農民，那須志願成為農政學者，兩人住在一起。對於兩個人真摯的談話，忠雄感到非常感動。（九一八戰爭爆發時，忠雄很早就出來批判政府，指出這是日本帝國主義侵略大陸的行動，不過加藤完治卻在茨城縣內原建設青少年移民訓練所，將許多年輕人送到滿州。而將滿州移民的理論正當化的，則是農政學者那須皓。這是一個諷刺的命運。加藤完治於昭和四十二年去世，那須皓戰後擔任過印度大使，現在擔任南美開發社長，仍然健在。）

三月三十一日，忠雄結束第二學期的考試，和河合榮治郎一起到赤城山去旅行。赤城山有個叫豬谷的旅館，部分東大和一高學生為了在自然中培養浩然正氣，會來到這裡。加藤完治和那須皓是常客。川西實三和河合榮治郎也來過這裡。本節一開始引用到的忠雄日記中，寫到的「希望和敬愛的河合同學一起在赤城渡過清高的生活」的願望在此得到實現。不過，應該是「清高的生活」的旅行，替兩人帶來了嫌隙。出發當天，忠雄的日記如此寫到：

「在火車上，我們談論了freundschaft〔友情〕是einzig〔唯一〕的話題。河合堅決表示了以下的意見。考試前，在歷史教室和河合聊天時，河合說，在考試結束之前，不要見面，我沒問為什麼。之後即使見面也很冷淡。不過，當他看到我和阿信即使是在考試期間也常常在運動場聊天，覺得我沒有如同他想的那樣將心全部放在他身上，非常的忌妒。

河合對我並不是einzig般的狂熱態度。不過由於我的冷靜，他感覺不到我對他的einzig感情，所以心生不滿。事實上，我沒有河合那樣狂熱的情感。我不覺得freundschaft要成為einzig。對前幾天讓我們的friendship墮落，河合造訪木下尚江一事，我也沒有什麼意外的感覺。我雖然感受到河合的熱心，但是那太執著了，反而讓我感到奇異。對今天河合說的話，我也沒有太在意。〔中略〕我不覺得這樣對友情執著是我的einzig。我敬愛河合，我相信我不會輕薄自己。我對於濃厚執著的friendship感到疲倦。我能從這樣的friendship中得到什麼真諦嗎？」

這篇記事中的「阿信」是三谷隆信。就這樣，河合和忠雄在山谷間渡過了五天的生活，最後一天，河合對忠雄說：「對於忠雄，我感到了新的重大使命。」又說：「這五天和忠雄在一起，我能為忠雄帶來些什麼呢？」對此，忠雄在日記中寫到：「事實上，我並不希望從河合口中聽到這些話。」發洩了對河合強勢壓迫性的愛情的不滿。像舊制高中的宿舍生活那樣，都是年輕男孩聚集的封閉社會，尤其是學長、學弟間的友情，很容易摻有同性愛的成分。這種獨占欲因為理想主義染上顏色，以學長指導學弟的模式展現出來。河合榮治郎對忠雄的友情正是如此。忠雄迴避這樣「濃厚執著」的友情，不過也藉由這個學長對自己的批評及教導來自我反省，更感覺到自己的「渺小」以及「虛弱」。了解他這樣的心理的不是河合榮治郎，而是川西實三和三谷隆信。一從赤城回來，忠雄便去找了「阿信」，到了川西「大哥」那邊。他希望自己不是因為對人的執著，而是因為他希望能有「神的愛到朋友的愛」。

但和河合榮治郎的交往，在之後並沒有成為表面上的交往，而是密切的持續下去。忠雄有時會到河合的寢室過夜。五月二十八日，忠雄的日記中寫著：

「河合來找我，一起在運動場聊天。我從河合那裡得知許多自己的缺點。比如說，我不易親近、冷淡等等，每次見面都會告訴我有關我的缺點。實在是太感謝他了。我感覺我的一切都被否定。我即使想要有遠大的希望也無法達成。近看全是缺點。」藉由和河合榮治郎的交往，忠雄感到自己的缺點及弱點，以及人的界限，為求生路而不得不尋找信仰。這可以說藉由河合的存在，「忠雄有所得」。接著，忠雄這樣寫著：

「只要我存在在宇宙之間，就算我沒注意到，靈都存在。只要有靈的人存在，我就不會被否定，我也不會完全被趕出去。啊，基督為了弱者而來了。我是弱者，不過我可以靠著靈前進。張開眼睛可以看到耶穌在替我祈禱吧。啊，信仰啊。不是to be，也不是to do。只是信仰！信仰！不要為無聊的事煩心，就成為一個基督教徒吧！」

這天，忠雄和河合榮治郎聊天後，三谷隆信約他一起到新宿的女子學院的聖經課，拜訪隆信的哥哥三谷隆正，在武藏野遊玩，得到了以上的感想。

告訴他基督教的是基督教青年會的學長和朋友們，包括三谷隆信。「不是to be，也不是to do」，是指當時忠雄身邊的朋友在討論to be（人處世的方法）和to do（實踐）哪個比較重要。而「不要為無聊的事煩心，就成為一個基督教徒吧！」是貫徹矢內原忠雄一生的信仰，正表明了他「單純的信仰」。這是他進入內村鑑三門下幾個月前的事。

此外，隔年明治四十五年二月十八日，忠雄的日記中，提及河合與忠雄和幾名學長、朋友們一起前往拜訪加藤完治：

「河合被問到辯論社的事情，讓我不高興，因為這個而吵架，想起來真好笑。我早就對學長們一副了不起的樣子感到不滿。還是青年會的學長最好，尤其是那須、山崎（匡輔）、加藤等人最讓我懷念。不過河合和我都是擁有強烈自我的人，所以容易起衝突。」

這份「衝突」一直持續到東大經濟學系教授時代。不過內村鑑三的愛徒忠雄，和他當作同志尊敬的江原萬里（雖然期間短暫，不過他也曾經和兩人在經濟學部共事）以及河合榮治郎，在一高生時代始終非常要好。河合榮治郎始終依照他自己的方法，貫徹他的理想主義、自由主義。

5　一高基督教青年會

學生A：「我自從進入大學就失去了自信。我想，至今為止，我所做的事情、我應走的路，我都自己判斷，我相信我做了正確的行動，不過進入大學以後發生許多事情，從許多人那裡聽了許多話，逐漸迷失自我，不知道自己該如何是好？」

老師：「那恐怕是你進入大學後得到的最大知識。知道自己的無力，是走向確實的人生、發現身為人的立場的第一步，是為此而不可或缺的條件。我反倒祝福你感到失去自信。你從此以後將能謙虛的追求真理。」（《全集》第十四卷一二五頁）

昭和二十七年，矢內原忠雄（當時東大校長）在角川書店出版了《基督教入門》一書，是簡明解說基督教整體的書，一開始寫有〈敲門〉的對話體文章。前面引用的文章就是該書的開頭。也就是，這是《基督教入門》第一章第一頁的文章。這裡指的「大學」是新制大學，不過可以認為是忠雄進入一高，失去了自信，為了「走向確實的人生」而加入基督教的經驗談。一心「想成為一個人」而進入一高的忠雄，他所見到的，首先便是自己的無力、渺小、軟弱、醜惡。雖然他也在知識與教養方面感到自己的不足，不過他更對無法(純粹清淨地)「成為一個人」而感到煩惱。對於愛的不足、理想與實際在自身的距離、罪的意識，讓他感到痛苦。成為基督徒的志向，在學長川西實三的引導下，在進入一高以前即已成形。不過進入一高以後，他認真的煩惱於自己的無力與罪惡，一心追求「走向確實的人生」，最後藉由加入基督教信仰，終於如願以償。幫助他達成心願的是一高基督教青年會的朋友們，尤其是三谷隆信。忠雄不久進入了內村鑑三門下，向他學習信仰，不過在他加入內村鑑三的講筵之前，他就與基督教青年會的成員一同祈禱，與溫和忠實的同年級同學三谷隆信交好。隆信受到姊姊三谷民子及哥哥隆正的影響，比忠雄更早加入基督教信仰。

在這裡，雖然有點偏離話題，但還是簡單介紹一下三谷兄弟。矢內原忠雄和這對兄弟的交往，在他的一生中都深深持續著。三谷隆正和川西實三同學年，於忠雄進入一高時進入大學，東大法科畢業後成為六高教授，後來轉入一高，好長一段時間都教授法制以及德語。我自己在一高讀書時也受到這位老師相當大的照顧，是我一生都無法忘記、非常尊敬仰慕的老師。老師以其高潔的人格感化了許多一高學生。他弟弟三谷隆信是忠雄最好的朋友，在大學畢業後先進入內務省，再進入外務省[11]擔任駐法大使，戰後並擔任秘書長，是一位得識圓滿的人物。

這對兄弟的父親名為「三谷宗兵衛」，出身於京都府宮津附近的岩瀧村的庄屋。宗兵衛在年輕時就失去了妻子，和女兒民子(明治六年生)一起到橫濱做生絲的生意。之後再婚，和妻子阿祈之間育有隆正、隆信、

11. 外務省：即外交部。

妙子（山谷省吾夫人）、田鶴子（川西實三夫人）、隆吉（夭折）、登茂子（夭折）、壽真子（湯澤健夫人）。這些孩子的母親阿祈，曾經拋下幼兒離開長谷川家，這名幼兒是日後的長谷川伸[12]，為求母親的身影寫下了名作《瞼之母》。長谷川伸和「瞼之母」再會，和同母異父的兄弟們交往是在昭和八年的事情。橫濱的生絲貿易商三谷宗兵衛由於經商失敗破產，於明治三十五年回到家鄉。支持陷入貧困的隆正以下之弟妹的教育的，是同父異母的姊姊民子。三谷民子在教會女子學校讀書，受到傳教士米思．謬爾肯的感化成為基督徒，日後成為母校教師，從昭和二年起，終生（昭和二〇年逝）都以女子學院長的身分對女子教育盡心力。她和內村鑑三也有交往，是一位優秀的教育家。

　三谷隆正於昭和十九年過世，他拜託矢內原忠雄擔任自己告別式的司儀。矢內原忠雄遵從他的遺志，發表了值得記下的講詞。這講詞將在本傳的後文提到。這場告別式在女子學院講堂舉行。（矢內原忠雄的告別式也是在女子學院講堂舉行。）

　三谷家破產時，三谷隆正是明治學院二年級，住在學生宿舍，並由大他十六歲的民子來照顧他。隆正雖然在明治學院中學得了基督教信仰，不過多是由民子教給他的。隆正進入一高後，沒有進入學生宿舍，而是住進現今清水建設的先人清水釘吉的家，擔任家庭教師，直到大學畢業為止都住在清水家。他在一高三年級時，常常和川西實三一起到內村鑑三家去。

　這裡回到主題，續談一高一年級時的忠雄。他和三谷隆信共同屬於基督教青年會，一起出席聚會，和隆信相當親密，常常和隆信一起去女子學院的提摩太[13]聖經課，造訪三谷隆正，逐漸對基督教有所了解。

　一高的學生團體中，有許多正式屬於校友會的團體，也有不屬於校友會的團體。辯論社屬於前者，基

12. 長谷川伸（一八八四～一九六三），日本著名小說家與劇作家。

13. 提摩太（Timothy）：一世紀的基督使徒，被尊為聖徒。

督教青年會則是後者。前面也提過了，基督教青年會和ＹＭＣＡ沒有關係，並且不分宗教派別，是少數新教徒聚集的團體，細長綿延地持續著。我於昭和十年到十三年間在一高就讀，也加入了一高的基督教青年會，這在後面會詳細提到。我自己並不知道，不管弓道社也好、基督教青年會也好，我都不知不覺地跟隨到父親的腳步。我就讀一高的時候，基督教青年會的指導老師是三谷隆正老師。而每月的例會給予我們指導的是晚忠雄一屆的學弟金澤常雄。

前面已經寫過了，一年級的忠雄自二月起和學長河合榮治郎走得很近，不過那時忠雄真正感到親密感情的，是對同年的三谷隆信。比如說，三月四日的日記中寫著：

「下午和阿信在谷中散步。只去了四小時就回來了。啊，阿信、阿信，敬愛的阿信、無言的阿信！我愛阿信，某種意義上更勝於河合。」

忠雄常常和「阿信」三谷隆信見面，一起洗澡，一起散步在晚上的運動場，一起讀聖經。四月十二日晚上，他也和隆信一起到運動場。他在日記中記載：

「啊，非常的、令人害怕的、寂寞的scene！明月皎潔，夜深露重，我和月亮相對。我和世界全體相對。啊，我、我、幻影的我或哭或笑，或說一些沒意義的話語。不過本體的我卻要帶著一身的罪過下沉。用哭笑來隱藏我這下沉的身體不是一個好事情。啊，我、我，我將帶著滿身的罪下沉。太可怕了。

我想相信神。如果神不在，不能來救贖我的話，我就會完全的desperate（絕望）。除了死亡，沒有別的辦法。不過，神在這裡，我想我的希望就在這裡。我想倚靠神，我想倚靠基督的十字架。

不過，為什麼神會因為基督而原諒我呢？神要如何原諒我、如何救贖我呢？沒有神的話，我現在只有死亡能夠選擇。但是，〔我一直思考〕神要怎麼拯救我呢？

啊，我、我。迷惘的我，將沉下去。

啊，我、我。我胸口沉重，陷入睡眠。」（《全集》第二十八卷八四頁）

藉由接觸基督教，自己閱讀聖經，忠雄開始煩惱於自己強烈的罪惡意識。之後，他漸漸知道他的罪可以藉由基督的十字架得到救贖。他到教會聽海老名彈正的談話，也讀內村鑑三的雜誌《聖經之研究》。不過，引導他走向信仰的最大因素是基督教青年會。之後，四月二十日的日記寫著：

「傍晚，聚集在西舍谷森的房間，一起商量振興青年會的方法。事實上，至今為止的青年會頗為無聊。我也想要敞開心胸，一起熱烈的祈禱。太黑也熱心的發言。富永也說了很多有益的話，比如說，如果祈禱熱烈的話，青年會也會熱鬧起來吧，等等。於是，做出了除了早上的祈禱以外，晚上十點到十一點之間，也要在運動場東南隅紅磚處祈禱的結論。我們今晚馬上就在運動場上召開了祈禱會。太黑的祈禱最熱烈，他祈禱東宮妃殿下病體康復的部分，我實在受不了。我今天也朝向天空，對父親祈禱。我雖然說是加入信仰，成為基督徒，不過我的日常生活中見不到Christian life的部分。早上決心要迎接這一天，到了傍晚，往往是在後悔的懺悔中度過。充滿污穢的生涯、充滿罪孽的生活，我只能向神訴說，實在可怕。只有神能拯救我。如果沒有向父親一般的神讓我依靠的話，我無法存在。」（同八六頁）

這天，青年會學生們的胸中湧出了預期之外對信仰的熱心，他們連夜在運動場召開祈禱會，歌唱讚美歌。雖然微弱，卻是一種信仰的復興，忠雄也乘著這股浪潮，自覺到自己信仰的昂揚。雖說感情的昂揚不一定等於信仰的深化，不過不能否定當時和青年會的同伴們一起祈禱，使他的信仰大大向前邁進一事。這些同伴中有三谷隆信、前記《向陵三年》的作者山岡望等人。對這些人來說，四月二十日的祈禱會也是印象深刻。前面提過矢內原忠雄於高中畢業前夕寫下了《向陵誌》中的〈辯論社社史〉，而替《向陵誌》寫下〈一高基督教青年會〉紀事的是畢業前夕的三谷隆信，其中有以下一節：

「為了紀錄青年會的動向，請容許我敘述我所記得的記憶。我進入本校時，對缺乏熱情、沒有力量、生命的不足感到不滿。入學後不久，沒有多想就加入了基督教青年會，時常出席聖經講義的例行會，不過仍不能感到滿足。或某個冬天的晚上，數名青年會員聚集於西舍的某間房間召開討論會，我也一同加入。討論會到最後成為大家抒發各自的不滿，談論自己的信仰及意見的聚會，眉宇間透露著熱情，我們把埋藏在心中的話全都說出，覺得這份熱情似乎流進了對方的心中。我們是一同尋求更好的信仰的朋友，是巡禮的同伴，我們的心中捲起了友情的熱浪。

難以忘懷的那天晚上，我們相擁著前往運動場，坐在聽不見蟲聲的草地上，仰望燦爛星空祈禱，一同唱著讚美歌。我知道了過去的錯誤，並感謝當下的喜樂。之後我們也持續著於熄燈前夕聚集在運動場的一角，一同讚美與祈禱的聚會。我們這樣宣洩感情的寶貴機會，雖沒有加深我對宗教的信仰，因信仰應該要從更深更痛苦的經驗中獲得。不過，對青年會而言，這樣的經驗是非常可喜的。希望這樣的熱情能夠一直持續，一旦這樣的熱情冷卻，我必定會非常懷念這些友人。」（《向陵誌》五二六頁）

這裡寫到的「某個冬天的夜晚」就是前文的「某個春天的夜晚」。前面提到的《向陵三年》作者山岡望也是青年會的成員，他也寫下有關這一晚的記憶：

「祈禱會最頻繁時，多為一週召開一次到兩次，不過特殊時期也有每天召開的經驗。連夜召開是在一年級的四月時，某晚因有要商量的事情，大約十名左右的成員聚集在西舍的某間房間，談話之間有了什麼觸動了大家的心，在談話結束後，大家相約到運動場一角的草皮上坐下。

那是一個星星明亮的溫暖夜晚，我們為星星唱了三、四首讚美歌。然後我們祈禱神能鍛鍊我們的信仰、洗靜我們污穢的心靈、安慰生病的友人、幫助困苦的人，並將我的宿舍導向正道。感謝神賜給我們幸福，尤其是能召開像今晚這樣的集會。閉上眼睛，我能感到朋友間心和心接觸，綻放出閃亮的光芒。張開眼睛，可以看到滿天明星和地上的燈火。星星就像浮沉在荒海中的船伕的指南針一樣閃爍，燈火則是照亮勤學的年輕人。

這天晚上是一高青年會歷史上值得大書特書的夜晚。」（山岡柏郎，《向陵三年》二八七頁）

基督教青年會大概一個月召開一次例行談話會，有時候聽聖經的課，一星期開一次祈禱會。祈禱會如同前述，也有頻繁到連日召開的時候。也會舉辦讀書會，各自報告自己讀的書。場地有時是在小教室，有時是借用一高裡面的路德爾教會的建築物。路德爾教會是聖公會的教會。為了更了解當時青年會的氣氛，再引用山岡作品中的一段：

「祈禱會時而在教室裡舉行，時而借用路德爾教會的房間舉行。在教室舉辦時，只點一、兩根蠟燭，在幽暗的光線中唱唱歌，讀讀書，時而祈禱。人數多時有十人，少時則是兩、三人，那是安靜的分館中最小的一個房間，什麼聲音也聽不到的如地獄般的陰冷房間。不過對我們來說是溫暖的天國。……路德爾教會的房間也是遠離塵俗的地方。冬天圍著火爐在那裡述說心中感想。……要說青年會的命脈就靠這間房間維繫也不為過。我們就是如此的尊敬這間房間。」（同前二二八頁）

當初進入一高，矢內原忠雄就和基督教青年會接觸，產生火花，尤其自從四月二十日那場值得紀念的夜晚祈禱會起，他的信仰更加熱誠。已經升上大學的森戶辰男及三谷隆正學長也會出席青年會的聚會。忠雄在四月二十九日的日記中寫著：

「下午一點起，在路德爾教會有青年會的聚會。森戶、三谷兩人也參加，共有十五名弟兄參與。

各自說自己的事情，感人肺腑。讚美歌317、464也很感人。三谷、森戶、河上三位學長說，在當一個receiver之前，先當一個giver。不能施予的人是痛苦的。高中時代的回顧——自得意滿的（河上）話也讓我感動。啊，那些不能付出和感到不足的人的苦痛，我無法完全感受到。故鄉的父母，天父是何等的容忍我，為我流淚祈禱的啊！我哭了，大家哭了，太黑也哭了。森戶看起來也很痛苦，河上也嗚咽著。山岡也因為317而哭了。——啊。

六點散會。今天青年會的聚會實在不錯。我感到非常感謝。這一陣子我的psychology——不能給予事物的心。

我能辦到什麼、能做什麼的心。——我將以這樣的心領悟神的真理進入天國。無法完全的承受，怎能付出。不過，給予與不足是一件痛苦的事。自得意滿！

我想擊碎我堅硬的心，完全包容。我吹笛卻不跳躍，這句話貫穿了我的胸口。」（《全集》九四頁）

這裡的「河上」是當時三年級的河上丈太郎。「太黑」是醫科三年級的太黑薰。忠雄感動於這些學長們的話及祈禱，想要拋棄自己的「自得意滿」，敞開心胸從神那裡得到信仰的力量。此外，前面引用的日記中寫到的「故鄉的父母」、「天父」是以同格的表現寫下，這在窺探忠雄的信仰性格上是一件意味深遠的事情。對遠離家鄉、想要早點回到故鄉父母身邊的忠雄來說，是以仰慕故鄉父母的心情來仰慕「天父」的。從五月到六月忠雄的日記中，反覆出現「想回故鄉的家」的話語。再引用一次忠雄的日記，這是六月一日的日記：

「下午六點在提摩太教會舉行青年會的聚會。感謝青年會。啊，感謝溫暖的青年會收容像我這樣的人。我有痛苦的念頭，也有罪惡的想法，不過即使如此還是要十分感謝這裡依然給予我踏平罪過、打擊罪惡的勇氣，並安慰我寂寞的心靈。啊，暑假就要接近。就像想要回到雙親身邊一般，我的心飛往了天國。我深受雙親如此的恩惠，還是如此，我必須不斷的向神祈禱。請賜給我力量。」

（《全集》第二十八卷一一〇頁）

說是思鄉（homesick）性的信仰或許有語病。不過像這樣以孩子般思慕父母的心情，來思慕神的「單純信仰」正是信仰的本義。救贖罪孽靠的是耶穌的十字架——忠雄終於達到了那信仰。前面的日記後面緊接著，六月四日中雄和三谷隆信一起在代代木散步，從和隆信的談話中學到了許多這個信仰。

「啊，今天真是太感謝了。如果至今為止的苦痛也能得到神的引領的話，那更感謝。我對阿信也非常的感激。啊，阿信！阿信！敬愛的阿信，我願意讓哥哥一步兩步。感謝他引導我這樣無聊的人，把我當成朋友。真高興。等等」。

就這樣，忠雄的一年級就在與信仰同時存在的友情，以及從友情中引導而至信仰的喜悅中畫上句點，迎接期待已久的暑假。

6 東舍十六號

「啊，好想回家，好想回家。」

在日記中這樣重複寫著想回家鄉的忠雄，在六月十九日結束一年級的最後一次考試，二十一日離開東京，途中經過神戶造訪舊識增井家，以及拜訪進入和歌山聯隊的故友大利武祐後，於六月底回到了懷念的故鄉。「回到家，第一件感到高興的就是大家都健在。今晚一家團圓，實在是非常的開心。」這是他回鄉第一天的感想。在神戶的時候，暑假、寒假都可以回到家鄉，不過升上高中後，為了節約旅費，不能常回今治，這個夏天是隔了一年的返鄉。在緊張接連不斷的一年後，在父母的身邊能得到最大限度的休息，還有在暑假期間和大家一家團圓的快樂，都和中學時代沒有改變。改變的是忠雄已成為基督徒：

「回到故鄉，離開了朋友，實在是安靜平穩的生活。我在思索以及讀書中渡過了每一天。在西方天空夕陽的映照下，散步於田邊小路實在是身心愉快。我不由得湧出了讚美之詞。《*Ecce Homo*》Christ（基督）離我非常之近。我受到personal（個人的）的影響實在很大。我一方面讀新約聖經，一方面希望進入仿效Christ的生活，我心雀躍。」（《全集》第二十八卷一三二頁）

這裡寫到的《*Ecce Homo*》（《瞧！這個人》）是尼采的著作，除此之外，忠雄在暑假中還讀了很多書。忠雄日記中記下了他主要讀的書——山室軍平《給青年的警告》、內村鑑三的《求安錄》、《*Ninety-Three*》[14]、

14.《*Ninety-Three*》：法國作家雨果（Victor Hugo）的最後一部小說，於一八七四年出版。

《*Tom Brown's School Days*》[15]、《*Comfort*》[16]、《*Little Lord Fountleroy*》[17]、《*Cuore*》[18]、國木田獨步[19]《不被欺騙之記》、夏木漱石《虞美人草》等。既然題目用原文記載，讀的也是原文。這些書各自給忠雄感動，而讓他的信仰有所前進的，是內村鑑三的雜誌《聖經之研究》七月號裡刊載的，路德爾〈基督徒的自由〉（石川鐵雄譯）。這是因為如同前述一般，忠雄最煩惱的是自身的罪孽，以及意識到對善及愛的無力感，而路德爾的文章中明確寫到，人不是因為善行而得到救贖，而是因為信仰而得到救贖，善行是得到救贖的人為了回報神而做的行為。

「這一篇實在是快刀斬亂麻地給to be和to do做了區分。我必須一心信仰神、敬愛神，攀附著耶穌，即可得救。知道此事，我不禁溢出了感激的淚水。To do是愛神，為了讓神喜悅。無為可以殺了一個人，使人生妄念。根據這篇文章，我心中充滿喜悅。我到海邊、登山頂、望明月、眺白雲，看到少年而哭泣，感謝，祈禱。……」

這裡的「看到少年」，指的是在忠雄八月中旬從今治出發到神戶，在中學學弟的營隊場所「明德軒」和少年們一同起居，並指導他們。他一開始煩惱自己是否有能力指導別人，不過藉由對神的信仰，他心中湧出對少年的愛，充滿對神的感謝的經驗。夏天結束，在前往東京途中經過了明德軒，和少年們遊玩，體會了

---

15. 《*Tom Brown's School Days*》：英國作家Thomas Hughes的小說，此為他最著名的作品，於一八五七年出版。
16. 《*Lomfort*》：美國蘇格蘭裔作家Hugh Black的作品，出版於一九一〇年。
17. 《*Little Lord Fountleroy*》：英國劇作家Frances Eliza Hodgson Burnett的作品，也是第一本專為兒童撰寫的小說（Children's novels），Hodgson Burnett亦因此而聞名。
18. Cuore：為義大利語，英文意為heart（心）。《*Cuore*》為兒童小說，是義大利小說家Edmondo De Amicis最著名的作品。
19. 國木田獨步（一八七一～一九〇八），日本小說家與詩人，生於日本千葉縣。

由信仰產生的愛。不過在這份信仰成為他自身處世不可動搖的立足點之前，他還必須經歷許多歷練。

九月九日，他再度住進了宿舍，不過這次是東舍十六號房。運動社團另有自己的房間，其他二年級以上的學生主要是依據班級別來分房。忠雄和好友三谷隆信一起同住，和其他同是英法二年級、沒其他地方去的人同房。東舍十六號房以前是河合榮治郎和河上丈太郎的房間，他們於這年從一高畢業，因此忠雄他們就接收了這間空出來的房間。

東舍十六號房的室友們，在二、三年級的兩年間都一起生活，感情非常好。除了忠雄以外的十一人為——真崎寬三郎、井口孝親、栗原卯之助、舞出長五郎、依田實好、野呂一雄、菊島（後為稻村）和次、福谷（後為河合）藤四郎、水澤孝策、石井滿、三谷隆信。關於這些成員，三谷隆信這樣寫道：

「當時的一高在二年級以後有依照英法、德法、划船社、柔道社等等，互相選擇和自己的朋友住一起的習慣。矢內原和我及英法的小組共十二人，一起進入東社十六號房。在那裡渡過了兩年。我們稱這裡為東十六村。東十六村永遠不滅。大學時代是不用多說，出社會以後也經常聚會。現在也是。……

我們大家都是普通人，沒有藝術家、沒有運動選手、也沒有天才。大家感情很好地生活著，曾經數次一同去旅行，也很會吃。下午四點半餐廳門打開前，我們就在那裡等著，一下子就掃光只有名字好聽的餐點，然後闊步在電車尚未開通的本鄉，如果荷包容許的話，什麼都吃。說到吃，矢內原絕對不輸任何人。

我們幾乎是一住進十六號房就發行了同房雜誌《東十六》。從大學正門前的松屋買了高級和紙及記事本，用毛筆寫下。想寫的人，無論何時都可以自由發揮任何內容。裡面有認真的感想，有對夥伴的要求或批評，有遊記，也有漫畫。這本雜誌直到大學畢業以後仍一直持續著，印象中在大學畢業時已經有三十幾本了，不過因為震災、戰禍等，現在都已經不在了。《東十六》裡，常常可以看到矢內原的筆跡。《東十六》裡面，有許多有趣的人寫下了有特色的文章。舞出平常很木訥，不過卻以流利的論文激勵鞭策我們；藏書家石井將《樗牛全集》並列在他桌上，以得意的文筆直擊我們的痛處；井口和矢內原同為辯論社委員，口和筆都通達，恐怕替《東十六》貢獻最多頁數的就是他們兩人吧；野呂是神戶實業家的愛子，他父親一來東京，就會邀請我們到上野精養軒，野呂每次說夢話都會叫『媽媽』，所以常被真崎笑。

真崎擁有靈活的頭腦，很淘氣，不過可惜的是在高中在學期間就去世了；河合是豐橋的砂糖店的小開，是一個擁有Vater Zeus的偉大名字的大人，他擅長心算，我們每次都把他代替算盤來用；依田很擅長模仿演員及畫漫畫，如果不小心惹他不高興，就會在《東十六》的雜誌漫畫中遭到報復；栗原是一個謙遜又充滿善意且精力旺盛的傢伙，可惜戰爭不久就早逝；稻村屬於甲州財閥的旁系，不僅是他東京的家，連他在甲州的家，我們都被招待去吃了飯；水澤是越後的地主的子孫，喜歡作畫；矢內原活躍於辯論社，我記得他在校友會雜誌中，曾經和倉田百三有過筆戰。

我們夥伴中喜歡讀書的人很多。我們喜歡就著燭光讀書，關掉電燈後就著燭光讀書別有一番風味。安靜的圖書館也是個好去處。不可思議的是，我還清楚記得梅雨連綿的日子，從圖書館回來的矢內原，在走廊上踏著『簑衣』，一邊以他那獨特的美聲唱著寮歌的樣子。」（三谷隆信，〈向陵的三年〉，《矢內原忠雄—信仰．學問．生涯》四四～四六頁）

這是一篇能看出忠雄在這兩年間一起生活的室友的樣子，以及他們感情融洽的氣氛的文章。前面提過忠雄是個「音癡」，而這篇文章最後說忠雄的聲音是「獨特的美聲」好像很不協調。關於此，同房的石井滿講述了他的回憶：

「矢內原的歌聲以現在來說是有點沙啞的，有魅力的聲音，不過當時來說是『奇怪』的聲音。過了九點不久，宿舍的走廊傳來了足音。圖書館的閉館時間是九點，這足音是在圖書館裡讀書的秀才們回房的聲音。其中有兩個勉強可以聽出是寮歌的奇特聲音。那是來自於當時的兩大音癡。

『你看，矢內回來了』聲音這樣告訴我。另一個音癡是菊池寬。」（石井滿，〈矢內原同學與我〉，《矢內原忠雄—信仰．學問．生涯》四九頁）

石井滿的回想談中也有提到室友們的外號，忠雄是「袋鼠」、三谷隆信是「阿牛」、石井滿是「小豬」的樣子。「袋鼠」是因為脖子長才取的，常常被簡稱為「garu」，不過忠雄更常常被叫「矢內」。總之，即使是音癡，忠雄還是在從圖書館回宿舍的路上高聲唱著寮歌，在和氣洋洋的「東十六村」中，渡過了兩年的高中時光。忠雄快樂的談笑聊天，常常吃東西，常常散步，常常看課外書，也常常唸教科書。不過他的內心仍然求神、向神祈禱。結果如同三谷隆信所寫文章，和倉田百三發生了論戰。三谷的文章是寫：「我記得他在校友會雜誌中，曾經和倉田百三有過筆戰。」不過，事實上忠雄並沒有和倉田百三在校友會雜誌上做筆戰，而是在辯論大會上發生的。

十一月七日舉行的辯論社大會中，忠雄發表了題為《單純的心》的演講。他在那天的日記中寫著：「聲音再怎麼難聽，我也要努力的講。不過，對聽我演講的眾多聽眾感到過意不去。我既然在公眾面前發表我的意見，我今後就要更自重。」這是忠雄到後來都忘不了的一場重要演說。從日記中顯露出忠雄此時的思想，便不難推測這場演講的內容。尤其是記述關於二年級第一學期剛開始不久時召開的辯論社介紹演說會（九月十九日）當晚的懇親會日記中，可以了解「單純的心」這篇演講的骨幹。這也可以說是最能表現當時的、甚至可以說是往後的忠雄的思想中，最根本的東西：

「在教員餐廳舉辦了懇親會，有悲愴的感覺。法法的岡田辯論社惹人反感而遭受攻擊。黑田捨棄了《我們該何去何從》的題目，改說國家主義。文科的山宮則是單純的心——尤其是好像以此為傲而被排斥，以複雜為高尚，被批評為失去初衷。這些人的想法應該被尊重。我們不可以失去立足點。單純的心有什麼不好。我已經把白紙弄髒一大塊了，因此希望盡可能不要再弄髒它。說失去了初衷，初衷是什麼？不是信、不是義、不是愛。我周圍紛紛擾擾的聲音說，Imperialism（帝國主義）、Individualism（個人主義）、Socialism（社會主義）、Naturalism（自然主義）啊，但是我的眼必須看向衷心。愛在ism（主義）之上。義不是所謂的主義。因此應該要知道，我的立足點唯有愛，我應該朝愛前進。當愛之泉乾涸時，失去了義的想法時，我們會走向死亡。看，法律雖然訂定了，但是Roma還是滅亡了。文學雖然興盛，但是Athena還是滅亡了。學問、知識、ism都只是愛的外衣。要如何忘記本心走向衣服的最後呢。啊，我想回到單純的心，建立起堅強的心，像plato（柏拉圖）所說的childman一樣堅強而純真。我終究是為了人而存在的我，為了我自己，我必須是我。只是對於神，必須綻放花朵。」（《全集》第二十八卷一四七頁）

他的信仰還不能說是很深，不過他已經確立他的想法，認為神的義與愛不是建立於道理之上，而是建立於相信「單純」之上。這樣的想法，在他一生中都未曾改變。信仰不是道理，而是超越道理的歸依，因此誰都應該以「單純的心」來信仰。這樣以「單純」為自己的立足點，可以說是矢內原忠雄信仰的特徵。這樣的信仰，不是從複雜的理論性懷疑及哲學性煩悶得來的結果，說重點的話，是從實踐上的要求到達的。

由於這是很直接的表明，因此可以明確知道山宮充（當時文科三年級）及倉田百三都做了批評。山宮的批評本來並非針對矢內原忠雄，應該是對當時辯論社整體做的批評。那是因為當時山宮所屬的文藝社，有濃厚的重視哲學性的煩悶傾向及懷疑主義的氣氛，因此與高揭自己的理想、吐露自己的信念的辯論社，有相當大的不同。這個懷疑主義與確信主義的不同，鮮明地顯示出倉田百三與矢內原忠雄的對照。

倉田百三比矢內原忠雄大兩歲，在廣島縣三次中學時代就喜歡文學，和忠雄同一年進入一高文科，屬於文藝社，積累了哲學的思索與思想的徬徨。倉田在二年級時轉入德法科，也進入辯論社。在辯論社懇親會之後，十月六日舉辦的辯論社練習會中，忠雄發表了題為《殉教者的血》的演講，是以「比神的義與愛更堅強」為旨趣的演講。而倉田則是發表了關於哲學家威廉．詹姆士[20]的演講。忠雄的感想是「哲學性的演說對我沒有造成感動」。不過對懊惱於懷疑的倉田百三而言，看起來不知懷疑為何物的矢內原忠雄很礙眼，總之就是在意他的存在。在練習會上做了演講的當晚，倉田造訪了矢內原忠雄。忠雄於當天的日記中寫著：

「明月中天，秋氣透徹。我正想著要不要去散步時，倉田來了，我們一起散步到上野。我從來沒看過倉田，今天是第一次在練習會上將他的人和名字對在一起。我想我應該知道他今夜所為何來。到了上野的某堂聊天。我希望沒有失去最謙遜與最真摯的態度。倉田不認同神、不認同靈，不認同自己的罪。他是哲學性的，認為遵從自我欲求的利己主義生活是最理想的。我認為這樣的生活是釀造眾多矛盾、衝突與不安的源頭，我對於和他從頭到尾都對立，內心苦惱不絕。我敘述我的信仰，不過他終究是哲學性的，而我終究是宗教性的。他有知識而不知罪，我因為罪惡而嘆息並相信之。「信」不能說是知識。我對倉田沒有辦法，只能向神祈禱，希望聖靈的聲音能傳到他耳中。——啊，知識往往造成阻礙。聖靈無法分解，心無法解剖，仰望明月時的心境、同樂會後的寂寥——這些絕對不容許解剖。信仰是力量，信仰絕不是道理，對於『相信絕對』，相對的道理並不通用。啊，總之給予認真的倉田以神的祝福

20. 威廉．詹姆士（William James，一八四二～一九一〇），美國哲學家與心理學家，建立了實用主義。

吧。」（《全集》第二十八卷一五六頁）

忠雄就這樣邁進了單純的信仰立場。此時他加入內村鑑三門下，更加深了他的信仰。因此，於練習會後一個月的大會中，發表了題為《單純的心》的演講。他不過是講述平常的確信，這個演說有許多迴響，但也有批評傳入他耳中。對此，忠雄在日記中寫著：

「神啊，即使所有的事物，所有的世界都一舉向我壓迫而來，我也不畏懼於祈禱，以信仰基督為我最大的榮耀，我要像一個男人一樣的行動。基督和世間實在無法達成妥協。」

「我要敞開單純的心房，向基督邁進」。

這場辯論大會十天後的十一月十七日，再度召開了辯論大會。在這場辯論大會中，倉田發表了題為《欲求與力量》的長達一個半小時的演講。內容應該帶有批評忠雄《單純的心》演講的成分：

「就這樣，我成為一個極端的利己主義者，而且是潛伏著叔本華（Arthur Schopenhauer）的莫名詭異感的戰鬥態度的利己主義。……想要成為強者。這是我唯一的心願。我轉進了法科。我深深地想著，為了滿足我的欲望，必須得到更強的力量。我想著力量、力量。啊，欲望與力量！這麼想著，我心雀躍起來。此時，愛與犧牲對我而言都是誤謬。」

這是倉田百三在一年後歷經了激烈的思想動搖，脫離了利己主義後，回顧當時《欲求與力量》的演講而寫下的文章（〈從異性中找出自我的心〉，收錄於《愛與認識的出發》）。據此，我們可以推測倉田當初的思想，而忠雄對於這場演講，寫下長達十六頁井然有序的反論感想。在此摘錄其中一些段落：

「倉田和我的立場實在是有很大的差距。這場演說完全是對我之前的演說所做的反駁。而且他一再提到，『希望擁有單純的心的主人能夠好好想想』。我不應該以我思想的豐富、頭腦的明晰來和倉田比較，我也不想以我的淺薄和你的思想競爭，互相辯駁反擊，我只是單純的聽從倉田的話想了想。」

「單純的心——我不知道這是不是所謂的思想家能夠進入的地方——對於此，我之前從山宮那裡，現在從倉田那裡接受了一箭，不過這並不使我介意。我歌誦知道神的喜悅，並在此喜悅中前進，而我的人生問題就這樣解開，宇宙和我關係密切，我將與光明燦爛的天地一同歌唱。」

「倉田闡述欲求，並說到要達成欲求，力量是不可或缺的。而我深信不疑，我是為了神的榮耀而活著，我的力量來自於神。啊，神的力量愛單純的心。」

和倉田的應酬持續了一陣子，忠雄的立場一點都沒有動搖。這一點對倉田來說是無法理解的，也可以說是難以承認。倉田對矢內原忠雄的批判，在收錄於《愛與認識的出發》裡的〈做一個自然兒活下去吧〉（原題〈生活批評〉）一文達到最高點。對此，忠雄的反應和一開始時一樣，以「最謙遜和最真摯的態度」來回應。關於此點後面再述。

7　恩師・內村鑑三

倉田百三對演講《單純的心》的批判，並沒有使忠雄的信仰動搖，反而更加深了他的信仰。忠雄並不是為了表示反彈，才堅固其信仰。忠雄謙虛地聽了倉田的批判，對於他的論點一一加以思索，是為了回應他的批判而更讓信仰更加堅定。前面已提過，忠雄在倉田發表《欲求與力量》的演講當天，藉由在日記裡寫下自己的感想，進而明確釐清了思想，也就是他的「欲求」，是對神「靈的欲求」，而「力量」是從神而來的。他在燭光中下筆，直到早上五點十五分才寫完日記，又追加了以下段落：

「我實在感謝。神今天透過倉田之口堅定了我的信念，我尊敬倉田並且感謝他。我想從哲學家的角度看來，宗教家太過單純且尚缺乏什麼；而從宗教家看來，哲學家有為小事煩心、總是不如意的感覺。我們必須各自以認真(對人生)的態度前進，而不非難對方。審判交給神就好了。基督將事實展現在我眼前，我只要相信就好了。這樣單純直接的教義，與蘇格拉底、柏拉圖建立思想的 system 來說明的教法，就是宗教與哲學的不同。我沒有好迷惘的。我只要朝基督前進。不前進不行。」

忠雄在高中時代的辯論社大會中數度登上演講臺，不過對於倉田百三批判而產生的演講《單純的心》無法忘懷。日後他這樣表示：

「我在一高辯論社時的演講中，還記得一個題為《單純的心》的演講，主旨是說單純的心是最理想的，也是最美好的。人的幸福就是以一顆單純的心來生活。

反過來說，我對於充滿了道理、複雜的、深沉的、哲學性的煩悶與思索並不在行，我的心也不適合那些。同時在一高就讀的倉田百三，相當深入地思考了關於沉重的人生疑問與矛盾等等事情，不過相反的，我覺得單純的心就是幸福。

　這所謂的單純，絕對不是不動腦筋的單純。前面也提過了，中學時代的我開始對於道德的煩悶，以及希望成為一個人而現實上卻無法順心如意等問題而煩惱，升上高中後，這些問題變得更加嚴重。和基督教也有間接的關係，這樣的痛苦及矛盾成為我罪惡意識的源頭，占領了我。此時，我想最理想的狀態，就是以一顆單純的心來面對這些問題。如果不是單純的心，就無法一心一意的，或無法筆直地進入宗教世界。我能夠開始信耶穌，是因為我的心的態度是如此被引導之故。我相信那是由於神的恩惠。」（〈我的人生遍歷〉，《全集》第二十六卷二二一頁）

矢內原忠雄在昭和三十三年的廣播中做了以上的談話，這是發表《單純的心》的演說四十七年後的事。他在這五十年間，都以「單純的心」相信基督、神的意義和愛。這份信仰，在進入內村鑑三門下之前即已存在，不過內村鑑三的教化強化了這份信仰。內村鑑三是他最大的恩師，他的教誨是忠雄所有信仰活動的原動力。引用他自己說過的話：

「我從小學到大學畢業為止，接受過許多老師的指導。不過即使是這些所有老師加起來，和內村老師一個人教給我的東西相較之下，都顯得九牛一毛。此外，內村老師是我持續接受同一個老師的教導中，時間最長的。老師可以一直教授著福音，不過現實上由於老師的去世，結束了這場師生關係。老師實在很多，不過內村老師是老師中的老師。又可以說，內村老師才是真的老師。」（〈身為教師的內村老師〉，《全集》第二十四卷四四〇頁）

矢內原忠雄進入這位偉大的老師門下，值得紀念的日子是在明治四十四年十月一日，為發表《單純的心》演講的一個月後。

內村鑑三出生於文久元年（一八六一年），忠雄入門時老師已經五十歲。內村鑑三和一高校長新渡戶稻造、神戶中學校長鶴崎久米一等人，同為札幌農學校第二期畢業生。他在農學校期間加入基督教，專攻水產學[21]，拿到了優秀的成績。之後赴美在收容弱智人士的醫院當護士，同時在安默斯特學院（Amherst College）求學，從該校校長席林學得了十字架的福音，他認為必須將這個信仰傳回日本，因此於明治二十一年歸國，在新瀉的北越學館教書，並於明治二十三年擔任第一高等中學（一高前身）特約雇員，後來因為著名的「不敬事件」而離職——就是在一次正式儀式上，沒有對教育敕語行敬禮的事情。

他背負了不敬及漢、國賊等污名，到大阪、熊本、京都、名古屋四處輾轉求職，卻無法得到安住之地。在他失意與貧困的流浪時期，寫下了《基督信徒的安慰》、《求安錄》、《我是如何成為基督信徒的》（英文）等名著。明治三十年一月，他受萬朝報社聘任成為專題作家，隔年創立了《東京獨立雜誌》在紙上論陣，明治三十三年發行雜誌《聖經之研究》，亦以萬朝報社社員的身分，在報上發表糾彈社會不義的言論。攻擊關於足尾銅山礦毒事件中相關的財閥，和黑岩淚香、幸德秋水、堺枯川組織理想團，在日俄戰爭開戰前主張反戰論，尖銳地展開要求社會正義的活動。

由於萬朝報社支持開戰，所以他辭去萬朝報社的職務，同時折斷時事評論的筆，專心於個人雜誌《聖經之研究》，聚集少數青年於自宅講述聖經。以他來說，比起攻擊政治家、與社會主義者結合並從事社會改革的實踐活動，他更覺得研究聖經，透過研究將基督教信仰深植入日本人心中，才是他的使命，是真正為日本貢獻的路徑。矢內原忠雄進入內村鑑三門下時，正是他傳道生活的第七年。忠雄的學長川西實三、三谷隆正等人，約在兩年前得以前往柏木（內村鑑三的住處），不過其實當時內村鑑三的門檻極為狹小，有

21. 水產學：培養水產動植物養殖科學方面的知識技能與理論。

限定來會者的人數，忠雄即使想參加也沒辦法參加。關於他入門的始末，矢內原忠雄在日後有詳細寫下：

「當時本鄉並沒有電車通過，現在的東大農學系的一部分是當時的一高。春木町有個小基督教書店，那裡賣著《聖經之研究》。我散步在本鄉路上，每個月到書店買那本雜誌就是我的樂趣。讀了那本雜誌，我就越發可以確定將來指導我讀聖經的人，將會是這位老師。這是已經決定的事情，我並不會為其他事情而分散心情。我常常和友人三谷隆信談天，說『我想去柏木』。

總算機會來了，我沒有錯過這個機會。隔年四十四年（一九一一年）九月的《聖經之研究》雜誌中，登有閱讀本誌一年以上的讀者能夠出席每星期日的聖經講義的廣告。我不是《聖經之研究》的直接訂購者，開始讀《聖經之研究》也才將近一年，但我不想錯過這個機會，所以在學長的幫忙下，特別讓我入會了。

那年十月一日，是我進入內村鑑三老師門下的第一個星期天。老師在柏木的居處裡，有一棟叫「今井館」的兩層建築，一樓八張塌塌米大小的房間是講堂，老師在小桌子後面靠著椅子，約二十位青年坐在榻榻米上。我也在學長後面端正坐著。那天的講義是詩篇第六十五篇九至十三節。那天開始，我和老師的師生關係便展開了。那是我一生中決定性的一天。莊嚴的、幸福的一天。當天的日記中，『和隆信一起，胸中充滿了敬畏的念頭，到了今井館』的感動，在四十年後的今天仍記憶猶新。」（《全集》第二十四卷四八八頁）

就這樣，他的學生時代自不待言，後來他在東京時，都未曾缺席參加每星期天內村鑑三舉辦的聖經研究集會，直到鑑三去世為止。在那之間，矢內原忠雄也出了自己的個人誌，每星期天聚集少數的青年講授聖經，傳承了內村鑑三的傳道方式。當然，重要的不是他學到了這樣的傳道方式，而是他傳承了內村鑑三的精神。

自從他得以參加內村鑑三的集會那天起，每星期天的日記裡，都另起一個題為「內村老師」的專欄，記錄星期天講義的內容。前面引用的「和隆信一起等等」並不是從日記中引用，而是從這個專欄的開頭部分引用而來（《全集》第二十四卷四二五頁）。

能進入內村鑑三門下一事，讓忠雄的信仰精神昂揚，想為神效勞，進而想成為一名傳道者，他在日記中寫著：

「我越來越想為神效勞。想為神向前邁進。遵從神的指令。無論從事什麼職業，都可以得到神的恩澤。重要的是有心。不過，如果沒有心的話，就由我來傳播福音吧。我想要成為傳道者。」（《全集》第二十八卷一六二頁）

他向父母報告自己成為基督教徒的事情，並請求諒解。「如果能夠，也想讓父親母親也得到耶穌的救贖。」父親回了信，表示理解同意。「收到了家裡寄來的信。什麼宗教都好，不過不要成為一名太熱心的宗教家。如果是日本化的基督教則可。一切以誠之道等等。」（十一月六日日記）

因為如此，他在辯論社發表會中，發表了《殉教者的血》、《單純的心》的演講，可以說是一種信仰告白方式的傳道。對於人生的意義抱持著哲學性的煩悶，喜好閱讀叔本華及尼采的倉田百三，會對忠雄這樣的傳道者口吻產生反感，也不是不能理解的。十一月十七日，倉田百三的演講《欲求與力量》已在前面提過，接著忠雄在十二月一日的辯論社研究會中，發表《要確定的事》的演說。倉田百三也在聽眾裡面，忠雄的演說是意識到倉田的《欲求與力量》才做的演說。這天晚上，在研究會之後召開了辯論社親睦會，倉田在會中再度對忠雄的演講做出批判，忠雄則是表明了自己的立場。根據忠雄的日記：

「倉田對我今天的演講做了批評，我對兩人無法互相理解而感到悲哀。聽了我的演講，他感到我知識的不足，覺得哲學家更辛苦。不過此時，倉田也開始認同宗教的必要性，說那是要從知識進入的等等。倉田既然表明了他的態度，我也必須表明我的立場。我公開表示我是基督徒。（這需要何等的決心！）我公開表示我認同神的存在。（這需要何等的勇氣！）如果我了解哲學的話，我對倉田無話可說，不過我和他之間的差異是在認不認同神的存在的區別上。同樣論述愛、犧牲、個人、現在、人生觀等，不過對兩個人的意義不同，我一切都是以神為出發點考量，神的智慧與世人的智慧、神的愛與世人的愛。對我來說，人生有許多道路，不過我已經有被決定的道路。這條路上有許多煩悶、疑問、苦痛，不過與其說我在人生路上go astray（迷惘），不如說我相信神而前進。這或許是所謂的沒有苦勞的生活，不過我說我過的是光明的生活，如果要以知識來議論的話，我奉陪。我最後要說的是『我相信』，我必須相信神，用知識來思考的思想中沒有神。我認同神與我的理想成立，我不因理想（與信仰）和實際的差異而煩惱，我不捨棄理想，總是努力朝理想前進。神——朝理想前進是我的目的，我希望不只是我這一生，我的子子孫孫也能夠跟我一樣。我以預言者的態度，以使徒的心情來演說，寫文章，朝理想前進。」（《全集》第二十八卷二一一頁）

這不是吵架，也不是議論。事實上，矢內原忠雄也沒有和倉田百三爭論的必要，只是確定雙方立場的差異，對對方認真的態度持有敬意。接著前文的感想，他寫到：

「倉田很真摯，是認真思考的人，不幸（還是幸）的，我們兩人的立足點不同，因此現在兩人走在平行線上，我也必須認真的向他表示感謝與佩服，並且不禁喜愛認真的他。我也必須像個男人地傳教。我是預言者，必須有使徒的心。思想的論爭須要男子氣概。」

矢內原忠雄過世後，經濟學者同時是馬克思主義者的向坂逸郎，寫下的追憶文中有以下一段：「他是熱烈且虔誠的基督徒，一高時代即以雄辯大鳴大放，聽說他在一高時因為某種緣故而斥責了倉田百三。這也許是我聽錯了。因為如此，我和老師見面前，認為他想必是一個心胸狹窄的人，不過事實上我感受到他微笑的、沒有心結的人格。」（〈矢內原老師的事情〉，《矢內原忠雄─信仰．學問．人生》八九頁）「聽說他斥責了倉田百三」，這大概是對上述辯論社親睦會時，兩人對話的誤會吧。如同前面解釋的，他並沒有斥責任何人。忠雄只是以「有男子氣概」來表示自己的立場。這樣的事情會成為謠傳，想必是倉田與矢內原的對話，在辯論社之外的地方也被當作話題來討論之故。

除了辯論社以外，忠雄很忙碌。每天專心於學業的讀書自不待言，晚餐後他總是到圖書館去讀書，晚上十點熄燈後，他就著燭光複習德文，寫寫日記。升上二年級時，他開始學拉丁語，一早就到東大旁聽拉丁語課。他在二年級九月時被選為基督教青年會的委員，變得更忙碌了。他燃起了信仰的熱情，致力於投入青年會的活動中。

「下午五點起，在遊樂園有青年會的歡迎親睦會。實際開始的時間是晚上六點。會費二十錢，會員四十一人。大學的兄弟中川、森戶、澤田、山岡、河上、長井、富永等人，一年級只有十四人。我擔任司儀。在吃完香菇炊飯後開始談天。大家各自認真地說了感想，我的心非常高興。希望我們青年會在主的愛下，能夠聚集更多朋友，希望這裡能成為在信仰的戰場上受傷者的休養地。」（九月二十八日日記）

青年會頻繁的舉辦讀書會或祈禱會或聖經講授的課程，忠雄都熱心參加。

「中午下課後，下午一點在提摩太教會的『catacomb』召開青年會的例會。我擔任幹事，相當耗費心神。不過為了主而工作，我很開心。大學的學長方面，有三谷、澤田、中川、山岡、富岡等人前來參加，一年級只有金澤一人。全體二十人。三並老師也前來參加，替我們說了很多有益的話。」（十月二十八日日記）

這裡提到的「金澤」，是比忠雄晚一年入學的金澤常雄。矢內原忠雄透過基督教青年會認識了金澤常雄，一起參加內村鑑三在柏木的聚會，締結了特別的友情。金澤常雄後來成為無教會主義的獨立傳道者，對矢內原忠雄而言，是一同為傳遞福音而戰鬥的戰友。

忠雄熱心參加基督教青年會的各種活動，一直持續到一高畢業時，為了提高教養知識，他還參加了「讀書會」，是內村鑑三門下學生組成的「柏會」。藉由這些聚會，受到學長友人的批評指教，他的信仰更前進，思想更精練。

8　恩師之女・內村路得子的去世

新渡戶校長於此年（明治四十四年）八月赴美擔任交換教授。因此，忠雄二年級時校長不在。仰慕老師的學生們組成了輪讀會，輪流讀老師的英文著作《*Thoughts and Essays*》，忠雄也有參加。那是從十月十九日開始，大學生的石本惠吉、森戶辰男、三谷隆正也一起參加，每週舉辦一次。

此外，在忠雄中學畢業時，當時一高三年級的川西實三和朋友們也有一個「讀書會」，並且將這個團體的成員介紹給忠雄。川西進入大學後，這個「讀書會」也持續著。受到新渡戶校長感化產生的讀書會有個前身，是由前田多門、藤井武、黑崎幸吉、塚本虎二等人組成的「讀書會」。這些人在新渡戶校長成為一高校長的隔年，從一高畢業進入東大，那一年川西實三剛進入一高。這次，忠雄進入一高時，川西的團體升上大學，然後又產生了新的「讀書會」，忠雄也參加其中。這次的成員有黑木三次、高木八尺、江原萬里（以上為大學生）、三谷隆信、矢內原忠雄、宇佐美六郎、金澤常雄等人，大學生的川西實三和三谷隆正有時也會參與；同樣是大學生的河合榮治郎和已經從大學畢業的塚本虎二，有時也會參加。這個「讀書會」開始於忠雄一高二年級時的十二月，大體上每個月召開一次，忠雄進入大學以後也持續著。這是介紹大家所讀的書籍（以英文的原文書為主）的聚會，忠雄有時也會發表感想。

內村鑑三於每星期日在柏木的今井館聚集二、三十名會眾講授聖經一事，前面已經提過了，這些會眾大部分是一高生以及一高畢業的東大生。這些學生組成了「柏會」，成員有藤井武、塚本虎二、黑崎幸吉、川西實三、三谷隆正等人，是有信仰的高學問俊秀聚集的集會。忠雄在升上一高二年級時，藤井、塚本、黑崎等人已經從大學畢業出了社會，「柏會」的成員也有所改變，加上新進入內村鑑三門下的學生，忠雄和三谷隆信、金澤常雄一起加入了「柏會」。川西實三等人的「讀書會」和內村鑑三沒有關係，而是在新渡戶稻造校長的感化下的產物，不過由於成員大多向內村鑑三老師學習基督教，因此也成為「柏會」的主要成員。忠雄的「讀書會」一開始是以「柏會」的新成員為主而聚集的，因此雖然是受新渡戶校長的感化而成立的，但實際就像是「柏會」的一部分。總之，「讀書會」雖然和「柏會」不同，不過成員多半兩方都有參加。忠雄等人是在十二月二日進入柏會，也就是對倉田百三闡明自己的基督教信仰的辯論社親睦會後的隔天。之後，忠雄到大學畢業為止都是柏會的一員，持續地參加著。此外，參加內村鑑三門下的成員全體的會名為「教友會」。

這是題外話，不過將川西實三的「讀書會」成員介紹給內村鑑三，邀約一同前往柏木聚會的人，是學習院出身的黑木三次（日俄戰爭中英勇的黑木大將的兒子），而帶黑木前往內村老師的地方的人，是他學習院的學長志賀直哉。志賀直哉從明治三十三年到四十年為止都師事內村鑑三。這樣溯本追源，矢內原忠雄之所以會以內村鑑三為師，要多虧了志賀直哉。不僅是志賀直哉，《聖經之研究》創刊時，小山內薰、有島武郎等人都是內村鑑三熱心的弟子，內村可以說是培育了這些文學家的推手。不過這些人後來都離開了信仰，因此內村感到難過，並且開始不太能信任文學家。

從札幌農學校畢業，由於在不敬事件中與東京帝國大學教授井上哲次郎有尖銳的對立，與東大出身的官僚政治家有激烈抗戰的內村鑑三，對東京帝國大學原本就沒有好印象。關於柏會，他也曾經說過「懷抱東大生或一高生，有如懷抱著毒蛇的卵」。不過，柏會成員大多繼承了內村鑑三的信仰，以無教會主義基督徒的形式，步上各自的道路。

不管誰正確地繼承了內村鑑三的精神，矢內原忠雄所屬的「柏會」成員，都在各自的舞台上留下了有意義的足跡。日本有所謂的漱石山脈，然而事實上，說不定內村山脈（包含後來離開的文學家）對於我國近代思想史上也有重要的影響。這應該是日本近代思想史上一個重要的研究課題吧。此外，在忠雄加入柏會的同時，與忠雄同時加入內村鑑三門下的另一群人創立了新的團體，以坂田祐與南原繁為中心，名為「白雨會」。坂田祐與南原繁都是於十月一日加入內村鑑三門下，當時為大學二年級學生。忠雄原本也應該加入白雨會的，不過忠雄早先即和柏會的成員友好，因此在白雨會創立前就先加入了柏會，而未加入白雨會。

二年級的忠雄在參加基督教青年會與辯論社活動的同時，從十月起加入了內村鑑三的集會，朝信仰的道路前進。由於內村鑑三的聖經講義熱烈且嚴肅，因此忠雄也受到了強烈的感動，同時也強烈感到自己信仰的不足。雖然忠雄對倉田百三等人公開表示自己是基督徒，不過在內村鑑三強烈的信仰前，他覺得自己的信仰可以說是沒有信仰。他特別有感於此事，是在十二月二十三日舉行的內村鑑三集會，聖誕節晚餐會的餐後聚會上，鑑三提到希望大家為自己的女兒的病情祈禱時。忠雄開始參加柏木的集會時，鑑三的女兒，和忠雄一樣當時十八歲的路得子病況不樂觀，愛女兒的鑑三的祈禱和看護都沒奏效，路得子的病情持續惡化。鑑三熱心的祈禱，同時也熱誠的希望別人也幫他一起祈禱。其模樣在忠雄的日記中有詳細記載：

「談到了關於老師的女兒的病情這件事。『如果可以的話，請給這個病人溫暖吧！』他這樣祈禱著。萬事都靠心，如果沒有心的話，祈禱也是冷淡的。人或許會笑這是迷信，但如果不相信祈禱能抵達上天的話，就沒有信仰。如果光是為了我兒的病情祈求的話，恐怕不行，但是如果我兒康復一事可以展現神的榮耀，與盛世間的愛與義的話，神也不會覺得這是一件壞事吧。我的祈禱不是『如果可以的話』而是所謂的『絕對請』。我相信我有信仰的話，神一定會聽我的祈禱。（老師伸展身軀，挺直背部，高舉右手指向天花板，期間有二、三吋的距離。）就如這個樣子，信仰還差一點點的感覺。我現在最希望你們達到的，即使無可奈何地，大家的信仰都不完全，不過只要提升全人格，為了我祈禱的話，就可以其united force（一致的力量）聽到我的祈禱，手也能抵達天花板，病也應該會痊癒。──於是，大家便提出一週一次舉辦祈禱會的plan，明天的課雖然休息，不過希望認真的人來參加祈禱會。不過，即使些微也好，但必須是自己自願想要提供力量的熱心。不要是來了反而覺得是重擔的。──

老師握著贊成者的手。不知何時，我的手也疊在上面，許多人的手疊在一起，老師的臉色嚴肅，莊嚴的氣氛充斥於整個hall。啊，我也伸出了我的手。但是那並不是活潑的，不如說是下意識的。啊，但是──那若成為我的『重擔』該如何是好。」（《全集》第二十八卷二二一頁）

鑑三為這份氣魄壓倒，忠雄則是害怕於自己的無信仰。

「一邊顫抖一邊走過本鄉路──啊，無法承受。看哪，我的信仰等於零。我不如說是背叛者的猶大。」他接著前文這麼寫著：「啊，我沒有信仰──

沒有比這更悲哀的事了。我不知道我該不該在這裡。我不知該何去何從。我看到自己的身體化為輕煙，越來越模糊稀薄。我太空虛了，有如玩具在動作，啊，我能活下去嗎？」、「我將神視為父親來景仰，因而熱誠祈禱，我無法確定神是否一定會傾聽我的祈禱。我沒有『絕對請』的信心。——啊，我不行了。會死會死。矢內原忠雄會死去。」

雖說信仰是神的賜物，神的恩惠，不過如果沒有人對神的冀求，想要相信的切實意志的話，也無法得到吧。矢內原忠雄會死去，藉由這樣的想法，他朝信仰又向前邁進了一步。使他更向前邁進的契機，是路得子的過世，以及那時內村鑑三的態度。

這個寒假，忠雄在一年級時的室友涉澤直一的好意邀請下，到群馬縣太田的涉澤家玩，體會到許久未曾接觸的家庭氣氛，渡過了悠閒的日子。不過新學期開始，回宿舍後聽聞內村路得子過世的消息，又使他精神緊張。這是忠雄生涯中無法忘懷的大事件。日後，他寫下許多關於內村鑑三的文章，每當寫到這些文章，他都會寫到內村路得子的葬禮上，那難以忘記的強烈印象。當時忠雄的日記這樣寫到：

「十二日凌晨一點過後，路得子小姐去世。十三日(星期六)舉辦葬儀，我也出席了。小姐十九歲，是正要綻放的梅花，還沒等到春天就凋謝。不過，內村老師不會這麼說。老師說，小姐蒙主榮召，她在這個世間的任務已經完成了，因此回到主的身邊。如果仍留在世間的話，此時應該是結婚的年齡，想必很辛苦吧。因此，神特地將路得子召回自己身邊，今天的聚會不是葬儀，而是慶祝路得子嫁入天國。

啊，不過——我不知道這是歡喜的淚水，還是悲傷的淚水，不知不覺間已經淚如雨下。只是流淚、流淚，當時我除了流淚之外，無法思考別的事情。從柏木迎棺到雜司之谷的墓地，棺木在會眾的讚美歌聲中下降，老師在棺上灑土，一邊喊著：『萬歲萬歲！』啊，滂沱熱淚。雜司之谷，在藍天下、成蔭綠樹中，伴隨著『花兒凋謝』的歌聲，棺木靜靜的下降。雖然呼喊萬歲，雖然滿臉笑容，不過老師的臉看起來衰弱、疲憊，他是多麼堅強地奮鬥啊。啊，無限感慨。聽到路得子的信仰的話，我更覺得背流冷汗。聽聞她從去年秋天患病，一路奮鬥至今，實在為一美事。即使醫師已經放棄希望了，父女兩人仍不放棄。老師的祈禱是多麼的深厚啊。

聽說路得子小姐只希望藉由耶和華的力量來痊癒。啊，不過終究抵不過病魔，為了報答父母照顧自己的恩情，路得子小姐說：『那麼我走了。』之後便極為安祥。當她呼吸開始急迫時，半夜一點，家人聚集在小姐身邊，問最後的晚餐式舉行了沒。路得子小姐感謝、感謝的聲音逐漸淡去，終於被召喚到了天國。啊，美好的最後一刻。老師說，她確實到了天國，我們的祈禱並沒有達成，但是神顯示了祂更大的愛。神給予了我們比我們所祈求的更大的恩惠。神總是充滿了愛，不管是這位父親還是這個女兒，都給予我們的精神極大的力量。路得子小姐蒙主榮召並不是無意義的事情，神藉由路得子小姐激勵我，我的胸膛被穿破，我必須侍奉神。啊，雜司之谷畔的老師！這個印象永不會消失。」（《全集》第二十八卷二三二頁）

印象並沒有消失。如同前述，忠雄數度重複提到這件事。在《我所尊敬的人物續篇》（岩波新書）中的〈內村鑑三〉一開頭的地方有寫到，在社會思想研究會編的《談吾師》中的〈內村鑑三〉一開頭的地方也有寫到。在此引用昭和八年寫的〈老師的淚〉這篇文章的開頭部分。雖然和前面的記事有所重複，不過與前文鮮明的記憶相較之下，日後所寫的這篇回想文中也有他的評論。

「我於明治四十四年（一九一一年）秋天進入內村老師門下。之後不久，隔年一月，老師的愛女路得子小姐便過世。路得子小姐與我同年出生，當年十九歲。告別式在今井館舉行，我也出席了。對我而言，參加基督教的葬禮是第一次。儀式順暢地進行，最後是老師致詞。老師以嚴肅的聲調說：『路得子到了該嫁人的年齡了。如果她在人世的話，必須煩惱嫁人的事情。我相信耶穌將她以新娘的身分迎入了天國。今天不是路得子的葬儀，是她的結婚典禮。』我對這樣意外的發言感到訝異。我不是很了解他話中的意思，不過我被他認真的態度感動，深深覺得『這不是隨便的事』。儀式全部結束後，我伴隨著莊嚴肅穆的送葬隊伍走到了雜司之谷的墓地。棺材下葬後，首先是遺族灑土的儀式。老師手握一把土，高舉著手大喊：『路得子萬歲！』我全身有如遭受雷擊，一時無法動彈。『這不是一件簡單的事。信仰基督教並非易事。而是要盡全力。』我留下了這樣的印象，同時我第一次覺得我找到了基督教的入口。

那時老師並不是找理由安慰自己，也不是在裝模作樣。那是一位父親認真看待女兒生命的真摯吶喊。他那時的樣子，沒有一點需要懷疑的地方。老師沒有讓我們看見他的淚水。不過想必他心中必定是捲著淚水激流的漩渦吧。老師讓我知道，信仰並不是知識，也不是道德，而是一種認真的生活態度。」（《全集》第二十四卷四四六頁）

由於內村路得子的死以及葬禮時內村鑑三的態度，忠雄「深深體會」到了信仰是「用盡一生的力量」、「認真的生活態度」，從此信仰成為了不可動搖的事物。對於內村鑑三來說，也是一種將復活的信仰當作真正活著的東西來理解的深刻且重要的體驗。忠雄對信仰的確立，以及內村透過「復活」的信仰所得到的東西，成為他們日後強而有力的支柱。這是因為，忠雄不久以後就要面臨摯愛的人的去世。他一生中經歷了許多次摯愛的死亡所帶來的打擊。透過這份難以承受的苦痛，他將越來越接近神的國度，越來越接近神的懷抱吧。

冬天的第二學期，他迎接滿十九歲的生日。「此次迎接我十九歲生日，我要成為燃燒理想的青年。啊，理想為何？就是彰顯神的榮耀。」他燃燒著這樣的信仰。因為在聽了柏會認識的諸位前輩的話而感動，之後就出席青年會的例行聚會或祈禱會，藉由信仰讓友情加溫，並在「讀書會」發表了海克爾（Haeckel）的《宇宙之謎》及布雷基的《利布英奎斯特傳》（皆為英文）的讀後感。此外，他被選為辯論社委員，從二月開始從事委員的活動。他承諾擔任委員時的感想是：「我既然身為委員站在講臺上，則必須講述理想、傳播福音，這是我的抱負。」

在就任委員那天的二月二日的日記中，他寫到：

「啊，罪惡、污穢，我沒有一個優點。我就如此成為僕人。像我這樣罪孽深重的人也能被拯救。在此，我很高興能為人之僕。我從未想過能有這樣的功業，到死都不能忘記謙遜與柔和。只要追求神的愛與義，其他一切都奉獻出去吧。我不應該想如何演說，如何經營我的事業，而應該只要想如何侍奉神，如何向神祈禱就好了。Livingstone說，回故鄉，出席種種的歡迎會，被lionize（當作有名人對待），被邀請演講是最可怕的事情。他的事業是侍奉神、愛人。沒有高傲自滿，沒有偽善。他是真的感激於神的愛。用這和你們所謂『感激』的偶發性的信仰來做比較吧！

啊，我不是辯論社的委員，而是辯論社的僕人。我是神偉大的僕人。我要成為僕人（啊，感謝）神愛世人。」（《全集》第二十八卷二四八頁）

就這樣，第二學期也在忙碌中平安地渡過，到了三月的考試季節。三月二十一日考試期間，忠雄東舍十六號房的室友們為了紓解壓力，一起到小石川的植物園去。那年天氣偏暖，所以櫻花已經開了，忠雄和室友開心的玩到傍晚才回宿舍。當晚，他收到了「母親病危」的電報。忠雄於幾天前就接到父親的信，說母親病況危急，要忠雄考試結束後立刻返鄉。對此，忠雄覺得父母不該悲觀。「母親的病癒如果是神的旨意的話，就不需疑懼。」才剛於前一天夜晚(三月二十日夜)寫了長信寄給父母。收到電報的忠雄放棄了考試，於隔天一早回故鄉。

「啊，母親一定能痊癒。我無法放棄希望。母親母親，天下僅有一人的母親，天下最愛的母親，母親，母親，母親，母親。後天就可以看到母親親愛的臉。後天還好久啊！」(三月二十一日日記)

三月二十二日早上，他從新橋站搭乘特快車回家鄉。由室友石井滿(日後精華學園長)送他到新橋站搭車。(矢內原忠雄日後的文章〈石井滿同學與我〉中，收到電報的日期和新橋出發的時間都有記錯。——《全集》第二十五卷一六頁)

9 母親的逝世

忠雄的母親患有心臟病，長年為此所苦。不過她才四十歲。前一年夏天忠雄回來時，她算是精神比較好，因此忠雄感受到一家團圓的天倫之樂。之後忠雄便沒有再和母親見面。後來，父親來信告訴忠雄，到了三月，母親因為小感冒導致身體衰弱，之後病情就一直不樂觀，不過忠雄覺得不會有問題。所以即使收到了病危的電報，他也相信母親一定會康復。不斷希望著，祈禱著。神一定會聽見自己的祈禱，如果不這麼相信而祈禱的話，就並非真正的相信神。內村鑑三在女兒路得子生病時認真「祈禱」的模樣，忠雄依舊記憶猶新。他相信且真切地祈禱母親的痊癒。同時，他當然受到不安與悲悽的強力衝擊。特快車載著這樣的忠雄往西前進。

「我相信母親會痊癒。我斷然離開新橋。我想著能見到父母的喜悅，和放假回鄉的人沒有差異。就這樣，早上八點半從新橋出發的特快車載著我的祈禱與希望往西前進，十三小時後到了神戶。晨風冷冽，尾道灣頭我一身絕然。二十三日早上十點到今治，我胸中激動。但是我斥責自己的信仰不夠深，我想起了母親看到我時高興的神情，坐在兩人拖的人力車上，行在懷念的家鄉的路上。」（四月四日日記）

他藉由祈禱的希望來壓抑胸中的不安，坐著當時最快速的交通工具——兩人拉的人力車，在搖晃中接近了家門。當車子進入家門的瞬間，門柱上貼著的小紙片上寫的文字，刺進了他的眼中。上面寫著：「二十四日下午兩點出殯」。太遲了！悔恨貫穿他心中。父親告訴他，母親於昨天早上七點過世。那正是忠雄相信母親會痊癒，而「像休假返鄉的人一般」從宿舍出發的時間。忠雄握著如今已成為冰冷軀體的母親的手痛哭。哭了又哭。

「不想讓母親看到我太多的哭臉，因此我退到一旁去哭。啊，我是裝得滿滿希望而鋼索突然斷掉的小船，茫然不知如何度日。啊，夜晚的星星為何閃爍，春天的小溪為何細語，母親離我而去，我無法入眠。二十四日，許多人來來去去。下午兩點，棺材離開懷念的家，到丸子山墓地。參加入殮儀式的人為何，紅十字會的弔辭為何，供品為何，啊，母親啊！

春風帶愁，暮雲蔽日，天色陰沉，靈柩降入紅土的墓穴深處，我也想一同跳入。啊，雜司之谷的內村路得子下葬的光景，強烈地浮現我眼前。我沒有能大喊萬歲的安心，這裡沒有讀聖經的人，這裡沒有唱讚美歌的人，我在眾人散去後仍留在墓旁。Pocket裡有小本的新約，我一個人向神祈禱。希望耶穌以神力引領母親前往神的國度。」（同前）

此時忠雄十九歲。他原本就是多感的個性，而當時正是情感豐富激動的年紀。他深深的悲痛，不過這感情的強烈同時也是他的救贖。因為他的感情，引領他走向相信死後復活的信仰。他為母親的死感到深深的悲痛，同時，他也單純的相信神的愛會拯救母親的靈魂，母親將在天國得到永生。自從加入基督教後，他一直等待機會將福音傳給家人，當接到母親病危的電報急忙趕回家鄉時，他也希望能向病危的母親傳遞耶穌的福音。不過這份心願消失於空中，母親在不知道基督的狀態下離開了人間。不過，神的愛不會捨棄母親的靈魂。忠雄如此祈禱並深信著：

「痛哭了三天三夜，我漸漸感到平靜。我垂首，不舉頭仰望春天的山野。水緩緩的流動，小麥成長，菜種開放，雲雀啼唱。天地萬物高唱生命之歌。我悲傷的眼淚閃爍著春陽的光輝。啊，深深悲慟的底處湧出懷念的平靜氣息。抬起眼，抬起眼，想想內村老師，想想石川大哥。即使妻子捨去了最需要照顧的幼兒離開了人間，他仍然感謝天神的恩惠。啊，想想石川大哥。」（同前）

這裡的「想想石川大哥」是忠雄在柏會中的學長石川鐵雄。在內村路得子去世後不久的一月十五日的柏會中，石川鐵雄說到了，希望前一年去世的妻子復活的事情。「只有祈禱才是食糧。」他這句話給忠雄很大的感動。女兒死去時的內村鑑三，妻子去世時的石川鐵雄，這些老師、前輩都是忠雄信仰的模範。忠雄在這些人的引導下，認為母親的過世是神的恩惠。在悲傷中，正因為悲傷，所以他遇到了耶穌。

「整理千頭萬緒的思緒，我感到非常懊惱。我信仰的火光幾乎就要熄滅。此時拯救我的是耶穌。風吹著，我站在春天的田野間，星星召喚哭泣的我，以溫柔的聲音安慰我，孩子，別嘆息，我來拭去你的淚水！孩子，回到初衷，想想神的恩

惠。」（同前）

這不過是失去母親的年輕人的感傷下產生的幻影。不過對忠雄來說，這是認真信仰的話語。日後，他對於這次的體驗寫到：

「傍晚，我走在鄉間的筆直小路上，不知終點為何。那時突然有人站在我眼前，差一點就要撞上他了，我嚇一跳，停下腳步，抬頭看向對方，耶穌把羔羊抱在肩上望著我。然後，我記得他說：『別哭了。』我在瞬間感覺得到安慰，便回家了。因為先前內村老師藉由路得子小姐的去世，教給了我天國的希望，如今母親過世之際，天國毫無疑問的安慰了我。」（〈我如何成為基督教徒〉，《全集》第二十六卷一四三頁）

透過母親的過世而顯現神的恩，對忠雄而言，具體加深了自己的信仰，他意識到自己的心變得更柔和，和剩下的家人的情愛變得更深厚。

「母親過世，我的心變得柔和平靜，兄長的心搖動，對弟妹的親情益加深濃。透過這場大悲慟，使我的心和緩，愛越想越深厚。母親的軀體離開了，然而靈魂來到我身邊。愛離開了，而更大的愛到來。」（同前）

忠雄於母親去世後暫時留在家中，每天早上到母親墓前祭拜，安慰弟妹。母親的三七結束後，他把自己的心留在家中，人則於四月十一日從今治出發，回到了宿舍。第三學期已經開始了。被學業追趕，也和之前一樣，辯論社委員和基督教青年會委員的工作都等著他執行，這某種程度可以緩和他的悲傷，不過他當然無法忘記自己是「沒有母親的孩子」這一件事。他早上在運動場獨自祈禱，閱讀堤尼遜哀悼好友的死而寫下的詩〈記憶之中〉，並感受到深刻的同感。東舍十六號房的室友們以及青年會的朋友們，都用同情溫暖地包圍著他，但那無法給予他安慰。

五月十一日於慶應義塾大學舉辦東京各大學的聯合演說會，忠雄代表一高辯論社站上講臺，演說題目為《第一義的人》。這篇演說以文章的形式刊登在雜誌《雄辯》第三卷第九號（大正元年九月一日發行）上，也收錄在《矢內原忠雄全集》第二十七卷中。堂堂的主張人身為社會性的存在，是水平性（horizontal）的生物。為了了解這樣的社會生活的真義，必須擁有宗教性的，朝向天垂直的（vertical）一面。這就是所謂的第一義，「站在這第一義的立場上，才能成就在水平面的真實事業。」、「我們最應該努力的，就是進入這樣的義人的生涯。」矢內原忠雄日後思想的骨幹，在此已經得到了確立。

在發表這樣堂堂的演說同時，他還是被悲悽圍繞，為自己的弱小而哭泣。獨自向神祈禱一事並未替他帶來安慰。在聯合演說會的同一天，有一高和早稻田大學的棒球對抗賽，大部分的一高學生都前往加油，只有忠雄一人前往慶應。演講結束後，他一個人寂寞地回到了本鄉：

「在本鄉路上，看到室友們一起去吃魚。我切實感到需要精神食糧，所以拒絕他們的邀請，迎向梅月召開的青年會，聽各位前輩的教誨，自己也說了自己的現狀。啊，軟弱的我，堅強的我友！

聽說今天的棒球比賽以4＋A比0落敗。今天的青年會主要也是談論關於這場比賽的事情，為這場比賽祈禱。啊，我在同房裡當然得不到第一義，在青年會中也沒仍能給予軟弱的我多少安慰。只有神看顧我。只有神同情我。啊，仰望神明，我以耶穌為友應該是幸福的吧。十一點回到宿舍，天上星星閃爍，我坐在草皮上安靜的祈禱。耶穌也活著，母親也活著——啊，感謝神的恩惠。」（摘自五月十一日日記）

就這樣，忠雄二年級第三學期就在失去母親的悲傷中過去，接著暑假來了。考試的成績是第二名。他自從進入一高以來始終保持第一名，從二年級第二學期起，把第一名的寶座讓給了室友舞出長五郎。第二學期，忠雄接到電報臨時放棄考試，自然無可奈何，不過第三學期還是舞出第一，忠雄第二。他說到，就算考了好成績，也沒有替我高興的母親，因此沒有讀書的動力。（即使如此，他還是拿了第二名，肯定有認真讀書。此外，舞出長五郎後來成為東大經濟系的教授，是矢內原忠雄的同事。這個無神論者的用功讀書人和同樣是無神論者的用功讀書人大內兵衛教授，為矢內原忠雄最要好的同事。）

六月底回到故鄉的忠雄，常常前往母親的墳前上香，逍遙於附近的田野間，在美麗的自然裡看到了神的愛的光輝，感覺到母親靈魂存在著。他寫下了幾首詩。

在這之前，這年三月時，他除了日記之外，開始創作自己的文集。那是用和紙和毛筆仔細寫下的，並且裝訂有封面。內容時而是隨想、論文、讀書筆記、短歌、詩、紀行文等等。與日記不同，這些都可以稱為作品。不過他並不是為了給誰看而寫下的，是為了自己而寫下文集。他一直持續寫著，從明治四十五年直到大正六年大學畢業時，已經完成了七本的文集。這些文集各自有題目及目次，分別為《春之水》、《若草》、《雨聲蛙聲》、《光之室》、《幼兒之死》、《岩之美》、《欅》，相當具有文學氣息。

這些文集的第一冊《春之水》中，包含了明治四十五年七月寫下的數篇詩作，在此介紹其中一篇。以引用來說有點過長，不過因為這首詩是沒有收錄在《全集》中的未發表作品，是詩人矢內原忠雄的處女作，因此在資料性上有介紹的價值。

螢之夜

一

日早已西沉、星星也不見蹤影
濃雲密布的夏夜
獨自一人踏上歸路
疾行一里半

蒼杜川流過河堤
松鳴風蕭蕭
在流動的水淵淺灘
包含著悲悽的恨

沒有交錯的行人
我留下的足音
乘著嚴苛的裁判者
比箭更快的追著

業報深重的世間
可視同夢幻一同渡過的日月
聽到笛音亦不覺悲傷
寂寥的盡頭是心

憤怒與怨恨糾結
悔恨與羞恥伴隨
我想起Laokoon[24]
侵蝕我胸膛、纏繞我項頸

二

化作被獅子追趕狂亂的
小鹿進入森林
傾聽生命之泉的聲音
胸中的悸動得到平息

嵐氣四溢只能向前划
含著白珠岩的荒海
總算風止天明
洋溢安祥的光

飛舞在千田町的螢火

22. Laokoon：拉奧孔，阿波羅的祭司。因與妻子在神殿裡交媾而犯了褻瀆之罪。

或許是古銅鏡裡的珍珠
其一來到我指端綻放光芒
或許是村子少女的戒指

微風送來苗的香氣
胸中的煩惱也散去
遠方的天空雲開
得見閃爍明星一顆

「一個人走在山路上
但是攀著主的手便能得以安心」
現在沒有畏懼與羞恥
我腳步輕盈

三
比如靠在母親腳邊
像幼兒一般
甜美溫柔的憧憬

小溪流水的感覺

曾和母親一同前來
在這條小溪追螢火蟲
曾和兄弟前來
在這條小溪捕魚

天邊明星一點
地上風吹千里田
被神秘的衣服包圍
我幼兒的夢

總算到了我家前
樹木間洩露出燈火
停下縫紉的手
傾聽足音的我母
推開沉重的門進入

沒有母親溫柔的聲音
於久等的微暗火光之中
縫紉的人是妹妹

這首詩最後兩聯，是在敘述這年夏天的作文中的體驗：「一出門不知不覺就到深夜才回家，我以為微暗的燈火下等待我的人是母親，結果每次都是妹妹在縫紉。我每次都不禁落淚。」（作文〈休假中的種種〉，《全集》第二十七卷二三三頁）《春之水》裡面還有許多其他短篇，同樣是七五調的〈拜志川〉，敘述他喜愛流過家附近田間的小溪的日暮，並在溪水中尋求母親身影的心情。是五行十六聯的長詩，在這裡介紹最後的六聯：

去年夏天見過的小溪
去年聽過的流水聲
無法歌唱、無法言語，我獨自一人
思慕母親
超越淚水的思念

留在家裡的快樂
無法向母親訴說
當入相的鐘聲響起
出去漂流拜志川
吸吮自然的母乳

看那美麗黃昏
映出神秘的夕雲
聽那懷念的小溪流
細說愛的細語
天地歌唱人靜默

自然不會偽裝
縱使失去了肉的外衣
花鳥森小溪
沒有隔閡的安祥充滿胸膛
愛戀仰慕我看見母親

夏日西沉山間
天空浸在黃金的波中
水田映照出黃金的雲
讚美的故鄉
我等相逢也接近

夕霧籠罩四方時
螢柳發光時
甜美溫柔的悄悄話
成為無母的我的母親
拜志川消失在黑暗中

10　滿州之旅

「這次休假，我參加興風會的旅行，訪問滿韓。父親也答應我，我想到自己的不孝及父親的恩愛，不禁汗濕背後。在北斗星燦燦的黃海、在月光皎潔的營口、在夕日優美的哈爾濱，我是多麼想念母親。明治天皇的駕崩更讓我胸中痛苦。旅行前旅行後，我一直都待在家裡甚少出門。每天沒事情做也不厭倦，我渡過了閒靜的日子。」（作文〈休假中的種種〉，《全集》第二十七卷二三四頁）

一高二年級結束的那年夏天，忠雄回鄉寫下了懷念母親的詩句，而他在七月十八日離開神戶，乘船前往滿州旅行。這是一高學生團體之一的興風會主辦，召集希望參加的學生組織成的旅行團，忠雄也前往參加，參加者共有二十四人。

興風會是以擁護振興一高校風為目的的團體，以前曾經實行過鐵拳制度，是強烈保守主義傾向的組織，不過隨著新渡戶校長的引領下，校風由籠城主義轉為個人主義或是理想主義，興風會也開始舉辦以擺脫老舊的傳統主義、樹立新校風為目的的演說或演講會。校風問題在當時一高學生中廣泛受到討論，忠雄所屬的辯論社也在這年的四月三十日召開了長時間的「關於校風的演說會」，忠雄以委員的身分做了開場致詞。興風會與辯論社關係頗為相近。

大正二年刊行的《向陵誌》中，忠雄寫下了〈辯論社社史〉，而寫下〈興風會紀事〉的人是忠雄的室友，與忠雄同為英法班的宇佐美六郎。宇佐美六郎後來成為法官，在英國留學，取得高等律師的資格成為律師，在太平洋戰爭後的極東軍事審判中，擔任A級戰犯平沼騏一郎和重光葵等人的辯護律師，是國際審判的第一人者，在大學生時代是柏會的一員，也是讀書會的一員。此外，他還是忠雄之妻惠子的姐夫，生涯都有極相近的關係。根據宇佐美六郎的〈興風會紀事〉，該會為了替四月的滿州旅行做準備，邀請關東都督府民政長官白仁武、滿鐵副總裁國澤新兵衛前來召開演講會，對滿州情勢做了介紹。由於日俄戰爭戰勝，日本獲得了關東州的租借權及南滿鐵道附屬地的統治權，將勢力向北伸展，終至讓滿州成為日本的殖民地。此外，兩年前的明治四十三年與韓國合併，開始由總督府來支配朝鮮。將來將成為國家領導階層的一高學生，當然會對滿州和朝鮮情勢有所關心。關於這次旅行的〈興風會紀事〉如下：

「本會發起的滿鮮旅行，廣泛招收同行者，除了會員以外也可以參加，共聚集了二十四人，七月十七日於新橋出發，由於各地的前輩非常好意，我們從大連旅順開始視察，邊視察各地，一邊搭鐵路抵達哈爾濱，在長春時聽聞天皇陛下病況危及，惶恐無措，一同召開祈禱會，儘管幾乎徹夜熱烈祈禱，天皇仍不幸駕崩，一聞此惡耗我等立即結束參觀，速速返回日本，經過朝鮮於八月上旬平安返國。深深感謝各地前

輩的熱心支援。」（大正二年版《向陵誌》五二一頁）

這是旅行的概略，關於旅行的細節，矢內原忠雄有詳細的記錄，藉此可以了解旅行團的足跡，以及忠雄在此次旅行中得到怎樣的感想及印象。這個遊記題為〈滿州之旅〉，連載於大正元年八月九日到十月二日為止的《愛媛新報》上（《全集》第二十七卷八九～一三七頁）。雖然是地方性報紙，不過一個一高學生的遊記可以登在報上連載，代表著一般人對於滿州情勢的資訊需求之大，也彰顯出社會對一高學生的評價之高。忠雄的遊記是符合需要且有其價值的。此外，忠雄於此次旅行間，受《滿州日日新聞》請託，寫下〈種種的感想——一高健兒的滿州觀〉（《全集》第二十九卷五四三頁）。

根據遊記〈滿州之旅〉，一行人於七月十八日從神戶出航，途中由於濃霧耽誤時間，二十二日抵達大連。這次旅行始終受到各地大使館以及滿鐵方面的熱烈歡迎，參觀的嚮導、住宿、用餐等都受到無微不至的照顧。為了經營滿州而前往當地的人，都對這群前途光明的青年抱有相當大的期待。在大連時，滿鐵方面也立刻安排學校、工廠的參觀，此外，拜訪了泰東日報社主編金子雪齋。「輕蔑壓榨對方的日本人，無法得到中國人的信賴與支持。」對於金子的這席話，忠雄表示同感與支持，他寫到：

「我等在滿州旅行的一開始，即聽到這一席話是何等的幸福啊。我是來這裡看中國人的，卻盡看到日本人。這份感想到旅行的最後都沒有改變。不出來看看，沒有辦法知道自己的島國根性。……希望五十年、百年後，日本能捨去島國根性的國民性，成為真正的大國，對中國人的輕蔑之情轉為憐憫之情。」

忠雄一行人也在旅順參觀了日俄戰爭的激戰處，思考戰爭的慘禍，在各地目擊了中國人苦力貧苦的生活情況，同時也參觀日本人在各地的活動，對「殖民地與經濟」的問題產生興趣，表示「將來的問題將不出社會問題、經濟問題的範圍。我今後將針對這些問題致力研究」。一行人到營口、遼陽、長春各地參觀，於七月二十八日抵達哈爾濱。哈爾濱有日本大使館，不過是俄國的領地。活潑的一高學生溜著簡單的俄語，闊步在俄國的街道上，對俄國人都市經營的規模之龐大感到驚嘆。同時眼見滿州的曠野正等待著日本投資的實情，感到了日本國力的擴張。

不過如同前文〈興風會紀事〉提到的，一行人從哈爾濱回到長春時，接到天皇病危的消息，協議的結果是終止旅行，立即回國。隔天早上，接到天皇駕崩的噩耗。原本預定要前往奉天等地參觀，也要拜訪朝鮮的大城市，現在只好放棄，從奉天經過安東，渡過鴨綠江乘鐵路經由朝鮮南下，直接前往釜山。

「此新附民眾的教化對日本人而言是一大責任。我從火車中看到貧窮的村子裡，每戶都懸掛有小小的太陽國旗，不由得肅然起敬。從自由的滿州進入朝鮮後，有點囂張的官僚氣息令人不是很高興」。

以上就是忠雄在通過朝鮮的火車中的感想。從釜山搭乘聯絡船，一行人於八月二日回到日本：

「早上六點半，聯絡船梅香號從釜山出發，在下午五點半到達關門海峽。廣闊的滿州，狹小的朝鮮，美麗的日本。眺望壯麗的日本河山，從明治到大正，抱著悲傷，在梅香號的甲板上。比起利益欲望，更應該重視正義；比起政治策略，更應該以真理為貴，日本人應該更加累積宗教性的道德，成為真正愛好和平與自由的光榮的人民，並以此拯救可憐的中國以及朝鮮人民。我不禁如此祈禱。」

這就是忠雄對這次旅行的結論。不過日後日本對中國及朝鮮的關係，都與忠雄的期望朝相反方向前進，這是眾所周知的歷史事實。比起正義，利益欲望更受到重視；比起真理，政策更受到注目。與和平自由相違背，汙辱的歷史正進行下去，而在這樣的現實中，忠雄仍然繼續他的祈禱。

在這裡引用《愛媛新報》中刊載的〈滿州之旅〉最終回的全文，比上述的祈禱說明得更詳盡：

「身為日本國民，應該愛中國人，不是秉持著指導的念頭，而是秉持著正義。如果不能以此為志，則我國的殖民政策絕不能長久。必須建立不被利欲薰心的堅定方針，否則我國將會滅亡。中國人的睡眠很沉，欲望很深。他們的生命要再度覺醒的話，必須要有一位偉人的出現，然而要誕生一位偉人，恐怕還需要三百年的教養。我們是他們在這期間最親切的朋友，必須充滿愛心與容忍。

不過比起中國人，我們看了更多日本人。他們有活力、令人開心，勇敢高尚的感情實在可靠，不過相對的，仍然脫離不了島國根性。在完全脫離島國根性之前，我國無法真正地成為一個大國。愛國民的人是愛真理的人。無法愛人、無法愛真理、無法愛自己的靈魂，若無慷慨愛國者，則日本不會變大。比起軍備，應該更重視真理；比起政治，道德的聲音更被認同。處理國政的人不光是野心家，真理深植於個人心中，謙虛的人增加，不這樣的話日本不會敞開。國民道德普遍提升，累積宗教素養，要能夠出現像克倫威爾或林肯這樣的人才，至少還要等二、三百年。我等看到滿州，更覺責任重大，與起要拯救蒼生的念頭。要救蒼生必須先救自己。如同卡萊爾所言，『想拯救國家這種事，是愚者才會做的。真正的智者會全力以赴做自己的正職。』救濟國家經常是偉人無意識間的行為。我看見許多政治家口稱要救國家，卻連自己的品行都無法保持，真正的改革絕對不會是這些人帶來的。我聽說有人將野心(yashin)唸做nogokoro，實際上，我等應該抱持如同滿州的原野般寬闊自由的心，當返回到認真地愛著真理的謙遜態度時，也就是我等可以遵循偉大的責任、得到謙遜的態度，能夠進行真正的改革之時。在札幌農學校實施品行教育的克拉克先生辭任歸國時，贈與前往送行的學生的話語是「Boys! Be ambitious!」（諸君，要有野心（nogokoro））。世界廣闊，責任重大，而真理只有一個。我們要時常將寬大的野心灌注在真理上，提升日本品格的位置，希望不要光以醜業婦、浪人及仁丹[23]的廣告來作為日本的代表，並且不僅是經營滿州、啟發中國人，更要能夠對真理的世界做出大貢獻。」

這裡引用的文章在一開始對中國人有錯誤的認識。忠雄寫著「中國人的睡眠很沉，欲望很深」，不過這不如說是日本人的寫照還比較貼切。他寫到「他們還需要三百年的教養」，不過豈需三百年，他們只在數十年後就「湧出生命再興的自覺」，建立了中華人民共和國。忠雄在青年時代寫下的關於中國、朝鮮的文章，處處可見以日本的優先為前提、日本必須引領他們的優越意識，這是現在看來值得批判之處。不過甲午戰爭以來，我國國民對中國人及朝鮮人的藐視瀰漫全國，因此我們也必須考慮到他的成長環境。

忠雄前往滿州旅行是在清朝崩壞之後，中國全體陷入混亂的時候，說到中國人，任誰都會說是「支那、清國奴（cyankoro）」（對中國人的差別用語），在這樣壓倒性的時代風氣下，他能夠想到「應該對他們投以憐憫的眼光」，可以說是對這類風氣的抗議。不過對於日本以及日本人的批判是堂堂的正論，甚至可以說是敏銳的預言。將野心讀作nogokoro，「抱持寬闊自由的心，認真地愛著真理的謙遜態度」是很棒的。到滿州旅行的他，藉由愛真理而愛日本，一方面發起了想研究殖民政策的野心，一方面發起了想抬高日本人心的道德的野心。此時他才十九歲，對於自己將來想從事什麼職業還沒有具體的想法。不過往後，他成為專攻殖民政策的經濟學者，批評日本的殖民政策，為基督

23. 醜業婦，指娼妓或藝技。浪人，為日本古代至外地（國外）流浪、沒有君主的武士。仁丹，為一種口服成藥，由日本森下仁丹株式會社販售。

教的傳道與大學教育鞠躬盡瘁一事的基礎，已經在此時打下：

「聽說中國人和日本人不親。假使有四億人口的中國人無法信賴日本人的話，我國難以發展成大國。這是由於日本人的小自覺，動物性地侮蔑、排斥中國人，並小氣的糾纏之故吧。我開始認識島國根性是什麼樣的東西，我等必須要有更寬大的心胸，必須將眼光放長遠，也就是說，要提升國民教育。滿州的諸學校，如果占有天時地利的話，則與正義一同充滿愛的大陸性的日本魂的修習，將有可能實現。日本人若不脫離島國根性，則難成大事。

看到苦力其他的中國人勞動者，無法不感到征服者、被征服者的悲哀。我們不需要不義之財，我切實地感受到需要人道的殖民政策。」

這是之前提到的滿州旅行中受到《滿州日日新聞》委託，忠雄在大連的宿舍中寫下的短文〈種種感想——一高建兒的滿州觀〉中的一段。

結束滿州行回到家鄉的他，再度回到父親及兄弟姊妹的懷抱，一邊懷念亡母，一邊寧靜地渡過暑假。同時他寫前記的〈滿州之旅〉，並努力將前述的旅行感想整理成自己的「思想」。其成果展現在(九月新學年)開學不久後，他的兩個演講《財之所在》與《野心論》中。這兩篇演講目前都留有原稿，收錄於《全集》第二十七卷之中，前者是大正元年九月二十一日於青年會館召開的「新生歡迎會」中的演說，後者是同年九月二十五日「辯論社介紹演說會」上的演說，兩者都是基於滿州旅行的見聞，主張比起利慾，日本應該更重視真理，以愛和正義對待鄰國，為此日本人必須要先進行內心的改革。在此摘錄《野心論》的一部分：

「日本人對於『人』的見解不足。他們喜歡服從權力者，但是缺乏對弱者的同情心。若不打破島國精神，日本人的精神無法向上提升。即使花上兩百年、三百年的時間也好。日本必須進行思想的根本改革。要拯救日本，並不是靠增加兩個師團或是在六年計畫中花費三億幾千萬元擴張海軍。更不用說操縱政黨、財政運作、扶植自家勢力等等了。要救日本就是救日本人。改革日本就是改革日本人。也就是說，必須在日本人相對性的思想中，注入真理的光。」

「不可以在忠君之心中插入私欲，相同的，愛國之心中亦不可插入我欲。汲汲營營於壓倒他國來擴張自己利益的國家主義，只是將個人的利己心擴大到國家大小而已，我等只為了欲望生活還不如死去，只以自己國家的利益為目的的國家，不只沒有存在的意義，也沒有生命。國家必須建立在某種程度的理想上。對宇宙的真理達成其使命後，始有存在的意義。一國的衰退，乃因其內部的大真理不復存在之故。不考慮這種真理，不考慮人類，則無法湧出真正的愛國心。」

這只不過是其中的一部分，他認為真理、理想、正義，這些普遍的人類事物是國家存在的原理，認為使國家接近這些理想的是愛國之路，愛國者必須基於這些理想來批判現實的國家。這樣的思想日後也一貫的持續著，是矢內原忠雄未曾改變的立場。基於此種立場，他展開以昭和十二年九月號的《中央公論誌》上發表的〈國家的理想〉為首的論陣，與日本軍國主義對決。其思想在上文引用的《野心論》中即已經確立。重要的是，他青年時代滿州旅行後所抱持的「野心(nogokoro)」，即使是在從九一八事變到太平洋戰爭中越見激化的法西斯主義之下，也未曾有所改變。

11　母親的忌日

年號從明治換成大正，忠雄升上三年級。到美國出差一年的新渡戶校長回國，忠雄再度回到可以聽仰慕的校長講話的日子。學校的生活一如往昔充實而忙碌。不過忠雄一方面痛苦於失去母親，一方面為自己的弱小與罪惡的意識苦惱。這雖然是一種逆向思考，不過寂寞與罪惡意識增強時，也是他內心生活充實的時候。忘卻寂寞以及罪的意識，對他而言，是從信仰的緊張感脫離，墮落於安逸。「寂寞與罪的意識」和「信仰」的關係，是其中一者增強，而另一者也隨之增強的關係。當然他也可以從信仰中獲得平靜的喜悅。不過，那樣的喜悅並沒有消除他失去母親的哀痛，而是藉由這份悲哀得到慰藉。

同時，忠雄已經二十歲，不再是多愁善感的少年。他本來就擁有強烈的感情，也擁有健全的理性判斷能力，能在感情與理智的均衡上處理事情，並擁有實踐力。母親的去世，可以說是他統合感情、理性、實行力三要素，形成「人格」的契機。最能表現這些的事件，在忠雄三年級時至少有二起，一為家鄉的家庭問題，一為新渡戶校長的辭職。

母親去世時，父親謙一六十歲，妹妹悅子十五歲，千代十三歲，弟弟啟太郎十歲。哥哥安昌二十一歲，原本就讀於岡山六高二年級，不過因故休學，最後退學。忠雄認為自己必須代替哥哥照顧全家，為此也想放棄學業回家鄉。大正二年日記的開頭：

「一月一日　星期三

雖然是元旦，不過鄉下沒有什麼事情。下午和哥哥一起被邀到烏生[24]作客。對我來說，不如是黯淡的一年的開始。去年三月二十二日，我失去了慈母，我家的光芒有如被薄雲覆罩了一般。老

24. 作者註：忠雄姐夫野間音一和文代的家。

祖母的辛勞、父親的骨折，祖母及親戚都想迎娶一個照料父親的人——也就是迎娶第二任妻子——也不奇怪。今天，姊姊是為了聽我們的意見而叫我們來的。現在再悲嘆母親的去世也只是顯得愚蠢，嘆息妹妹悅子還年幼也是愚痴。想到老人家的辛勞，是應該迎娶一個新妻，如果有溫柔的人的話，可以迎娶她，呼喚她一聲懷念的「母親」。不過那是「如果有這樣的一個人的話」。如果那個人沒有出現的話，悅子退學，我也將從東京回來——如果可以的話，希望高中能畢業——幫助家事。我既然已經學習讀書，現在應該學習歌誦自然。如果需要我的話，我會滿心歡喜回到鄉下耕田。我心意已決。」

「一月二日　星期四

我實在是不悌的弟弟。我和哥哥確實遠離。我無法停止在神前顫慄。我愛兄長、親弟妹，不過卻常常有令人發怒的事發生在我身上。哥哥背離溫情，在學校發生了不好的事情，遂自暴自棄耽溺於料理店的味道。我哭泣、憤怒，甚至想打他。不過他是我的骨肉之親，我希望要愛他。愛是最高的法則。哥哥現在對學問沒有興趣，希望他能一轉心意，擊碎脆弱的意志。我要愛哥哥，以愛來引導他走向正道。父親當然愛哥哥。如果他回來的話，父親會殺豬宰牛來慶祝。」（《全集》第二十八卷二七九頁）

這個寒假，忠雄回到家鄉，在家細讀了魯德夫·歐肯（Rudolf Christoph Eucken）的《偉大思想家的人生觀》（安倍能成譯），詳細摘錄這本西洋哲學史概觀的重點。他藉由信仰，達到了基督教的人生觀，不過他感覺到必須將之以思想形式確立。這個要記寫在《春之水》，並在最後寫著：

「上題的魯德夫·歐肯的《偉大思想家的人生觀》是基督教青年會的藏書，我利用寒假於大正二年一月七日讀完了，花了十天完成這份摘錄。去年寒假，在上州太田的涉澤直一那裡，讀了海克爾的《宇宙之謎》（英譯）。海克爾和歐肯都是耶魯大學的教授，去年寒假的我和今年寒假的我，有了有媽媽的孩子和沒媽媽的孩子的差異。現在哥哥前往岡山，應該回來卻沒回來，我家滲入黯淡的慘色。當我讀此書，夜晚逍遙於拜志川時，從掉光葉子的樹木枝椏間仰望明星，我瘦弱的身影映照在冬天的河川中。我的精神生活實在寂寞。……我應該朝向真實的世間努力，在普通的生活中找尋自己平靜的心，以切實的深意來做形而上學的探究，然而卻不明瞭。覺得世上煩擾，而給自己單獨讀書的時光，這是我最常做的事。我有離開複雜的省思，要成為一個善人的傾向，不過這些都無法掌握深層而實在的根據。……以藝術性的宗教直觀來看，我最能感到生存與實在的根底共通的時候，是接觸大自然並包容之時，我接觸自然，使我心雀躍，同時失去所有的精神性存在。努力於發展精神性的自我，是我自由的決定。我絕對不是沉滯的快樂主義派。」

收錄有〈拜志川〉的詩以及歐肯的摘要的第一文集《春之水》，是以下面的短歌作結：

若草
不再萌芽的去年春天的草
萌芽時的悲哀

大正二年二月到大正三年五月，集合了各種文章的第二文集題名就是《若草》，《若草》裡有兩篇紀念母親一年忌的作品。其中一篇題為〈大正二年三月二十一日〉，是很能表現他當時心境的文章，因此在此不厭其煩地引用其中一段：

「無聲落下的春雨，撫過櫻樹的枝椏，侵入像黑炭一般的枝幹，滋潤要萌芽的若葉。我喜愛從宿舍的窗戶眺望上野森林的朝霧、西舍的傍晚天空，很少看早上的天空，不過卻每天眺望傍晚景色，顏色形狀都像古羅馬遺跡般的舊宿舍，靜靜沉浸在紫色的夜空中，我備受吸引。不只這樣，從窗戶看出去的一草一木都與我熟稔。今天，我也望著被雨水沾濕的老樹枝幹，彷彿我的靈魂自由地與老樹的靈魂相會了一般。此外，無心地映照在水灘中的樹影，也使我的心靈豐富。我藉由這些回憶汲取懷念的心中清水，那是自然的精華，純淨的東西，忘卻世間的污穢、自己的罪孽，懷念的自然啊。卡萊爾稱自然為母親，我也這麼覺得。清幽的自然，自由的愛，我將花草樹木視為母親。今天是三月二十一日，我無法什麼都不回想地渡過這天，悲傷的回憶，因此悲傷；高興之情，因此安和。悲傷的回憶發自於愛，而得到安和的心。回憶是追想過去的恩惠，我回想過去，想到自己沒有功勞，倒是承受了許多恩惠。恩惠在許多形式下重疊，我想到將來的恩惠，便決心忍耐。」

三月二十一日，是一年前他接到母親病危電報的日子：

「去年萌芽的若草再度萌芽，去年綻放的櫻花又要再度綻放，但是我不是草、不是花。母親去世一年，花草不會染上墨色。但對我來說，花兒越來越美麗，青草越來越鮮綠，那是因為有母愛之光的緣故。」

「母親，今天為了讓母親開心，我做了一件事。《歸燕的葦》裡的新渡戶老師，寫下守母親忌日的兩篇文章讓我開心，我從彷彿老師的臉龐中看到母親的臉。我也要學老師，在母親的忌日留下清高的回憶，從事善行。

我帶了五錢的聖經二十本，在今天下午前往銀座救世軍本營。在每本聖經上寫下『母親一週年祭紀念，大正二年三月二十二日』，希望把這些書贈與尚未持有聖經的人。因為當天是祭日，所以山室老師不在，很可惜，但這原本就不是為了我自己，希望神能夠看到我這小小的心願，賜給這些人好的路途，我在心中如此祈禱。

將東西交給某位大尉便回家了，看著日本橋的神田區被雨水淋濕，我沉浸於種種回憶中，其中去時背負的大包袱已經不在了，讓我開心，啊，那二十本小聖經，至少有二十人能因此知道聖經，主也應該會提供他們些許慰藉的力量吧。『有了聖經，書房全部為善。』只有聖經的書房也好。林肯在小木屋中讀聖經，約翰．班揚(John Bunyan)[25]雖然無學但也能讀聖經。我很高興能夠將這本愛的書、充滿力量的書，奉獻給貧窮的人。貧窮的人得到平安，煩惱的人得到力量，所有的人都會讀到一開始寫的「母親的紀念」的話，讀到這裡，想念孩子而哭泣的母親，思慕母親而哭泣的孩子，如果其中有人能因為這本聖經得到福音，每到三月二十二日來臨時，一定會向神祈禱。（中略）基督和母親會為我唱讚美歌，天地也會一同齊唱，小小的美善假使得到了聖靈的力量，也可以震撼高山。啊，主啊，希望聖靈能眷顧這二十本聖經，在小而晦暗的燈泡下，在工廠午休的時候，請給予祢的話語吧。（後略）」（《全集》第二十七卷四二一頁）

這是忠雄為了紀念母親去世一年的小小行動。隔天三月二十二日是母親滿一年的忌日，他又做了一件事，他召集親密的朋友們在小石川植物園舉辦了紀念母親的集會。收錄在《若草》中的文章〈植物園的聚會〉記錄了這場集會的實況：

「懷念的群山是如何渡過今天的呢？我一人在他鄉，無法參加忌事，不過我相信母親一定陪伴在我身邊。我為了紀念這個日子，想著母親，召

---

25. 約翰．班揚(John Bunyan，一六二八～一六八八)，為英格蘭著名的基督教布道家。

集了我平日的好友，共同來紀念母親，如果母親能夠開心就是我最大的安慰。……我仰望母親的臉，至今仍不禁淚流，像小孩一般。一起來參加的人有川西、相浦、河合、井口、三谷、福谷、野呂、真崎、金澤、藤澤、蘆野、依田十二人，是欣喜地為了我而聚集的我的好友。」

忠雄與朋友一同坐在小川植物園靜謐的大樹下，訴說和母親的回憶，並透過此回憶傳達對友人的愛，並向神祈禱希望這份愛能更擴大。

就這樣，忠雄以單純專一的心情來思慕母親，因此當一週年的忌事過後不久，「第二任母親」即進入矢內原家門，忠雄感到非常大的打擊。關於此事，先前引用的一月一日日記中寫到，祖母及親戚間都表示父親身邊沒有照顧的人，因此就算不是正式的後妻，也必須迎娶一位適當的女性來當第二任妻子，對此忠雄也表示能夠理解。不過，當那成為現實時，忠雄的心情複雜地產生了激烈的動搖。儘管他在元旦的日記中寫到了，如果有溫柔的人，就迎接稱她「母親」這個懷念的稱呼，不過對母親抱持著如此單純強烈思慕的忠雄，要如何叫一位陌生的女性為「母親」呢？「植物園的集會」一星期後，三月三十日，他接到妹妹悅子的來信，才知道這件事。「看了小悅的信，我哭了，無法抑制地眼淚橫流，啊，二十八日來了一個新母親——」

隔天三月三十一日，他這樣寫著：「收到了望月寄來的信，告訴我二十八日『第二位母親』進入矢內原家。並告訴我，她有漢學的素養，有品格，也有威嚴的人品。啊，威嚴，我的母親是愛的化身，溫柔的母親。此夜淚沾濕枕。」

隔天四月一日的日記：「櫻花盛開。春風從窗戶吹進，閑寂的氣氛感覺很好。傍晚一個人散步在上野。哭泣，回宿舍後寫了一首〈思慕母親哭泣之歌〉。」

這是四行三十八聯（也就是全部一五二行）的長詩，〈思慕母親哭泣之歌〉收錄於《若草》中，由於是直接吐露綿綿情感，因此雖然是詩的形式，不過沒有先前的

〈螢之夜〉及〈拜志川〉那樣來得有文學性。不過可以作為窺知他對於迎接「第二任母親」心情的重要資料，因此在此摘錄一段。忠雄自己在很晚時（雖說如此也不過是十一年後）也在妻子亡故後再婚。父親謙一和忠雄的情況完全不同，因此難以比較，不過無法否定他對父親迎娶「第二任妻子」時的感慨，與自己迎娶「第二任妻子」時的心境沒有關係。

思慕母親哭泣之歌

我心沉寂
暖春的巷子裡的行人
紫衣，紅紐
輕快的腳步滿溢在臉上

我的眼淚滲入
徘徊在薰風吹撫的上野臺地
最近花正要開放
櫻花含笑，在傍晚空中
…………
我母親去世
已經一年 我的愛越漸加深
我的思慕日益深厚 專注的前進
母親和我在一起
…………
為何哭泣
為何憂心才剛過世
今天的眼淚比起懷念的淚水
更像無限悲哀的結晶

當我想到母親已經不在
休假返鄉，下意識地呼喊「母親」時
回答我的是不認識的女人
就像拔去頭髮一般嘆息

據說三月二十八日於我家

來了一個「有品格亦有威嚴」的女性
這就是我應該稱為「母親」的人嗎
啊！有誰能有兩個母親

…………
對我等而言，她是最棒的母親
對父親而言，她是無二的妻子
她去世後，父親懷念她
我已經做好父親再娶的覺悟

如何能再接受一位女性
這會玷汙對亡妻的回憶
而且父親是誠摯的人
那份痛苦、那樣無情

身為孩子思慕亡母之情
如何忍心打散
父親不希望孩子不想要
但是他說新妻，第二任媽媽來了

…………
「如果你們是父親的孩子的話
就替父親娶一房新妻吧！」這樣拜託著
祖母說這是很正當的
允許寬容　我只能這樣說

…………
阿祖母，父親，小妹
要建立一個家庭——不靠心、不靠情
我可以拒絕迎接新母親
我應該要拜託親戚

…………
新來的母親啊
像林肯的繼母一般
當然　我等也
如林肯一般侍奉

即使如此仍然悲傷
溫柔的母親

如今已經不在地上
不認識的人
將要成為我的「母親」
如果有人問我「你有母親嗎？」
無法回答有
無法回答沒有
我如同幼兒般涕泣

這位「新母親」不幸地並不像林肯的繼母。原本並不是謙一表示想要再婚，而是遵從祖母及親戚的建議，為了方便處理家務而迎娶的，因此我想應該對這位女性感到同情。祖母雖然很勤勞，不過畢竟已經七十五歲，謙一也因為神經痛所苦，心情經常不佳，孩子又不熟，所以想必這位女性很難待在這個家裡吧。

忠雄於這年七月底回鄉，首次見到了這位「新母親」，不過此時局面已經接近破裂。八月九日，忠雄的日記中如此寫到：

「母親，表示無法勝任，收拾包袱欲離開家門。據說這已經不是第一次。母親對這個家庭有許多不習慣的事情，有沒有注意到的地方。祖母比一般人都勤勞，父親時而大聲對待她，和孩子們不熟，自然很難待在這個家裡。不過迎娶來的人輕易就離開這個家，我們也很困擾。必須雙方秉持著寬大的胸懷以愛相對。我這麼告訴她，她即停止離去。她也沒有真正離開這個家的膽量。」

忠雄想以健全的常識來對待她。不過十天後親戚介入，還是離開了矢內原家。

對忠雄來說，她是四個月間的「母親」，不過實際上他幾乎沒有接觸到這位母親。此時父親已經病重。

12 送別新渡戶校長

前面已提到二年級第二學期期末考期間，忠雄以自己的方法紀念母親去世一週年的忌日，這個春天他沒有回鄉下，為了寫〈辯論社社史〉留在宿舍裡做調查，在上野附近散步寫下了〈思慕母親哭泣之歌〉。四月三日到八日之間，他前往房州旅行。中學時代他就很喜歡旅行，高中後行動變得更自由，因此只要一有機會就會出去旅行。前一年，他一個人從小諸攀登了淺間山，經過輕井澤下了碓水峰，登上了妙義山。當時他愛讀的是藤村詩集。而這次房州旅行，他帶著惠特曼[26]的詩集。他乘船經由橫須賀到房州，拜訪了友人石井滿，一同登鹿野山，隔天一個人登上鋸山，漫步在外房。他在四月六日的日記中寫到，「安房風景平凡又溫暖，很難有像之前在輕井澤時那樣清高的心情。不只如此，年輕漂亮的女性動不動就擾亂我心，即使一個人走在路上也頻頻湧出妄念，實在很可恥。」

隔天四月七日寫到，「早上七點離開投宿的地方，往北前往清澄山。這裡是日蓮出家，開宗說法的聖地，建立於光仁天皇的龜寶二年。下山在小湊誕生寺旁吃了午餐。這些漁夫中也有日蓮，他們也想登山。」

在他往後寫下的《我所尊敬的人物》（岩波新書，昭和十五年）一書中，〈日蓮〉一文雋永蘊藉，他在寫的時候，應該有回想到年輕時登清澄山的事情吧。日記中繼續寫著：

「穿過小湊的隧道，海岸一帶有岩礁，以及欲將其擊碎的海浪，我不覺停下腳步，大叫痛快。現在我沒有妄念、沒有任何念頭，從四里到勝浦時是三點的時候，蹲在海岸小丘的草地上，遠眺大海，頓覺氣宇宏闊。在這裡，我幾乎讀完了帶來

26. 惠特曼（Walt Whitman，一八一九～一八九二），美國著名詩人，著有詩集《草葉集》。

的惠特曼的詩集。剛好兩隻水鳥飛到海浪上。今天使我的心又活了過來。」

這陣子，包含前提的「妄念」，他對自己的罪惡感到煩惱。一年後，他在第三冊文集《雨聲蛙聲》中，寫下一篇題為〈旅行之樂〉的文章，彙整了之前所有旅行的回憶（長達和罫紙六十五頁），其中有以下一段：

「房州旅行替煩惱的我的心靈射進了一道光芒，給予我窮迫的心靈一點休息的空間。我再度可以吟唱兒歌時，是在從勝浦附近的小丘眺望大海的時候。背負著深重的罪孽，爬過鹿野山、鋸山、清澄山，痛苦艱辛一路走來的我，藉由這小小的路邊小丘上的青草，俯瞰足下來來去去的浪潮時，頓然感覺卸下了肩上的幾分重擔。這次旅行的明朗印象，其實只有在這個小丘上的時光而已。」

他經常在大自然下，讓自然的靈氣洗淨他的心靈，不過此時他苦惱於自己的罪惡而哭泣。

第三學期一開始的辯論社同樂會中，他發表了題為《小我》的演講，這可以說是罪的告白。當晚舉行了辯論社茶話會：

「但是我想到了自己的罪過，不想聽別人的話，十一點就退席，在月光下散步在運動場，為自己的罪過哭泣。不，不如說是對自己的罪已經深重到流血流淚的程度，但自己卻毫無所感而哭泣。」（四月十八日日記）

他感到自己的罪惡，同時為了自己無法十分感受到自己的罪惡而哭泣：

「某夜，受月光引誘，我漫步到遼闊的運動場上。然後當我嚮往著對面一片發出白光的東西而接近時，那是一張報紙，紙面上的印刷字彷彿無數的小惡魔一齊躍出來嘲笑我。污穢污穢、晦暗晦暗，我的心中沒有一點至純。我在那裡嘆息而流淚。」

這其實是四月十八日的經驗。這樣深沉對罪惡的煩惱，顯示了他信仰的堅定。不過煩惱終歸是煩惱，他每接觸到內村鑑三的教誨，每聽柏會學長們的信仰談，都感覺到「小我」。

數日後的四月二十二日，新聞晚報中突然刊出新渡戶校長辭任，新任校長為瀨戶文部省視學官的消息。這對一高學生全體是一大事件。我雖然說「突然」，但其實前一年秋天，從美國回國的新渡戶校長已經在歡迎歸日的全宿舍晚餐會上，透露想辭任的意願，感到驚嚇的一高學生立刻以宿舍委員為中心，一直持續著請求留任的活動。這段經過在《向陵誌》的〈自治宿舍簡史〉中記載：

「去年秋天，新渡戶校長結束在美國擔任交換教授的工作回國，我等眼見老師的白髮增加，健康也看似不佳。老師在回國歡迎會的席間，透露了辭意。宿舍學生大為憂心，委員拜訪老師，得知老師確有辭意，懇請留任。十二月的現在，一年將要結束時，聽聞老師要離開本校的消息。委員們大為吃驚，一方面拜訪老師，請求改變心意，一方面拜訪文部省次官，請求不要批准老師的辭呈。福原次官有容允我等的願望之意，守島委員等人即安心返回。當時政局混亂，內閣更替頻繁，老師的辭呈有可能就此被埋葬，不過委員們還是感到不安，因此井上、牧兩委員也前往造訪懇請福原次官，在聽到了次官說：『儘管安心吧！』才放心回去。宿舍學生也輪流向老師表明請求留任的心願，不過他依舊辭意堅決。四月二十二日，突然公布新渡戶校長將辭職，文部省視學官瀨戶虎記將擔任新校長的消息。事出突然，委員們徹夜議論，於二十三日下午一點在嚶鳴堂召開學生大會，決議著手新渡戶校長的復職運動。」

就這樣，一高生們，尤其是宿舍委員自去年秋天即展開留任校長的活動，這無疑是出於對校長的景仰。他們認為校長辭職並非出於自己的意願，而是由於文部省的壓迫，而學生們的確有理由這麼認為。新渡戶校長在歸國歡迎晚餐會上透露辭意時，提到當天在文部省時，自己及一高生受到非難的事情，他說：「真正的教育無法在官立學校實現。」前面已經提過新渡戶校長在一高學生間很有人望，不過民間對新渡戶校長也有批判的聲音，比如說，當時新渡戶稻造在雜誌《實業之日本》上，連載給一般青年閱讀且平易的談論修養的文章，也在《婦人世界》、《婦女界》這類雜誌上執筆啟蒙性文章。這些文章引起很大的迴響。不過，他也因此受到「新渡戶是通俗性的」、「四面討好」、「沒盡到一高校長的責任」等等的批判。對於這些批判，一高生群起擁護校長，用學生宿舍委員的名義，主張這些批評沒有根據，發表了擁護校長的檄文〈告天下〉於各大報上。

大正二年發行的雜誌《開拓者》，編有《都會的校長與地方的校長》的特集，其中一篇是〈第一高等學校校長新渡戶稻造——向陵生〉。這個匿名為「向陵生」的人，其實就是矢內原忠雄，這是他關於新渡戶稻造所發表的眾多文章的第一篇。他會在雜誌上向世人發表這篇文章，也是為了要反駁當時對新渡戶校長的毀謗，擁護敬愛仰慕的校長之故。「向陵生」寫到：「如果老師是為了健康的原因而辭任一高校長職務，則我等為了老師身體，為了才五十一、二歲的老師的將來，希望老師靜養。然而如果老師是因為二、三人的手段或野心而辭職，一高一千健兒堅決與老師站在同一邊。」（《全集》第二十四卷六七三頁）

因此，校長雖然表明了辭意，不過宿舍委員已經向文部次官確定，文部省不會更換校長，因此他們才安心。沒想到，四月二十二日文部省發表了校長的更換，讓學生們覺得被文部省所背叛。前提的〈自治宿舍簡史〉中也有提到，學生們立刻召開學生大會，發起了校長復職運動。〈自治宿舍簡史〉如下繼續著：

「現在召開總代表大會，從校友間選出十八名執行委員，與現任委員共事，各組再選出一名總代表負責與校友委員取得聯繫。全體委員商議，決定首先要了解文部省對此事的意見，並選出井上、牧、五十嵐、守島、杉村、金本六位委員來呈述我們的請願。二十四日，又有六名委員至文部省與部長奧田會面，但是卻無詢問有關要求新渡戶老師復職一事，另一方面，次官福原花費了兩個小時，再三向老師表示希望老師能夠撤回辭呈，但是老師辭意堅決，沒有動搖的跡象，在無法阻止的這個狀態下，因此大致說出了這整件事。至此了解事情始末的委員們，也體認到這次的事件只是太過於仰慕老師而產生的誤解，因此決定再次召開學生大會，報告這整件事的來龍去脈。爾後，隨即張貼翌日二十五日上午十點，所有學生到一般倫理講堂的告示。

新渡戶前校長因尚未將職務交接完畢，所以還是身著教授服站上講臺，藉由此次事件來訓誡我們，而這樣的姿態卻讓他在無形中宣示出老師的立場。然而，這樣的新渡戶老師卻說：『我不會接受，也不會服從文部省下的復職令，因此諸君也不要再進行這樣的運動了，假如執意繼續，諸君先跨過我的屍體再前進吧。』此話一出，我們就了解到老師堅定不移的辭意。出了講堂，沒多久在嚶鳴堂召開學生大會，聽取井上委員的報告。內容為這次的事件是因為誤會而產生，因此現在可以不撤回前次的決議，然後隨及就善後方法進行討論。但是因意見百出分歧，所以沒有討論出最終結論，然而最後在將所有議案交由委員負責決議的共識下散會。委員認為，應將此地回歸整潔後，歡送前校長，爾後盛大迎接新校長為良策，另外又同意可以以老師為中心，成立一個組織。二十六日有歡送暨新任儀式。

在接下來的五月一日，所有學生一同在嚶鳴堂舉辦兩位老師的送別會與歡迎會。井上前委員的送別辭與橫井委員的歡迎辭，由吉野信次學長代表朗讀。接著在新舊兩校長的舞臺上，丸山教授發表了演說。學生們交錯站立著，感到無限傷悲，不知不覺中太陽西下，堂內昏暗了起來，講壇上燃起寂寥的燭光之際，大學生的石本惠吉站了起來。四年前想攻擊站在此講壇上的新渡戶老師的他，現在站在同樣的地方為過往之事懺悔，表彰老師的高德，更特別感謝新渡戶夫人為了第一高中所付出的全力。為此學生們更感傷悲。就在委員方面想要告知該散會時，瀨戶校長阻止了他們，爾後再次上臺表示出對所有住宿生濃厚情誼的深深謝意。晚上七點更在學校餐廳展開晚宴。之後有數百名的自願學生在校門口等待新渡戶老師，與老師一同徒步走在雨後泥濘的道路上，直到小日向台的老師家的玄關為止。在此，大家一同高唱送別的歌曲，呈遞上一籃鮮花、一籃人造花，在矢內原忠雄說完送別辭後，全部的學生唱著歌，向老師與其夫人道別。」

引用好長的一段話，簡要地說，新渡戶校長的辭意是來自身為校長的堅毅意念，因此學生們最後採取的行動是平靜地送走校長。雖然忠雄也曾被選為十八名委員中的一人，但是在二十三日的夜裡，他與同房的友人石井滿一同前往拜訪校長，因此了解校長的辭意是出於校長本身的意志。二十四日，忠雄在辯論社的練習會中表示，假如老師無論如何都要辭職的話：「真想在送別會之後，全體學生送老師到其自家門口，然後替老師帶上花圈，贈與老師無比的溫暖，並告訴他這第一高中生活的情誼，雖然只是幻想。」這是當天忠雄的日記中所出現的話。但是事實證明，這不只是幻想，它被徹底地實現了。

為了實現這個空想，忠雄找了朋友商談，結論是花圈主要用在葬禮，所以改贈花籃，由有意願的學生每人交付十錢作為費用。費用一下就湊齊了，於是忠雄就向花店訂了一籃鮮花和一籃人造花。同時還做了送別曲（石井滿作詞，龜井貫一郎作曲），並且自費印刷五百張，發給當日要唱的人，當然自己也練習了這首歌。在僅僅的三、四天裡，忠雄就做了如此多的準備。他在四月二十九日的日記中寫到：「夜晚在音樂教室練習送別歌，另外也為其他事到處奔走」。隔天三十日的日記裡則寫到：

「在校園裡好像開始有鶴見（祐輔）等人，批判送花並不能符合第一高中一生的期待。在我認為，這或許不是一個最好的紀念物，但是我只想盛大舉辦明天的送別，並且表示我的感謝與惜別之情而已。只是想讓老師和其夫人看見而已。」

針對新渡戶校長辭職一事的告別演說大要，忠雄以〈新渡戶老師〉為題詳細做了筆記，後來他將這些筆記整理為〈一高離去之前〉的文章，之後收錄在神戶一中校友會《會誌》（大正二年六月）。這篇文章的大部分，後來以〈一高校長辭職時〉為題，刊載在《新渡戶博士追憶集》中，另外也有收錄在《我所尊敬的人物》（岩波新書）中。內容為：

「晚餐會於八點半終了，全體學生依據宿舍委員的計畫到校門口歡送老師。但是我們這些自願者更是送老師到其小石川的家門口，並且我們為了表達心中至深的感謝與愛，為了讓老師與夫人歡心，我們計畫了贈送花籃一事。因此，在今日已告知老師此計畫的一部分，請他准許我們陪同他一起走回老師家。雨停了，但是星星依然未出現，雖然道路泥濘至極，五、六百名學生還是簇擁著老師出了校門，還因大家都想要靠近老師之故，所以腳步都是又大又急，一轉眼就到老師的家門口了。事先什麼都不知道的夫人又驚又喜，與老師一同站在玄關。夫人為老師的好友，並且發自內心關愛與認同一高學生。夫人不論直接或間接地都是深愛著我們。我們在庭前的沙地上蹲著，或是坐著，或是仰望著老師的臉，也有人喃喃自語不禁留下淚來。到了使用為此刻而做的東西時，不論是歌還是譜，我們唱起了放入深深感謝與惜別的送別曲。

之後是發起者總代表含淚的說話。在說話中，盤坐的數百名學生都陸續哭了起來。這並不是一般柔弱的眼淚。標榜性格剛健的一高學生，也是為真情而泣的青年。」

「發起者總代表」所發表的大致內容也有被記載下來，而這位「發起者總代表」不是別人，正是矢內原忠雄本人。「含淚的說話」內容如下所述：

「諸君現在，已經把新渡戶老師從老師最愛的一高送到此處了。現在，老師與老師的良友，也就是我們深愛的夫人一起站在我們的眼前。今天，老師跟我說，就算被我們騙好了，還是很高興地接收下各位的盛情厚意。

諸君，我們有要欺騙老師嗎？我們是不會欺騙老師的吧，仔細想想，老師會如此說，是因為已經了解我們敬愛他。老師為了更加愛護我們，承受了來自世間和當局的批評與攻擊。我們能夠不報此恩嗎？因我們之故，老師不知多了多少身體的病痛。

諸君，小石川地區假如有火災的話，要先注意是不是老師住的地方，發生地震時，第一個想到的應該要是小石川地區的高臺啊。那個以高尚的人格，無比的關愛來引導我們的老師，我們已經無法看到他以校長的身分出現了。但是身為我們所景仰的人品高尚者，往後我們還是會繼續尊敬老師的。諸君的心中一定有著老師所播下的種子。將這種子栽培長大，立志朝老師平常所訓誡的建設Great Japan（大日本）前進，讓我們一起將精神層面向上提升吧。而這就是我們最能夠報答老師的事。

但是我們今天為了紀念這個別離，為了表達我等思慕之情，在此想要呈遞上諸君各位所共同出資的花籃。其中一籃為人造花，雖永不凋謝，但無芳香也了無生氣。另外一籃則為鮮花，雖擁有新鮮的顏色與芳香，但是不出數日即會凋零。我們的思慕之情，就如鮮花花籃一樣新鮮，就如人造花籃一般永不消退。因此，大正二年五月一日對我們而言，是難以忘懷的一日。」

至此由忠雄發起，與多名一高學生一同歡送新渡戶校長，由校門到家裡高唱送別曲，贈送花籃，與恩師惜別一事到此結束。但是對忠雄來說，與新渡戶稻造的關係並未結束。新渡戶稻造在辭去一高校長一職後，成為東京帝國大學的專任教授，忠雄在進入此大學後，聽講新渡戶教授的殖民政策課程，後來還繼承老師的衣缽，密切的師生關係一直維繫到昭和八年新渡戶稻造客死於加拿大為止。

接著是送走校長之後的故事，這一篇也是矢內原忠雄親筆所寫的，在此引用：

「翌年於五月一日的紀念日，我們相聚在帝大的山上御殿裡，並且招待了老師前來。老師非常歡喜地前來。帶了一盆盆小小的繡球花放置在屋社前，這些花如火焰一般地盛開著。我們認為這只是老師為了增添美感，所以將花帶到這裡來的。會中與老師談起話來，才得知這繡球花是夫人從去年的今日，我們在老師小石川住所前所呈遞的花籃中取出，然後插枝於庭院中長出的花朵，聽到此刻我們感受到一股如同電擊般的感激。在我們牢記老師無比關愛的同時，老師夫婦倆也同樣的記得我們的往事。」

此篇之後還有故事，兩年後，矢內原忠雄由新渡戶稻造口中得知：「那棵杉樹長的很大了，為了不讓它遮蓋到庭中其他的樹，所以讓它朝門口寬廣的地方生長。就是門口右邊的那一棵。」此番話著實讓忠雄嚇了一大跳。原來這棵杉樹和之前的繡球花一樣，都是由大正二年五月一日由一高生所贈送的花籃中取出的杉樹枝，插在庭院中所長成的。現在這棵杉樹被移植到小日向台町，聳立在多摩墓地中，新渡戶稻造的銅像背後。

13　揮別高等生生涯

畢業在即的忠雄，因兩件事在心中激起無限波瀾。一件是在《校友會雜誌》上遭受到倉田百三的批判，另一件事為中學時代的摯友大利武祐重病在床，且有生命危險。

五月一日送別新渡戶校長一事，忠雄以〈離去一高之前〉為題，以文章形式詳細地記載下來。送到神戶一中校友會《會誌》的部分如前節所述，而這篇文章的最後如此寫到，

「敝衣破帽，放歌亂舞一高的朝氣，能向天下誇耀的時代已經成為過去。現在所體認到的是，精練品格，養成大國民性格，才是一高光榮之所。做學問的目的並不是要擴張自家的權利，或是獲得財產，而是為了可以以長遠的眼光與碩大的抱負，為了日本，為了世界，為了正義，為了喚起理想而去做學問。在一高的生活中，值得感謝的地方很多，但是能獲得如此的決心是我最感謝之處。然而在這件事裡，新渡戶老師給予了我最大的協助。這就是為何在畢業之際所論述的感想之中，提到特別多有關老師之事的緣故。」（《全集》第二十七卷二七一頁）

這篇文章雖然是完成在五月五日的夜晚，但是直到五月九日在為三年級學生送別的全宿舍茶會上，他才以三年級總代表的身分發表這段畢業感文。而當天的日記內容如下所述：

「雖然過了今夜我就要畢業了，但是身為總代表的我，在此要做一個簡單的演說。對一高的感謝——友情、道義的勇氣、理想。雖然也有不好的地方，也有很多世俗非論。進入一高後，有成為失敗者，或是邁入懶散生活的危險性。黃金並不

會到處都有，但是可確定的是，黃金一定存在，而且數量可觀。去挖掘黃金是有意義的，這代表著性格的薰陶。能夠承認缺點，會更愛一高。」（《全集》第二八卷三五三頁）

這是忠雄畢業生代表的演說內容大意。這個「簡單的演說」，卻演變成招來倉田百三強烈批判的導火線。倉田在《校友會雜誌》第二二七號（大正二年六月號）裡，以〈給矢內原忠雄的批評〉為題發表了一篇批判文章。這篇文章後來被改題為〈給不食人間煙火的Y君〉收錄在倉田百三寫的《愛與認知的出發》（大正十年，岩波書店出版）。

就如一般所了解，倉田百三這本《愛與認知的出發》自刊行以來再版多次，是戰前長賣暢銷書，在當時岩波書店的刊物中賣得最好，很多人都讀過。若說戰前高等學校的師生大半都讀過這本書，也不為過。但是，書中〈不食人間煙火的Y君〉直接批評的對象為矢內原忠雄一事，卻鮮為人知。

我在昭和十年進入一高就讀，也讀了當時高等學校學生必讀的《愛與認知的出發》與阿部次郎的《三太郎的日記》等書，但是當下並沒有感受到這個「Y君」是在說我父親的事。我也未曾從父親口中聽過倉田百三這個人的名字，所以我是直到看到發表在《校友會雜誌》裡，指名道姓「給矢內原忠雄」一文之後，才了解這一件事。

忠雄在升上二年級之後沒多久，與倉田百三之間就有某種摩擦，或是說有某種對立產生，針對這件事已經在本章第6節與第7節敘述過了。相信神與理想的忠雄所秉持的是「純潔的心」，相較之下，倉田的「欲望與權力」所追求的是生命性的利己主義，倉田這種思想是從當時柿崎正治以《意志與現識的世界》為題，翻譯德國哲學家Arthur Schopenhauer（叔本華（一七八八～一八六〇），十九世紀德國哲學家，『唯意志論』的創始人，主要著作有《作為意志和表象的世界》，強調『物自體，就是意志，整個世界不過是意志的表象』。）著作中得來的。根據Arthur Schopenhauer的說法，世界是主觀的表象，能相信的只有自己的主觀想法而已。倉田想要將這個理論徹底實行到現實生活上，結果他為了達到利己主義與獨我論，為了能夠利己而後發達，所以轉入了法律科系，後來更以朋友也是「幻影」的理由，與摯友香川三之助斷絕往來。這樣的偏激著實給倉田帶來相當強烈的苦惱，但是即使苦惱還是要朝自己所堅信的真實往前邁進，從這點來看倉田，其實相當真摯執著。後來忠雄都承認「倉田真的相當真摯執著，真的很認真」。

將倉田百三從這矛盾的獨我論中救出的，是西田幾多郎的《善之研究》一書。

「並不是有了個人之後，才會有經歷；而是在經歷過後，才會有個人。比起個別的區分，經歷才是最根本的東西，如果能這樣思考的話，就能從獨我論中跳脫出來。」

這一番話為《善之研究》序文中的一小段，然而這一小段話替苦於獨我論中的倉田，闢出一條嶄新的道路。倉田最後靠著這個主客為分的「純粹經歷」哲學，成功地從獨我論中跳脫出來。既然從獨我論中解脫，之前為飛黃騰達而去學法律的理由自然就消失無蹤，朋友當然也不再是「幻影」了。

明治四十五年二月，倉田前往位於岡山六高摯友香川三之助的居住地與他復合交情，並且留在那裡熟讀《善之研究》，之後也從父親那裡得到回歸文科路線的允許。在法科的二年級下學期，他辦理休學，九月份由文科的二年級重新開始。但是他的心並未因此滿足，他還是過著虛無的日子。為了追求「靈肉合併方為生命之全部」的理念而徬徨，在他發現戀愛是他所追尋的東西之前，踏著艱辛步伐的倉田在《校友會雜誌》二二三號（大正二年二號）寫了一篇名為〈由異性來找出自我〉的文章。在這篇文章的最後寫到：

「想一想，我長期以來一直過著寂寞、不安、慌亂的生活。就像雨後潮濕的沼澤一般墮落，就這樣一天接一天的渡過。整天在缺席、濫醉、徬徨、怠惰、生病、借錢這樣的生活中打轉，我以前的私生活絕對很黑暗」，「但是戀愛宛如生命一般。我會為了這個生命努力、苦惱、企圖精進。」

在讀過倉田這篇論文之後，忠雄的感受如下：

「今天拿到了二月號的校友誌。在讀了倉田的論文之後，我的心陣痛了起來。啊，那位哲學家的思想體系是那麼地碩大，相較之下，倉田的就顯得渺小許多。雖然我不懂哲學，但我祝福倉田的哲學思想體系是不會停止變化的，總有一天會跨越那個哲學家已經不會改變的思維。」（三月十五日的日記）

收錄這篇〈由異性來找出自我〉的《校友會雜誌》二月號中，也有刊載文藝部新委員的〈就任辭〉，而這些新委員中也包含了倉田百三。倉田至今已在《校友會雜誌》發表了〈三之助的信〉、〈認知上生命的努力（論西田幾多郎）〉等多篇文章，他在大正二年二月開始成為文藝部委員，那份「就任辭」就是出自其筆，並以如下文章作為開頭：「我等比起其他萬物，非得搶先成為野獸，非得成為在荒野徘徊的野獸不可，非得成為在弓狀的天與冰冷的大地之間出生，仰望太陽、吸取霧氣、腳踏黑土的Naturkind（自然之子）不可。」這就是倉田百三當時的思想。當時的他就是懷著這種思想而寫下〈給矢內原忠雄的批評〉。

在這之後，他直接對忠雄在茶會上所發表的演說提出不滿：「你無論如何都要深深地反省一番。聲音太大了一點。你非得對自己的生活中的空虛與寂寞，有更多的認知才對。」、「你所謂善的觀念太過於常識化了，太過於世俗化、太過於社會化、太過於固定了。」、「你不覺得你應該把你的心眼看得更深、磨得更銳利，赤裸裸地鳥瞰你的人生嗎？丟棄所有的常識也無妨。我想要讓這句話像晨鐘一般響徹你的耳根。」、「你最先一定要做的事，就是成為一名自然之子。」

倉田用這幾番話衝擊著忠雄既有的善惡觀念，倉田批判基督教是一門「肉的腥味與煩惱的痕跡與猜疑的陰影」的膚淺知識，下面這段話正好可以用這句批評來解釋：

「現在你只留下這一番美麗的告別辭而離開學校。在這之後，我想你還是可以繼續過著你所謂有自信的生活。我這種毫無顧忌的批評，假如能使你反省一下，那就太好了。我個人認為，你不能追隨新渡戶老師的思想，而是期望你能如俄國小說家Fedor M.Dostoevskii（杜斯妥也夫斯基，一八二一～一八八一，俄國著名小說家）才對。應該與你同時畢業的我，會晚你一年才畢業。因為我要思考的事情還有很多很多。正因為所有的生物都活著，所以一定要對『生存』忠實才行。正因為一同活著，所以要去傾聽他人真摯的生活才行。我所追求的，是你所不能教導我的事物。結束之前，我為你生命的真實發展獻上我的祝福。」

看完「毫不客氣的批評」，忠雄的感想如下：

「別人給了我校友會誌六月號。其中倉田百三同學的〈生活批評〉，似乎是一篇批評我私生活的論文。你認為我的外在社會性、外放、範疇廣泛的行動，使內在對生命的看法偏離正道，你告知我缺乏自省與苦悶煩惱，並且對我提出要我的生活一定要脫離極儉樸的分寸心理主義，還教導我將人生看成一場不會流眼淚的秀。我真慶幸能夠讀到這篇文章。傳道性的精神與反省的必要性，還有內在貧乏且放任它擴大一事，都是我最畏懼的事，因此倉田同學你用不著這麼謙卑，你已經成為我的恩人了。但是我希望倉田同學與佐野同學一樣能夠去找出神，我就算不是基督徒，也知道神是存在的。因此，我無法像倉田同學一般的善人一樣，不論我是承擔者，還是我感受不到孤獨，更不用說假如我是一個完全感受不到心中痛苦的人。給倉田同學的信中一段。」（六月十六日的日記）

倉田百三在大正十年所發行的《愛與認知的出發》一書裡，將〈給矢內原忠雄的批評〉改題為〈給不食人間煙火的Y君〉，並且還加上以下的一段「附記」：

「我在刊行這篇文章之後，收到一封來自Y君的信。那是一封像極出自基督徒之手，謙遜、不包含任何挑撥之氣，並且蘊藏豐富智慧的信。那一封信給予在那之後的我，非常深遠的影響。數年之後，我從廣島的醫院寄了一封信，為我當年的桀驁不遜而向你道歉。然而相較之下，你的回信依然還是那麼地高尚。信中還提到，你將我列入你人生的恩人之一。因此，我為了你的名譽，更為了表達我對你的敬意，所以我不加思索就寫下了這篇附記。今日，自己對於基督教還抱持這種相似的理念，都是出自於你。我非常地感謝你。」

倉田百三在〈生活批評〉中批判矢內原忠雄之後，高唱〈由異性來找出自我〉的戀愛破碎，爾後又因為落榜，所以再一次從二年級讀起，但是因後來得到結核病，所以從一高中途退學。大正三年九月開始到翌年的三月，他都在廣島醫院中渡過。之後的他，藉由接近基督教和進入西田天香的一燈園修行，使他的思維豐富了起來。然而，在今日普及於社會的角川文庫版的《愛與認知的出發》裡，有一段對上述附記的註腳：

「從本文可知，從前擔任辯論社委員的矢內原忠雄學長，與曾任文藝社委員的我，在那之後還維持著深厚的往來。」但是，倉田在廣島醫院時，與忠雄的書信往來僅僅一回，所以事實上他們之間並未存在著所謂的「深厚往來」。

雖然沒有深厚往來，但是倉田的〈生活批評〉給予忠雄的心反省機會一事，是不爭的事實。忠雄以極為謙遜且誠摯地懷著感謝的心接受了忠告，並且以之反省自己。但是，這番反省並不是倉田所要求的懷疑與苦惱，反而是一番更單純、更強烈的信仰。如果閱讀忠雄的日記，可以讀到下面這一段敘述。

「六月二十八日　星期六

中午，宇佐美〔六郎〕同學來訪，三點左右回去。送他送到御料林內後，我一個人到了原宿，在那之後，踏著快速的步伐，穿越了草原，回到了家。

收到石本的來信，信中提到他在讀過校友會雜誌上倉田同學批評我的文章之後的感覺，與倉田相同。事實上，一年多之前，他也有想過對我說這樣的話。我是基督徒，我的老正師不是新渡戶老師，也不是內村老師，而是主耶穌基督，但是我自己卻非常厭惡所謂這樣的基督徒。這比起沒有心靈的試驗、沒有真心的禱告、稱別人為罪人而無法與罪人成為朋友的人，還要令我厭惡。石本兄的信中所提的，比我以上的句子還要嚴重。偽善者、偽基督徒為我平生所恨，且我也時時自我警惕其恐怖之處，但是這樣做的我，還是在擔心自己是否有一天會變成那種偽善者，因為不論是否定神的是人、是自己、還是你，都只是玷汙主基督耶穌之名罷了。這次的批評，比起這件事讓我感受到違和的地方少了很多。畢竟這件事的沉重話語深深刺痛我的心。啊啊！我必須再一次去思索該如何拯救我自己。我的個性就是會容易想很多啊。」

六月中旬，完成在一高中最後考試的忠雄，在學長的介紹下，住進了位於代代木一個名叫「堀江園」的地方，在寫上面這篇日記時，已經搬出宿舍移往代代木了。堀江園雖然是一間破舊的屋舍，但是有好幾名大學生都住在此地。日記中所謂的「踏著快速的步伐，穿越了草原，回到了家」就是穿越代代木的草原，回到堀江園一事。當時忠雄所住的地方，大約是現在代代木八幡一帶，當時這個地方是一個要從代代木或原宿停車場徒步三十分鐘，雜草叢生的鄉下。上述日記中所提到的「石本」這個人，是大忠雄兩屆的工科學長，名字叫「石本惠吉」。在前面引用有關新渡戶校長送別會的〈自治宿舍略史〉中，提到之前想攻擊新渡戶校長的人裡，就有石本惠吉。之後，他向新渡戶校長道歉並且讚揚校長的高德，使得當時很多學生都感到敬佩。忠雄也是在很早之前就敬佩這位學長的人之一。正因為如此，當這個學長在信中說，他有著和倉田百三相同的感覺，並且還寫著早在更早之前就想對忠雄說一樣的話時，對於忠雄的打擊更勝於倉田的批評。自己到底是不是偽善者、偽基督徒，這個問題困擾著忠雄：

「六月三十日　星期一

實際想一想，我到底是愚笨還是聰明，答案是我是笨的。我沒有偉大的煩悶、爭論、思索與碩大的信仰，然而我言及之處，到處都充滿著不時擴大的爭論與信仰。這些錯誤言語的重量，壓得我在敬愛的石本、三谷等人面前無法站立。這使得我成為了無法進入讀書會和柏會的人。原因正是我變得偽善。主耶穌基督啊！」

這篇日記的隔天就是畢業典禮了。

「七月一日　星期二

今天是我們第十九屆的畢業典禮，畢業生三百二十二名，穿著正式服裝到學校去，雖然是髒髒的冬天服裝，但是我認為這是正式服裝，所以在電車裡再熱，我也不感到羞恥。畢業考我得到了第一名。但是想一想，不知道成績是從一年級開始的總平均，還是個別分開計算的成績，所以我一點也不開心，反而顯得有點落寞。但是我將自己沉澱下來，再仔細想想，正是因為有神的恩惠、雙親的恩惠、老師和朋友的恩惠，我才能畢業，終究我還是該衷心感謝才對。在校長的儀式說詞裡，將我等的學歷以「僅以向國家證明」的話語，證明法律上的正當性時，我們肅然站立在熾紅的國旗下。在保證人的席位上有一位樸素的女性，她的模樣讓我想起我的母親。在奧田文相說完祝賀辭之後，輪到畢業生代表的我致答謝辭。

沒有比這更期待的事了。再加上唸這一篇文章正是我今天來學校的最大目的。文章是舞出同學寫好帶來的。我應該帶著一顆誠心，謙卑地唸完這篇文章。之後，我拿到了國旗形狀的小點心，又和各部各科的第一名畢業生合照。結束後，送野呂兄到新橋，今晚要住在秀英館的栗原同學家。也就是要和栗原與舞出睡在同一個地方。過了美好的一天，大家臉上都充滿光彩。

倉田的論文與畢業生代表。父親的喜悅、母親的喜悅。畢業、小小的我。」

就這樣，忠雄以第一名的成績從一高畢業。並且他的心「顯得有點落寞」。倉田百三的〈生活批評〉對以畢業生代表在全校茶會中發表演說的忠雄來說，就好像在告訴忠雄「有心者是不能若無其事就當上代表」、「無論如何，你在現在多少都有反省的必要。你的聲音太大聲了。」忠雄對這些話都深有同感，因此他對於在辯論部或是在基督教青年會裡所說過的一些大話，感到非常羞恥。但是無論如何，他都要繼續以畢業生代表的身分致答謝辭不可。他並沒因為自己的「罪」而焦躁。在七月四日的日記裡，他寫到「抬頭挺胸入學，哪可能將學校弄垮後再出來。」

畢業典禮之後，忠雄在代代木住了兩週左右。因為七月十五日有大學的入學考試，所以那段期間非得留在東京不可。這段期間，他的思考一直聚焦在來自倉田百三與石本惠吉的批評上，並將得出的感想集結成一篇名為〈在代代木〉的文章。這篇文章也成為他個人文集《若草》的其中一篇（《全集》第二十七卷四三七～四四四頁）。他在這篇文章裡寫到：

「倉田同學批評的著眼點，在於比起我自己的傳道理念，我極度缺乏反省的功夫。倉田同學在這一點上，的確做出很合適的批判。」

忠雄對於能明白指出自己不足之處的倉田百三感謝萬分。而對石本惠吉所提到的，他論述：「再怎麼說，這封信是我很尊敬的人所寄來的東西，那樣的回答畢竟不是與倉田同學的文章比較之後的結果。」被身為基督徒的學長說「你是不是偽善者啊？」，忠雄寫著：

「事實上，當下我只是一片茫然。變得很沒用、很痛苦。………三年之間所說出來的話的重量，一下子都向我壓了過來。退到無路可退後，我看見的是，我一個人背負著莫大的罪行，獨自坐在黑暗處。」

忠雄懷著負罪的心情，寫了一封信給摯友三谷隆信，內容為「像我這樣虛偽的人，你還會當我是好友嗎？」的信。

最後是信仰救了他。但不如說是，正因為他深深地被自己的罪所苦惱，所以他更強烈相信基督的救贖與神的愛憐。內村鑑三教導他，救贖不是只有行善就可以，而是要有相信神的愛的信仰，這樣的教導給予忠雄莫大的支持。他那篇名為〈在代代木〉的感想文如下：

「看了倉田同學的批評已過了約一個月、讀了石本兄的信也過了十天。這段期間裡，我的心平靜了下來，體認到想太多是我的缺點，並且是一件蠻嚴重的事。就如潮汐的消退一般，我的不安與安心相互交替著。所謂的安心，不是因為獲得了確切的信仰而不向前走。所謂的安心，是打開了可以平靜地朝著那個方向前進的心。直到現在，我遇到像石本兄那樣的人，心還會痛苦、還會感到羞恥，還會感到刺眼。如今，光只為ME的苦痛消失了。Not-Me偶爾也會出現。雖然去思考無聊的世俗瑣事是無可避免的，但是有時候也會去思索宇宙人生或是上天的事情。

簡要來說，我是渺小的、愚笨的、罪惡的。

上帝是巨大的、智慧的、救贖的。

我之所以感謝，是因為神賜與我主耶穌基督。」

另外，在倉田百三的《愛與認知的出發》發行的大正十年，忠雄正在歐洲留學。他碰巧在柏林看到這本書，回想起大正二年的當時，也想起這段感想：

「如今，假如還讓倉田和石本來做我的『生活批判』，說不定還是會得到膚淺、欠思考、得意忘形這樣子的答案吧。在我的心裡沒有深思熟慮，連我寄託的信仰也只不過是膚淺的事物，我為此深深感到羞恥，說不出半句話來。只是在那之後的十年之間，神並未放棄我，我也對於主耶穌的無加思索充滿感謝。即使基督是我的基盤、是我的瞭望臺，我畢生都不會去炫燿的。」（大正十年十月五日的日記）

14　摯友武祐

第一章10節曾詳細敘述過，忠雄中學時代獨一獨二的好友大利武祐。武祐在中學畢業之後，放棄升學，決定與養母共同守護屬於他們的家：

離別後你就拿著這首歌
與在委身小庵的我聯繫

這是在忠雄為了進入一高前往東京之際，武祐為了送別所寫的歌。而忠雄也因此寫了一首回覆的歌：

我願化作你小庵中屋柱上的青苔
與你保持情誼

忠雄在進入一高之後，兩人之間還是有頻繁的書信往來。另外，忠雄每次在回老家的途中，一定會去神戶拜訪這位舊友。忠雄在一高的生活中，雖然獲得許多好友，但是最能心靈相通的朋友，卻是距離遙遠的大利武祐。

本章第6節也有稍微提到，忠雄在一高一年級（明治四十四年）的暑假回老家途中，前往拜訪在和歌山入伍中的武祐。武祐在昭和四十三年底，以一年志願兵的身分，加入在和歌山縣深山的重砲兵聯隊。明治四十四年六月二十五日，忠雄的日記中寫到：「中午十二點左右到達和歌山，搭乘人力車前往深山。一點半左右在半途遇到小武，之後直接轉往加太吃飯聊天。真是快樂。六點半將小武送回營區門口，然後返回加太，在參拜完加太神社後，投宿到一間旅館，沒多久就睡了。小武變的很有朝氣。」這個時候的武祐雖然很有朝氣，但是他的身體本來就不好，再加上軍隊嚴酷的訓練生活，在期滿退伍回家後，身體早已經變得衰弱不已。在這之後病情更加嚴重，病魔入侵到武祐的腸與呼吸器官。病名為結核病。忠雄在二年級的春天（明治四十五年）時喪失母親而悲痛萬分，此事已在本章第9節提到。而在這個時候的武祐也是重病纏身。五月十五日忠雄的日記：

「小武在手術之後，還是不能回到健康身體。啊啊！真是沒有眼淚的世間啊。我們沒有什麼不滿足的，只是真實的幸福在這世上好似遙不可及，到了最後，忍耐的人都無法得救。在彼岸那裡，沒有生病的人又可以與深愛的人再會。我們到最後還是朋友，還是互相敬愛，啊啊！我們是相愛的朋友，我們記得來互相祈禱，藉以得到慰藉與鼓勵，就像耶穌與其母親的祈禱一樣，只有愛！」

忠雄正因為在承受母親之死的悲痛，所以他又燃起復活的理念，關照臥病在床的摯友。忠雄想要將自己所堅信的信仰多少傳達給最愛的朋友，因此在這個五月裡，忠雄寫給武祐一封很長的信。而信中的一小段提到：

「小武，雖然有點強迫你聽我推薦基督教，但是我還是要向你介紹耶穌，向你推薦基督教。『悲哀的人應從幸福的人那得到安慰』。真羨慕過去說這番話的耶穌。可以與你一同談論耶穌的日子，還要等待一段時間吧。」

忠雄將此封信夾著內村鑑三的著作《基督信徒的安慰》一書，一同寄給了武祐。

之後，應該是武祐因為長期臥病在床，所以開始想要追求宗教性的救贖。他開心地接納了中學以來的摯友忠雄的推薦，開始讀聖經、看內村鑑三的著作，最後信了基督教的神。在寫完上述的信之後一個多月的六月底，忠雄在回老家的途中，前往當時位於須磨的療養院探望武祐，他們在病房裡討論著福音，還一起禱告。在暑假結束後，回東京的途中，他又轉往療養院探望武祐，這個時候連忠雄都一起住在病房裡，他在得知武祐本身雖然臥病在床，但是因相信上帝而心靈平靜時，非常高興。忠雄得到信仰以來，一直希望能夠傳達自己的家人。但是在什麼都尚未開始之際，他的母親就過世了。但是他卻將信仰傳給了自己的摯友武祐，傳予他福音、與他一起祈禱，兩人在信仰中變得心靈相通了。在武祐去世後，忠雄寫了一篇充滿思念的追思文，題為〈小武〉，以下是文章中的一節：

「兩人的交情終於達到最高境界了。因耶穌的愛而成的朋友，藉由祈禱而更加熟識的朋友，我們倆的友情終於被牽引至這個境地來了。在夜深人靜之刻，當我在為他禱告之時，我感覺到我倆心靈相通，當下很多次就拿起紙筆來寫信給他。他也抱持著安穩的信賴，過著歡樂的每一天直到今日。因為結核病，他的親族故友都怕得不敢靠近。但是他好像也沒有抱怨不平。他的病是非常難治療的病，但是他一點都看不出來有自暴自棄的跡象。雖然有時候他會對人生感到無力感，但是因為他相信神的愛是永恆的，所以靜靜地忍下了。但是他絕對不是孤單的。在他出院後，住在位於三之谷祖來的房子裡時，隔壁同樣是在養病的一名姓「城野」的人的母親，非常同情他，給予他非常親切的照顧。而我在向他介紹基督教以來，我每個月都很期待寄給他內村老師的《聖經之研究》雜誌和順道一起寄給他的信。沒有什麼比我在加注祝福於雜誌和信之後，將其放入信封一事還要快樂的。他在看這些信的時候，都相信聖靈的助力加諸在我寫的這些信上。為何會如此呢？那是因為即使是我的隻字片語，都給予他最大的安慰。同時，從他那得到回信時，我也非常感動。在看他的信的時候，感受到本來我是想要安慰他，現在反而卻被安慰。兩個人的友情確實是互相的。」

兩個人之間，交錯著頻繁的美麗友情所構成的書信。這是從忠雄三年級秋天到冬天的事情。忠雄寫給武祐這麼一段話：「在我痛苦的時候，自然就會想到你。在你痛苦悲傷的時候，請你想起有一個不吝嗇愛你的青年存在。」相對於這段話，武祐寫給了忠雄：「你引導我、教導我愛為何物。過去雖然與我一同遊玩的友人很多，但是至今能夠以情溫暖我的卻只有你一人。大家就像恐懼死神一般，遠離罹患此病的我。在我發病之後，肯到我身邊來的人，只有你和生我的父親而已。即使現在無法舉出過去五年之間，由你而來的安慰與教訓，但是現在真正安慰激勵我的，是你所帶來的神之愛與我倆之友情。」

在三年級的寒假開頭與尾聲，忠雄都到須磨去探望生病的武祐。在忠雄一月三日的日記中：

「早晨五點二十分在三宮下車，尚未天明的天空裡，繁星還在閃爍著。因為商家都還在休息，所以即使肚子餓了也沒辦法，徒步走到兵庫，再搭乘電車前往須磨拜訪小武。小武把我當成一個像兄弟般的朋友，之間彷彿沒有任何隔閡，我在察覺到小武的想法後哭了。我於正午時分離開。」

在那之後，武祐的病沒有明顯起色，反而只是一味的惡化。忠雄雖然心痛，但是新渡戶校長的送別會在即，並且畢業之前諸事繁忙。五月十九日，一封從進入京都大學醫院的武祐捎來的明信片，寄到忠雄的手邊。裡面寫著：「我在須磨時，得到了懷念的信與聖經研究。但是病情沒有好轉，現在正站在生與死的交叉路口。但是不論結果如何，已經將這個身體奉獻給上帝的我，沒有感到任何的煩悶。現在充滿我的只有很多的歡喜，連內心也是平靜的。」雖然忠雄驚訝又心痛，但是馬上就回了信：「我看了你從京都寄來的明信片了，在裡面有很多歡喜的字眼。儼然只要是相信神的人，凡事都會以歡喜來呈現。我打從心底向神禱告，寄望、相信、高興你的心因耶穌而平和。假如神允許的話，這個月三十一日左右，我將前去你身旁。」

忠雄之所以會寫著五月三十一日左右可能可以前往探病，是因為那時有一個演講大賽將在京都的同志社大學舉辦，而一高的辯論社接到了邀請函之故。在五月二十日的日記裡：「一想到小武的事，我就變得不安。我虔誠地相信神的想法，是否有傳達給小武。未經深思熟慮就下了前往京都的決定。我不想去演講，只想要去見他，只想要去見一個朋友。」

但是幾天之後，忠雄收到了武祐的明信片，裡面寫到：「因為寫的不是很好，讓你受到些許驚嚇。我並沒有要讓你這麼著急的意思。學校的事不要虎頭蛇尾，請你在回老家的途中，再順道過來就好。順道過來就好……」

忠雄看到這樣的內容，多少放下心來，他認為武祐的病應該沒有繼續惡化，所以就中止了前往京都的計畫。但是事實上，此刻的武祐病情已經急速惡化，而這封明信片是武祐不想給忠雄增添任何麻煩與擔心，忍著痛苦寫下的。

在一高中最後一次考試日期逼近的六月七日，忠雄接到來一封自城野女士的信。城野女士是武祐在須磨療養時期非常親切照顧他的人。從這封信裡，忠雄詳細地得知武祐的病情已經到了絕望的地步。忠雄一直重複看著那封信、一直哭著，最後終於按耐不住，馬上在那天晚上漏夜前往京都。忠雄的日記中寫著：

「六月七日　星期六

今天有三川老師的考試。下午從須磨城野女士那裡，接到一封令我悲傷欲絕的信。城野女士是那位非常親切地照顧武祐的女士。信中提到，對她來說小武不是外人，他們就像母子一般。打從心底心疼小武的人，說起來只有城野女士和少數人之中的我。在小武被移往京都時，她將當時小武的事都詳細地告知了我。她還憤恨不平地告訴我，音平的人們因害怕小武的病而遠離他的事。她在近期之內必須要回奉天，但是她不忍放下小武離去。她說，小武已經被醫生宣判不能久活，這個夏天是最危險的時期，但是小武臉上寫著，比起好友先行死去這等不幸的事，恨不得我就在他身旁。趕快也去見見小武吧。為了要去拜訪城野女士，問她很多事情，因此我坐上這晚八點新橋發的特快車。」

「六月八日　星期天

琵琶湖早晨的景色非常優美。到達京都是上午九點十分左右，一下車，我隨即趕往醫院。一進到病房，迎面而來的是小武一陣孤寂的笑容。雖然他很高興，但是他已經沒有高興地笑的力氣了。而我也沒有講一句話，只是靜靜地握著他的手，看著他。啊啊！骨瘦如柴沒有氣力的手。加油啊，小武！他的喉嚨因為受損嚴重，所以已經發不出什麼聲音了。我也沒有多說話，只是唸了約翰傳第十四章給他聽[27]。雖然隨時都有可能離開，但是若我不怎麼說話，反而會被病人注意到而由他開始說話。事實上，那個母親是個讓人感到同情的存在。對於窺探死亡的他，我能做的只

27. 作者註：《約翰福音書》第十四章中記載著耶穌對門徒訴說自己復活一事。

有在他身上向神禱告。事到如今，他是生是死都掌握在神的手上了。人的力量已幫不上任何的忙了。啊啊，小武啊！」

在這之後，忠雄尚有畢業考試，遭受到《校友會雜誌》上倉田百三的批評，畢業之後在代代木堀江園住了一段時間。七月十五日結束大學入學考的忠雄，在那天夜裡從新橋出發，破曉時在御殿場下車，實踐了長年以來攀登富士山的夙願。他於早晨由御殿場口出發開始攀爬，下午兩點二十分攻頂成功。腳程飛快。在他繞了富士山火山口一周後，又在山頂上閒繞一下，晚上在吉田口頂上的石室住了一夜。之後，所看見的壯麗夕陽令他感動萬分。他在日記裡寫：「我在看見不二嶺的落日後，第一次體會到自然的divine（神聖）」。忠雄非常喜歡跋涉山野、親近大自然一事，雖然不知重複寫了幾次，但是在他喜好的群山裡，富士山還是對其生涯有著特別的意義。大正二年攀登富士山，是他與富士山第一次的邂逅，我認為在本傳記中還有更詳細描寫的機會。翌年，在他的文集《雨聲蛙聲》中，以〈旅行之樂〉為題所寫的長篇文章，在本章第12節已有提到過，而其中寫到：

「在我見過的大自然裡，富士山頂的夕陽當屬第一。它的崇高之美，大到我無法用筆來形容。……啊啊！這樣的夕陽，至少我一個人在看的時候，有種我不存在於大地之上的感覺。我一定沒有在呼吸這個世界的空氣，這個世界的血液沒有在流動。聲音連一聲都發不出來，身體無法動彈……。啊啊！這個落日是神的榮光。……日出令人爽快，令人快活。我想這就是為何自稱為東方日出之國的日本人，如此地愛日出的原因。但是為何我國人民不多愛一些落日啊。雖然富士的日出是誰都想要看到的景色，但是富士的落日，這個榮光卻很可惜地無法成為詩的題材、登山者的目的，無論怎麼想都很可惜。」

忠雄出了吉田口，靠著飛快的腳程環繞了富士五湖，然後前往神戶。

武祐雖然已出院在魚崎療養，但臉色蒼白，死神已向他逼近。忠雄在七月二十日的日記中提及：

「我到魚崎探望小武。武祐的喉嚨因為結核病而發不出聲音，食物也因此吞嚥困難。他用那微弱細小的聲音說著，這次大概不行了吧。啊啊啊！當時也在的音平的母親，淚流滿面。」

忠雄於翌日二十一日也前往探望武祐。武祐的喉嚨因為結核病，已經發不出聲音了。忠雄雖然想要安慰眼前這位好友，但是心裡的話就是沒辦法說出口。最後，反而武祐先開始說話：「因為已經說不出話來了，你走吧！」這個別離是終生的離別。忠雄回答：「我真是幸運，能和你成為朋友，成為心靈互持的朋友、永遠的朋友。雖然不是六、七十年的終身朋友，卻是和神一樣是永遠的朋友。互相信賴吧。越過這個生死關頭後，你的肉體會無事回復，還是會脫離這個束縛的肉體幻化成靈，就將之全部寄託給神，在你離去之前，我也會回去。不論何時，你我都是朋友。你絕不孤單、絕不寂寞喔！」聽著這番話的武祐只是頻頻點頭。之後，忠雄與武祐道別，踏上了回鄉之途。家鄉的家裡來了「第二個母親」，父親則臥病在床。即使在家鄉今治，忠雄還是會時常想起在病床上的武祐，向神祈禱武祐能心靈平靜、得到靈魂的救贖。

「啊啊！我心的摯友、靈的摯友、最好的朋友，躺在死神將要來臨的病床上。啊啊！真是痛苦的生死關頭。但願天使的翅膀能夠接納他啊！」（八月十二日）

「在月圓的今夜，我一個人走在田埂上，為他（小武）祈禱著，有人可引導他前往光之國，希望他現在能夠抱著期望平靜下去。淚如滂沱大雨隱藏在月與雲之中。已經過了十點。」（八月十六日）

想著已經無法得救的摯友，忠雄漸漸變成「祈禱者」。但是翌日十七日，忠雄接到了訃聞，武祐已在十五日時去世。忠雄在武祐的照片背後寫上：「他被接往光之國了。」並且對著那張照片喃喃自語，他為了武祐唱讚美歌、讀聖經、禱告。

「在昨夜我的禱告之前，他應該已經聽到主的死亡呼喚吧。啊啊！現在的他已經沒有骨瘦如柴的手腳，他已經化作發光的靈魂了。啊啊！離去的人為留下來的人的悲傷祈禱。」（八月十七日）

半年之後，忠雄以〈小武〉為題寫了一篇追思文，紀念這位英年早逝的好友，發表在神戶一中校友會《會誌》中。其中一段文章如下：

「小武就這樣死去了。

他在學業上沒有頂尖的表現，運動方面也沒有優秀的成績，也不足以成為奮鬥人生的模範，也不是勞苦力行的楷模。他只是一個平凡的男生。他甚至比體驗過家庭溫暖的普通孩子還要平凡。但是這無關緊要，他還是時常想起他的養母。他十分溫柔和謙遜，到最後都還是像一隻忍耐的小羊。他是一個無法被人們認同而選擇了神的人。他就像愛他母親一般、愛他兄弟一般，愛他自己本身。

我在這個月一月十五日回東京的途中，去爬了許久未爬的摩耶山。我好想和他一起聽著這溪谷的淙淙流水聲，水雖然會變化，但是聲音始終響亮。我在岩石上坐了下來，傾聽水的聲音。在這之中，好似可以聽到好友的聲音。然後就如詩人維藍多的名詩《渡船之上》描寫的一樣，我想像著和亡友一同旅行的模樣。我邊想像我和他兩人忽前忽後地走著，邊走下山，然後我高唱著自己所喜歡的詩人堤尼索的詩句：

Dear heavenly friend that canst not die, Mine, mine for ever, ever mine.」（《全集》第二十七卷第二八六頁）

這篇〈小武〉的追思文是完成在大正三年二月三日（《全集》第二十七卷的註記與第二十九卷的年表中，這篇文章的發表時期是大正二年的寫法，其實是大正三年的筆誤）。

大正三年夏天，忠雄在第三本文集《雨聲蛙聲》（這時忠雄的筆名為「丘之人」）中，寫了一篇〈小武週年忌日〉的文章。雖然這篇文章有被收綠在《全集》第二十七卷，但其中的詩卻在《全集》中被省略掉，因此現在介紹一下這首詩的一部分：

我不悲傷摯友之死
我為友情昇華感到高興
朋友不只是在活的時候才是我的朋友
在朋友去世的現在，朋友還是朋友
朋友如今，現在還是我的朋友
我們的友情是事實
我們的友情昇華

朋友去逝會昇華
我死去也會昇華
昇華到永遠，沒有盡頭的永遠
神的眷顧

啊啊，魚崎別離之日
我說了
「我有幸和你成為朋友
不是人生苦短六、七十年的朋友
是與神同樣永遠的朋友
不論何時你我都是朋友
你不必孤單、不用寂寞！」

靜靜聽著，直直點頭
他現在已不在這個世上
但是他在拂松的風中、谷裡溪中
用著輕柔的聲音
時常向我呢喃著這段詩

就這樣忠雄失去了母親，接著又喪失摯友。之後，他還陸續送走許多他所深愛的人。逐漸地，他變成一個悲傷的人，只能禱告的人，天國終於向他靠近了吧。

15　父親之死

忠雄第一次知道父親生病的事，是從國許那接到一封信的五月十七日。在那天的日記裡，寫到：「聽到父親大人生病的事，感到非常驚訝，啊啊！為何會被病魔給纏上呢？」生的病是屬於神經痛，忠雄雖然擔心，但是誰也沒有想到這個病竟然會危害到生命。如前所述，快要畢業的忠雄，忙於各種會的送別會，還要忍受重病在床的摯友大利武祐所給予的椎心之痛。在前往探望大利之後，忠雄於七月二十二日回到故里，見到許久未見的父親。雖然他父親的因為肋骨間與左手腕的神經痛而衰弱許多，但是還沒到躺在床上不能動彈的地步。對於忠雄來說的「第二個母親」，雖然一直在父親謙一的身邊照顧他，但是這位女性在不久之後就離這個家而去。

七月三十一日的日記裡：

「兩個妹妹將在傍晚回來，屆時又將更熱鬧。我對於兄長，如今只記得親愛之情。至於兩個妹妹，小時候感情雖然有些不好，但是我希望和兩個妹妹的關係能變好。

父親是一個正直的人，因此勞心於太多事情，啊啊！如果父親能像基督徒一般懷抱希望就好。

兩個妹妹假如接受基督的洗禮，一定能立刻復合，對於新的母親也能夠自然的相處才對。啊啊！無論如何，我一定要將基督之光引導進入我家。

父親的神經痛一直治不好。」

自從信奉基督教以來，忠雄就一直強烈期待著能將基督教傳達給家人，但是一點機會都沒有。母親在去年忽然離開人世。這個夏天忠雄回到家鄉，一直在等待機會想要向父親、兄妹傳達基督教的信仰，但是機會不是這麼容易就會來的。父親的神經痛一直處在惡化狀態，但比起之前連看護母親的時間都沒有，接到電報趕回來時連母親最後一面都沒見到的情形，這次有充分的時間陪伴在父親身旁。孝順的忠雄對於能夠照顧父親一事非常高興，但是父親得的是外人看不出來的痛苦病痛。

「父親的神經痛已經是一件非常棘手的事。」（八月三日）

「上午伴著父親，父親已經生病七十日了，神啊！我祈求你讓我背負這一身痛苦吧！」（八月五日）

「最近陪伴在父親身邊的時間很多，他的病痛已經非常嚴重。」（八月十八日）

「躺在父親身旁，想著是否能用自己的身體來承受這個病痛。然而，我能做的只有堅信我的信仰持續祈禱，和細心照料父親這兩件事而已。」（八月二十二日）

「父親應該要和我一同前去東京。然而隨著出發日的逼近，父親身體的狀況則是連一半的路都走不到。我正在三思。」（八月二十三日）

因為父親的神經痛已經非常嚴重，所以本來預定要在東京的醫院進行手術，但是病痛已經使得連去東京都變得非常困難。恰巧大阪紅十字醫院的外科主任醫生來到了今治，因此放棄了前往東京治療的計畫，交由這位主任醫生在今治進行手術。但是到了要進行手術的當天，父親的病情急轉直下。以下是從忠雄的日記中選出的幾段文章：

「八月二十八日　星期四

今天本應該是今治醫院的輕尾醫生，和大阪紅十字醫院外科主任醫生的藤森先生，要幫我父親進行肋骨間神經剔除手術的日子。我們一直期待著，父親在這手術後就能馬上脫離這個病痛。啊啊！但是病情惡化了。今早開始就未排尿，腳部的反應變得遲鈍。因此停止前往今治，趕快找來音兄（忠雄的妹夫為醫生野間音一）替父親診斷。下午三點，兩位醫生前來，藤森醫生仔細地為父親診斷。啊啊！到底是何病啊，連手術都動不了。在診斷後，醫生說父親顯示出脊椎炎現象，並且因為橫斷性下半身麻痺，所以大小便不通，灌腸也無效。父親嘆氣說：『死亡的時候，真想一下就突然死去，已經厭倦這種爛病了。』一抬起腳和腰，大小便也跟著出來，並且更加痛苦難耐，啊啊！得了這種病，誰都會不由得嘆氣，啊啊！這到底是什麼病啊？』」

「八月二十九日　星期五

來探望父親的客人多了起來。為何父親會病倒？是因為我祈禱不夠的責罰嗎？還是給予父親的懲罰呢？我感受到『神明的任性──愛我不想愛的東西，厭惡我不討厭的東西』──我由衷感受到無力感，基督教的神在這種情況下成了痛苦的源頭。啊啊！請寬恕我們的罪行吧。請寬恕父親的罪，減少給予父親的痛苦，把那份痛苦讓我來承受。啊啊！但是祈禱的心是不會減弱的，啊啊啊啊！

就像用刀剮，用雷電劈，用手帕緊緊綁住一般的痛苦。昨晚以來，就以每晚輪班的方式照顧父親。還要寫病床日誌。倉敷的伯母今天開始會來幫忙照顧。」

就這樣，忠雄父親的病情急速惡化，忠雄每日忍著心痛，日夜照顧生病的父親。在這種不安與悲痛充斥的每一天中，有一件事使忠雄的心開朗起來。那就是身為兄長的安昌突然結婚。安昌在六高中途退學之後，幾乎都沒有待在家裡，也就是在外到處遊蕩，然而因為父親的重病，伯伯們替安昌牽線，讓他和安昌事先也認識的親戚的女兒富山益子結婚。這件事在一天之中就下了定論，九月五日的早晨，安昌前往迎娶新妻。在當天忠雄的日記中寫到：

「嫂嫂的來臨，對我來說是一件令人非常高興的事。我的心情也因此變得輕快許多。我的願望是，兄長能夠更加振作來主持這個家，並殷切期望兄長能與嫂嫂琴瑟和鳴、白頭到老。」

安昌一直不能給予別人足以成為一家之柱的感覺，不只是忠雄，也是家人和親戚擔心的源頭。忠雄抱著父親將要離開人世的灰暗想法，想著要是真的這樣的話，就為了祖母和弟妹們來守護這個家。

「啊啊！誰知道父親的死啊，啊啊！誰都否定不了我十二年間勤勉的學習！」（九月十一日的日記）

在做下這種悲痛決定的同時，他的好學之心也燃燒了起來。他已經篤定可以進入東大法科，而且大學的課程在這時也已經開始。九月十四日的日記裡，

「我有一股現在就想要回東京的衝動。父親的病雖然還會持續很久，也看不出有惡化的跡象。倒不如現在趕快回東京，將父親交給音兄就可以。隨即我就前往徵得父親的同意。父親說，早晚都

一定要去的，就算我死了，你也不能荒廢學業；好吧，去吧，這兩天就去吧。」

雖然忠雄說出，這兩天未免也太倉促了，他想要再多照顧父親幾天。但是忠雄的父親卻對他說，應該要重視學業，催促著他趕快回東京。忠雄感激地想：

「啊啊！我不得不在學業方面努力，不論發生任何事情，我都不能荒廢學業，我一定要靠勤學成大器。」

但是，預定去東京的「過兩天」，也就是九月十六日時，忠雄認為「避開照顧父親而做的學問，有何光輝可言」，也就是放著生病的父親不顧而前往東京，是自己的任性，他想要多留一點時間來照顧父親。他把這番話告訴了父親，也得到父親的同意。入學手續方面，忠雄則以書信的方式委託川西實三學長辦理。

因此他有好一段時間都待在父親的病榻旁，父親的病情好轉時，他就唸有關信仰的書給父親聽，或是有時候到附近的拜志川邊散步。父親的症狀是會有痰積住、胸部背部疼痛、吃飯或是呼吸困難的狀態，但是在這樣的日子裡也會有病情平穩的時候。整體來說，父親的病情一直在惡化，外表看的出來有太多無法忍受的苦痛。雖然不知道真正的病名，總之是脊髓的疾病。忠雄非常努力地照顧他的父親。

「好友們都陸續來探望父親。他們都是如何體驗大學新生活呢。仔細想想，我的父親愛他的孩子、熱愛真誠、替孩子的學業著想，在痛苦的時候，還在擔心我往後的學業。但是我現在不想離開父親的身邊，不想去讀書。我想要盡可能地日夜都在父親的身旁照顧他，沒有親身去做的話，這裡就沒有愛人的愛。今天因為下雨，所以很快就天黑了。我照顧父親到半夜一點，四點開始又照顧了一個半小時，六點半起床。」（九月二十六日的日記）

「我這兩三天來都沒有睡覺，也沒有午睡，食慾也大減，也沒有吃什麼零食，只是一直看著父親的病，啊啊！一直看著他的苦痛。祖母對我說，你父親就這樣子了，下個月你就快回東京去。我在照顧父親時所要做的事雖然非常多，但是一方面大學的入學手續、大學的模樣，到頭來還是要親自去一趟不可。再加上十月初有一場宣誓儀式。因此父親的事固然重要，我還是決定先回東京一趟。」（九月二十九日的日記）

在祖母與伯父們的勸導與鼓勵之下，忠雄匆忙的在九月三十日晚上，搭乘定期船返回東京，在他出發之前與父親話別。父親鼓勵忠雄，喻他為真誠之人，還將自己的後事都交付給他。在無限思念之下，忠雄所搭乘的船在午夜一點時分駛離今治港。

船於十月一日下午四點半到達神戶。在擔心父親病情的煩悶狀況下，渡過一整夜的忠雄，由船上下到棧橋時，有人叫住了他，交給他一封電報。電報上面寫著：「父親今早過世，速速返回。」他這時候已有了覺悟。

「總之，就先坐車前往神戶車站，將一個行李送往堀江，自己則坐四點五十八分發的車西下。過了十一點到達尾道，前往中山投宿。在這期間，一直想著，雖然之前見不到母親最後一面，這次又再一次無法在父親臨終前見他一面，但是這已經是預料中事，所以沒有格外的悔恨。為了父親，為了年邁的祖母，為了還小的弟妹，強忍住眼淚。」（十月一日的日記）

就這樣，忠雄很快地返回今治，他面對的是大前天才剛剛話別，現在卻是冰冷遺體的父親。直接死因是窒息而死。忠雄在結束葬禮和頭七之後，受到堅強的祖母的激勵，將寂寞的祖母和弟妹放在心中後，再次動身前往東京。雖然有新大學生活的等待，東京也很熱鬧，但是忠雄卻被孤獨與寂寞所包圍。雖然朋友們對他說了很多安慰的話，但是忠雄的心卻無法被這些話所撫慰。他這時的心境雖然能從日記中窺知一二，但是在他第二部個人文集《若草》中有一篇很好的文章，題為〈消息〉，因此以下引用其中一段。這是忠雄為了向平日所敬重的學長相浦鼎五，告知父親之死一事，於大正二年十月十七日所寫的信：

「夠了，快停止無謂的嘆息！即使宛如活生生地責罵自己那種悲嘆的神情，但是一想起祖母與兄弟妹們，我的思維即會轉為哀傷，忍不住悲從中來，只有呆坐在那裡一直哭泣。一想到新獲得平衡的兄長的過去十二年，我便好似胸口被撕裂一般地坐著，忘不了與他別離時，他沉痛的臉，我屢屢為了兄長的事情流淚呆坐著。祖母的對他的失望就更不用說了，結婚之前就喪失雙親的兄長，只是一個涉世未深的青年罷了。妹妹也相當可憐，而一想起從小就很成熟的弟弟，在進入中學後會學到Orphan〔孤兒〕這個字時，不禁難過了起來，就好似想忘了我所愛的這個小家庭而呆坐一整天。

應該向面帶笑臉看著我，說一些弔慰的話的人吐口水；應該當著問我父親年齡和家庭之事的人面前掉頭離開。對於向我表示哀愁，或是以笑笑的口吻說的一些世俗客套話，我都不會讓它們進到我的耳朵裡。還有針對我的信仰而有所言的人，雖然不到絕望不信的程度，但是對於說出『假如你的信仰夠強烈，你將可以從那裡得到慰藉吧！』、『讓我看看你藉由信仰再度站起來吧！』的人，我打從心裡感到無限的傷悲。啊啊！我朋友雖多，但終究是沒有朋友，我不想要安慰，啊啊！沒有人陪著我一起哭，大多數的人都只是用言語安慰我罷了。為何不以無言對待滿臉憂愁的我、為何不靜靜地陪我一同煩惱，我滿是哀傷地由故鄉回到了代代木，穿過了呈現黃色又有一點紅的小櫨樹林，走過小草原，下了小丘，跳過魚兒悠游的小溪，跨越稻穀豐熟的田埂，出了八幡社前的小丘道路，左邊是被上秋色的練兵場，右邊是茂密的樹木，看往兩者之間就是我的住居。此時，舉起我的右手指著我的住所的彼方有我的最愛，在彼方沒有別離和絮雜的愁思。總之，在一個人喃喃自語時，感覺得到不能言語的安心，因此自然就會回歸大自然的懷抱，在自然中找出朋友。海涅[28]的詩句中寫到『Frohe Menchen muss ich weiden!』〔我不得不避開愉悅我的人。〕我也是避開了還能夠笑出來的人。他又說『Einsam klag ich meine Leiden!』〔我在孤獨裡悲嘆煩惱〕因此我雖然孤獨，但是我不哭泣。我有能以無言哀愁來對待我的朋友，他名叫大利武祐，但是他已經於八月十五日離開人世，嗚呼，母親辭世，朋友過世，父親也長眠。傷心的春天還沒過去，悲傷秋天中的我，又要變成寂寞之人。」

上面引用的文章中，所寫到的「新獲得平衡的兄長」，指的是兄長安昌迎娶妻子，因父親的死而要以戶長的身分背負起一家之主的責任一事。在忠雄的日記中，也一直重複地寫到對兄長的親情之愛與感謝的言語。這位兄長在近期之內將會被徵召入伍。忠雄為兄長的犧牲而哭泣，為弟妹和祖母的傷悲而哭泣。但是忠雄因為父親的死，在信仰上碰到新的困難問題。父親雖為「真誠之人」，但他不知基督教為何物就死去了。信基督者都會被救贖而進入天國。那不相信基督，也就是不知道基督就過世的人，可以獲得救贖嗎？以下是在寫完〈消息〉數日後的日記：

「十月二十一日　星期二

田野被著上顏色，遙想天國，懷念從前。父親到底有沒有被原諒，對我來說是一個很大的問題。這是一個有沒有信奉基督教而產生的難題啊。啊啊！我的靈魂一直不停哀求著在天國的父母親的

28. 海涅（Christian Johann Heinrich Heine，一七九一～一八五六），德國浪漫主義詩人。

原諒。雖然在包羅和佩特羅說：『我的父親應該也能進入天國。』但是我不肯定這件事。我希望能與父母親一同在我所追求的天國裡相見。

比起痛失母親的時候，今天的我較有活力。而我的悲傷之所以會減輕，是因為我的心變得不再濕潤嗎？還是我對於天國的信仰又更加堅定了呢？在回憶裡，母親過世時，我發自內心流下的眼淚，比起父親的過世時還要多很多。但是比起母親的過世，父親過世時所湧現的孤單感覺，變得更加的清晰。」

在去年母親過世之際的半年前開始，忠雄就一直沒有回去見母親，接到電報匆忙趕回家的忠雄，連最後一面都沒見著。因為一分一秒都沒有照顧到母親，母親就過世了，讓忠雄後悔地頓足哭泣，從天明到天黑痛哭了一整天。然而，這樣單純的悲傷心情也就是清澈的心，使得他母親的復活、在天國中還可以與母親再會等事，一點都沒有懷疑。看著被夕陽染紅的天空，母親就活在彼方，忠雄因為抱持這種想法，所以感到內心平靜。但是父親過世的時候就不同了。父親生病時，忠雄長時間待在病榻旁邊用自己的雙手照顧父親。這段期間裡，他一直希望有機會就向父親傳達基督教的福音。但是這機會一直沒有到來——雖然忠雄認為是自己的信仰變弱了，沒有用心的緣故——父親就在不知基督為何物的狀態下離開人事。與母親過世時不同，忠雄在父親過世時已經有了覺悟，因此沒有到達痛哭的地步。然而，沒有基督教信仰的人過世後是否不會被救贖、父親會不會因此無法進入天國，這兩個問題取代了眼淚困擾著忠雄。既然已經懷疑是否可以與父親在天國再會，與母親再會的希望也被忠雄所質疑。他煩惱著，不知基督的人死後的靈魂會往哪去，終於他下定決心帶著這個問題，前往拜訪信仰的老師內村鑑三，請教這個問題。這是十月二十七日所發生的事，當天日記裡所記的事如下：

「針對父親的救贖一事，我非常不能安心，生活一點都平靜不下來。今晚突然想要前去拜訪內村老師，雖然這是第一次拜訪老師，但是不論是心還是雙腳都馬上踏了出去。我將這次拜訪的理由說給剛散步回來的老師聽，請求他教我。根據老師所說的話裡，他說對於什麼都不知道，不知基督福音就死去的人的救贖，聖經裡沒有記載。我也沒有辦法解釋，我現在也在擔心我的女兒的救贖。但是可以確定的一點是，神對於所有的人都給予最好的對待。假如這世上有人期望因為父親得不到救贖，而要孩子和父親一同墜入地獄，那就太荒謬了。肉體的父親或是孩子都是神的孩子，在這一點上，大家都是相同的。你對你所信仰的神有該盡的責任，況且在你今後人生裡所做的每一件善事，神都不會漏看的。換句話說，這是賜福給你父親。你為父親所做的事，神一定不會漏看的。不好的事就把他忘掉吧！現在，在用感情上不要過急，冷靜下來過每一天，再者，你多加研讀聖經，更加信仰基督的這段期間，自然就會浮現美好的想法，而這個問題自然就會解開。我雖然不能使你的心一片烏雲都沒有，但是抱著消去幾分不安的心情，回家去吧。」

內村鑑三的教導給忠雄留下深刻的印象，對他信仰的步伐來說代表著非常重要的意義。讓他在日後針對這件事做了詳盡的探求。

就這樣，忠雄在二十歲時就喪失了父親。在往後每年的十月一日，他都會想起父親的事吧。在他第四本文集裡有一篇題為〈光之室〉的文章，這篇文章是將大正三年末期到大正四年末期的文章集合起來所成，之中有下面一句話：「打擊啊！沒有父母親的秋天的早晨。」在翌年（大正五年）的十月一日，他完成了這首短歌（收錄在第五本文集《幼兒之死》）。

站在白色胡枝花凋零的秋天原野上
想著不在人世的人

16 大學生活

相信基督的人在死後將被救贖進入天國，忠雄堅信這樣的說法。摯友大利武祐就是這樣在死後被引領往「光之國」，而忠雄也可以在那裡與他再次相見吧。但是，不知道基督的父親死後有被救贖嗎？假如沒有被救贖的話，他的靈魂將會如何呢？是墜入地獄呢？還是所有如命運一般流轉消失呢？忠雄一直在煩惱思考這個問題，並且產生很大的不安與焦慮，他終於決定前往拜訪內村鑑三，向他討教。

這時，內村鑑三的話語與態度，給予忠雄的信仰生活莫大的影響。這個莫大的影響，主要是指忠雄的心不用再透過內村老師或是其他人，就可以將之引導至與神交錯的道路上。過了一年，他針對恩師內村鑑三寫了很多文章，不斷感謝回答他有關父親死後救贖問題的內村老師。另外，在他多數的自傳性文章中，也重複描述著內村對他的信仰形成有著極為重要的意義。這裡所引用的是多年後的回憶，是在內村鑑三死後（昭和五年三月）所寫的〈導師的內村老師〉短篇追憶文，內容如下：

「請容許我寫小時候的事。大正二年十月，我的信仰生活尚處於萌芽階段時，我的父親沒有進入信仰就離開人世了。信者將會得到救贖，但是不是信仰者的父親，死後的命運會如何呢？我陷入難以言喻的煩悶與不安之中。終於下定決心，於某一天晚上前往請教內村老師。老師說，他也不知道。過了一會兒，老師又說了，諸如此類的問題，不可以急於一時就想解決，在長時間進行的信仰生活中，自然會獲得微妙的解決之道。接著老師又說了，無論如何，你先牢守你自身的救贖吧。崇拜著老師，又擅自想像著老師對於信仰問題應該無所不知，就前往討教，然而老師卻用非常極端的說法說出了我的無知。就如冷水三斗，澆得我眼睛都睜開了。就是因為老師的這些話，讓我追求到上帝。假如年輕時沒有從老師那裡領受到這些闡釋的話，我的信仰可能在眼睛都還未張開下就結束。而且這就像從一場很有深度的信仰生活實驗中出來一般，這時老師的忠告成為我往後的支柱。」（《全集》第二十四卷四四二頁）

這是事隔一年後的回憶，所寫的是內村鑑三是位將弟子直接與神連接起來的優越老師，大致看起來的確如描寫一般，但是忠雄並不是單單因為內村鑑三的這些話，就睜得開信仰的眼睛。為了要睜開眼睛，忠雄內心本身必須要經過一段深遠的痛苦。雖然文中寫著：「就如冷水三斗，澆得我眼睛都睜開了。」但是忠雄實際上是經過一段長時間痛苦的時期，眼睛才慢慢地睜開的。

並且在往後的幾年，忠雄更仔細地回想當日訪問內村的情形，將其寫成以下的文章。這是昭和二十八年刊行在社會思想研究會編的《話說吾師》中的一節：

「當時老師因主張門戶封閉主義，因此不常接觸人群。老師常將慕名而前來的崇拜者擋在家門口，並以妨礙研究為理由，再三在雜誌《聖經之研究》上刊載拒絕任何訪問者，寫作或演講的請託，還把這些話貼在門上頭。我打從心裡敬仰老師，順從老師的話，相信敬愛老師之人所選的道路，因為是個人的問題，所以絕對會避免造成老師的困擾。針對聖經所教的東西，我也不敢直接地詢問老師。換句話說，我和老師之間有著常設的三尺距離。因此即使我已經加入老師的聖經講座滿兩年了，我也沒到老師家拜訪過一次，也沒有單獨地跟老師說過個人的話題。這個一直非常客氣的學生，居然毫不考慮就跑去拜訪老師，老師應該了解到那個問題對我來說是一個重大的危機吧。

老師現在在家，請馬上過來會見。我在告知來意後，仔細傾聽的老師只斷然說了一句話：『連我都不了解啊！』老師鼓起了臉頰，像鷲一般的眼睛轉向窗戶的方向去。就在這樣的沉默中渡過了數秒。再這樣下去也不是辦法，我站了起來，恭敬地向老師鞠了個躬，正想要離去。這時，老師叫住我，言語轉為清柔說著，假如自身能長期處在信仰生活下，總有一天，那個問題不用去理解，就可以自然地解決。老師教導到，即使遇到自己不了解的事，也不可以捨棄信仰的腳步。

走到外面後，我心中存在著大大驚嚇與鬆了一口氣的心情。對我來說，『老師也有不知道的事』，著實是一個令人驚訝的發現。然而這樣的老師將我的眼睛直接引向神的面前。這個時候，老師即使用盡各種話語來試圖說明，也一定不能讓我的心得到一個滿足又完整的答案。『連我也不知道』這樣的一句回話，勝過千言萬語的回答，這句話為我開啟了非常好的解決之道。」（《全集》第二十四卷四九〇頁）

在這裡雖然敘述到老師的一句「連我也不知道」，將忠雄的眼睛直接引領到神的跟前，並且為他指出一條「非常好的解決之道」，但是在達到這樣的境界之前，忠雄必須通過好似再也看不見神的重大危機，因此並不是內村的一句話就讓忠雄的眼睛一夕之間直接看見神。老師的一句「連我也不知道」，只是讓忠雄暫時先鬆下一口氣，實際上他還是繼續煩惱著有關父親死後的救贖問題，繼續悲嘆著自己的罪過與信仰的微弱，然而就是要透過這樣的嘆息，才能真正找出直接看見神的「非常好的解決之道」。

大正二年秋天到冬天這一段時間的日記中，充滿著更加強烈的喪父悲痛，及悲嘆信仰是如此脆弱的悲觀論調。但是忠雄在悲嘆自己信仰脆弱的同時，還是遵照著內村鑑三的教誨，繼續踏在信仰的道路上，在每個禮拜天的內村鑑三的聖經講座上，他從不缺席。在上面所引用文章後面是這樣接續下去的：

「大學的四年之間，我離開家裡，住在一間面向代代木八幡之丘，名叫『堀江園』的木屋裡面。

現在那裡的土地已經被分成好幾塊，已經看不出當初的整體形狀了。但是原本的堀江園是一間庭院裡有菖蒲池、繡球花花壇的閑靜場所，只是交通不甚方便，到代代木車站徒步要花二十四、五分鐘。當然，那時候沒有現在的小田急線。我每天都從這裡往來位在本鄉的大學，星期日則花一整個小時，徒步往來到位在柏林的今井館。雖然有沒有出席大學課程的時候，但是去柏木沒有休息過一次，即使大學上課遲到，去柏木則絕不遲到。就這樣，我在內村老師的膝下，認真地領受著聖經的教諭。」

以下來談談忠雄的大學生活。他在大正二年九月進入東京帝國大學法科大學(現在的東大法學部前身)的政治系就讀，大正六年三月畢業。當時的大學學制是四年制，學年是九月開始、七月結束，但是在忠雄的最後一個學年時，制度改變，學年改為三月開始、四月結束，因此忠雄該年次的學生被迫縮短在學期間，原本應該在大正六年七月畢業，卻變成在同年三月就畢業了。下面文章開頭說到「大學四年間」的大學生活，其實只有三年七個月。在大學生活中，與充滿各種感激與波瀾的高中生活不同，充滿了單調孤寂。大學課程對忠雄來說沒有多少吸引力。往後在忠雄離開東大校長一職時，將經濟學部的大塚久雄教授當成「聽眾」，詳細說了《我所走過的道路》，其中對於大學的回顧如下：

「矢內原：在成為大學生之後，新渡戶老師沒有成為經濟學部的老師，那個時候……

大塚：是法科大學經濟系。

矢內原：新渡戶老師是經濟系的教授，我跟他學了殖民政策。在那之後的塞利．格曼(Seligman)《經濟原論》、亞當．思密(Adam Smith)《國富論》等知識，都是從老師那裡學習到的。

在大學眾多老師的課程中，對我來說影響最大的是，新渡戶老師的殖民政策與吉野作造老師的政治史。吉野老師課程中，所謂的近世民本主義之發達，用現在的角度來看就是民主主義。在政治史的課程，有一次老師講解歐洲立憲政治與民本主義的發達，更有一次以墨西哥革命這樣更具體的事例來進行闡述。我認為這非常地有趣。總而言之，也就是美國的、嗯……現今的帝國主義，為何美國的帝國主義會使墨西哥掀起革命呢？之所以會對這種問題感興趣，大多是受了老師的影響。另一方面，新渡戶老師的殖民政策，是站在人道主義的立場來解說的。不論是吉野老師還是新渡戶老師，在兩人身上都看不出德國派那種縝密的理論體系。這兩個人，給人的就是討厭這種思考模式的樣子。然而，像我這樣不管好的還是壞的，都被影響到了。」（《全集》第二十六卷十九頁）

吉野造作在完成三年之久的歐美留學，於大正二年七月回到日本，忠雄在學期間正是吉野剛歸國後銳氣正盛之時，也正是他開始大張旗鼓地將高尚民本主義思想在媒體上炒熱的時期。吉野於大正五年一月，在雜誌《中央公論》上發表的論文〈論憲政本義與到達其極盡之美的道路之法〉的內容，更成為大正民主主義的重大指標之一。之後還會更詳細論述大正民主主義與矢內原忠雄的思想之間的關聯。在這裡所要注意的是，在這大正民主化的濫觴之期，矢內原忠雄在大學生涯中，從吉野這個理論提倡者身上受到多麼大的影響。換句話說，也就是忠雄是跟著大正民主化一起茁壯成人，並且在他的思想中形成了這樣的理念。

之後，他回憶起新渡戶老師的殖民政策課程，寫了以下一段話：

「總是臉色溫柔的老師，在那一天的課程中提到臺灣的佐久間總督，去討伐在山中過著平穩、與世無爭生活的蕃社事件時，我永遠都忘不了老師突然握起拳頭向講桌敲下，滿臉憤慨，講到激動之處身體還會豎起來的樣子。」（〈新渡戶老師的學問與課程〉，《全集》第二十四卷七二三頁）

矢內原忠雄在之後接下了恩師的課程，繼續講授殖民政策，在忠雄的殖民政策研究中，不難發現以新渡戶教授「人道主義立場」為基礎所培養出來的思想。此外，在上述與大塚教授的對談裡，矢內原忠雄有提到，新渡戶稻造與吉野造作皆不是「德國派那種縝密的理論體系」，並在對談中提到自己也有受到影響，雖然這暗示著鑽研殖民政策的矢內原忠雄的學風是屬於實證主義派，但這還須要進一步考證。

從上面所引用的對談可得知，在當時的東大還沒有所謂的經濟學部，法科大學裡只有法律系、政治系、經濟系三個系而已。其中，經濟系屬於新設立，力量仍還很微弱，而最強的科系為法律系。法律系畢業的人都是背負日本將來的精英份子，因此應被賦予官職，這在當時是非常普遍的想法。但是忠雄打從最初開始就沒有想要踏上官途。雖然在大學入學時，忠雄完全沒有想過將來會變得如何，但是在一高時經歷了新渡戶校長的教化，與滿州旅行時的所見所聞，使他想要學習日本的經濟問題、財政問題，並朝著這個方向想要對社會有所貢獻。因此他以經濟系為第一志願交出申請書，但是在辦理入學手續時，從經濟系變更到政治系。其中的來龍去脈可從忠雄的個人文集《雨聲蛙聲》裡一篇名為〈雨的安息日〉文章窺得一二。這是大正三年十一月十五日，忠雄大學二年級時的紀錄，內容為上午他出席內村鑑三的集會，下午他與好友三谷隆信一起散步的事：

「在我們倆之前出現了有關前途的話題。雖然我沒有什麼在考慮這件事，但是最近一直被問到『你要當學者，還是走實務路線』這樣的問題。事實上，我其實根本都沒有考慮。但是，我成不了學者的。我的語學造詣很糟，再加上我毫無成為真學者的素養。用考試分數是看不出學者素養的。說到學者，像三谷兄弟〔隆正與隆信〕這樣的人最合適不過。我非常懷疑像我這般感情用事、膚淺的人，是否真的可以做出真的研究。但是說實在的，實務路線野不是我擅長的。我左思右想，好像只有

『辦事的人』適合我。

雖然常常聽到經濟系幼稚，政治系雜亂，能穩穩站住腳步的只有法律系這樣的說法，但是可以確定的只有：法律確實是一門老舊的學問，因此被整理得最完整。但是讓我下定方向的最大力量，來自於一高時期快要結束時，新渡戶老師那場有關日本財政的演說。因此，我想要為日本財政貢獻一份力量，所以我開始以進入經濟系為目標。但是，這個系怎麼看都給人很枯燥無聊的感覺，所以我轉向政治系。我之所以沒有轉向法律系有兩個原因，一是我討厭法律，二是我還是保留下了當初為了日本財政的這個初衷——但是，我想政治和算錢是我最計較的事情了。

我不知道我將來會從事何種工作，現在也沒有特別想要做的事。但是，我想神恐怕會在我負擔得起的範圍中，給予我一個適當的工作。就作為一個信奉神的人，在一個被神的標記所蓋上的客廳中生活下去吧。不論是學問還是實務，重要的是要懂得去闡明神的真理，這才是我的任務與心得。假如我做著能力範圍之內的事，神的恩澤恐怕在我都沒察覺到的地方就收到效果。」（《全集》第二十七卷四九〇頁）

忠雄後來如最後所述的狀況，被賦予了職業。他成為東大經濟學部的副教授，然而這是在他自己都沒有察覺下就被安排好的職位。在之後，他作夢也沒想到他會賭上這份工作與軍國主義對抗，然而這也是他對於神與國家所賦予的任務，所做出最好的履行。

上面引用的文章是在描寫忠雄大學二年級的感想。隨著變成三、四年級生，他對於將來的職業或是抱負的想法都逐漸定型。所謂的定型的抱負是，不以官僚而是以平民的身分前往朝鮮，站在基督教的立場為朝鮮的民眾工作。對於忠雄的這個想法，後面將會有更詳細的解釋。然而，現在必須回到大學入學當初的忠雄，回到向內村鑑三討教有關父親死後的救贖，但沒有獲得解決之道而繼續煩惱的忠雄。

忠雄是於十月二十七日前往訪問內村鑑三，翌日他依然列席於今井館的集會。他在那天的日記中寫到：

「啊啊！在這個信仰的殿堂裡，只有我一個人懷抱著充滿烏雲的心坐在這裡。如今在我心裡已經沒有祈禱的心，對於神的愛也逐漸遠離。我抱持著處於沙漠一般的心，坐在此堂與神接觸。我將自己的臉鑽進自己的影子中。」

「啊啊！我與神相差很遠，我是個罪惡深重的人，我是一個罪人啊。啊啊！為何我對於神的思念的眼淚乾枯了。我對父親思念的眼淚，比我對於神之愛的哭泣還要多。」（十一月二日）

「啊啊！我現在一想到父親的身體苦痛，我就會感傷，但是我完全沒有想到有關他的靈魂救贖問題，聖靈的力量已經從我身上消失。啊啊！變成一顆完全褪色的心。」（十一月二十六日）

「在內村老師那裡聽了『耶穌系統』。雖然感佩老師的眼神已經超越紙張而來，但是當下沒有信仰的我只有不得已地發呆，並且在自覺到我沒有信仰的同時，還萌生去追求其他信仰的愚念。我現在是否完全喪失了我的祈禱心呢？」（十二月七日）

然而就在此時，今治家鄉的一封信寄到忠雄手上，裡面告知忠雄，哥哥安昌與弟弟啟太郎因染上急性傳染病，高燒不退，住進了遠離村莊的隔離所。

「啊啊！我家又增添了不幸，該如何是好？又要持續一直以來的那種痛苦了。」

忠雄就這樣邊想邊落淚。

「一想到祖母和弟妹們的事，我就忍受不了。而我現在連祈求神保護他們的勇氣都沒有。我真是悲哀啊，我已經快要受不了了。」

忍受不了的忠雄，本來預定在最初的寒假不回家鄉，但是他突然決定回家一趟，在十二月二十四日，他回到了孤寂的家。回顧從一高畢業到進入大學這一年的生活，他寫下：

「這真是公的生活多事，私的生活也多事，高潮迭起的一年。但是這年的結束又有無名的落寞，我過於責罰自己的罪過，過於感受到自身的渺小，因此倉田同學的文章裡、石本兄的書裡，感受到我私的生活中大幅度的畏縮感。因為父親的過世而產生對父母救贖的疑惑，使我成為不信之身。如今我也還未意識到對於病痛等事能賜予愛憐的神，因此沒有為兄弟祈禱的心。我不像父親生病時邊哭邊祈禱，我現在以一顆灰色的心，冷淡地看著『命運』這臺車的迴轉。」

因急性傳染病而進入避病舍的哥哥和弟弟，幸運地康復回家。但是對於忠雄來說，這是一個灰暗的歲末，索然無味的新年。

「一月一日　星期四

在我的心裡，現在毫無年初的感覺或是設立一年計畫的念頭。想一想去年後半年的慘澹，公生活的損失，私生活的損傷，這使得我以空寂的心來迎接今天這個日子。充滿誇張與偽善的空寂之心。啊啊！這件衣服一直破到變成赤裸露出身體還比較快活。我這樣貧瘠的生活，該如何繼續下去。」

忠雄感受到自己的信仰成為零，感覺到自己就像死人一般活著。但是懷抱著灰暗的心自嘆離神遙遠的他，說不定事實上是最接近神的人。

17 堅定的基督信仰——安息日

黑色硬塊

黑色的硬塊
淺藏在我胸深處
棉、紙、碎布
重重包圍

世間的人不知此硬塊
我不知我為此硬塊而煩惱
我不知那就是我罪惡的源頭
相反的卻認為他是角落中的一個人

但是我只知這個硬塊
神卻知其黑暗
在深紅色的牧師心裡
我獲得了同情

捨棄洗去
即使我想進入清澈的信仰
難以除去的黑色硬塊
屢屢困擾我的心、我的行動，屢屢玷汙

啊啊！我沒有
拔除這個硬塊的力量
我沒有善行
我等於零

我苦悶於這個硬塊
我對這個罪惡嘆息
我什麼都做不了
主啊拯救我吧

這是忠雄於大正三年二月二十六日所作，後來寫在第二本文集《若草》中的詩（這首詩並未收錄在《全集》中）。自前一年父親過世以來，他失去基督，在他心中產生有關死後救贖的疑問，這些疑問一直帶著不安、焦慮與沉寂追趕著他。前一節中也記述他以這樣慘澹的心迎接新年。這樣的情形持續了一段相當長的時間，連續好幾日的頭痛困擾著忠雄，醫生診療後判定為神經衰弱。

「仔細想一想，這幾個月來我變得空虛，沒讀聖經，也沒有禱告，會變成現在這樣是應得的。」（一月二十三日的日記）

雖然感到自己的空虛，但是忠雄一直以來都遵照著內村鑑三的教誨，沒有離開信仰半步，現在的他只是在等待了解他所有疑惑的日子到來而已，當然並不是只有呆呆地等待，必須將自己的空虛、無力、對於罪的煩惱，全部直接面向神。在上面那首詩中，就充分表現出這種想法。只有在自覺到罪惡深重時，「主啊拯救我吧」這一句話，就會變得有千鈞之重。只有在嘆息自己的信仰歸零時，他才是頭一次相信到神的救贖。「連我也不知道」這一句內村的話，將忠雄的心直接引領到神的跟前了。

在寫〈黑色硬塊〉的同時期，也寫了一篇題為〈近來的我〉和一篇〈耶穌的信仰〉的文章。這兩篇都是《若草》中的一部分，前者收錄於《全集》第二十七卷中，後者則是未發表。然而，這兩篇文章中的他，終於脫離數個月以來內心的沉重，達到比之前更為深沉、更加確信的信仰理念。

前文記載有關父親死後救贖的煩惱，寫到想和耶穌有更親密的接觸，他提及：

「此刻的自己。無聊的自己。沒有用的自己。雖然無聊，卻為心中尚有敬愛耶穌的心感到雀躍。今天在屋旁聽著鳥鳴的同時，我看見了這樣的自己。」

後文中，忠雄提到：

「雖然一提到基督教信仰，聽起來就相當困難；但是一提到耶穌的信仰，我就能輕易了解。如此一般，我是相信耶穌而不是相信基督教。」

而忠雄強調他與耶穌間的親密接觸如下：

「不用絕望，悲嘆信仰衰弱的人。你們想著自己的骯髒，想著一樁小事，而變得無法抬頭挺胸走路，連跟有信仰的朋友在一起都會害怕的人啊。你們骯髒的心、微弱的信仰，其實都還是神之愛所籠罩下的東西。不，應該說是因耶穌的愛而睜開了眼睛，所以才能悲嘆自己信仰的微弱。」

就教義來說，單單只有愛慕耶穌的心，或是只有在夢中才能與耶穌親密交往，這樣的基督教信仰是十分不足的。但是看看忠雄，他切實抱住了對耶穌那份真摯的愛慕，或是說不擁抱不行了。然而就因為如此，他的信仰大步向前邁進。忠雄隨著對自身內心的要求，也開始渴望耶穌的愛，同時在每個星期日，藉由內村鑑三的聖經課程來學習信仰。如前所述，他即使不出席大學的課程，也絕對不缺席在內村鑑三的集會。他有著深切的內心要求，再加上優秀的信仰導師的教導，使他的信仰日漸堅定而屹立不搖。

「心的貧瘠是基督徒不可缺少的東西。越因感到自己的罪而痛苦的，就是越純粹的基督徒。

但是這並不是要將心弄得衰弱不振，也不是要成為除了哭之外別無他法的基督徒。基督徒的心是，只要有關自己的罪惡，即使是微風也要奮戰，只要是關於神的力量，即使是不能翻越的泰山也要克服。要變弱才能成為強者，弱就是所謂的強者，這就是基督徒。

變強、變得強健、變得樂天。

在山頭與崗嶺放聲歌唱
原野中的某一棵樹將會拍手附和你
如此一來我們就會快樂。因為聽得福音，所以快樂。」

這是忠雄寫於五月三十一日，文集《若草》中一篇名為〈破碎的雲〉(未發表)的文章一節。隨著信仰逐漸堅定，在這年秋天所寫的〈救身、救家、救國〉、〈燒盡一切的火〉中，可以見到高揚充實的強烈信仰。(兩篇都收錄在第三本文集《雨聲蛙聲》與《全集》第二十七卷中)。特別是前文，敘述著無法將基督教傳給父母為首的家人，現在也還未傳達的悲哀之情，但仍強忍著繼續禱告，這樣的思想更可以與往後為了「救國」而與法西斯戰鬥的立場聯想在一起。以下是文章中的一部分：

「有句話說，藉由信仰來下命令的話，連山都可以移動。然而演變成這樣的話，由神所創造出來的人們的救贖，不就得依神的喜好而決定了。一個人有信仰的話，他的家人就會得到拯救。只說家人好像不足，國家也是一樣，由一個人的信仰，全國的人就可得到拯救。今天在柏木研究了以賽亞書(Isaiah)第三十七節。以色王時期的亞述王——西拿基立(Sennacherib)率領大軍包圍耶路撒冷。那時候，身為平民的以賽亞的信仰傳到了壹賀巴的耳裡，不就拯救了猶太人嗎？由此可以知道，一個人的信仰力量有多麼大。但是，猶太人的救贖不是在以賽亞祈禱後就馬上顯現。可能是因為黑死病的緣故，在這三年後，黑死病在亞述陣營中屠殺了十八萬五千人。而西拿基立在這之後二十三年時被刺身亡。以賽亞的預言雖然實現了，但是一個過了三年，一個過了二十三年。神會在預先定下的時間裡，將預言付諸實現，但是時間是在這信仰的祈禱還能停留在你耳際的時候。相信神一定會將這個實現而不斷祈禱的行動，就是所謂的信仰。信仰就是能將看不見的東西成為真實。祈禱時，不能期待會有立即的效果。聆聽神的寓意的信仰，以及神見到好事時會給予實現的信仰，這兩種信仰缺少一種的話，祈禱就只不過是一種習慣而已。」

幾年之後（昭和十年），矢內原忠雄藉著以賽亞書的講解，阻止了與法西斯之間的戰爭，他就是藉由「國家也是一樣，由一個人的信仰，全國的人就可得到拯救」的信仰，在為日本禱告吧。而這種信仰的原型，在他二十一歲寫的上述文章裡，已經可以看得非常清楚。處處為家人著想的忠雄，透過家人救贖問題達到了這個信仰，而賦予這個信仰明確指針的，則是在柏木的內村鑑三的聖經課程。

大學裡的課程，對於忠雄來說毫無吸引力，但是一到星期天，他就充滿著熱忱，花一小時以上走路到柏木。在柏木今井館裡的聖經研究會成員，大約有三十名左右，每個人在來之前都會背好各自聖經中的短句，來了之後在大家面前朗誦。忠雄也努力地背誦。內村鑑三那門力量內斂卻又強力的聖經課程，啟發了忠雄，在聽內村的話的過程得到安慰與鼓勵，因信仰而睜開眼睛的忠雄樂在其中。同時，在星期日，忠雄所期待的是與前來集會的好友們一起吃中飯，與信仰的朋友說上一整個午後的話，一起走到武藏野。只有星期日對忠雄來說是真正快樂的日子，就如安息日字面上的意義一模一樣。在星期日午後一起散步的朋友，主要有學長川西實三、三谷隆正、高木八尺，同年級的三谷隆信、宇佐美六郎，小他一年的學弟金澤常雄等人。

例如在五月三日（大正三年）的日記裡寫到：

「宇佐美也一起在三谷的住處吃午飯，之後散步越過上水到我的住處來玩。小信在傍晚時就回去了，宇佐美則待到晚上九點左右。在聽了阿爾卑斯的話題之後，感到十分有趣。能幸運地有時間、金錢、朋友的話，在大學時期真想去看看。」（去阿爾卑斯的夢想，在隔兩年後的夏天實現了。）

接著在五月十七日的日記裡：

「今天是安息日，是快樂的日子。從內村老師那裡與常雄一起回去。他在我的住處玩到傍晚才回去。連續下了二十三天的雨，終於在傍晚停了，看到了久違的星星。相互討論信仰、靈魂的話題，真是無可比擬的快樂。對我來說，在禮拜天早上聽老師的話語，下午又與志同道合的朋友談論信仰等事，是最快樂不過的。在綠蔭下散步，想著今天常雄的來訪，真是打從心裡感到快樂。」

在這年完成的「十一月十五日的日記」中，〈雨的安息日〉的一部分已經在前面引用過了，現在引用的是另一部分：

「因為雨下的太太，我到小信（三谷隆信）的住處避雨，並且在那裡吃了午餐。三點半左右，離開他家到了外頭。我們倆被雨後的天空吸引，我和小信就散步了起來。與信仰的朋友一同散步，有種說不出的愉快。

稍微看得到山峰，天空的雲朵非常地美麗。富含水氣的雲朵，吸進夕陽的光輝後閃著紅光，路上的小水窟也因此變得紅通通的。此時想到詩篇第十九篇。

整片天空都充滿著神的榮光，

穹蒼正是他顯現的神蹟。

雨後的雲朵因夕陽的光輝閃閃發亮，被架起的寬大彩虹正是『神蹟』顯示『榮光』的產物。

我說：『即使物質文明再如何進步，不論要將天空作為畫還是要拍成相片，都無法將像現在的天空留下來。』

小信回答：『放心好了。』

在我心中讚美神的宇宙之情油然升起。」

一年後，大正四年某個秋天安息日，忠雄寫下題為〈秋的安息日〉的文章，收錄在第四本文集《光之室》：

「回程通過十二社回家，最近的星期日大都是一個人。沒有人來訪，我也沒有必須去拜訪的人，我一直都想著，如果能和心靈的好友一起渡過安息日，那該有多快樂。今天本來想約小信的，但是天氣不好，所以最後沒說出口。

但是要回去的時候，天氣轉好，陽光美麗。一個人拿著手杖到平常的散步區，雖說每個星期天都走這裡，但是不論何時，這裡的景致都很美。大山園裡的菊花真是美麗。之後來到了上水，看了平常所見的山峰，再看了些羊，於五點左右返家。

夜裡寫了四、五張的明信片、日記與這篇文章後，滿足地就寢。」

在這之後，他寫了以下這首詩，雖然有一點長，但是可以窺見矢內原忠雄那宗教性自然派詩人的一面。但這首詩並不是為了要發表而寫，而是像日記一般的詩而已：

我所愛的小小牧場
在上水、看得見山的地方
在大波斯菊綻放的地方上
五、六頭羊在玩耍

危險的腳邊、遠離世俗的臉龐
將白鬚托付給秋風
咭咭咭地叫聲中
和睦遊玩的一群羊

十隻左右的雞
也在同一塊地方遊玩
雞不怕山羊
山羊不去追雞

所謂「牧場穿著羊毛衣」

壯大的遠眺
接受暖和的秋陽
平和充滿在小小牧場

我所愛的天真的
山羊與雞群
每當安息日，我就會到這裡
看看這小小的庭園

今天亦是一個美麗的秋日
可以看見富士山秩父的群山
上水的堤防遮住了風
讓我可以直視著我愛的山羊

啊啊平和，啊啊率真
沒有神的恩惠的話
不論是山羊還是雞，還是在旁看的我
都不會有至今的幸福

我愛自然
我好山羊
快樂在我心滿溢
我不想離開此地

看啊那邊的牧童
帶來了晚餐的飼料
山羊低著頭聚了過來
雞則是啄著掉下來的飼料

傍晚的雲染紅了富士的時候
傍晚的風向皮膚吹著寒風
我向山羊告別
——今天又花了一小時和他們渡過

啊啊我睜開眼睛看到此美景
感謝賜予我看得見自然

對山羊對山羊我也敞開心房
感謝看見神的愛

遠離世間的鬥爭
遠離人的虛偽
高興地回歸自然
沐浴自由陽光得愉快

但是最高興的是
與敬愛聖靈的朋友一起
觀賞自然讚美神
——人想要能在心靈交往的人

於心靈交往的朋友！有了這個
大自然會變成使人雙重快樂的東西
沒有這個，不論是雲或是羊
對我來說都是寂寥之物

於心靈交往的朋友！與這個一起
歌頌神是多麼地快樂
沒有這個，向神祈求一事
幾乎是不可能

忠雄在大正四年十月三十一日寫下這首詩。他又在大正五年的春天，寫下快樂的安息日文章〈快樂的回憶〉（收錄在第五本文集《幼兒之死》，未發表）：

「雖然是往事，但是因為是個太快樂的回憶，所以將之擺在序裡。比起往年，在這個春天，我可以更高興、更愉悅的心情，來看這個天地新裝時期。讓我高興的事發生在四月十六日安息日，當天在柏木結束摩西的話題之後，我與小信、小六（宇佐美六郎）、西川等四個人，溯著上水堤防而上，邊走邊賞花到井之頭。東京人也不知的上水堤防的櫻花，彎曲的上水，倒映其上的草影，漂浮其上的花瓣，櫻樹列、白蓮花、麥田，看著這些不

> 知發出了幾次『真好啊！』的驚嘆。小六有事，西川因鞋子咬腳，兩人就從上高井戶搭乘京王電車回東京了。小信和我則是前往井之頭。小信說：『都專程到了這邊，不坐一下火車太可惜了。』井之頭的池子比平常好看多了。那時正是傍晚，加上又下雨，人都回去了，沒有半個人。藉著池畔邊剛發芽的草，隔開了水鳥的叫聲，綠色林子裡的樹木靜靜地站著，寂靜就好像滲入我的身體裡一般，因為空氣很潮濕，所以可以想像出周圍的綠色染到了皮膚之上。我想應該沒有可以超越與朋友一同遊玩的愉悅吧。」

藉由多數的引文，用不著說就可看出，忠雄從星期日早上內村鑑三的講談中，學到很多有關信仰的事，而星期日下午與朋友一邊談論信仰，一邊漫步在武藏野的大自然中，使他打從心底快樂。往後在他舉辦聖經研究家庭聚會時，就常常在星期日下午，與集會的人一起在武藏野散步。他真的非常喜歡大自然，更喜歡散步。

信仰向前，安息日在快樂中渡過。但是在大學時代，忠雄的身邊不盡然全是快樂的事。相反的，他被許多不幸所包圍，特別讓他煩心的是，在父親過世之後，家裡的狀況。

替家人著想的他，為了年邁的祖母以及幼小的弟妹，離開了大學，甚至離開了柏木的聚會，離開了友人，離開了武藏野的大自然，回到了故里。

18 代理戶長

忠雄渡過了信仰危機，他在獲得了比以前更強烈的信仰之下，迎接大正三年的歲末。這個歲末感想以〈除夕漫筆〉為題，收錄在他的第四本文集《光之室》之中。（《全集》第二十七卷）

「大正三年差不多要結束了，三百六十五天中，沒有發生影響自己生活的事件平安渡過了這一年。今年過年，哥哥和弟弟預計從避病舍歸來，真的要熱鬧歡心地迎接他們。今年的夏天，為了兄長的事已經非常混亂了。對於世事比起普通人都還要寬心的我，在聽了為迎合欲望觸角般的蝸牛式世俗話語後，都感覺到非常的不悅與憐憫。」

所謂「兄長的事」指的是，在父親謙一去世後，理當由長兄安昌繼承這個家成為戶長，但是安昌與祖母等親戚們間，在遺產使用方面發生意見摩擦一事。謙一去世時，忠雄的妹妹悅子十六歲、千代十四歲、弟弟啟太郎十一歲，祖母雖然高齡七十六歲，身體還是非常健康。二十歲的忠雄身處東京求學，二十二歲的安昌則是站在要負起養活這一家人的位置。前面已經敘述過了，安昌在父親臨死之前迎娶妻子入門，在父親過世之後，更擔起支持一家的戶長這個重責大任。

忠雄在日記寫下對兄長支付學費的感激，並且向兄長身為戶長的辛勞致敬。安昌本應該在大正二年入營服兵役，但是因為染上急性傳染病，所以入營時間延期到翌年。沒有固定工作的安昌，想利用父親遺留下來的遺產做些事，因此向各式各樣的事業伸出觸手，但是因為人太好，所以一直被欺騙，至今沒有成功過。祖母嘆息道：「這樣下去，家產會耗盡啊！」親戚們也一直責備安昌。忠雄非常同情這樣的兄長，他認為重要的不是「守護財產」而是「愛人」，因此他對周圍那些不尊重安昌的性格或意見，就責罵他的人感到反感。這就是上面文章所寫到的「都感覺到非常的不悅與憐憫」的意思。忠雄認為即使財產散盡，也想要讓兄長用自己的步調走下去。「為了兄長的事已經非常混亂了。」這個大正三年的暑假，忠雄針對此在第三文集《雨聲蛙聲》中寫了幾篇感想文，不論上述事件還是忠雄的心情，都可從這幾篇文章得知，在此引用在暑假尾聲所寫的〈今年的夏天〉中的一段文章：

「這個夏天給了我新的人生訓示。多少世間之事在我眼前一一展開。以前和樂融融的家，至今卻演變成祖母日日以淚洗面。在此眼淚面前，我們感到無限傷悲。家的興亡隆替是世間必然之事，我並不為此感到悲傷，但是我非常心疼祖母，也非常心疼長兄。假如為了挽回兄長，我一開始就下定決心，必要的話這棟房子沒了也可以。我從沒有想過要分到一點財產。我決心不侍奉財神。用不著說，宣傳福音比起分配財產給弟妹們還要重要。但是做到如此，我想我會徹底體認到愛的不足。明白地告訴我，『你們沒有同時侍奉神與財神的能力』、『在這之前應追求神的國度與其意義』這些意義的這個暑假，對我來說是個值得高興的暑假。」

這是忠雄對於財產問題的基本想法。兄長安昌於大正三年秋天起，進入松山的聯隊服兵役，因為他當初志願去當幹部候補，再加上訓練，使他退伍回到家時已經是大正五年了。沒有兄長在的家的狀況，可由忠雄於大正四年暑假期間寫成的〈渡過假期〉（收錄於《光之室》）這篇文章得知：

「雖然往年的休假大都很無聊，但是今年就沒那麼痛苦了。的確，以前因為以讀書為首要，所以常為家裡的事造成的阻擾感到不悅，但是又因為很快就膩了，所以今年以家裡的事為首要，卻讓我過了不無聊、有趣的日子。

兄長剛好在服兵役，所以我自然就成為代理戶長。但是萬事小心的祖母，把家計之事全交給嫂嫂負責，我的工作只是做粗活和一些不怎麼重要的事而已。只有在悅子入籍時，向裁判所申請親族會議召集許可這件事上，才是我活動的舞臺。有關於櫻井的田的紛爭，因為過於複雜又是相當討厭的事，所以我沒有插手太多。

我是代理戶長兼下人。我喜歡在田裡的勞力工作，再加上看到年邁的祖母在工作，不得不去幫助她。但是祖母卻反過來幫我，太陽太大時，還命令我去休息。

戶長的工作沒有想像中複雜，這般百姓的工作還真不錯。想想假如我變成要繼承家業的話，畢業之後我就會回到這個家當百姓。田園生活的快樂、播下去的種子發芽的喜悅，自己種的菜變成飯桌上佳餚的愉悅，南瓜或是茄子比起魚等等是好吃幾萬倍。……

我這樣說著的百姓工作，有一半都是想著好玩罷了。但不論是煩人的戶長工作，還是充滿汗水的百姓工作，我真的盡可能地想再深入做下去。想要試試看盡全力去做祖母所交代的事情。……我忘不了故鄉，又深愛我的家人，在這個假期中，我非常不喜歡把自己定位為一個大學生。我是松木的一位青年。我在腦中沒有把自己當成一個學生。汲著水、背著土，到附近埋葬不幸遇難的人時，我的腦中沒有民法，也沒有行政法。這代表著我活在當下。

我的家庭生活非常愉快。雖然村人們常在講著父親的事，但是我的家中還頗為熱鬧。雖然祖母在悲嘆不幸與沒錢時，我也會難過，但是祖母也常樂觀地跟我說一些有趣的事情。在祖母之下的長幼排序為我、嫂嫂、女傭、千代、啟、還有非常幼小的美代子「安昌的長女，當時出生九個月」，老人和嬰兒和年輕人的家，充滿歡笑的家。……」

這段文章接下去為「與往年假期不同的最大特色，就是我的社會性活動」，特別寫到他出席今治教會會堂主辦的學生基督教演講會，忠雄以《基督與世間》為題發表了「比較激烈」的演說。那是因為親戚對忠雄的將來，說出「想要有錢就當企業家，想要地位就當政治家」這樣的話，這讓忠雄感到世間人們的想法中，不外乎金錢、財產、權力萬能，因此在演講會上說到：「我希望早早回家呼吸那裡的空氣，因為我現在非常憤慨，所以在我的演講中，罵了世上的人、世上的政治家、世上的宗教家。」這場演講因為是忠雄第一次在家鄉表示自己是基督徒，因此對他來說意義非凡。他對於在大多數人都不了解基督教為何物的鄉里間，獲得了闡明「耶穌」的機會而感到高興：

「在我獲得機會時，，我不會只是單純闡述耶穌的福音，還要在毫無恐懼之下，表明自己是基督徒的事實。沒有比這次更好的機會了。在某個意義上，這將是踏出的第一步。今後再被賦予這種機會時，希望我也不會逃避，不為了自己的無知，也不會有了安逸卻為了自己的懦弱而逃避。」

不只是基督教，只要確立自己的信仰之後，想要將自己所相信的信仰傳達給他人，是一件必然的事。而忠雄信仰導師內村鑑三的「無教會」立場所強調的是，不論職業，每個人應該都是傳道者。忠雄在獲得信仰的同時，他就想向每一個人傳達。替家人著想的他，希望最先把基督教傳達給家人，為了實現這個願望，他熱切地祈禱著。想要傳道的心情反覆出現在他大學時代的日記中，然而集大成的文章是收錄在第四本文集《光之室》的〈梅花隨筆〉中的〈傳道〉一文。這篇文章寫於大正四年三月：

「今天在柏木，老師藉由使徒行傳第二章第十四到二十一節，告誡我們這些信徒一定要成為傳道者，不論我們的avocation〔職業〕為何，我們的vocation〔使命〕是宣揚福音。老師說了，我們若只是為了自己而來聽取福音，而沒有擁有成為傳道者的心的人，下週開始請停止來柏木，老師的這番話值得我們深思。

啊啊！傳道，特別是家中傳道，這是我聽道以來第一次做出有關這樣的禱告。父母的事、兄弟的事，想一想都會不斷地有這問題浮現，父母已經在不知基督教下（雖然我認為他們的理念有幾分適合基督教）過世了。關於這件事的禱告，只有讓神知道。

我絕對不想逃避傳道。我想要認真看待傳道這件事。只是因為我心中驅動傳道的基本信仰還不是很健全，因此我常常感到無法完整（應該是一些）傳道的遺憾。〔中略〕

用不著說，我認為我的vocation就是宣導福音。至於我的avocation現在還在考慮中。一時間還不能了解我要做什麼才好。現在雖然好像最中意中學老師這樣的職業，但是進入大學的目標是財政。我想要拯救日本的財政。財政或教育，抑或是其他的領域，不論最後我踏上了哪個領域，我都想在其中傳達相當的信仰。雖然這是有一點奇怪的話語，但我現在開始認為，至少要向將會成為我妻子的人傳道。因此，我不奢望對方一定是個信奉基督教的女性，也不奢望一定是個性情良好的女性。

啊啊傳道！這是最快樂的事情。我在寫信時，也是在寫基督的事情時最容易發揮。只是我的信仰尚淺，因此還不能夠完美的傳教。希望我能夠解釋我的滿心歡喜，勝於解釋十字架。」（《全集》第二十七卷五一八頁）

從這裡可以看出，忠雄很早就開始就燃燒著傳道的熱忱。雖然他絕對不會成為職業傳道家，但他將會透過一生獻身傳道。那個出發點早已在這裡確立，大正四年夏天那場在今治教會堂的演說，正如忠雄自己所寫的，是他所謂的第一步。但是，傳道的第一步非得要是家族傳道不可。對當時的忠雄來說，家族傳道最初的對象是最小的妹妹悅子。那是因為弟弟和妹妹還小的緣故。悅子的個性與忠雄相似，再加上她完全信任忠雄，所以她是最有可能接受忠雄「傳道」的人。但是，悅子的境遇反而讓忠雄遭遇到難題。

父母去世後，兄長因為入伍等事經常不在家，實際上的家事幾乎是以祖母和嫂嫂為中心在運作，但是弟妹的事都是交由忠雄負責。悅子於大正三年三月從今治的女校畢業，而好學向上的她，盡其可能地想要到尊敬的兄長忠雄所在的東京，於是她將這樣的期望寫信告訴忠雄。大正三年二月二十日，忠雄的日記裡寫到：

「悅子來信，信中寫到，因忍不住悲傷，想要到我身處的地方來，所以將這個期望寫成了信。特別是找我商討畢業後的走向。假如父母還健在的話，即使在鄉下，她也可以受到比普通人好的教育。但是這樣說只是徒增傷悲而已。在不知同輩間所謂的茶道、花道為何物就畢業的她，真是可憐啊。啊啊！即使沒有這些遊藝活動，若她能了解基督教的話……她的將來會變得如何呢？雖然我考慮了是否能讓她來東京就學等等事情，但是身體太疲累了，所以八點多就上床睡覺了。」

關於悅子的事，兄妹之間不知往返了幾封信，但是忠雄一直堅定地告訴她，只要相信基督，多困苦的境遇應該都可以忍受下來，因此不贊成悅子來東京。這時，在安昌和親戚們的意見下，悅子於大正四年一月嫁入了松山某戶家境富裕的人家，而忠雄也贊成這樁婚事。在上面所引用的〈代理戶長〉這篇文章中的「悅子入籍」，就是描寫有關這樁婚事的文章。然後在這年的年尾，悅子產下了一名男孩，但不幸的是，這名嬰兒在出生後不到二十天就夭折了。於大正四年十二月開始執筆的忠雄第五本文集，命名為《幼兒之死》（當時筆名為代代木山人），卷頭的〈幼兒之死〉就是弔念這名嬰兒所寫的文章。此外，忠雄在為這名嬰兒之死感到傷悲外，也為因喪失初子的妹妹感到傷悲，而做了〈代替妹妹弔念死去的那名嬰兒〉這首和歌。

一

啊啊逝去　最愛逝去了
珊瑚般的唇色褪了
椎心的哭聲不絕於耳
花蕾上也結霜
出生到入墓僅僅二十日
過於匆促的旅程

二

母親的愉悅　父親的自豪
希望是夢嗎　小小的棺材
為何出來見這個世界的光芒
為何弄痛母親的肚子
為何如此早就逝去

三

啊啊可愛的孩子啊　你在這世上的初步
二十日間你充分含著乳房
我忘不了你的唇
愛與快樂　感到傷悲
母親心中產生的漩渦
將你吸入那年輕的胸中

四

心中高興振奮
快樂的想像充滿整顆心
等待嶄新一年的家
忽然蒙上一層悲傷的雲層
從歡樂的山嶺上跌入嘆息的深淵
未免也太快的這個變化

五

我愛的膝　愛的乳房
這麼早就捨棄這些要往哪去
看見天空中的繁星閃耀
看見園子中的花朵綻放

雖然只有短短的二十日
不會忘記你的臉龐　可愛的孩子

在這篇〈幼兒之死〉後面接著一篇題為〈寒假的回顧〉的文章，內容是有關大正五年過年前後所發生的事的記敘。從中可以得知，忠雄為了安慰和鼓勵處於悲傷狀態的妹妹，想要將基督福音傳達給妹妹知道，但是在信中卻無法寫出來，因為妹妹的夫家非常討厭基督教。忠雄寫到：

「聽說他家的家人討厭基督教的程度，就像討厭肺結核一樣。我雖然可以將基督思想推薦給她，但是因此使她與家人之間出現間隙，對她來說豈不是太可憐了，所以我不打算告訴她。」

「小孩子的過世，不僅只有她本身的期望受到挫折，還會令人聯想到她的家人對她的感情是否變得冷淡。」

忠雄的擔心不幸地成為事實。悅子的丈夫與她的雙親極度討厭基督教，而且因為嬰兒的死亡，使夫家的人對悅子的態度轉為冷淡，再加上其他幾個因素重疊在一起，讓悅子的婚姻宣告破裂，兩家之間以離婚收場。原本悅子所嫁入的家庭就是一個大地主、富裕的家庭，但是在那裡完全沒有悅子所追求的知識與精神的東西。悅子忍耐，忠雄也勸她忍耐，但是這場婚姻終究沒有圓滿的結果。針對這件事，忠雄感受到無比大的責任。這些事詳細記載在第五本文集《幼兒之死》中，〈綠雨滴滴〉的〈妹〉這篇文章裡。這篇文章完成於大正五年五月，當時悅子還沒有離婚。這是在讀了悅子那充滿對丈夫的不滿，訴說著想要回家心情的信之後的感想。在接到這封信後的忠雄，因同情妹妹和埋怨自己的無力而大哭了起來：

「我們國家的女性真的很可憐。多藉由媒妁之言就前往了一個陌生人的家。幸運的人，會遇到好男人的丈夫，過著幸福的生活。但是，演變成為了自負的男人奉獻一生的危險性也很高。我的妹妹也在這樣亂牽姻緣線之下，嫁到一個幾乎不認識的人家中，而且這是親戚們所牽的姻緣線。對喪失雙親的妹妹，我說不出任性兩個字，況且我不也是同意了這樁婚事嗎？這就是身為她的兄長的我，非得扛起的責任。」

雖然感受到自己的責任而向妹妹道歉，但是忠雄還是告訴妹妹，即使是再怎麼沒用的丈夫還是要愛丈夫、為丈夫祈禱，但是結局不幸地還是以離婚收場。

雖然說是不幸，但是在之後回顧起來，這不管對悅子來說，還是對忠雄來說，都是幸福的事。之所以這麼說，是因為悅子在返家後照顧家裡、心懷忠雄所教導的信仰，並在忠雄的家庭遭遇不幸時，幫助忠雄，之後在大正十二年與好男人田原茂完婚，建立了一個幸福的家庭，終其一生打從心裡信賴尊敬忠雄這個兄長，懷抱著熾熱的信仰，以一個基督徒家庭主婦身分過著幸福的日子。

與眼科醫生田原茂一同經歷五十年的美滿家庭生活，已經彌補當初失敗的婚姻並且獲得幾百倍，不，是數不清的賠償。因此，雖然田原悅子的生涯可以無視最初那段婚姻的失敗，但是對於當時是「代理戶長」的年輕忠雄來說，是椎心之痛的一個大事件。

況且問題不只有這樣，忠雄還要背負「代理戶長」這個重責大任好一段時間。

19 精英的集會——柏會

忠雄以「代理戶長」的身分在家鄉渡過了暑假，記述著致力下田工作的〈渡過休假〉文章，已經在前面引用過一部分，這時正是大正四年夏天，也就是忠雄要從二年級升上三年級的時期。在〈渡過休假〉這一篇文章中：

「我的假期就這樣結束了。雖然身體沒有罹黑或變壯，但是慶幸的是一樣無病無災。讀書方面，只讀了谷登《新約聖經的研究》中的三篇論文，還有莫特雷《荷蘭建國史》的上集而已，一點都沒有法科系學生的樣子。感謝神讓我的假期平安結束。」

結束假期回到東京的忠雄，以法科生身分在大學就讀之餘，還一邊利用閒暇讀了莫特雷《荷蘭建國史》下集，並且把卡萊爾（Thomas Carlyle）《克倫威爾傳》五本全部讀完。後面這本書是一高畢業時，部分辯論社社員贈送給委員們的紀念品。不論莫特雷的歷史書籍或是卡萊爾的傳記，都是用相當艱澀的英文所寫成的文章，但是忠雄不但把兩本都熟讀了，還根據這兩本書寫了一篇題為〈歐蘭治與克倫威爾〉（Orange &Cromwell）的長篇論文。這不是為了要發表而寫的論文，只是單純為了要將學習成果做個整理而已，因此在他生前都未曾拿出來發表過。忠雄將這篇文章當成他學生時代讀書的紀念，畢生都小心翼翼地珍藏在篋子的最底層。這篇文章收錄在《矢內原忠雄全集》第二十七卷〈學生時代的文章〉，在這卷最後的〈編輯後記〉中寫到：

「這篇文章是作者會心之作，在往後的生活中，常常跟他的門生談論這篇文章的存在，因此這篇文章也可以稱作《我所尊敬的人物》這本書的練習作品。」

這是一篇質與量都十分充實的一百六十張（四百字）原稿的力作。

在這篇文章開頭寫著：

「大正四年十一月十日天皇即位大典在京都盛大舉行。為了慶祝此盛事，學校十日到十七日放假以茲慶祝，而我則利用此紀念天皇即位的假期，將我在今年秋天所讀的莫特雷《荷蘭建國史》與卡萊爾《克倫威爾傳》中，感觸良多的地方寫成這篇文章。」

當然，這不是用來紀念天皇即位的文章，是學生時代的學習、思考與信仰的最佳紀念文章。而這篇文章不只是之後所寫的《我所尊敬的人物》的雛型，更確立了忠雄往後思想的基調，並預告了他自身生涯的步調。而其基本思想所述如下：

「歷史為人類精神的歷史。以神的模式所創造的人類歷史，其中心是神之殿堂的人類歷史。在社會因素、經濟因素的刺激與誘發之下，所產生的人類精神活動不占少數。但是所謂「精神」的理想，除了熱忱，還有其他的影響因素。人的品格與靈魂，不在統計學或經濟學的範圍之內，卻是形成歷史最強力的因素。假如歷史是永遠的話，那歷史將脫離不出人類靈魂的活動。時代會要求靈魂，而靈魂是由神那裡產生的。歷史應該用社會性、經濟性的角度來研究，還要同時用宗教性的眼光來洞察。前者可以觀察到歷史的推移，後者則可以感受到歷史的力量。時代是一輛車，靈魂則是這輛車的動力，車子需要適合的動力，但是車子無法自己產生動力，而是動力驅使車子產生移動。

因應時勢需求，神所送來引領時代的人就是英雄。因此，英雄就是實現時勢需求下的產物，也是與神的靈魂交流的人物。英雄是因時勢需求而出現，並且是引領時勢之人。深陷時勢之時，就會追求神的力量。但是我不了解那些愚弄時勢以達自身需求的英雄們，他們請求耶穌，卻又將耶穌釘在十字架上展現在世人眼前。時勢常常都晚英雄一步。」（《全集》第二十七卷三〇八頁）

年輕的忠雄在看到荷蘭獨立運動提倡者歐蘭治公爵（William of Orange），與藉由清教徒來強力進行英國社會改革的克倫威爾（Cromwell）的事蹟之後，以靈活的筆觸描寫這兩個人的生涯，他們就是前述文章中藉由信仰來引領時代的英雄典型。

忠雄的大學生活，就只有單調、孤獨兩個詞可以形容。但是，他並不是完全孤單的一個人，他與高中時期以來的好友保持聯繫，並且出席各種集會。身為一高辯論社的學長，常常受邀至一高辯論社的集會上演說。新渡戶稻造在辭去一高校長職務之後，開設了「會面日」，忠雄當然很高興地出席了（雖說出席，但忠雄卻時常扮演「會面日」中招呼人的角色）。忠雄還繼續參加一高時代以來的讀書會，與三谷隆正、高木八尺、江原萬里、三谷隆信、宇佐美六郎、金澤常雄等人，每個月集會一次，在會中交換讀書心得與意見。一高東舍十六號房的同寢者，在一高畢業以後創立「東十六會」，繼續密集聯絡，一起旅行，編寫雜誌給大家輪流閱讀。

「向陵三年生活中，有一半都是在東十六號房中渡過的。特別是我在進入大學之後的學生生活，幾乎都是和這些室友一同渡過的。來到大學之後，反而跟這些室友變得更親密了。很少有能夠一起遊玩的朋友，我即使有了學校生活，卻是身處缺乏學生生活的大學裡。然而與東十六號室的室友繼續交往，讓我從中找出了愉快的生活——同寢聚會、旅行、輪流看雜誌——這是愉快的一高時代至今都還延續著的證明。」

這段文章是忠雄同寢的一位友人真崎寬三郎，於大正四年九月因病去世時，忠雄為了追思這位友人而寫的追悼文〈百日草〉(《光之室》、《全集》第二十七卷)中的一節。忠雄將對真崎寬三郎的友情詳細地寫在這篇文章中。接下來則是忠雄在接到這位朋友的訃聞後，所寫的一篇未發表的日記中的一部分。真崎與忠雄一同進入東大法科，與忠雄一同住在代代木的堀江園，在大學的第一年，他們兩人是一起上學的：

「一想到真崎，我就會悲傷。走在每天與他一起上學的道路上，我就會想起他。我從他種的花中，拔取了百日草兩大束、孔雀草兩大束插在桌上。天空灰濛濛的下午，甚至下起了小雨。雖然稻子黃澄澄地，但是我一點都不高興。

秋雨下著，又有朋友一人去世。

為何突然覺得在彼岸那邊，我親愛的人好像變多了。啊啊真崎，我一高興就會找他說話的真崎，擁有同樣信仰的朋友並不一定能夠稱為摯友。真崎是我率直的朋友。今天借了菊島(他也是東十六中的一人)的筆記，在抄寫行政法時又想起了他。想起與他討論許多事情的景象。他很擅長行政法。啊啊！見一事憶一事啊！」(大正四年九月二十七日)

因為如此，忠雄與基督徒之外的友人也能深入交往，但是真正對忠雄的精神生活最大影響的，還是來自於內村鑑三集會上的友人，與敬仰內村鑑三指導的柏會成員們。在本章第8節已經敘述過，因新渡戶校長感化而產生的一高和東大生的讀書會成員們，透過黑木次三的介紹，師事於內村鑑三之後所成立的就是柏會，第一次聚會召開於明治四十二年十月。

這時候的忠雄還是一個中學生，只是從一高生的學長川西實三那裡聽到消息而已，明治四十四年秋天，一高二年級的忠雄獲准進入內村鑑三的聖經研究會之時，也終於加入了柏會。與忠雄同時進入內村門下的人自行結成白雨會，忠雄則是從之前就與川西實三學長感情要好，因而進入了柏會。

「柏會成員大多會出席星期日的集會，實際上，不出席的人很少。為了建立組織，必然會出現相當混雜的東西。信仰者中雖然也有少部分這樣的人，但是多數都是所謂的求道者。因此這個柏會相較於當時存在於柏林的教友會等組織，只能稱為普通人的聚會，並不是信仰的集團。老師（內村鑑三）也是積極培養這些教友會組織，因此在柏會的集會中，幾乎沒有老師演講的印象。老師就像雅典的使徒保羅那樣，視我們為精英，以對待精英的態度，熱絡地為我們講解福音書。老師對柏會的態度，好似與對待其他教友會有很大的差別。他一邊說著：『柏會就像在孵育蝮蛇的卵一般。』另一邊卻做著如父親在細心呵護白胖胖的嬰兒一般的動作。」（收錄於塚本虎二，〈被老師說成蝮蛇之卵的『柏會』〉，鈴木俊郎編《追思內村鑑三老師》）

但這只是柏會初期的樣子而已。在幾年之內，柏會的信仰性質趨為強烈，內村鑑三也開始向這個集會要求信仰應有的態度。這是敬內村鑑三為師必然的結果。就讀大學的忠雄，一直有出席每個月一次的集會，從各位學長那裡聽到令人感動的信仰談。在多數會中成員一個接一個步出校門、踏入社會的時期，讓忠雄在這個集會中也學習並思考到職業、結婚等問題。其中一個例子的感想，就詳細寫在忠雄第五本文集《幼兒之死》的〈柏會所感〉這篇文章中，「一月二十日（大正五年）在今井館裡舉辦了柏會。這次以退出官僚奉身於傳道，與神有強烈羈絆的藤井（武）為首，金井（清）、塚本（虎二）、川西（實三）、石川（鐵雄）、三谷（隆信）、宇佐美（六郎）與我共計八人，訴說著那個事情。」藤井武是忠雄一高二年級的學長，也是於明治四十四年由東大法科畢業的學長，畢業後進入內務省，爾後在京都、山形當官，之後為了獻身傳道，於大正四年年底辭職後前往東京。忠雄從以前就非常尊敬這位學長。以下就是他所寫的〈柏會所感〉：

「我非常能夠體認藤井的抉擇。（中略）但若是從事世間工作的人也是信徒的話，豈不是每個人都是背負十字架處在工作崗位上，都應該去當傳道師。背負十字架這件事，不應該和捨棄世間工作畫上等號。（中略）被選召為傳道師之人，應背負十字架去赴任。被遴選為官吏實業家的人，應該背著十字架繼續從事這個世間的工作。（中略）重要的是，要有一對能夠傾聽神之命的耳朵。藤井說，他這次完全是被神所拉出來的。」

「金井說，職業和結婚問題會使人認真起來，並且提到藤井與塚本都為選擇職業而煩心。煩心於應要從事傳道，還是進入真實的世間。雖然我有時候也會考慮職業問題，但是我認為想當什麼都可以，官吏也好、實業家也好、教師也不錯，沒有特別期望能夠同時進行什麼特定的事物，我的心只是比較傾向於教育兼傳道這條路。即使做了任何一種職業，我希望都是為了傳道而做的，因此我萌生前往朝鮮的念頭。但是在結婚問題上就不如職業的煩惱，我只能發呆以對。結婚對象無關她是否為基督教徒，雖然她如果能是可以和我建立共同信仰、性情善良又是美人的話，一定是最好不過了，但是即使她不美、氣質又不是很好，只要是神所賜與我的人的話，我會很高興地收下，這樣子就可以了解神之愛和顯示神的榮光吧！」

這是忠雄對於職業、結婚問題的基本想法。在寫這篇文章時，他是大學三年級，距離畢業還有一年半的時間。但是，在大正五年時，這個柏會瓦解了，也就是蝮蛇卵在孵化之後，反咬了老師一口。

事情的起因是促成柏會成立的會員黑木三次，於日比谷大神宮舉辦婚禮。內村鑑三因為這件事狠狠地責罵了黑木一頓。內村過去在第一高等中學（一高的前身）講師時期，因為面對教育勒語實行不敬禮所引發的「不敬事件」而被除職；另外，他即使面對國粹主義份子的責難與迫害也不為屈服，繼續貫徹他的理念。這樣的他，無法容忍多年尊他為師學習信仰的門生，居然向基督教之外的神明發誓一事。另外，從這件事情可以發現，這時的內村已經認同柏會為一個信仰集團，因此內村之所以責罵黑木，不僅是因為他在日本神明前面宣示結婚，更代表著他認為包含黑木在內的柏會全體，信仰皆不徹底（值得一提的是，矢內原忠雄在這一年之後，也在日本神明前舉辦婚禮，但是這次內村鑑三並沒有像罵黑木一樣責罵他）。

內村鑑三強烈責罵黑木在日本神前舉辦婚禮一事，在柏會中造成很大的騷動。大部分成員都同情黑木，事態的經過可從當時也捲入這場風波的柏會成員塚本虎二所寫的〈被老師說成蝮蛇之卵的『柏會』〉中，看出一些端倪：

「成員們就像碰觸到蜂巢一般騷動了起來，說老師的處理態度『不像老師』的人不多。現在，我與K同學一起去拜訪老師。『他只是沒有多加思索、單純地做了那件事而已，不論是大神宮還是神明什麼的都好，只不過是一個場所罷了，有什麼錯了嗎？』我們如此反問著老師。但是老師只淡淡地回答道：『你們說的可能是對的吧，但是領導多數人的我，不可能認同這件事。沒辦法，我們的關係就此結束吧！』──問題很難得到解決，大家煩惱到快要神經衰弱的程度了──實際上，我們什麼都不了解。老師的心中也一直在煩惱，夾在義與愛兩者之間煩惱。雖然也有出來聲援他的朋友，但是事態只是日益惡化。非常頭大的我們，向老師提出直接談判的請求，希望能解決整件事。但是頑固的老師一直沒有回應。那年十月，老師終於透過現今《聖經真理》的主筆江原萬里同學，向我們提出妥協的解決方案，內容為『倘若柏會成員今後可以做出有聲的祈禱的話，這次的事就讓它赴諸流水吧。』看看老師愛的努力！但是這些孩子們沒有體會到老師的用心良苦，反而聚集起來非議這個提案。非議的結論是：『即使神不會發出聲音，但我們還是會禱告給神聽。想要出聲，抑或是非得要出聲的人都很好，但不必為了特定理由而發出聲音。』就這樣協調宣布破裂。江原同學哭泣了。之後不久，我們一同前往與老師直接面談，最後演變成決定各自去留的會面。有人選擇了繼續跟隨老師，我則說了：『即使在老師這裡被絆倒了，我不會讓基督也被絆倒。』這種不成熟的話，最後離開了老師。其他也有再三表明自己的想法後才離去的人，也有不知何時就一聲不響消失的人。就這樣，柏會終於崩解。大約在大正五年的冬天。」

江原萬里是大忠雄兩年的學長，在前一年已由大學畢業，進入住友商社。因為熱忱的信仰，而特別受到忠雄愛戴的江原，從工作地大阪來到東京，將「倘若柏會成員今後可以做出有聲的祈禱的話，這次的事就讓它赴諸流水吧。」這番內村鑑三的話，傳達給柏會，他想要調停兩造間的紛爭。

當時的狀況在忠雄所寫的〈柏會與祈禱〉[29]這篇文章中有詳細地記載。根據忠雄的記錄，那是十月十二日夜晚在笠間梟雄家的集會。出席的有笠間梟雄、江原萬里、高木八尺、黑木三次、金井清、塚本虎二、三谷隆信、川西實三、矢內原忠雄共九人。在那之前，柏會裡的祈禱都只是各自默默禱告而已，從沒有發出聲音禱告過。因此那天晚上，大家針對內村鑑三「應要發出聲音禱告」的提議，各自發表意見進行討論。那時每個人的發言、會中瀰漫的緊張氣氛，忠雄都有詳細記錄下來，但是在此省略。就如塚本虎二所寫的，簡要來說，「出聲與否和祈禱的本質是沒有關係的，因此無法就這樣完全服從老師的提案。」這類意見壓倒性地占了絕大多數。內村藉著愛，開闢了一條妥協之道，然而弟子們以真理為由，踢除了這個妥協。為了真理而放棄妥協，正是他們從老師那裡學來的，因此這是一場悲哀的對立。輩分最小的忠雄在最後所做的發言如下：

「追根究柢，我認為最根本的東西是有沒有信仰，而不是有沒有發出聲音的區別。出聲的祈禱中也有偽善的禱告，默禱之中也有只行低下頭形式，或是受到雜念影響的禱告。我因種種的問題

29. 作者註：這是文集《幼兒之死》的一部分，收錄在《矢內原忠雄全集》第二十七卷，《全集》中的題目雖然變成〈柏會的祈禱〉，這其實是「柏會與祈禱」的筆誤。

懷疑過神之愛。在被神追趕到無處可逃極度痛苦時，雙手相握，又感覺到神的恩惠一點一滴地進入心房來，啊啊！想要向神說聲感謝，趴下來跪拜的同時，要說出聲音，還是在嘴中說說，還是只要在心中想著就好，我認為都能達到祈禱的目的。我有默禱，也有發出聲音祈禱。我默禱的時候，也會在口中說著感謝或是請求的內容，但是發出聲音禱告，多是在被雜念所干擾無法專心祈禱時，雖然這與三谷所說的完全相反，但是兩種說法都是事實。從今以後，當與他人一起時的氣氛中漂著信仰味時，某個人的衷心祈禱一脫口而出後，就會如漂滿煤炭瓦斯燃燒的地方一樣，每個人的信仰都會跟著燃燒起來。我有經驗過因別人的祈禱而產生的這種結果。然而，我自己本身也會在默禱後心情高漲得想要傳教，想要說教義給別人聽，在這種心情下，就會不加思索地自然地發出聲音來。」

忠雄在敬佩諸位學長率直表達意見的同時，也同情恩師內村鑑三所站的立場。忠雄先前的發言如果當作理由來看的話，其實與其他人的看法沒有太大的差別。但是整體論調上，與江原萬里所期待的「出聲的祈禱」的理念是最相近的。江原雖然在聽到忠雄的發言之後非常高興，但是對於其他人的意見則感到非常失望。在那天集會中，出聲禱告的人一個都沒有，結果柏會就此解散。但是即使沒有了柏會，曾屬於這個會的成員間的友情是不會消逝的，透過這次的認真討論後，更加深了彼此之間的了解與友情。之後，柏會的成員中繼續信奉基督教、尊內村鑑三為師的人，另組成名為「葉瑪歐會」的組織。一度離開內村鑑三的塚本虎二，在向內村道歉後又回歸其門下，進入了「葉瑪歐會」。忠雄雖然一直師事於內村鑑三，但是在「葉瑪歐會」成立的大正六年年底，他已經不在東京了。

20 當官？當企業家？——嚮往朝鮮的心

大正五年一月，忠雄二十三歲，大學三年級的一半左右。如前所述，隨著大學制度改革，忠雄這一學年的畢業時期強迫被提早，將於大正六年三月畢業。他開始考慮在大學畢業之後前往朝鮮，為朝鮮民眾工作，並且他的決心逐漸堅決。前面引用的〈柏會所感〉中，有寫到「我萌生前往朝鮮的念頭」，那時前往朝鮮這件事還在初步思考階段，但是一個月後的二月底所寫的〈背負十字架的決心〉（文集《幼兒之死》）裡，這個決心已相當具體化：

「我之前草率地決定前往朝鮮一事，是寺內伯成為韓國統監，我還是中學生的時候。當時我被取了「寺內」這個綽號。假如我真的成為朝鮮總督，我會很高興吧。朝鮮就是從那時候開始盤據在我腦中，但是就在接觸基督教後，我一點也沒有那種想法，也暫時忘掉了朝鮮的事。雖然如此，但是就在我思考畢業之後如何將自己有效利用時，我再次想起朝鮮。高等學校時，因從新渡戶老師聽得有關我國財政的憂國之情，而想要以財政來拯救這個國家，現在不也是這麼想嗎？但是財政這門學問，並不一定是一個完全適合我的學問，因此趁著在思考許多事情的這段時間裡，浮現出「愛一個國家的人民」的想法，來代替拯救這個國家的想法，國家人民所指的正是朝鮮人。之前雖然一直認為朝鮮半島是日本帝國殖民地而接受日本統治，但是現在腦中所浮現的，只是站在人類同胞的角度所看到國破家亡的朝鮮人身影而已。……我認為不論是對日本人還是對朝鮮人，最能為其盡力的是基督教。傳道與教育是我最想做的事。但是現在的我確定不會在畢業後直接投入傳道界或教育界，我只想著到時候是當官員，還是當個實業家。有人對我說，如果要為朝鮮人盡力的話，最有效的方法是先成為官吏，再借助國家的力量來幫助他們。但是我絕對不會這麼想。另外有人跟我說，去朝鮮之後，假如能開創自己的事業的話，應該會很快活。但是這並不是我的志向。我一直確信著，藉由基督的力量最能盡力幫助朝鮮人。但是現實上有兩個難題，一是到底要做哪種工作，第二則是我一直在想的問題。」（《全集》第二十七卷五七五頁）

在明治時代，帝大法科生在畢業後成為官員，是一件再普通不過的事。朝上位官員前進，正是精英們飛黃騰達的道路。但是明治末期到大正初期左右，因為資本主義終於有了基礎，企業界也開始找尋人才，所以在忠雄這個時代的法科畢業生，有朝官界或是企業界發展的兩條道路可以選擇。但是，忠雄從以前開始就對於追求發黃騰達和雍容富貴沒有太大的興趣。他不想以官員的身分，只想以一介平民的身分前往朝鮮，在朝鮮人們中生活，他想要藉由傳道與教育為朝鮮人盡心盡力。但是仔細想想，這並非一件簡單的事，而是跳入苦難中的選擇。忠雄在上述文章中寫到：

「我試著反省假如我靜靜地將身軀奉獻給神，遠渡朝鮮為朝鮮人盡心盡力的話，會變得如何？結果我大大地被驚嚇到，我察覺到心中那追求此生快樂的念頭居然非常強烈，這著實是一個大發現啊。」

忠雄在遲疑自己是否能夠做到別離了家人和師友，捨棄這世上所有一切的快樂，在朝鮮過著孤獨貧窮的一生。然而，這就是在身上背上十字架。忠雄為這件事苦惱、戰慄、放不下心，但是他已經決心要背負十字架了。

「要成為官員、還是成為實業家？要留在日本、還是前往朝鮮？這就是第二個問題。而你要不要背負十字架，則是根本上首要的問題。……

啊啊！短暫的一生，基督將會如何讓這短暫一生結束，利芬史坦將會如何細數這樣短暫的一生。在滿州旅行回程上，由朝鮮列車車窗望出去，所看到的那身著白衣長褲、出入於禿山陋屋之中的朝鮮人，彷彿又再次出現在我的眼前。我應該滿足於這個身軀、相當的財產、溫暖的家庭和我的交友，輕鬆地信奉基督教下去嗎？神沒有需求我這個身軀的地方嗎？神啊！獻給您，我不會有所怨言。」（同上）

決心背負朝鮮傳道這個十字架的忠雄，當時是否知道乘松雅休的存在？乘松雅休是遠在忠雄之前就實際背負上這個十字架，忍耐著極度的貧窮向朝鮮民眾傳達基督的福音，是一個將一生奉獻給朝鮮人民的卓越傳道者。我推斷，這時候的忠雄應該還不知道他的存在。不過，可以從太平洋戰爭之後的《傳道的精神》（昭和二十七年）這場演講中，推測出忠雄曾與這個同信會系統的老一輩傳道者見過面，演講所述如下：

「日俄戰爭後沒多久，有一個名叫乘松雅休的日本人，帶著耶穌的福音進入了位在朝鮮京城南部，一個名為『水原』的城鎮。雖然他唯一懂的只有『hananimu』這個表示『神』的意思的朝鮮語，他還是每天乘著馬在水原這個城鎮遊走，手一邊指著天，一邊一直重複著hananimu這個字，因此當地的人都視他為不正常的人。在那之後，他的朝鮮語熟稔了，也交到了朋友，就長期待在朝鮮傳道，即使到了晚年也沒有返回日本。他在水原所住的朝鮮傳統屋舍，在他過世後被完整地保留下來，時常有來自朝鮮各地的信徒前往拜訪。在日本也有這樣的人，就在日本人前往外國傳教正開始萌芽的這個階段，太平洋戰爭的爆發阻擋了這段潮流。但是，我認為日本的基督徒身為促進世界和平的一分子，要抱持比之前更強烈的傳道精神才行。」（《全集》第十五卷三一一頁）

上述文章中所寫的「日俄戰爭後沒多久」，是「日中戰爭後沒多久」的筆誤。乘松雅休於明治二十九年底遠渡朝鮮，在被一般日本人所厭惡憎恨的朝鮮半島上，被朝鮮人敬仰為「兄長」。但是於大正三年因病回到日本，大正十年過世。之所以推測忠雄曾與這位乘松雅休牧師見過面，是因為乘松牧師於大正八年曾到愛媛縣新居濱訪問，當時他在此地的住友礦業所的基督教友會上公開演講過，而一般認為忠雄當時也出席了這場演講。但是在忠雄決心前往朝鮮的大學時期，似乎看不出他知道有這位朝鮮傳道者先驅（乘松雅休的傳道活動，即使是在現今的基督教界中，也鮮為人知。我則是最近才從大野昭的〈乘松雅休覺書〉中，才得知這位傳道者的事）。

六月，文官考試報名截止。這是進入官途的捷徑，要成為官吏非考不可，忠雄卻只是抱著考看看的心情而已。但是截止日逼近時，他就放棄了報名。因為忠雄認為，還是想以平民的身分前往朝鮮，想要為了「在日本人和朝鮮人之間牽起愛的橋樑」而工作。但是具體上要如何付諸行動，當時的忠雄還沒有確切的想法。關於就職當時的心境，在六月二十二日〈考試前後〉（文集《幼兒之死》）這篇文章有詳細描寫：

「為了實現這個期望（在日本人和朝鮮人之間牽起愛的橋樑）我應該要選擇哪一種職業呢？其實只要是為了這個目標的職業，做哪一個都可以。但是，現在我心中卻沒有去當一個職業傳道家的想法，或是說根本不想從事這樣的工作。官吏？我認為當官也是一個不錯的選擇，成為朝鮮的官員，在朝鮮施以善政，這樣不也能達成我希望在日本人和朝鮮人之間牽起愛的橋樑的目標嗎？在想著當官也不錯的這段時間，我尚未對文官考試完全死心。但是一件事使我下定了決心，朝鮮官吏為了顯示威嚴，要身著亮眼的制服、佩帶軍刀，對我來說那些衣服太顯眼了，換句話說，我是討厭這樣的衣服而放棄成為官吏的。但是友人跟我說：『有國家這個龐然大物作為後盾，做任何事都事半功倍。』他就用這個理由告訴我，當官是比較好的選擇。但是不管我成為什麼，都有比國家更強大的後盾在支持著我。我一點都沒有為了後盾強弱而想要選擇成為國家官吏。另外，也有人這樣告訴我：『官員是最為國家盡心盡力的人啊！』但是我又不是為了日本政府而前往朝鮮的。為了朝鮮人、為了愛，不一定要成為官吏吧。」(《全集》第二十七卷五八九頁)

之後，忠雄繼續寫到：「在官員之外，我要當什麼呢？我想去朝鮮銀行工作的這個選擇呢？」他絕不是想要發揮銀行家的手腕，只是為了要方便在朝鮮生活，所以選了朝鮮銀行而已。

接著就到了暑假。在六月底到七月底約一個月的時間，忠雄前往日本北阿爾卑斯的信州旅行。前面敘述過，他從少年時代以來就熱愛長期旅行，但是就在他進入大學的同時，父親過世，為了節約家中開銷，為了家人們，他認為自己不能一人享受長期旅行，因此除了與友人一同去的兩、三天小旅行之外，他沒有再如以前一般的旅行。

但是在學生時代的最後一個暑假中，他前往了長年以來嚮往的信州。他心想若在畢業之後前往朝鮮的話，也許就沒有機會再接觸到日本的山河，因此促成這次的旅途。忠雄將這次的信州之旅，記錄在第六本文集《岩之美》中。這本文集開頭就寫到〈大正五年(一九一六年)夏、旅之記、歌之記〉，書中含有標記忠雄足跡所及的地圖、風景照，還貼滿了他在山野所摘的花朵所做成的押花，是本短歌交錯的詳細旅行日記。這本書大部分都收錄在《矢內原忠雄全集》第二十七卷中，但是《全集》中將大部分的短歌都刪除了，開頭的〈序〉與書最後〈訪問松山〉的鄉里記趣，也被省略掉了。

據〈序〉裡面所寫，忠雄因上述的因素一直忍住旅行的衝動，但是就在此時，旅行的誘惑徹底擊敗忠雄，他將為了高等文官考試而借來的十圓，充當成旅費旅行去了。剛好信仰之友金澤常雄邀忠雄去他的家鄉富岡(群馬縣)遊玩，再加上得知一高旅行社團的北阿爾卑斯登山計畫後，他還加入了這個旅行隊伍。

後來成為無教會主義獨立傳道者的金澤常雄，在一高時雖然是小忠雄一屆的學弟，但是實際年齡卻大忠雄一歲，在基督信仰上也是忠雄的學長。常雄的故鄉位於上州妙義山山麓，從小在基督之家長大，很小的時候就開始來往星期日的主日學校，很早就成為基督徒。他在進入一高之後與忠雄一起以內村鑑三為師，而忠雄非常高興可以與這樣溫和的朋友一起談論信仰。

忠雄於六月二十九日從代代木的住處出發，在到達富岡後，見到久違的金澤常雄，之後在金澤家住了四個晚上。在金澤常雄的帶路下，忠雄前往附近的安中拜訪柏木義圓。柏木義圓是信仰思想與內村鑑三十分相似的卓越牧師，雖然不知忠雄對他有多少的了解，甚至也不知道忠雄是否讀過他那篇尖銳的社會批評論說《上毛教界月報》。但可以確定，忠雄透過內村鑑三和金澤常雄等人，對這名牧師有一定的了解，並且非常尊敬他。忠雄的旅行日記記載：

「渡過椎冰川就是安中，這裡是新島老師的出生地，也是他從美國回來之後最初傳道的地方。這裡的教會建立於明治十二年。椎冰川的新島老師，烏川的內村老師，對於日本來說，上州是一個值得誇耀的地方。因此，現今的安中要以那位柏木老師為榮才對。夫人現在在千葉照顧生病的孩童，而中學和小學的兒子們還在學校尚未回來，老師獨自抱著一個五歲多的病童來迎接我們，破損的榻榻米加上有破洞的紙門，會堂的欄杆上還曬著許多孩子們的尿布，但老師的額頭光輝無限閃耀著靈魂的富裕。老師不是一個同時侍奉耶和華和財神的人，我不得不想像老師是過著如法蘭西斯等人一樣的貧苦生活在侍奉神。（中略）因為孩子們開始哭泣，所以我們早早就辭去，一邊看著那些尿布、破損的榻榻米與破掉的紙門離開。我永遠都忘不了老師那光輝的雙眼，與雙手貼在地板上，低下頭向我們打招呼的樣子。他的年紀大概五十五、六歲。」

此時的柏木義圓是五十七歲。值得一提的是，也關心朝鮮傳道的柏木，於大正三年間抗議組合教會從政府拿取輔助金，以利進行朝鮮傳道，他批評教會成為政府的御用宗教。但是在此並不確定當時的忠雄是否知道組合教會這樣的朝鮮傳道行動，和柏木義圓對這整件事的批判。從忠雄所寫的作品中，只能確定柏木好像成功的以一個民間人士的個人身分，達成了朝鮮傳道的想法。不論是否站在權力的一方，朝鮮傳道已經可以說是時代下的需求。

在朋友家渡過四天的忠雄，於七月三日與金澤常雄走了五里的路到達神津牧場，翌日經由岩村田、地藏頂到達鹿澤溫泉，他們倆在那裡住了三天，這段期間更加深了他們的友情。

「鹿澤（山之泉）是位於淺間山脈中一處樸實的溫泉。透過住宿的窗戶，就可以看到以前為源賴朝打獵地的棧敷山。在這座山的對面是小在池山，在其北邊是湯之丸山。在這三座山之間的山谷中，僅有六戶的溫泉。綠色的草賦予了山優美柔和的美感。住宿房間費五錢、寢具租金六錢，附有米一升、醬油一合左右的自炊住處，而我正喜歡這種萬事簡易樸實的地方。這裡標高四六四〇尺，比輕井澤還高。

七月五日，今天開始展開快樂的日子。早上我繼續念著約翰福音十九節，常雄則唸著歌羅西書（Colossians）。午餐之前，兩個人一起念著希伯萊書（Hebrews），我唸一章、他唸一節，就這樣在唸到十、十一、十二節時，我們的聲音到達最大聲。中餐就把早餐剩下的味增湯，加入飯與蛋之後煮成燴飯來吃。下午採了蜂斗菜，晚上將之滷一下就非常好吃。在靜靜的群山環抱之下，與好友一同吃飯，沒有其他東西比這時候的飯還好吃了。」

七月七日，忠雄與金澤常雄道別，一個人由上田坐火車到松本，八日與一高的旅行社團（一高生六名、大學生兩名、大學畢業者兩名）會合，一群人到達了中房溫泉。九日下雨，十日也下雨，一行人就這樣冒著雨出發，雖然攀爬到燕岳之頂，但是因為雨勢太大而全身溼透了，在那一天折返中房。翌日十一日放晴，忠雄又再次去攀登燕岳。「一出了尾根，看見超乎想像的壯闊景色。以穗高、槍組成左翼，到越之立山為止，諸岳威儀盡收眼底，底下的水俁、湯俁的溪流合流而成的高瀨川，好似也可以一手抓住，蹲在沙上，對照地圖記起山的名字。……砂之中綻放著信濃金梅、堇花等黃色的小花。」在《岩之美》之中，記載著這時候所看見的山的略圖與名稱，還貼上了各式各樣的花，寫了很多的短歌（但是一般認為寫得不是很好）。

燕子的胸口塗上白色的沙子
今日放晴陽光普照

穗高槍 鷲羽 水晶 立山的
押平下的壯闊景象

原野上的霧與高根晴朗的天空中
山燕來來去去穿梭其中

吾等的罪隨著山霧一同逝去
眼見天國近了

十二日也是晴天，忠雄一行人進入了北中川溪谷，攀登大天井岳，後來因降下大雨，所以在二俁小屋住了兩個晚上，十四日登上東天上岳後在赤澤小屋住了一個晚上，十五日是個晴朗的好日子，所以目標是攀上槍之岳。

「銀白色的雪，奇異之石，叢叢花朵，越過圓圓的小屋岩。害怕山頂之風，所以將草席與帽子脫下，在裡面放著石頭，慢慢向上爬……攀上槍之頂後約有一坪的空間，稍微平坦一點。向四周遠望，四方的天空中一點雲都沒有，溪谷也相當晴朗，沒有飄出一條霧氣……在這時候開始照起相來。我讀了讀詩篇。我在槍之頂就好像感覺到這次山之旅行的完結。」

一行人在山頂待了一個小時半之後，就將草蓆作為雪橇，由雪溪上滑了下去。不熟稔的忠雄滑倒受了一點輕傷。之後沿著梓川下到上高地，那晚住在養老館。翌日拜託住宿處的少年帶路攀登燒岳。

枯木或站或臥　上面一片白
死沉的山沒有飄起一絲霧

小小的人誇耀著說
我們在強烈發怒之後

十七日，一行人下到松本，忠雄在那裡與大家道別，因為友人宇佐美六郎正在淺間溫泉，所以他前往那裡小住三天。然後於二十日由松本出發，前往神戶拜訪亡友大利武祐的母親之後，於七月二十六日結束將近一個月的長期旅行，回到今治的老家。

與亡友之母談天的夏日傍晚
我的父親　我的母親

塵世的煩惱在遙遠的山中
是如何歡娛　是如何微弱

啊！別了　我不會再回來的父母
雖然現在的家冷清許多

經過一個月旅途的柔弱孩子
遠遠地看到家的白牆。

「『啊！回來的真是時候，我正在想著你是否已經不在人世了。』祖母向我說。此時，我的心情不是很好，但是我打起精神，將登山杖好好地放回杖箱裡，脫掉破了的衣服，解開旅行裝備。鹿澤啊、燕啊、槍啊，哪兒都別去，進入我的夢中吧！」

心情沒有很好，是因為雖然有等著自己回家的祖母和兄弟妹們，但是在反省自己逃開世俗之事前往旅行的柔弱時，感到良心上的痛苦。再加上維持家計和妹妹悅子的家庭問題等「俗事」，還在等著他。

21 歸鄉？——就職的選擇

進入九月，忠雄成為大學四年級的學生了，預定於三月畢業。他前往朝鮮的決心依然沒有改變，具體內容也逐漸成形。日期標為十月九日的〈對於就業〉（文集《幼兒之死》、《全集》第二十七卷六〇二頁）文章中記載著：

「假如兄長在家的話，我回家後不能成為一個麻煩，倘若不住在家裡，那我回今治工作意願也減少掉一大半了，因此我非得要去某個地方自行生活。而那個地方就是至今已經寫過很多次的朝鮮，本來我就認為朝鮮人很可愛。我想要以人的角色與他們接觸，進而成為朋友，我與朝鮮人成為朋友，正是日本和朝鮮邁向成為真正朋友的一部分。只用政權和武力是無法讓朝鮮人心服口服的，要用愛，我要懷抱著充滿愛的心前往朝鮮。

我在朝鮮最想做的事，是與朝鮮的年輕人在耶穌下交遊。想要與辦私立小學進行真正的教育，之後再發行內容實在的雜誌，為朝鮮人提供論述之地，並精進朝鮮人的學習。旗幟為基督教，目的為愛朝鮮人、牽起日鮮橋樑，事業為學校與雜誌，這就是我的志願。但是，我從沒有想過在學校一畢業之後就直接投入這份事業，首先，第一我還要累積信仰上的教養，第二還要去了解朝鮮與朝鮮人，第三需要金錢，因此我想要先試著進入朝鮮銀行看看。（關於這點，我想要請教一下新渡戶老師）。」

不久後，忠雄就拿著履歷前往拜訪政治學的小野塚喜平次教授，忠雄向他表明「想要前往朝鮮，牽起日本與朝鮮之間的橋樑」，並說想要給予朝鮮人「精神性」的幫助，因此他拜託教授幫他斡旋朝鮮銀行就職的問題。小野塚教授突然對忠雄說：「你是基督教徒啊！」剛好坐在教授旁邊的澤田（廉三）與北岡（壽逸）上前說道：「老師，這不是假的耶！」小野塚教授說：「我就在想什麼『橋樑』啊、『精神性』啊，讓我聞到一股臭味。」關於這句話忠雄毅然寫到：

「正如所願，我真到不能再真，這是真的『耶穌臭味』，無論何時何地，耶穌的香氣都不會消散而高揚真正的本尊。為了這個，即使是被世間所輕視，也是光榮之所致。」（〈落葉龍〉，收錄於第七本文集《櫸》，《全集》第二十七卷六六九頁）

但是如前所引用的〈對於就職〉文章中所提到的，忠雄如果要前往朝鮮，附帶著「兄長在家的話」的條件。成為戶長的長兄安昌是否會一直待在家裡，還是一個未定數。雖然安昌於大正五年除役回到家中，但是沒有固定的職業，並且投資許多買賣和事業都沒有順利地發展下去，因此招來許多親戚的責難，所以安昌想要到都市發展的企圖很強烈。替長兄、家裡著想的忠雄，體諒安昌的心情，因此決定倘若安昌離家獨立，他就回家照顧祖母和弟妹們。本章第18節已引述過描寫妹妹悅子婚姻生活的文集《幼兒之死》中，〈綠雨滴滴〉裡的〈妹〉這篇文章。在〈妹〉之前，還有一篇更詳細的文章〈兄〉，將兄用第三人稱的「他」代替，自己就用「他的弟弟」來代表，是一篇小說形式的文章。忠雄於大正五年四月三十日完成這篇文章，開頭就寫到：

「他從軍隊回來了，他說到：『雖然離去絕對服從的軍隊感到高興，但是還是覺得軍旅生活比較好，因為我沒有工作。』實際上他沒有工作，世上沒有比沒工作還痛苦的事吧。他的弟弟一直祈禱他能趕快找到一份正職。他的弟弟將自己幸福的學生生活當成是他的犧牲，而寫了封感謝的信給他。」

他寫給他的弟弟：『我想要前往東京或大阪，我什麼都缺乏，卻有一顆充滿自信的心，我已經在鄉下待不下去了，想要將祖母和弟妹們交付親戚們照顧後，就離開家裡。』他的弟弟想到：『我無論是做小學的老師，還是公所的職員都做的來，因為我喜歡鄉下，但長兄是不屬於鄉下的人，將好動又華麗的他綁在鄉下，真是太可憐了。』他的弟弟想要找出愛他的地方。他弟弟最希望的，就是他開拓出適合他的人生方向，直到找出滿足他的生活。他的弟弟沒有忘記父親離開人世前鼓勵他的話，也沒有忘記自己一年後就將畢業。但是只是為了要畢業的話，就沒有去學校的必要，近一步想到大學畢業也不是多麼重要的事。（中略）雖然他的弟弟讓他開拓滿足的人生，贊成他離開故鄉，但是又不得不考慮到年邁的祖母。因此他的弟弟想回到鄉下照顧祖母。於此想到這麼一句話：『人，為了朋友捨棄生命，沒有比這更偉大的愛。』他的弟弟已經有隨時打包回老家的覺悟了。」

忠雄贊成兄長離開家鄉，決定自己回到鄉下時已是三月結束。他在代代木散步淚別武藏野，腦中描繪著鄉下生活的種種。於某一星期日的傍晚，他終於向好友三谷隆信說出家裡的狀況，告知他回鄉的決心。

隆信在錯愕之餘，聽著忠雄訴說流下眼淚，兩個人就這樣含著啜泣聲邊說邊走。隆信說：「想要讓長兄出去闖闖，真是偉大的決心。但是放棄學業非常可惜，不能想想辦法繼續下去嗎？」兩個人從大塚經過大曲，走到四谷見付。在這之後的兩、三天，忠雄前往拜訪了新渡戶稻造。「雖然勞駕老師來幫我煩惱私事，使我感到非常抱歉，但是對忠雄來說，放棄學業回到鄉下是一件重大的事情。」因此他試著想要和從以前就非常敬重的老師商量看看，所以下定決心前往拜訪。老師非常專心地聽忠雄的話，聽完之後凝視著忠雄說：「愚蠢。」然後不知重複幾次「愚蠢」兩個字。忠雄當下卻不知道，究竟是無論如何都想要離開鄉下的長兄「愚蠢」，還是在畢業前卻想要休學回鄉的自己「愚蠢」。他在給長兄的信中寫到，無論如何，他原諒了長兄的「愚蠢」，他愛長兄，因此如果長兄離家的話，他則變得「愚蠢」決心回家。所幸兄長捎來的回信是：「家由我來守護，你給我安心唸書。」因此忠雄就如往常一般繼續上學，並且繼續懷有前往朝鮮的志願。

但是長兄到頭來還是想要離開家中，忠雄也察覺到了，這使得他無法確切下定決心前往朝鮮。雖然還是前往朝鮮銀行應徵，但是他很早就決定假如長兄離開家裡，就要回到家鄉照顧祖母和弟妹們。在本節一開始引用的〈對於就業〉有段文字：

> 「我的就職將要以家中狀況為前提。因長兄的狀況，我不得不回到家鄉，不，應是說我希望這麼做。回到寧靜的鄉下，父母親所住過的故鄉，過著儉樸的生活是我最大的願望。（中略）回到放眼望去皆是稻田的故鄉，過著一半百姓、一半讀書的生活，不知有多麼地快樂。一邊照顧祖母的晚年和協助弟弟讀書，一邊生活是多麼地雋逸。」

總而言之，忠雄已經下定決心，不是回到故鄉就是前往朝鮮。如果這兩個願望都無法實現的話，他就想去住友。他在〈對於就業〉中寫到：

「假如回不去故鄉，又為了某種原因（譬如祖母不答應）而無法前往朝鮮的話，我就前去住友。我並不是特別想要進入住友，但是鈴木馬左是一個待人有禮的人，並且黑崎（幸吉）、江原（萬里）、松本三位兄長已經在那裡工作，煙害問題一直以來和故鄉關係頗深；此外，可以在阪神這個令人懷念之地給予大利及增井伯母一點安慰，啟太郎也將要來神戶中學就讀，這些種種的理由使我決定進入住友。但是，我並沒有想要在財經界飛黃騰達的想法，因此這是第三順位的願望。現在的處境不得不做些不同於理想的工作。我的志向就是上面這些，但是像我這樣一般的話，就職可能會成為一件奇怪的事。」

這篇〈對於就業〉是忠雄在十月九日所寫的文章，十月中旬，他接到一封長兄安昌打算到大阪工作的信。忠雄在回信中提及，雖然他贊成長兄離開家鄉去開拓嶄新的人生，但是長兄要先找好工作。另外，他也告訴弟妹應該要愛長兄，應該要為了愛而忍受寂寞。但是，安昌在這封信到達之前，就已經離開了家鄉。當時祖母七十九歲，妹妹千代十七歲，弟弟啟太郎十四歲。故鄉的家裡只剩下三個人。很快地，忠雄就收到弟弟和妹妹的回信：

千代的回信：

「感謝兄長的來信。我即使沒有哥哥的提醒，也已有了覺悟。（中略）倘若安昌哥到大阪之後能有嶄新的生活，沒有任何事可以如此地滿足我。為了那天的到來，我任何苦都可以忍，家裡的事你絕對不用操心，但是雖然我這麼說，您還是會擔心吧。祖母也是一樣上了年紀，還一直在操煩各種事情，真是心疼。但是也沒有辦法。我會盡力讓自已過著快樂的每一天。（中略）為了愛，任何苦痛我都可以忍受。」

啟太郎的回信：

「忠雄哥，昨日讀了你的信之後，眼淚就無法克制地一直落下。安昌哥和嫂嫂最近好像就會動身前往大阪。之後，我和千代姐就必須早上爬起來或是前一天晚上就準備好便當，放學後也要快點回家，問問祖母有沒有要交代做任何事，要做完這些事後，才可以做自己的事。但是我已經有除了下雨天之外，大概都要工作到黃昏的覺悟。晚上六點到九點，還有三小時可以拿來唸書，所以請您不用擔心唸書的時間不夠，再見。」

前後收到這兩封信的忠雄，在第七本文集《欅》中收錄的〈秋的歸鄉〉(未發表)裡詳細寫著：

「我被這兩封信感動，哭了，我也來盡到我該做的事。我向他們兩個人說：『為了愛，讓學校的成績變壞也沒有關係，對人來說，最重要的是愛而不是成績。』我想神也是這樣子對我說的。我要執行之前所下的決心。我很快地決定到明年一月為止，要待在故鄉的家裡獨自學習。這個決定對我來說一點痛苦都沒有。這個夏天，為了這件事而感到好似要戰爭的感覺。」

忠雄並不是要休學，因為離畢業只剩下一小段時間而已，因此他想一個人在家獨自學習，應該也可以畢業。他馬上向高木八尺學長借了筆記，買了幾本參考書後，就開始做回鄉的準備。之後，他在一高東舍十六號室友所一起做的雜誌上，寫下了〈歸去來辭〉。但是這本雜誌沒有保留下來，所以不知道忠雄寫了哪種文章，但是「歸去，田園將荒無，那不歸去」這句話，正好就是他當時的心境。在準備好之後，他將要回鄉的事告訴了以前同寢室的好友們。忠雄寫到：

「雖然大家臉上都顯現出驚訝，但是因為我是會說：『誰啊說那什麼話，我已經決心回鄉了。』的人，所以大家都沒說話。」大家一句話都說不出來，忠雄表明了回鄉的決定。那時候，剛好東十六的朋友想要以十月底前往富士五湖旅遊，當成最後的同室旅遊。因此，這些朋友問忠雄，至少再一起去這趟旅行，之後再回鄉如何？這時，忠雄雖然想早一刻回家鄉，但又想加入這趟旅行。結果便加入旅行，與他們一起到甲府，到了甲府之後，忠雄與他們道別，直接坐著中央線朝家鄉前進。

但是，就在聽到忠雄回鄉的決意後，今治的親戚，也就是望月、野間、越智等人既驚訝又擔心，因此寫了封信告訴忠雄，家裡的事由親戚們來照顧，要他用不著回鄉。而在信中也傳達到祖母的話：「這個時候，希望你不要整理行李回鄉來。」忠雄的決心開始動搖了，但是他還是認為不論如何先回去再說。他寫到：「第一他們不了解我的想法，其次即使是親戚們說要我不用回鄉，祖母也真是的，我的目的並不是要處理家中事務，真正的目的是要與祖母弟妹們共同生活，替你們分擔寂寞與憂愁，所以我一定要回去。」

十月二十九日，忠雄與東十六的友人一同出發，那天大家借住在甲州鹽山的菊島（後來的稻村）和次家中，大家很大聲、很高興地玩樂。菊島的父親雖然在東京忙於事業，但是時常請東十六的室友吃好吃的東西。翌日，前往旅行的一行人在甲府下了車，忠雄則獨自一人繼續乘著火車向西行。三十一日早上，他到達京都。而長兄安昌馬上就從大阪轉移到京都，計畫經營旅館。根據忠雄的敘述如下：

「我前往拜訪了長兄安定下來後的住處，就在清水寺的山腳。長兄正在被窩裡看報紙，嫂嫂正在煮飯，兩個人看起來很有精神。用不著說，我們之間除了愛什麼都沒有，我越來越愛我的兄長了。下午，我們兩個人前去三高看往返神戶一中與愛知一中的船。」

忠雄在長兄的地方住了一個晚上，之後就回到了今治松木的老家。過去熱鬧的家，現今卻被家道的中落與寂寥的黑影所覆蓋。忠雄被祖母唸了好久，而他也花了一段時間安撫祖母。

「我與祖母渡過了幾天摘栗子、拔大豆的日子，十一月四日前往觀賞啟太郎的運動會。就如我之前所寫到的，針對畢業之後我立了三個方案[30]。第一是待在家裡，在今治找一份工作，第二是朝鮮銀行，第三是住友。第一是我的愛最渴望的地方，第二是我理想的工作，第三是折衷辦法。我至今一直接受父兄的長年養育教育之恩，現在就快要畢業了，這是我將此份恩情報答給祖母和弟妹們的時候了。用不著說，我不渴望這世上的飛黃騰達，我想要待在家裡過著愛的生活。然而以祖母為首的親戚們卻不贊成我這樣做。」

祖母與親戚們異口同聲說道，忠雄不應該是埋首鄉下的人，而應該是走出鄉間，在社會上活躍的人。

忠雄繼續寫到：

「仔細想想，現在的家產是長兄之物，因此要有家產被花完的心理準備，我也要盡力照顧弟弟，至少要讓他接受到與我相同的教育，因此我不得不去賺錢。在幾年前的我是說不出這種話的，這是種讓我感到恥辱的話，因為我不是視錢如命的人。但是為了養育弟妹，這不也是愛的工作嗎？要是連最親近的兄弟妹都養育不起的話，跟再多人說要去愛人，或是講授道理給他們聽，都是沒用的。我在畢業後，要越早賺錢越好，我想要在某處找份收入不錯的工作來做，至於朝鮮銀行或是住友，對現在的我或親戚來說，是絕不可能的事。」

在親戚的催促下，年邁祖母的鼓勵下，忠雄最後還是只有在家中停留數日，在心有所掛念下出了家門，返回東京繼續學業，十一月九日回到東京。是去朝鮮還是進入住友，在上面那段文章的時間點，他尚未決定。之後，忠雄深思熟慮後的結果，是放棄前往朝鮮，接受住友的新進考試。為何選擇住友的原因，在前面〈對於就業〉這篇文章中就已經提到過了，再加

30. 作者註：指前面那篇〈對於就業〉。

上假如能在住友主要事業的新居濱的別子礦業事務所工作的話，那裡離家鄉今治很近，獲取收入的同時，又可以照顧祖母和弟妹們。這是忠雄將第一案加上第三案，所綜合出的一石二鳥的方法。「這是理想的工作」，往朝鮮的志願就這樣消逝在對家人的愛與義務感之前。但是這個願望在往後卻以另一個形式實現了。

22　進入住友商社

先前已詳述為何忠雄會接受住友新進考試的理由。當時住友的董事長為住友吉左衛門，理事長為鈴木馬左也。住友除了銀行的事業之外，還經營了四國別子銅山和九州忠畏炭礦等事業，雖然規模還小，但是在關西的實業界中日漸壯大。鈴木馬左也理事長好像是一個來頭不小的人物，他與東京帝大的矢作榮藏教授和新渡戶稻造教授有密切的往來，並且他在招募人才時，同時抱有讓人發揮才能的用心。

這些事情在傳記《鈴木馬左也》（昭和三十六年十二月，鈴木馬左也傳記編纂會發行）有詳細的記載。同為內村鑑三的門下學生，忠雄的學長黑崎幸吉就是被鈴木理事長挖掘，於明治四十四年進入住友，大正五年末開始於新居濱的別子礦業事務所中工作。另外，與忠雄同為柏會成員，大忠雄兩屆的學長江原萬里，是於大正四年進入住友，在大阪總店工作。有這樣的學長在住友，也是讓忠雄選擇進入住友的動機之一。

新進考試於十一月二十八日舉行。這個考試的過程，忠雄將之以〈新進考試〉為題收錄在文集《櫸》裡，因為這篇文章是紀錄與考官之間一對一問答的內容，因此我們可以詳細了解到考試內容。忠雄在這個面試之後，馬上憑記憶將考試內容當成日記寫了下來，因為不是當場記錄，所以諸如話語的結尾等等，可能與當下所說的不一樣，但是整體來說，是一份正確的紀錄。這裡顯示出忠雄對於進入住友一事的用心，也確切回答出主考官的問題，即使這只是一篇面試考試的紀錄，卻非常有趣，因此全文介紹。比起挑其中幾段來說明，還是讀完全文比較有趣。而這篇文章收錄於《矢內原忠雄全集》第二十七卷六七三頁，以下：

新進考試

矢內原忠雄先生　敬啟

關於您的申請，住友家重要職員中田錦吉與久保田無二雄兩位將對你進行面試，請於後天二十八日（星期二）下午一點，前往日本橋區數寄屋町島屋旅館，等候您的到來。

敬上

金井　延
小野塚喜平次
松本　烝治
矢作　榮藏

那天（十一月二十八日）我在神田橋換車來到了數寄屋橋。但是這邊已經是京橋區了。在警局問路後，折回到吳服橋。因為我這個樣子不適合實業家，所以我可能會從新進考試落選。島屋這間旅館是一間位於黑板屏的大旅館，在接待室裡已經有兩、三位先到的人，在我之後又來了三、四個人。下午的面試從兩點開始，從早上十點就開始等待的條崎是最先進去的。在裡面待了一個小時才出來的他說：「我被問了讀過哪些書，我回答我讀了俄羅斯文豪柴諾基夫的書，但是他們卻說我這樣不讀學校的書，只讀一些課外書，是錯誤的學習方法。」看樣子，主考官非常犀利，因此大家當下就開始設想起到底會問到哪種問題。輪到我的時候，已經四點半了。

位在二樓的面試場所是一間洋式招待室，圓桌對面坐著一位有著如長岡中將落腮鬍，看似溫和的五十多歲人，另外還坐著一位眼神精悍、嘴唇豐厚，看似勤奮工作的四十多歲人，我踏入房間時，他們倆一起注視著我。我坐下後，比較年輕的那個人說了一句「去一下廁所」後，就站起來離去。比較老的那位看似紳士的人，拿起了履歷表，戴上鼻掛式眼鏡，一邊小聲唸著「矢內原忠雄先生」，一邊將之寫入記事本中。雖然這兩個人沒有講自己的名字，但是依前面接受面試者的說法，較年長的是中田先生，較年輕的是久保先生。

過了不久，久保回到了座位，端詳了一下履歷表。

久保：「學業和人格都很優秀……真是不錯的推薦引言啊，你是這樣的人嗎？」

我：「是誰寫了這番話呢？是小野塚老師嗎？」

「是小野塚先生還是矢作先生啊？……你家是從事哪種工作的？」

「務農。」

「是地主還是小型農戶？」

「規模沒有很大。」

「不是地主的話，應該供不起讓你去上學的錢吧？」

「我父親是醫生。」

「還健在嗎？」

「不，已經過世了。」

「你為何進入了神戶的中學呢？」

「因為我的父親熱衷於教育，再加上我的伯伯是神戶中學的教師，所以我就上這間學校。」

「原來是父親的緣故啊……你最喜歡哪一科呢？」

「……沒有特別喜歡哪一科。」

「政治系應該有分法律和經濟兩方面，你喜歡哪一邊呢？」

「這樣選的話，經濟比較有趣。」

「你有讀哪些書呢？」

「一些國外的書……亞當姆·密斯、還唸了阿修雷的《選擇》。托因比（Toynbee）的《工業革命》，還有《進步與貧窮》[31]，還念了埃傑頓（Egerton）的《英國自治區的起源與發展》（*Origin and Growth of the British Dominions*），還有……」

「即使不是日文的外文書，你也可以很輕鬆的閱讀嗎？」

「大致上可以，只要是英文的話……」

「英文啊！」

「但是因為傑內魯卡爾契寫的書很有趣，因此我讀了很多他的書。」

「傑內魯卡爾契讓你做了些什麼呢？」

「是指讀了些什麼嗎？」

「讀是讀，我的意思，是你做了些什麼？」

「雖然可能會答非所問，信仰基督教。」

「從什麼時候開始的？還有你為何會變得相信耶穌？」

「從高中一年級開始的，從一位名叫川西實三的學長那裡聽了很多有關耶穌的話，還借了許多書……」

「在那之後就進入了基督教吧……你有受洗嗎？」

「沒有。」

「你主要是跟隨誰學習基督教呢？」

「內村鑑三老師。」

「現在還有在往來嗎？」

「有的。」

「你如何去解釋何謂奇蹟呢？」

「我相信有奇蹟。」

「你認為奇蹟是必要的存在嗎？」

31.《進步與貧窮》（*Progress and Poverty*）：作者為亨利·喬治（Henry George）。

「……我認為是必要的，假如沒有神之子以人類形式出生在這世上的話，就沒有基督教信仰。」

「……那……你要如何解釋你是神之子呢？能夠與你所學到的知識相契合嗎？」

「就如字面上一樣，在我的內心深處我相信神之子。」

「是這樣子的啊……你讀了哪一些書呢？」

「就宗教家所寫的書來說的話，有魯特魯、巴斯卡魯、勾德等人的書」

「勾德？沒聽過的名字，是法國人嗎？」

「不是，是瑞士人。」

「你的理想人生目標為何呢？」

「……我想要提高社會一般的精神水準。」

「如果是這樣的話，那你為何不去當官呢？」

「在官界已經有太多大人物存在了，再加上應該沒有一定要當官才能成功的道理，為了提高民間的水準，我認為要進入民間，一邊配合官界努力地工作才行。」

中田：「在我看來只有宗教家或是教育家，才會將這種精神性的工作當作終身任務，年輕的你這麼想從事這方面的工作的話，為何不投入傳道或是教育方面的工作呢？」

「……第一，我尚未相信有這般所謂的『聖旨』，並且在這之中沒有比成為宗教家還糟的事情，特別是墮落的宗教家是這世上最要不得的人。第二，我認為即使進入了企業界，還是可以從事這種精神性的工作，再者，雖然需要僧侶之類的人來說教，但是企業界中的信仰者絕不會是沒有意義的存在。」

中田：「我們雖然也不是說沒有盡力在為勞動者，為精神性事務工作，但是住友身為企業的主要工作，是為了國家、為了住友努力賺錢，在閒暇之餘才去做精神性的工作，而這就是主要和次要工作的差別。你假如不做企業方面的工作，而光只是做精神性工作的話，就是犯了本末倒置的錯誤了……」

「倘若我取得住友的工作的話，用不著說，我一定會盡全力為這份職務而努力。在我認為，腳踏實地、誠實地從事工作，也是傳道的一種。」

中田：「你如何看待基督教中未刻意強調效忠君主的事？」

「我認為只要注意一下，去閱讀聖經，就不會有這樣的問題。簡單來說，基督教教義就是愛神和去愛人，而忠君這件事也是一樣的道理。」

中田：「因為愛人，所以就愛你，天皇陛下因為是人，所以愛他。這樣的話，愛天皇和愛我不就成為同樣的一件事。說要孝順，你也只是因為父母是人，所以愛他們、去孝順他們，因為父母生小孩是理所當然的，所以應該沒有一定要對此抱持感恩之心去感謝雙親的道理。在你所認為，因為是人所以愛的觀念裡，不論忠君這件事，還是孝順這件事，都變成有點危險的思想。」

「雖然我的說法有一點不妥，但是我畢竟是日本人，所謂忠君的情感已經超越道理深植在我心。相反地，只是一直將忠君掛在嘴邊，我認為根本上就已經非常脆弱。因此，在這個日本民族自古以來的情感上，再加上基督教的愛的話，我認為可以出現真的忠君、根本堅實的忠君感情。」

中田：「你進入住友後，想朝哪方面發展？」

「我想要去礦山。」

「那是為什麼呢？」

「誠如您所知，我的故鄉，也就是四坂島煙害區域的事情，因為我從小就知道這件事情……」

久保：「就是因為這樣，所以想嘗試在那裡工作是吧。你不用在乎我是礦山的經理，不用客氣地說出你的意見，我想要聽聽學生的意見。」

「雖然沒有什麼像樣的意見，但是還是請您聽聽。雖然四坂島居民要四坂島事業移往他處或是停止運作這樣的論調是屬過分，但是住友也宣稱是為了全國國民經濟的企業，所以也不能枉顧地方居民的利益。雖然現在好像有達成妥協性的解決方案，卻還不能了解實際的執行方式。而我只能想到建立化學研究所去研究煙害的始末，給予煙害地建設工業學校、農業試驗場、醫院等設施。」

久保：「原來是這樣子的啊！」

「但是我之所以說想要前往別子的原因中，還有一個更切身的理由。」

「請說出來看看。」

「是我家裡的狀況，因為長兄搬出去住，因此家中只剩下年邁的祖母與幼小的弟妹，我非常想要照顧他們。但是鄉間的老人不願離開那一片土地，因此我想只要盡量待在別子或是新濱居的話，就可以就近照顧他們了。第二個原因是我的學長黑崎先生已在那裡工作，我或多或少都是他推薦我來住友工作的，因此我想在他旗下練習我在企業界的第一步。」

「你為何選擇了住友呢？」

「因為是耳熟能詳的緣故。」

「一定要是礦山的工作嗎？」

「不，哪裡都可以。」

久保：「……你到這裡就可以了，請你帶下一個人到這裡來。」

中田：「樓梯很陡請小心。」

如此我的「人格考試」約五十分鐘結束了。忠雄的問答很仔細，因此忠雄的性格在此問答之中毫無保留地表現出來了。

在這之後，錄用通知書寄來了（一個禮拜前），在不想辭退這份工作的同時，也是因為沒有其他更想做的事情。即使問了有哪些人被錄用，我也找不到想要一起工作的夥伴，終究好的人大多去當官吧。但是在知道這件事之後，進入企業界這件事就變成是一種鼓勵。因為是入「世」。變成世上的鹽一般。正因為是鹽，所以即使被世上排斥也是我的光榮。只是我所避諱的是遺失鹽本身的味道、接受飛黃騰達的桂冠。

（十二月十四日）

從這篇紀錄中可以看出忠雄立志進入住友的理

由，還有他入世的心理準備，特別是在面對傑內魯卡爾契做了什麼這個問題時，忠雄直接了斷地回答「信仰基督教」，而這樣的回答讓他加分不少。他從一開始工作就直接了當說自己是基督教徒，帶著這樣的信仰踏入充滿「世界之鹽」的「世」。他依然熱心於傳道，他認為在社會上認真工作本身就是傳道的第一步。大正六年一月底，他以〈不可落後〉為題，仔細描寫實際出社會後的種種覺悟。（收錄在文集《櫸》，未發表）以下是這篇文章的一部分。

「我雖然進入了企業界，但是我對於企業沒有抱持任何抱負，我的目的是宣達福音。我之所以會選擇企業界，是因為我認為比起進入官僚體系，我應能夠擁有較自由地信仰和傳道空間。再者，假如直接投身傳道界的一天一直沒有來的話，我會一直期待那天的來臨。」

「基督教是越深入了解，就會離現實世界越遠，是一個大膽的宗教。大多數的人都會感到恐懼而逃離，但是我絕不會退縮。」

「出世之後，要會明顯地分辨是否為惡魔，不論惡魔帶著哪種面具都要擊退他，這些都可以從背負十字架真義下的生活中體驗到。」

在忠雄畢業前的三月，他所寫的〈消息〉這篇文章中，也清楚寫到同樣的事情。這篇文章其實是寫給已經進入住友，已經和「世」在對抗的江原萬里學長的信（《全集》第二十七卷六九一頁）：「我絕對不會想進去住友。我要投入我所愛憐的同胞的人群中，我沒有著眼企業界，也沒有才能和抱負，更沒有興趣，況且住友只如落在眼鏡上的灰塵一般。對我而言，只有帶著聖經進入群眾，才是我真正的意識。（中略）即使我去了住友，應該也不會有什麼愉快的事發生，唯有前去學長你身邊工作是值得高興的事。被說『你好像要進入住友啊』時，是一個滿臉不悅的我，但是被說『你好像要去江原的地方』時，卻是一個滿臉笑容的我。與其說是去協助住友，不如說是去幫學長你還比較恰當。我或許會去新居濱也不一定，那時候就是變得去協助黑崎學長了，但是這兩件事都令我高興啊。」

忠雄的工作地點，就是他所期望的新濱居。就這樣，他從大學畢業，結束了青年時代邁入社會。

即使進入住友沒有讓忠雄感到一絲的快樂，但是告別長期的學生生活，以社會人身分獨立，又能夠在鄉里附近工作，就近照顧祖母和弟妹們，這些事情對忠雄來說都是值得高興的事了。下面是他在後來寫給內村鑑三的文章裡的一小節：

「大正六年（一九一七年）三月，我從大學畢業了。我躺在住處庭院邊的走廊，把畢業證書捲成望遠鏡的形狀，仰著向天。藍色、寬廣、自由的天空。自小學以來，長達十九年的學校生活就這麼結束了，走進社會，一切都是那麼寬廣、那麼愉快。我想到小學時教我的老師，和很多課程。然後我將這些學校生活都放到天秤一邊的盤子上，另一邊放上內村鑑三和他所教授的聖經內容，我還是感覺到後者比較重。」（〈內村鑑三〉，《全集》第二十四卷四九二頁）

第三章　新居濱時代・留學時代

1　步入婚姻

大正六年四月，忠雄以新進員工的身分，前往愛媛縣新居濱的別子礦業所就任，就此踏出了社會人士的第一步。這對忠雄的生活來說是一個嶄新的開始，說到新生活，就不得不先談論到結婚。

忠雄於大正六年五月二十二日步入婚姻，為了講述結婚過程的來龍去脈，必須回到他學生時代的晚期開始講起。在前面已簡單提到，學生時代的他對於結婚抱持的態度如下：

「我現在開始認為，至少要向將會成為我妻子的人傳道。因此我不奢望對方一定是個信奉基督教的女性，也不奢望一定是個性情良好的女性。」（第二章第18節）

「是信仰者或不是信仰者都沒有關係，雖然她如果能是可以和我建立共同信仰、性情善良又是美人的話，一定是最好不過了，但是即使她不美、氣質又不是很好，只要是神所賜與我的人的話，我會很高興地收下。」（第二章第19節）

但這還是非常模糊的想法，實際上，忠雄尚未認真考慮過結婚，但發生了讓他非得開始認真考慮結婚的事情，可以從忠雄所寫的〈或者談論〉和〈或者談論再一章〉（兩者都收錄在文集《櫸》、《全集》第二十七卷六八二頁）中清楚得知。

大正五年十二月十日，這是忠雄被住友商社錄用後沒多久的事。那天，要好的學長川西實三來拜訪忠雄。川西在兩年前大學畢業之後進入了內務省，當時從事的是沼津的郡長，在偶爾前往東京之際，接受了藤井武的請託，向忠雄詢問是否有意願和藤井武之妻的妹妹結婚。根據忠雄的記述：

「十日，實三兄來訪問我，是否有意願和藤井武兄的太太的妹妹結婚，並且帶來了好幾張照片。女方家在金澤是一戶相當有力的資產家。雖然太太的娘家一開始非常反對藤井去年的決議，但是在逐漸了解後，如今卻叫他開始尋找妹妹的丈夫人選，甚至將全部的事情交給藤井辦理，這個人一定要是身體強健，生性樂觀，像一張白紙一般。」

藤井武是忠雄一高和東大大六屆的學長，也是內村鑑三門下的柏會學長，他是一位非常真摯熱心的基督教徒，因此忠雄從以前就非常敬愛他。藤井在大學畢業之後就進入內務省，雖然曾在京都和山形工作過，但為了獻身傳道，所以於大正四年底辭掉官職，成為內村鑑三的助手，還時常投稿到內村主辦的《聖經之研究》這本雜誌上。大正五年六月，他的第一本著作《新生》由岩波書店發行，忠雄非常喜愛這本書。

藤井武的妻子是西永喬子。藤井本來叫「淺村武」，他出生的家庭本是金澤的士族，但在中學時被同樣是士族的藤井家收為養子。藤井的家位於金澤的長町四番丁，對面就是西永家。在附近並列的加賀百萬石前田藩的武家房舍中，西永家更是其中最大的一間（至今在長町還有保留幾間江戶時代的武家房舍，西永家的房舍雖然已經消失了，但是藤井家還保有以前武家房舍的影子）。當時，西永家當家的是西永公平，是金澤一流的律師，當地的名流。以客觀紀錄來看的話，就以昭和四十三年所刊行的《石川縣議會史》來介紹（石川縣議會史編纂委員會編、石川縣議會事務局發行）：

「西永公平（金澤市選出）

生於元治元年，明治大學畢業後，以律師身分在金澤開業。

於明治四十四年、大正二年、大正四年、大正六年、大正十年，五次當選金澤商業會議所議員，其中在大正四年、六年、十年這三次中，還是擔任副會長的重任。另外他還曾出任金澤米穀交易所理事長，並於大正六年七月七日的縣議會議員補選中，以無黨籍當選，同年十一月四日被選為議會會長，任期直到大正九年二十三日。

大正十五年八月九日去世，享年六十二歲，與夫人薰之間育有三男五女。」

由此份資料可以得知西永公平在金澤的財政界是一位舉足輕重的人物。三男五女中，長女為喬子，再來是長男公一，接下來就是次女愛子。不論是喬子還是愛子都是公認的美女。藤井武和西永喬子的婚事早就在兩家父母之間結下定論，由西永家看來，以優秀成績畢業於東京帝大，畢業之後又進入內務省的法律學士藤井武的前途不可限量，因此在藤井大學畢業的同時，就很歡心地將長女下嫁給他。

但藤井在四年後拋棄官位，成為一位基督教的傳教士。在西永家家風中，本來就沒有基督教的影子，西永家理所當然地反對藤井這種大膽、一般人認為沒常識的職業變換。在忠雄文章中寫到「雖然太太娘家一開始非常反對藤井去年的決議」就是指這件事情。但是藤井武非常喜歡妻子喬子，他教導妻子信仰，而喬子在這樣的薰陶下也變得熱衷信仰，夫婦兩人竭盡誠意與西永家的人接觸。因此西永家慢慢地開始對基督教有所認知，並且給予女婿藤井武完全的信賴，將次女愛子的婚事全交由他來負責。藤井對於妻子妹妹愛子結婚一事的用心與愛子找這位哥哥相談一事，都可以從大正五年八月寫給回娘家的妻子的信裡略知一二。這時已經在向愛子提及結婚的事了：

「接下來是有關小愛的結婚問題，我剛好接到小愛一封內容很長的信，小愛不屈於富貴與虛榮這一點，令我非常高興。為了小愛考慮到最周全的方法，就是把這次的話當作沒有發生過，然而最理想的就是讓小愛精神上有最卓越的進步，成為一個有堅強信仰的婦人後，再將她嫁給一個同樣擁有深度信仰、人格高尚的人。我們殷切期望這件事能成真。另外關於這次的事情，就要請妳幫助小愛，盡全力跟妳的雙親解說，務必讓他們暫停這件事，（中略）我們在此殷切期盼父母能放棄這件事，並且祝禱小愛能以一個擁有信仰

的婦人，嫁得善良丈夫的日子早日到來。」（《藤井武全集》岩波版第十卷五一五頁）

最後這裡所談及的婚事就此打住，而尋找愛子結婚對象的事就完全交付給藤井武了。之後，藤井就選定了當時正好將要畢業的矢內原忠雄。對於這件事，也有徵詢過川西實三的意見，而川西實三也被選為將此事傳達給忠雄的角色。川西是忠雄中學以來最要好的學長，沒有人比他更適合來扮演這個角色了。川西很熱心地推薦著，但是忠雄卻拒絕了。在忠雄的〈或者談論〉中寫到：

「其實我對於作為妻子的沒有太大的要求。面對大部分的人我都可以這般輕鬆地回答他。至於藤井的妹妹這個人，我是一開始就沒想過要避開她（因為什麼都不知道，所以沒有想法是正常的）。但是我拒絕了這件事。理由之一是，她是一位在幸福家庭中成長，性情優美的大家閨秀，這樣的她來到貧弱的我與祖母、長兄所居住的這個家庭的話，只會吃苦，豈不是太委屈她了。我認為擁有幸福環境的人，嫁給同樣擁有幸福環境的人最好了。第二個理由是，因為我還沒有成家的力量。況且我更不希望藉由妻子娘家的力量來過活。

雖然川西學長對我說了種種家庭生活的必要性，簡單來說，我還沒有考慮到結婚的事，因此這些話真是煩、真是吵，有這樣的想法真是對不起。我不想因為這樣的家庭瑣事而打亂了年輕的想像。」

但是藤井沒有就這樣放棄。據忠雄的文章〈或者談論再一章〉，在〈或者談論〉這篇拒絕的文章後一個多月，也就是一月二十日，川西實三再度拜訪了忠雄，說了以下的話：「我將前幾天詢問你的結果告知了藤井，但是他的回答簡要來說只有一個字『no』。理由在這裡省略不說，就在此時藤井來了，「他的目的是想問我不是都沒有問題嗎？沒有再考慮的餘地嗎？

他還問了我的長兄現在人在何處，從事哪種工作。他還解釋到，他對我個人沒有任何疑問，只是女方雙親想要了解這一些事情而已。」

在這的「長兄」指的就是忠雄的大哥安昌。如前所述，這個時候的安昌在沒有固定工作的狀態下，就離開家裡前往京都了，而這一件事從以前開始就是忠雄的痛。如前引用的〈談論〉文章裡所寫，忠雄一開始沒想太多就拒絕了，但是在尊敬的藤井學長的再三告知下，使得忠雄非常煩惱。他認為自己被「很厲害的人鎖定」。這個與不分對象只要找到好人的情況不同，這件事除了是瞄準忠雄之外，況且也如藤井武學長所說的話，雖說還構不成問題，但是也不能隨便回絕。「面對藤井學長的這番話，我這邊應該認真考慮再回答，才是不失禮數的處理方法。」

很快地，就在那天晚上，忠雄就找川西實三作伴前往拜訪藤井武，但是那天藤井剛好不在。就在忠雄打算另挑日期再度前往拜訪時，藤井武於二十四日前往忠雄位於代代木的住處拜訪他。忠雄當下就把所有的想法告訴學長：

「我將我的想法毫無保留地說了出來。第一，我認為，是因為前往了柏木，讓我能夠擁有目標。我一直想要用微弱的信仰力量去愛人，但是我還沒將福音帶進家門，我的心中聖靈還未湧現，不論是面對神，還是面對老師，我都沒有臉見他們。我的眼眶濕了。接著是將我家中的情況從頭到尾說了一遍，從父母親過世到長兄的事情都清楚地交代過，說到這裡，我的眼淚更停不下來，胸口也痛了起來。我至今都未曾跟他人說過長兄的事，但是這個時候非講不可。雖然對於其他人，我可以不講這些事而直接拒絕他，但是對於藤井，我不能這樣做。更何況跟藤井說這些，他不但不會嘲笑我，反而會幫我祈禱，因此我就非常直接地說了出來。但是若是藤井逼迫我說的話，我也不會去理會他。第三，我說了些如弟弟的學費之類，家中經濟上的問題。第四，我轉述了祖母以及文代姐的要求。接著，我堅決回答道，假如如此這般的我、如此這般的家庭、如此這般的經濟狀況，還可以娶這麼可愛的姑娘，那位姑娘也願意嫁的話，我認為這一切都是神所賜予的，因此我會謹慎歡喜地接受。」

因為這番話是來自忠雄所敬重的學長藤井武所說的，所以他在認真考慮之後就直接說出他的想法，但是從回答中可看出，他並沒有非常積極地在考慮結婚。但西永家方面在聽取透過藤井轉達忠雄的答覆之後，覺得這一切都沒有關係，家中狀況如何並不重要，重要的是人，因此他們無論如何都想促成這段良緣，一定要愛子嫁給忠雄。在這件事上扮演藤井武和忠雄之間協調角色的川西實三還健在，並且川西還保留著詳記當時過程的日記，從記錄前往拜訪他的對話中就可以得知全盤的來龍去脈。據西川的話來看，事情有快速的發展。

二月二十三日晚上，忠雄與川西一同到藤井武家中拜訪，在藤井夫婦與原幾代(西永愛子的嬸嬸)等人的見證下，忠雄立下了與西永愛子的婚約。連相親的形式都沒有。忠雄第一次見到愛子本人，好像是在這件事之後一個多月的三月二十二日。而這樣的推測來自於大正十年三月二十二日忠雄的日記(當時他在倫敦留學)中所寫的內容，「今天是母親的忌日，也是第一次跟愛子見面的日子」。

西永愛子在金澤的石川縣立第二高等女子學校畢業之後，曾有一段時間前往東京，寄住在藤井武夫婦家中，一邊在實踐高等女學校的專攻科唸書。有一點胖胖的、皮膚白白的，個性活潑開朗，是一個不知辛苦的千金小姐。家庭是傳統家庭，再加上母親為舊家賀藩士族家庭出身的人，因此愛子從小就被嚴格要求要有教養，但是愛子一點都不傳統，反而很摩登。她喜好西洋音樂，還因此去學了聲樂。忠雄在第一次聽到川西實三描述愛子的時候，他心裡想著的是：「這些話真是煩、真是吵，有這樣的想法真是對不起。我不想因為這樣的家庭瑣事，而打亂了年輕的想像。」

但是就在定下婚約後，在見到來到東京的愛子之後，好像是一眼就喜歡上她。兩個人在高田馬場藤井武的家中見面，馬上就好似熟識地談天說地了起來。（這是我從聽過藤井喬子這樣說過的人那裡問來的）。而從一高東舍十六以來的好友石井滿，對於這件事如此寫到：

「大正六年四月，我們終於要從大學畢業，因此心情不錯。正想要回家一趟的時候，突然撞見忠雄。我們倆一起出了正門，朝著本鄉三丁目的方向走去，走到東大紅門時，忠雄突然趨步向前，把一個在門前等候的女孩，帶到我面前來。

『石川，這是我的愛人。』

他就這樣用著矢內原風格向我介紹她。這位就是矢內原同學最初，也是最後的妻子。我驚訝地說到：『真不愧是秀才啊，什麼都比人快一步。你是我們之中最早結婚的一個吧。』」（石井滿，〈矢內原與我〉，《矢內原忠雄—信仰·學問·生涯》五一頁）

結婚典禮於大正六年五月二十二日在金澤的西永家舉辦。藤井武於一月底詢問忠雄結婚日期時，忠雄回答：「因為徵兵的關係，最快也要明年冬或是後年春。」但是畢業之後回鄉做的徵兵健康檢查結果，忠雄因為近視而不合格，因此結婚的日期比之前預測的大幅提前了。忠雄從已經赴任的新居濱前往東京與愛子碰頭，在結婚儀式的前一天，忠雄招待許多學長與友人，到上野的精養軒舉辦喜宴。因為這只是儀式前的會面，因此只能稱是訂婚宴吧，但是實質性質已是結婚喜宴了。在這天宴會結束後，兩人搭夜間車返回金澤，在金澤舉辦儀式，之後就直接前往忠雄的工作地點——新居濱。

西永家因為是金澤的名門，因此在儀式上有許多金澤的名人列席其中，顯得熱鬧非凡，但是熱鬧的只有西永家這一邊的人，忠雄那邊顯得非常寂寥。忠雄這邊的親屬，只有忠雄的姐夫野間音一代表矢內原家出席而已。儀式是遵照西永家的意願，以純日本式舉行。忠雄也做了在神明前三三九度[1]的舉杯儀式。但是，就如之前柏會的黑木三次在神明前舉辦結婚儀式，而被內村鑑三責罵的事件一樣，基督徒舉辦這種日式神道婚禮有相當的問題存在。但是在這種情況下，忠雄還是抱持著堅定的信仰，堅持在平日生活中做為一個基督徒應有的態度，因此他認為這只是一時配合西永家的想法的形式而已。在關係到根本信仰的情況下，忠雄一定是堅決站在基督徒的立場。但是像這種的場合，在某種程度上要尊重對方的立場而有所妥協。關於這一點，在儀式之前，忠雄決定遵照西永家的想法時，在藤井武寄給忠雄的一封信中，寫著對這件事適當的理解：

「有關於儀式舉行的時間地點以及形式，最初我認為這還是之後的事，因此沒有多去考慮，但是在聽到你這次的決定後，我的心痛了起來。我感覺不到這是你心中最好的方法。

但是這份悲痛現在也消退的差不多了。至於從江原兄與老師（內村鑑三）的書信往來中得知，你告訴了我有一個最值得去敬佩的地方。我現在還是認為，這次的儀式的進行方法不是最好的選擇，只是覺得出了這樣的問題非常可惜。但是在知道這件事與你在日常生活中所抱持的主耶穌信仰來比較的話，相形之下只是一個小問題，在知道你心中永遠將單純熱烈的信仰擺在第一順位後，即使在這種一時形式上的問題感到有所缺失，我還是很滿意的。」（五月三日（付），藤井武的矢內原忠雄宛書翰，《藤井武全集》岩波版第十卷五一七頁）

忠雄就這樣結了婚，與美麗的新婚妻子一同返回新居濱。那時忠雄二十四歲，愛子十八歲。距透過川西實三第一次傳達消息給忠雄，忠雄以「結婚還離我很遠」來回絕這件事的時間，中間只隔了五個月，忠雄自己也沒有想到會那麼早結婚，但是忠雄是非常高興的。換過來談談愛子，在富裕家庭中快樂成長的

1. 三三九度：為日本傳統婚儀中的一環。

她，嫁給了雖然是法學士秀才，但是月薪只是一個普通上班族的忠雄，又前往了人生地不熟的四國鄉下，生活在完全陌生的環境中，離開疼愛她父母的身邊，應該是非常辛苦的吧。但是說不定生性活潑開朗的她，早已對丈夫抱持著滿腔的愛與信任，滿懷著希望渡過瀨戶內海，展開新的生活。

2　別子銅山

大正六年四月開始到大正九年三月為止，忠雄都在住友的別子礦業所工作，在踏出社會的第一步的同時，也與愛子結婚建立新家庭。一般認為，在這三年中的新居濱時代，是他漫漫人生中最幸福的時期。

「幸福的新居濱生活！雖然忙碌卻是幸福的生活！」

這是忠雄於大正十年八月，於留學的倫敦回憶起當年新居濱時代所寫下的日記中的一小節（《全集》第二十八卷六五六頁）。在這裡所寫的「忙碌」，指的不是工作上的忙碌，而是生活整體上的充實感。另外，在昭和六年的〈伊予新居濱基督教教友會集會所落成祝賀辭〉（《全集》第二十六卷四五五頁）中寫到：

「以剛從學校畢業的身分踏入社會，並且第一次擁有家庭，這是我一生中記憶最深刻的三年。」

「在我剛從大學畢業的時候，我立志前往朝鮮，將我的一生奉獻給朝鮮人民。但是後來，我感受到我必須先履行家庭上的義務，因此選擇到離家鄉不遠的住友位於新居濱的別子銅山工作。第一次將四十圓的月薪拿在手上時，我感受到我已經做到經濟獨立，為了可以為家中略盡心力而感到高興。」(〈我如何成為基督教徒〉，《全集》第二十六卷一四四頁)

愛媛縣新居濱市現在人口有十四萬人，在那裡的人多少都和住友有關係。在稱得上是住友王國的這裡，建了許多住友的工廠，因此成為四國最大的工業地區。新居濱因住友而發展起來，但追根究柢是因為住友經營著新居濱近郊的別子銅山的緣故，住友就是靠著這個銅山變成大財閥的。這個銅山自元祿三年(一六九〇年)被發現以來，就被譽為日本第一的銅山，每年出產豐富且品質優良的銅礦，在昭和四十七年(一九七二年)因為礦脈鑿盡而封山。但是在本來就廣泛擁有煉銅業與銅貿易業的泉屋住友家的經營下，在江戶時代以出產「御用銅」而成為支撐幕府貿易的財源。明治維新之後，在接連引進新技術下，此銅山成為住友的最大財源，更對日本資本主義經濟有很大的貢獻。忠雄開始在這裡工作的大正六年，正好開發出新技術，並搭上日本資本主義大幅發展的浪潮，因此別子礦山呈現空前的榮景。話雖如此這還是抓著前代經濟尾巴跑的模式，新居濱也只不過是一個靠別子銅山存活的，不到兩萬人的鄉下小鎮而已。但是像忠雄這樣大學畢業的住友職員，在這塊土地上的生活說得上是很快活。月薪四十圓看起來非常少，但是住的是公司的房子，因此過的是有餘力給老家一點補貼的輕鬆生活。

當時別子礦業所的所長是忠雄面試主考官之一的久保無二雄，經理課長是同為內村鑑三門下、忠雄的學長黑崎幸吉。忠雄隸屬經理課，一開始擔任會計人員，因此做了打算盤的練習，之後還前往去年才新落成的採礦本部的東平採礦現場實習，最後他所擔任的是調查事業全體的稽查人員的工作。而在同礦業所的學長松尾逸郎對於忠雄的工作狀況有以下的說明：

「老師（矢內原忠雄）的卓越頭腦和能力，馬上發揮在工作上。例如，他一下子就通曉每個新進員工都要熟背的住友家法，還有幾次在我們這些老員工想都沒想到的時候，就引用這些家法讓我們啞口無言。

老師抱持著強烈的責任感在進行工作。他以稽查人員的身分，將各部門所提出的預算書以優越的手法處理，在報告書上所蓋的老師的印章，就是上層信賴的標記。」（松尾逸郎，〈《基督徒的信仰》出版時〉，《矢內原忠雄―信仰・學問・生涯》）

山下陸奧，當時還是忠雄的同事，後來辭去住友成立一個短歌派，更是短歌雜誌《一路》的編輯，也寫到：

「矢內原隸屬經理課，課長為黑崎幸吉。黑崎約為三十歲前後，矢內原大概二十五歲。我比他晚兩個月進入公司，那時他已經做完統計帳簿的實習，在會計部門工作了。坐在我旁邊，他不熟稔地撥著算盤。過不久他就前往東平的現場，每天滿身泥土地在礦坑內實習了一個月，回來之後調進稽查部門。在這個部門裡，他擔任計畫案的審查與製作預算書的重要工作。」（山下陸奧，〈新居濱時代的種種〉，《矢內原忠雄―信仰・學問・生涯》五十四頁）

雖然連續引用書中的話，但是為了了解忠雄剛進入公司時的環境，在下面仍將引用忠雄為山下陸奧寫的一小段隨筆。忠雄和這位短歌作家一直保持著很好的交情。這篇隨筆是昭和十一年為了山下陸奧的雜誌《一路》所寫的文章：

「十五、六年前，他是新居濱住友礦業所經理課職員，每天與我一起啪嘰啪嘰打著算盤。山下直接在傳票上寫著短歌。你讀傳票幾圓幾錢那金屬感的聲音，一想到你現在居然在鳳來寺附近講解短歌，讓我覺得人生真是有趣。這樣的想法不僅沒有一絲不自然，因為就算是在經理課的工作，依然可以投身歌的世界。我在最初無法理解大家所說的『嚴苛』。後來才知道，指的是從勞工每個月薪資中所扣除的雜項費用的支付明細表。至今不知道還有沒有過札[2]這種說法，但是在當時還未正式成為公司組織之前的住友，大家都稱住友吉左衛門為『家長公』，因此過札這個帶有古味的稱法在當時非常適合。在這種氣氛下，山下唸了幾十圓幾十錢的過札並且計算它。空閒的時候就拿出《心之花》來閱讀。回家以後，因為痔瘡變得嚴重，因此時常以無花果的葉子熬湯來喝。

有的時候與山下，還有同一課會創作俳句的乾、眼科醫師的佐藤，四人一同前往國領川散步，在河邊燃起柴火，將幾丈高的枯草慢慢弄倒，真是好玩。我注意到大家因為剛畢業沒多久，還很孩子氣。突然在那邊出現了一個村人，大喊著要告訴警察之類的事。我們四個人認為自己沒有做什麼壞事，因此就跟著這個男的走了，但是後來他好像覺得麻煩，在途中訓誡了我們一頓之後，就放我們走了。」（《全集》第二十五卷五頁）

這個工作就算看起來非常輕鬆，但是其中一定能夠看到讀「過札」打算盤的山下陸奧或是忠雄的身影。在前面引用的山下陸奧的文章中已經得知，與山下陸奧鄰桌而坐，打著同樣的算盤之後，忠雄就前往礦坑內實習一個多月，而在礦坑中的那一段時間，忠雄寫了如下的文章：

「距今十四年前，我曾在愛媛縣別子銅山工作過，也有為了實習而實際進入礦坑中的經驗。也有過在某一天一個人踏入已廢棄的坑道之中，結果自己跌入空的隧道（為了倒置礦石的縱型坑道）。這個坑道深有五、六十尺，因此再跌下去的話，一定會

2. 過札：收購價格單。

粉身碎骨而死。幸好有突出的岩石將我的身體支撐住。我只有跌下十多公尺，最後幸運地無事獲救。在那時我感受到神在保護我，是天使伸出祂的手拉住我的雙腳，真是感謝神啊！」(〈存活〉，《全集》第二十五卷五頁)

這是忠雄在昭和七年，以「神會守護信仰神者的生命」的觀點所寫的文章，雖然文章中所發生的事是出自忠雄的大意，但這也可以看出採礦作業實習的危險程度。但是忠雄還是很愉快地渡過了這次的實習。據與一高以來的好友三谷隆信(雖然他在之後成為了外交官，但是他在剛畢業時是先進入內務省的)的談話，大正六年底，他到新居濱拜訪忠雄，忠雄帶他渡過危險的橋樑，進到礦坑中參觀。

我小的時候，父親也帶我進去別子銅山。那是我小學五年級的暑假(當時父親為東京帝大的教授，我們住在東京的大森)，父親當時應該是想讓我看看他的故鄉，他以前工作過的地方和生我的地方——新居濱。因此，父親帶著我前往四國旅行，先是到了今治郊外掃墓，接著告訴我養育父親長大的老家位置，之後就轉往新居濱並且待了一陣子。我和父親住在安昌伯伯在新居濱的住所，我每天和表兄弟一起去海邊，渡過快樂的每一天。有一天，父親帶著我前往別子銅山，讓我見識一下何謂礦山。對我來說，看到的都是新鮮事，最讓我印象深刻的是女工人挑選礦石的選礦場。另外，父親散發著回到老家的念舊感，在進入選礦場後，隨手拿起幾顆礦石，向我說明哪個是黃銅礦，哪個是斑銅礦。在新居濱的父親心情顯得特別好(即使是以後，我也沒看過心情這麼好的父親……)。

去年(昭和四十九年)，我利用五月初的連續假期前往了新居濱。溯著國領川的溪谷而上，沿岸都是美麗的新綠芽。到達選礦場後，發現那裡只剩廢棄的房屋一棟，周遭已不復見以前五千多人揮汗如雨工作的樣子，現在只剩下寂靜環繞。這寂靜的環境，喚起我小時候父親帶我來這裡的回憶。我想像父親在礦坑現場實習，在辦公處工作的身影。事實上，在來這裡之前，前往拜訪了幾位當時大正六年至九年在別子礦業所工作的人員，也就是當年父親的同事、現在還住在新居濱或是附近的人，並從這些人聽到一些過去的往事。因為是父親的同事，因此年齡都差不多八十歲上下，在回顧往事時，一直提到父親是既勤勉工作又親切的人。商業學校出身，與忠雄在同一時期進入公司的小倉省三說到，雖然剛開始他的算盤技術比忠雄好，但是在忠雄努力練習之後不久，兩人比賽的結果，自己居然敗退了下來。當時負責伙食的藤田春吉，記憶中也清楚記得忠雄跌入礦坑的事件，且說了不同於忠雄文章中所寫的「真相」。綜合這幾位忠雄老同事的話，忠雄因認真工作獲得公司內部人員對他的信賴，而且不因大學畢業就提高姿態，是一個親切又好相處的人（我之所以可以和這些人說到話，都是因為有表哥矢內原信雄幫我安排）。

就這樣，忠雄在別子礦業所工作。他非常滿足於每天盡職地做完工作，一點都沒有想要換工作或是成為學者的念頭。但是在想也沒想到的狀況下，他就受聘到東京帝國大學經濟學部，離開待了三年的這塊土地。但是在住友上班這段期間的經驗，對往後的忠雄來說是有百利而無一害。在第一章1節已提過，他所持有的實務能力，與他是愛媛縣出身的身分有一定的關係。從忠雄的立場來說，與其說這是他原本就具有的能力，不如說是這三年中培養出的實力。但是他在別子銅山的職務所獲得的，不只是實務上的能力而已。他在這裡親身接觸到何謂資本主義社會，不單是理論，他學會了如何抱持實際的眼光去洞悉整個社會。大正六年到九年，正好是日本資本主義急速擴張的時期，伴隨而來的是勞工運動的急速成長，是一個充斥反美與罷工的時期。他在遠離這個潮流的四國鄉下眺望漩渦中心的同時，在這個日本近代資本主義縮圖的別子銅山中，宛如處在中心一般體驗著這股潮流。

「郡長好似像常擔心反美活動的樣子。只要不隨著所謂的民意起舞，冷靜下來，就可以看見很多東西。許多社會問題都持續由理論轉變真實。」

這一節文字是出自忠雄於大正七年八月二十三日，寫給中學以來要好的學長，當時正在擔任沼津郡長的川西實三信中的一小段。

之後，忠雄在當大學教授時，針對這三年來的社會工作經驗，對所研究的經濟學的益處與收穫，在〈我所走過的道路〉與大塚久雄教授的對談中，忠雄自己說到：

「最初，我認為在公司的三年是我人生中的障礙，雖然對別人來說，這段時間好像是學到了東西，在某些定義上是對人生加分的東西。單單只是得到有關經濟構造的相關知識而已。」（《全集》第二十六卷二二三頁）

忠雄晚年在廣播所講的「我的人生遍歷」中有這麼一段：

「之後仔細想一想（在別子礦業所工作的事），對我而言是很好的學習與生活經驗。礦山本身就是一個自給自足的小社會，從這個有如經濟社會縮影的地方，我了解到複雜的生產機構與組織的模型。」（《全集》第二十六卷二三九頁）

對忠雄而言，在新居濱的生活並不是只有單純在別子礦業所工作而已，而是「生涯中記憶最深刻的三年」、「忙碌卻是幸福的生活」。對他更重要的事，是與他深愛的妻子共築新家庭，與是學長、也是上司的黑崎幸吉參加聖經研究會，還有與這個區域的基督徒深入交往，在此踏出社會性傳道的第一步。

在父親生前，他的桌上總有擺著一個刻有住友菱形標誌的小型純銅製文鎮。這個文鎮雖然小但是很重，並且帶有銅獨特的紅色光澤。這是父親一生幾乎都不離身的愛用品，所以我也是從小看到大。對父親而言，這是最初工作的地點別子銅山的紀念，也是一個紀念最初新建家庭的新居濱這個地方的好東西。前幾日，我前往位於自由之丘的家，我問母親現在「那個」還在嗎？在母親回答有之後，我央求母親，拿到了那個文鎮。所以，現在那個文鎮在我的書桌上，綻放著與在父親桌上時相同的紅色光輝。

3 新家庭

公司宿舍位於新居濱的西部，一個名叫惣開的靠海地方，到工作地點只要步行幾分鐘。在那並排著幾間一樣構造的房子，其中一間就是忠雄與愛子共同擁有的家庭。

「在畢業後就工作、結婚之際，我心裡湧現這句話：『以撒（Isaac）在與母親分離之後，獲得了慰藉。』（創世記二十四之六十七）我認為我辛苦的時期在此結束。」（〈我如何成為基督教徒〉，《全集》第二十六卷一四五頁）

以撒是舊約聖經《創世記》裡的一個人物，他被尊為以色列民族的祖先，也是他們的信仰之父亞伯拉罕（Abraham）的兒子。其中最廣為人知的是，亞伯拉罕在聽到將兒子以撒當成祭品奉獻給神的神諭之後，便遵照神諭要將以撒殺害，這時神阻止了他，並且賞賜亞伯拉罕的信仰而賜福於他，保證他的子子孫孫的昌盛。在亞伯拉罕的妻子撒拉（Sarah）死後，以撒成人後，上了年紀的亞伯拉罕就命令老僕人前去尋找以撒的妻子人選，而他帶回來的女性就是利百加（Rebekah）。「以撒與利百加被引領至以撒母親的帳棚，並娶利百加為妻。以撒自母親去世後，這才得了安慰。」（《創世紀》二四之六七、舊譯）

之後忠雄在寫聖經講義《創世記》時，就是從〈以撒結婚〉開始寫起（昭和十六年一月），有關上面那段話，在講義中有如下的注解：

「失去主婦的家庭就只剩一個寂寥的空殼。特別是像以撒這樣很得母親寵愛的孩子。以撒的性格與其說是外向，不如說是內向比較恰當。因此這樣的他在失去母親的同時，一定也會感受到無比的寂寞。現今他迎娶了利百加，建立了屬於自己的溫暖家庭。六十七節實際上是在描寫人類情感的自然流露，沒有比這個東西還要美麗的。我自己就是把這番話讀到心坎去的其中一人。」（《全集》第十卷一五七頁）

前面已敘述過，忠雄自十九歲喪母以來，有多麼思念他的母親。在不久後又喪失父親的他，整個學生時代都充滿了寂寞。很長一段時間強烈感受到寂寞的他，因娶妻大大得到慰藉。

忠雄是一個在鄉下長大卻不脫書生氣息的儉樸生活愛好者。愛子則是舊式家庭所扶養長大的不知世事的年少妻子。他們是一對既甜蜜又有趣的情侶。理著小平頭，身著儉樸，身高很高的忠雄總是辛苦背著東西，跟在身著高級和服，身高不高的愛子後面。他們用便當盒來傳遞情書。因為事務所和宿舍非常近，因此有負責運送午餐的人員，員工的午餐就是由這些人員先前往宿舍收取午餐，再送到事務所。愛子將寫給先生的信放入便當盒中，忠雄就趁午休時間寫了回信放入空的便當盒中，讓負責送便當的人交給傍晚下班就可見到面的妻子手上。當然，當時還沒有電話。

有時候，愛子的母親西永薰會從金澤千里迢迢地前來拜訪。忠雄：「母親請到屋子裡側看看，有田了喔。」一走到屋裡就可看到屋中的一塊空地上種滿了白蘿蔔、紅蘿蔔、牛蒡、蔥等食物。這並不是忠雄想要種田而去開墾的，而是因為不知買東西方法的愛子，每次都向菜販訂購與娘家大家族一樣的份量，因此每次都會剩下很多，沒有辦法的忠雄，只好在自家庭院種起青菜。因為在西永家從來不曾讓女兒去買過菜。另外還有一次，愛子在豆腐店購買五十錢的豆腐渣。賣豆腐的嚇得問到，您家是養兔子的嗎？因為那是一個一錢就可以買到很多豆腐渣的時代。

忠雄在別子礦業所的同事，同時也是短歌創作者的山下陸奧的追憶文〈新濱居時代的種種〉雖然已在前節引述過，但這裡要繼續引述接下去的部分：

「那個時候，雖然是在黑崎老師的住宅內舉辦基督教的集會，但是因為老師時常出差的緣故，因此多數都是矢內原在說話。以前有過參加基督教集會的人，也幾乎都到黑崎的住宅來。那些人有時候會請來牧師，而忠雄與黑崎也沒有多想就出席了。過了不久，矢內原寫了《基督徒的信仰》這本書，他製作了上百部手抄本分送給每個人，當時我也有幫忙。與矢內原同期，在大阪總公司工作的好友江原萬里來的時候得知，這本書在得到內村鑑三老師的序文之後，將正式刊行出版，這是忠雄第一本著作，因此意義非凡。矢內原在後來自認不擅長說話，但是江原卻有著讓人驚訝的口才。」（《矢內原忠雄—信仰．學問．生涯》五十四頁）

後面還會詳細說明關於基督教集會和《基督徒信仰》。而上述文章中，作者說江原萬里和忠雄是同期生，其實是錯誤的，江原萬里是大忠雄兩屆的學長。另外，文章中還提及「矢內原在後來自認不擅長說話」，但是在忠雄之後的聖經講義或是演講中，雖然表現出來的不是能言善辯，但是他能說出重點，這足以讓我們感覺到他的「能言」吧。接著引用上述文章的後文：

「宿舍就在非常近的地方，他與愛子夫人一起住在那裡。愛子夫人是藤井武先生的夫人的妹妹，他們倆學生時代在藤井家相識，在忠雄畢業後就結婚來到這裡工作。因為工作輕鬆，所以也有跟著所內的流行，打起網球來，但是打的不是很好。忠雄在其他娛樂上不花一毛錢，常常以散步為樂。他最喜歡來回走在海岸的松原或是小道，並且特別鍾愛流經街道東邊的國領川河岸。我們兩個常常一起去散步，他的話題大多圍繞在神或是人類，而我講的大部分都是文學。偶爾我們說到《萬葉集》時，他會矯正我所吟出的大伴家持的短歌，真是佩服忠雄閱讀量之大與其驚人的記憶力。

一年多後的某一天，他告訴我，他們生了一個男孩，並且相當得意地說，他將之取名叫『伊作』。想也不用想，這就是從聖經所衍生出的名字。」

雖然寫自己的事會有點引人側目，但是在這本傳記裡，必須以最低限度寫出必須讓讀者知道的事。我出生於大正七年五月二日。抱著剛出生的我，父親對著我用像演戲的口吻說：「初次見面啊，不幸地我是你的父親，請多指教。」此話一出，惹來旁邊的人一陣笑聲。這件事是聽後來我的祖母西永薰所說，那個時候她因為來照顧剛生產完的愛子，所以也在場。父親能夠說出這樣幽默的話，使人發出笑聲的這一面，好像是從幸福的新居濱時代才慢慢發揮出來。對父親留有「恐怖」印象的我來說，雖然是令人發笑的話語，但是對聽到這番話並讀到了山下陸奧文章中「非常得意的樣子」的我來說，一直強烈地感覺到一股父親對我的愛。

「伊作」這個名字就如山下的文章所說，這是取自於《創世記》亞伯拉罕之子以撒的名字，並同時有在伊予所出生的意思。這些事是我直接從父親那裡問來的，但是關於名字有雙重意義這件事，父親所敬仰的信仰上的前輩藤井武卻說，萬物之由只須一個就足夠，因為有兩個意義的話將會有所衝突，不是一件好事。然而，這怎麼看都是單純的藤井武會有的想法。比藤井武，在這種事上較看得開的父親，雖然這次取名兼具了信仰與熱愛鄉土，但是重要的應該還是亞伯拉罕之子的意義吧。但是，我卻不知道父親是在何種心情下選擇了這個名字。我只知道他希望我能跟以撒一樣，是一個信仰神的好孩子，卻不知道他是否有將自己想成以色列族信仰模範的亞伯拉罕，然後如亞伯拉罕一般將自己的孩子送上祭壇獻給神。雖然不能說忠雄當時一定抱持著這種心態，但是相較之下，這比起在本節一開始所說的，因自己的結婚就如以撒一樣獲得慰藉而顯露出愉快的忠雄，有更強烈的意義不是嗎？

如前述山下陸奧的文章提到的，忠雄在參加黑崎幸吉的聖經研究會之後，使得幸福的新居濱時代再添上更幸福的色彩。在那裡，他踏出傳達福音的第一步，並且藉由這樣的機會與本地的基督徒們熟識了起來。這個集會的一員，忠雄的學長松尾逸郎在追憶文中寫到：

「這個時候，比矢內原早四個月進入這個礦業所的黑崎幸吉，已經在家中以職場上的同僚為對象，舉辦聖經講解。而接下來的文章可以了解到這個集會的開端。

新居濱從以前就有一個組合教會的傳道所，有一位名叫高木的婦人傳道者，每個星期日都在這舉行禮拜。有礦業所的職員參加，黑崎也是一家人一同出席。但是因為沒有正式的牧師存在，因此以黑崎為首的與會眾人互相展示出信仰的證據。但是在這間傳道所中，身為負責人之一、名為松山居住的紐葉爾傳教士要求，在這個傳道所裡，不能提及耶穌復活和無教會主義的話題，因此理念不合的人就離開這個傳道所，黑崎家的家庭集會就此產生。

在這個集會中，偶爾會有一名叫松本勇治的普雷曼司兄弟團的獨立傳教士，從神戶來到這裡與我們談話。黑崎因為工作的關係，時常不能出席集會。但是自從忠雄來到這裡工作之後，就宛如黑崎的助手，開始負責聖經講義的部分，並且積極參與集會。就這樣，被後來的人稱為『於新居濱的神之教會』的這個集會，除了帶入福音傳道的新風潮之外，在這個時代中所散發的光芒，至今還留在各處。」（松尾逸郎，〈《基督徒的信仰》出版當時〉，《矢內原忠雄——信仰・學問・生涯》五十八頁）

從上面的文章中，可大致了解忠雄所參與集會的由來與性質，值得一提的是，在忠雄剛去參加集會的時候，當時的成員只有幾個人而已。忠雄自述：

「在新居濱時，黑崎幸吉兄的角色是我的上司。我們五、六個人展開了家庭集會。在這裡，我自己學習聖經之餘，還傳達給別人，正是所謂的『柏木的溫室』。」（《全集》第二十六卷一四四頁）

大正六年末有八、九人一起慶祝聖誕節，之後人數就逐漸增加，大正八年的聖誕節已經增加到六十人左右。用不著說，忠雄時常帶著妻子出席集會，在耳濡目染之下，愛子也投進基督教的懷抱中。大正六年十月，在藤井武寫給忠雄的信中寫著：「小愛逐漸踏上信仰之途，真是感謝你啊！」（《藤井武全集》岩波版第十卷五五二頁）

松尾逸郎的文章中提到「一名叫松本勇治的普雷曼司兄弟團的獨立傳教士」，所謂的普雷曼司兄弟團是隨著明治二十一年來日的普雷曼司傳教士一起傳進日本的，他們主張不須制度化的教會組織，排斥形式性的規則，傾向以重視聖經為主的派別，在日本創立了一個名為「基督同信會」的組織，熱心於各種傳道活動。黑崎幸吉在來到新居濱之前，是在大阪的住友總公司工作，那時認識了普雷曼司兄弟團的松本治勇，並且成為好友。在內村鑑三的無教會主義和普雷曼司兄弟團的主張之中，重視個人信仰與重視聖經這兩點是共通的。正是這樣的關係，所以松本勇治屢屢從神戶來到新居濱從事傳道活動。這個派別中非常卓越的朝鮮傳道者乘松雅休，之所以會於大正八年來到新濱居演說也是因為這層關係（參照第二章第20節）。

在基督教同信會的刊物《來訪》的大正八年五月號，刊載了松本勇治於大正二年到新居濱訪問的報導：

「很榮幸可以見黑崎幸吉等人，在每週舉行二、三次的集會，每次集會大概都有二十人左右，我非常地高興，我幾乎每天晚上都在舉行聖經講座，而二月一日有四十多人參加了那裡所舉辦的敦親會。第一次集會是一個莊嚴安靜的布道會，結束之後，吃了會中姊妹們所做的餐飲，第二次是好玩的聚會，大家笑開懷。在十一日的紀元節假日，下午兩點大家開始聚集，舉行一些人的受洗儀式。」

以黑崎幸吉為首的九個人，包含矢內原忠雄夫婦和忠雄的妹妹矢內原悅子，接受松本勇治主導的受洗儀式。在內村鑑三的無教會主義裡，認為受洗是別的教會的儀式，他主張不受洗就不隸屬任何一個教會，人只要單靠信仰就可以獲得救贖。但是內村的意思並不是指受洗是無意義的，也沒有命令人不可以受洗的意思。即使是無教會主義者，也可以受洗，或是另屬某一個教會。黑崎幸吉在之後針對這次受洗，做了以下說明：

「前面所提到的普雷曼司的松本，偶爾會來到新居濱，將福音傳達給聖經集會的人們。然後在那些人之中，有幾個人燃起想要受洗的念頭。之後，那些朋友們希望我也能夠一起受洗，與其說是為了我自己，應該說是為了不打擊到集會兄弟們的單純之心，因此我就和那幾個兄弟一起接受松本主導的受洗儀式。但是對我自己來說，我的信仰在受洗後還是不會改變。另外，看到同時一起受洗的兄弟們，堅信著自己的信仰，我就感到還好沒在一開始就將他們信仰的幼芽踩爛。」（黑崎幸吉，〈恩惠的回顧〉，昭和三十五年，《黑崎幸吉著作集》第五卷三八二頁）

但是忠雄是否抱著同樣的心情受洗就不得而知

了。不管如何，他們接受受洗是事實，但是往後他們也沒有碰觸過這個話題，顯然他們並沒有過於重視這件事。受洗者名單中，忠雄的妹妹悅子也在其中，那時她已離開松山的前夫家，回到今治松木的老家，有時會到新居濱忠雄的住處拜訪。妹妹能變得對信仰如此熱衷，是一件令忠雄相當高興的事。但是除此之外，還有事情讓已經很幸福的忠雄更加快樂，那就是大正八年春天，忠雄的大哥安昌從京都搬來了新居濱，在住友的肥料製造廠（現在住友化學的前身）工作，並參加黑崎家的集會，與忠雄一起懷抱信仰。安昌到昭和二十四年一月病逝之前都住在新居濱，持續堅持信仰，同時也是最理解忠雄想法的人，更是忠雄發行的傳道雜誌《嘉信》的忠實讀者。這就是我認為世上最謙遜、最溫和、最令我懷念的安昌伯伯。

忠雄除了熱心積極地參與黑崎家的集會之外，也為住友醫院的護士們舉辦傳道集會。雖然忠雄只在新濱居這塊土地上生活三年，但是在他離去之後，黑崎家的集會還是持續下去，住友醫院的集會則轉由安昌接手繼續下去。

大正八年九月，在失去父母後，身為矢內原家中心成員的祖母，以八十二歲高齡安祥地離開人世。當時照顧她的是悅子和啟太郎（當時中學五年級）。這個時候，最小的妹妹千代已經前往東京的藤井夫婦家幫傭。（附記：感謝政池仁讓我能夠親眼看見基督教同信會所發行的《拜訪》一誌。）

4 練習傳道的時代

忠雄在新居濱時代完成第一本著作《基督徒的信仰》。但是寫這本書的目的並不是為了要出版，而是為了要解答職場上同事的問題，還有為了要向親戚或是兄弟說明基督教而寫的。因此，忠雄本來只打算大家輪著看或是只發給大家手抄本而已。之後忠雄想起這件事，如此敘述：

「於新居濱的回憶，除了集會之外，還有我最初的那一本著作。在我工作的礦物所經理課裡，有一位從東京商大畢業，頭腦非常好的K學長，在工作時，他問了很多敏感的基督教問題。而坐在附近的同事們也漸漸加入這場議論中，一直不斷把問題丟向我。

在回答同事們排山倒海而來的問題時，我為我的信仰輪廓建立了一套模式，並且寫了下來，製作許多手抄本，準備分送給他們閱讀。同時，這本書也是我向兄弟或是親戚傳道的工具。

完成之後，就是《基督徒的信仰》的原稿。之後基督教同信會一名叫松本勇治的傳教士，在知道這本書後，就介紹給同信會雜誌《恩寵與真理》，並且還刊載了兩次。但是後來，因為這本書的內容有不同於同信會信仰的觀念，因此結束連載，之後我在大正九年十日，以文部省留學生的身分前往英國。

之後，新居濱的教友們建議將這本書的原稿集結後出版，他們前往與黑崎討論是否可行。黑崎聽了也非常贊成，並且還告訴了內村老師。然而老師也很好意地，在沒有任何請託下就幫我寫了序，並且由他的聖經研究社出版。」（〈我的傳道生涯〉，《全集》第二十六卷一八八頁）

以上就是忠雄第一本出版品的來龍去脈。上面文章中所寫的：「介紹給同信會雜誌《恩寵與真理》，並且還刊載了兩次。」其實是忠雄錯誤的回憶，實際上是刊載在同信會發行的《福音時報》中三次，分別為七四、七五、七九號刊。也就是大正八年的八月號、九月號，和大正九年二月號。原稿標示的日期是大正八年六月，因此可推算忠雄是在大正六年春天到秋天這段時間完成這本書的。忠雄在〈我變成如何的基督徒〉這篇文章中，也說到與上面一樣的執筆動機，文章寫到：

「那時的礦業所連星期日都沒休息，再加上每天的工作時間都很長，為了要議論與說明，我回家後就動筆開始寫了起來。沒有桌椅的我，就坐在屋角的一張老舊桌子前面寫到日落，所完成的就是《基督徒的信仰》的原稿。」（《全集》第二十六卷一四四頁）

此書分為八章，分別是〈主耶穌基督〉、〈聖經〉、〈基督教與西洋世界〉、〈基督教與教會〉、〈贖罪〉、〈復活〉、〈再臨〉、〈信者的生涯〉。這本書的執筆動機，除了帶有向非基督徒的人說明基督教精髓的啟蒙意義，更重要的是，這是踏出社會第一步的二十六歲忠雄，將其至今所學的基督教相關知識，以自身對信仰的熱情毫無保留地闡述出來，可以說是忠雄真心的信仰告白。裡面的文章已經不只是單純地解釋既有的基督教，更多的是洋溢著忠雄堅信自己所信仰的熱情。

忠雄的目的不在於出版，而是忠雄離開新濱居後，當地教友主動想要將之出版發行，還得到了內村鑑三所寫的序文，並且於大正十年七月由聖經研究社順利出版。另外有關於出版的來龍去脈，比起忠雄文章裡所寫的，是由黑崎去向內村鑑三說明的說法，以下松尾逸郎的說法比較正確。

「大正九年十月，在老師（矢內原忠雄）前往英國留學之後，我們把想要將這些原稿整理後出版的想法，與黑崎老師一起討論，爾後也得到了黑崎老師的贊成。

在我前往栃木縣的那須溫泉時，正好遇到內村鑑三老師的聖經講習，我便與聖經研究社負責出版工作的山岸壬五討論出版事宜時，這些話也傳入了在一旁的內村老師耳中。老師非常關心這件事，並且親自將原稿看了一遍，之後就加上序文，請聖經研究社出版。我在出版前，將出版同意書寄到倫敦，給在當地留學的矢內原老師，老師回答道：『假如對主有所幫助就出版。』」（松尾逸郎，〈《基督徒的信仰》出版時〉，《矢內原忠雄—信仰．學問．生涯》五九頁）

因此，忠雄的處女作的出版並非個人意志，而是藉由新居濱教友們的力量所達成的。針對這件事，忠雄在之後懷念到：

「即使我有著作，也是因為實際上有必要我才寫的，因此這次的出版絕非我意，完全是來自教友們的想法。但是這樣的出版對我來說，還是有相當大的助益。傳道就如其他所有的事業一樣，並不是只依靠自己的力量或是計畫就可以發起的事，而是要被某些事情激發、不得不去做，方能長久執行下去。」（〈我的傳道生涯〉，《全集》第二十六卷一八九頁）

忠雄在新居濱的住友礦業所工作三年之後，就前往東京帝國大學當副教授，接著馬上又前往歐洲留學，在留學期間《基督徒的信仰》得以出版，而內村鑑三所寫的序文引用如下。這是一篇非常有內村鑑三的風格，非常有特色的一篇文章：

「本書作者矢內原忠雄為東京帝國大學畢業，現在以法科副教授身分前往歐洲留學，他是一位在學成歸國後理當獲得博士學位，成為正教授的人，就是現代人所稱的英才。假如他遵守常理，那他應該是信過一次基督教之後，早早就捨棄掉的人，然而他並沒捨棄基督教，應該說是他連想要捨棄的徵兆都沒有。相反的，他日益相信這個宗教，並且不羞澀於和別人分享。這樣的他所信奉的，不是受近代人所歡迎的基督教，並非熱心服務社會的教派，也不是倫理性福音，也不是文化運動，更不是勞工運動，他所信奉的是古老十字架的贖罪宗教。由近代人看來，這是落後的迷信思想，是近代人所輕視或是排斥的類型，然而身為現代人、又是英才的忠雄，卻堅持這樣的信仰且不為所動。他認為，這個信仰比起任何最新的法律理論或是經濟學說都還要優越，是拯救國家民眾最強烈的力量。我相信你有捨棄法律或是經濟學的時候，但是你從這個信仰離開的日子永遠不會來臨，在這嶄新的日本，我不得不說你在眾多學者中是一個不可思議的存在。我所認識或是稱我為老師的英才裡，有像你這般在知識方面求進步，同時又不會捨棄我而傳出福音的年輕友人，對我來說是莫大的慰藉和傳道的獎勵。祈禱神能多賜予這些人生命的食糧，拯救自己之後，再前往為鞏固國家與社會基礎而努力。」

在寫《基督徒的信仰》的時期，也就是大正八年的夏天，忠雄被問及是否有意願到東京帝國大學經濟學部任教。東京帝國大學法科大學，從以前開始就在法律科與政治科之間設立經濟科，在之前提過忠雄的恩師新渡戶稻造，就是經濟學科負責殖民政策的教授。大正八年，經濟學科獨立成經濟學部，因此開始招募新教職員。而新渡戶稻造因為身為國際聯盟事務局事務次長，已經前往日內瓦，殖民政策這門課就出現教授的空缺。因此，經濟學部內部的教授會議做出聘請忠雄來的決議。雖然無法得知忠雄在面對突如其來招聘的當下心情是如何，但是可以確定忠雄並不是看到條件好的工作就馬上換的人。他在慎重考慮之後拒絕過一次，但是校方的招聘又再度傳過來。為此，他還找了許多學長和朋友商談，幾經躊躇，在深思熟慮之後，他決定接下這個聘書。忠雄是對任何事都相當慎重的人。他那一段時間的心情，可以從大正八年十月二十九日，寄給在老家松木的妹妹悅子的信裡略知端倪。忠雄的祖母在九月過世，因此老家只有悅子和中學五年級的啟太郎。然而，不管對忠雄還是悅子來說，如何維持這個家始終是一個大問題。

「我並沒有特別想回到松木，只是偶爾想要回去看看。但是在神的旨意下，我大概會成為被召往東京的人。」

這是十月二十五日忠雄寫給悅子的信。接著在十月二十九日的信中，忠雄寫到：

「即使我現在的工作也不乏為神而做的工作，而我現在也很樂意去做這些事情。但是我感受到神好像不是很樂見我一直待在現在這個工作裡。畢竟一開始，我就不認為這是一個適合自己的工作。我已經發洩過好幾次這樣的憤恨不平，但是神卻沒有輕易地讓我脫離這個工作，反而藉著這工作的性質，賜予我相當大的助益。比起信仰與世間瑣事，我非常感謝神賜予我在這裡的地位。人的著眼點終究與神的著眼點不同，我幾度想要離開這裡時，神卻沒有允許，把我留了下來，但是就在我逐漸習慣這個位置的時候，神卻把我叫了出去，告知我更重大的任務。然而，我所期望的是平安無事渡過一生，因此沒有想過何時要離開這個不適合我的企業界。我幾經躊躇，我生性不太喜歡太大的變化，是一個隨遇而安的人。但是在應該發憤圖強的時期到來之時，為了神，或是為了活用自己的能力，我不能就此受困於世俗煩惱之中。

接受東京友人所提出大學方面的交涉，已經是很久之前的事情了。那時（剛好是祖母過世的時候）我拒絕了。在那之後，他們還是有繼續與我交涉這件事。我與兩、三位朋友討論之後，朋友都贊成我接下這份工作。我在很久之前，就認為自己最適合的就是學校生活，因此在心理已有著早晚會投身教育界的想法。對我來說，大學和一高就是我投身教育界後最想去的地方。但假如回到松木老家的話，應該會成為今治中學的老師，我無時無刻都抱持著這樣的想法。但是，我必須還要更努力用功、盡我所能地自我成長進步、盡全力有效地為神效勞。田中的稻穗等著在成熟後前來收割的人，現今的世界好像非常渴望傾聽福音。我要學習更多，讓我能夠教更多的人福音。而這就是我想要到東京的原因。」（《全集》第二十九卷十七頁）

這封信裡，包含著想要鼓舞妹妹悅子的信仰的熱忱，忠雄就在這種心境下前往了東大。在上面這封信之後沒多久，忠雄又寫給悅子一封信，信裡提到：

「關於我前去大學一事，受到礦業所所長相當大的慰留，再加上昨天聽到所長對我說：『你要去的話也可以。』我自己也相當困擾，說實在的，我不是那麼積極地在面對前往大學這件事。一言以蔽之，應該說是我厭倦了。但是上帝將這樣無精打采的我拉了起來，我必須成為祂的使徒才行。因為學校方面的手續已經備妥，大致於明年二月前往東京。」

忠雄雖然可能真的是「無精打采」，但是對於原本就不是想成為企業家，喜愛唸書的他來說，無論是誰看來，由像他這般具有熱忱教育心的人，接下大學的招聘是一件理所當然的事情。來到新居濱之後的一年左右，忠雄曾經寫給神戶一中學弟一封信，信裡提到：

「這個地方是一個非常鄉下的地方，明年底才終於要開通從讚岐過來的鐵路。但是我對都市或是鄉下並沒有喜歡或是厭惡其中一個。只是在這裡，有時候會感覺到因為沒有書店，與人接觸的有限。真想一年裡有兩個月是待在東京。」（〈從新居濱來的信〉，神戶一中校友會《會誌》大正七年七月號，收錄於《全集》第二十九卷五四五頁）

能夠從打著算盤的鄉下公司轉到東大研究室做學問，對忠雄來說當然是一個值得高興的事。

忠雄就這樣一邊從事別子礦業所的工作，一邊寫著《基督徒的信仰》，並且熱心參與新居濱的基督教集會，也時常在會上公開談話。忠雄在之後回想起這個時代，說這是「我練習傳道的時代。」（《全集》第二十六卷一八九頁）他來到新居濱時的聖誕節集會，參加者只不過八、九個人，但是人數卻不斷地增加，大正八年的聖誕節已經有六十人參加集會。這次聖誕節的集會過程，忠雄有詳細記錄下來。而這篇紀錄在最後以〈新居濱的聖誕節〉為題，收錄在《全集》第二十六卷裡。忠雄記錄下十三名參加者對這個集會的感想，並且以手抄謄本的方式，分送給所有與會人員，再次展現出熱忱的傳道心與對每一個教友的愛。關於這件事，松尾逸郎說到：

「我總是會想起，在黑崎家所舉辦的第三次聖誕節集會中的新居濱聖經集會的忠雄老師。於大正九年元旦的集會，矢內原老師親手分送集會人員，每人一本十七頁手寫的書，內容為收錄老師以速寫詳細記下的先前集會中十三個人的感言。我們拿到這本書時，著實嚇到了。因為我在那天晚上只有看到他坐的端正，抄了幾張筆記而已。我們對矢內原老師超強的記憶力與傾聽眾人感言的真性情，感到無限的敬佩。這本感言集的封面上寫著：『大正八年十二月二十九日，新居濱』，還有矢內原忠雄的屬名，並將那十三個人的名字認真地記錄下來。」（松尾逸郎，〈《基督徒的信仰》出版時〉，《矢內原忠雄─信仰・學問・生涯》六十頁）

這個忠雄手抄的聖誕節紀錄，除了簡要地記錄了十三個人的感言之外，還以一句「哄堂大笑」來形容會後大家在餘興節目中的愉快，而這個餘興節目的主導者也是忠雄。他讓大家玩得很高興，因為他精於如何讓大家玩得很盡興。雖然無法想像這就是日後那位「恐怖」的忠雄，但是在新居濱時代，忠雄確實毫無保留地發揮了這項才能。一個了解當時狀況的人說到：「在某次集會中，忠雄雖然說了一個多小時的話，但是從他口中一直冒出滑稽的話語，在那一個多小時的時間，聽眾各個捧腹大笑。」

就這樣，恐怕是忠雄一生中最幸福的新居濱時代結束了。大正九年三月，在眾多好友的歡送下，與妻子愛子和當時還未滿兩歲的我，藉由海路離開了新居濱。當時新居濱唯一的交通工具是船，那艘船因為停泊在開港中離岸邊很遠的地方，所以是以小船和陸地做連結。

「在我帶著家人離開新居濱的那天，坐上了接泊船離開物開的岸邊，船槳靜靜地划向停泊在遠方的蒸氣船，突然從岸邊傳來兄弟姊妹們所唱的讚美歌《直到再會之日》，即使小船划地再遠，我都還是聽得到，離別之情就這樣聚集在我心中，回想起來就如昨天才發生一般。」

這是忠雄在三十幾年後，回想那天所寫下的文章。（《全集》第二十六卷一八七頁）

之前引用的松尾逸郎的文章，也有描述到這港邊的離別，他繼續寫到：「現在，我想他們當時是一邊想著『坐船的別離很辛苦』這句話，一邊送行。這個別離宣告著，對老師來說代表人生草創期的新居濱時代的結束，意味著老師以福音的戰士、神的預言者的身分，航入波瀾萬丈的世界中。」

5 英國留學生涯

忠雄在中野租了房子，在東京展開新的生活。中野在當時是東京郊外的鄉下，住家地址為東京府奧多摩郡中野町大字中野一七九四番地。一般認為忠雄之所以會選擇在中野定居，是因為義兄，也是信仰上的前輩藤井武住在東中野的緣故。藤井武的妻子喬子是忠雄妻子愛子的姊姊，而忠雄的妹妹千代也寄居在藤井武的家中。住得近對兩家的人來說都方便。在忠雄搬到中野後沒多久，剛好中學畢業的啟太郎為了高等學校的考試而開始上預備學校，因此來到東京。他按照地址找到忠雄家，映入眼簾的是到忠雄家幫忙家事、正在曬衣服的姊姊千代。忠雄家在七月份生下二男光雄，同一年啟太郎進入了六高，而千代在兩年後（忠雄留學期間）嫁給了門田武雄。

來到東京之後，忠雄向住在新居濱的松尾逸郎報告近況：

「我在這裡過著每天前往研究室，安靜唸書的生活。然後星期日下午聆聽內村老師的演講，正好上次開始講說約伯記的話題。星期六晚上則是出席藤井家的學生聖經研究會。」（四月三十日，《全集》第二十九卷二二頁）

另一方面，在給今治老家妹妹悅子的信裡提及：

「我現在因為非常不習慣買賣這樣的商業而感到非常苦惱。雖然沒有被分配到工作沒有關係，但是我已經把語文的語感忘得一乾二淨，想要回復是非常困難的。現在雖然整天都在學習德文，但是毫無進展。」（五月四日，《全集》第二十九卷二三頁）

信封上寫的是：「愛媛縣越智郡立花村鳥生，野間音一，矢內原悅子收」，表示忠雄老家那棟大宅院已經沒有人住了（雖然之前悅子和啟太郎住在這裡，但是啟太郎為了升學早已經離開家，而悅子不久之後也到了東京）。因為要維持大宅非常困難而且沒有必要，再加上忠雄那時剛好離開新居濱到了東京，因此野間音一（忠雄姊姊文代的丈夫）就買下了家中主要的部分，移往了鳥生。

就如上面所引用的兩封信，忠雄展開了每天來往大學研究室的研究生活。在與大塚久雄教授《我所走過的道路》對談中，有一段就是描寫當時研究室的狀況。（《全集》第二十六卷二二四頁）

「矢內原：那個時候，經濟學部研究室裡，高野老師的學生非常多，先是櫛田民藏，接著是大內兵衛、權田保之助、細川嘉六等人，這些人可以說是盤據在研究室裡。

大塚：可以說是梁山泊[3]啊。（笑）

矢內原：那個時候，雖然舞出已經前往留學了，但是因為系井靖之還在，我就飛奔到他那邊去了。因此，我自然地就受到廣義的馬克思式學問的磨練。我不知道這是不是科學的方法，就是當我在讀希法亭（Hilferding）[4]的《金融資本論》第三篇帝國主義時，我把受了新渡戶老師和吉野老師等人的思想影響，與之混在一起思考。」

但是在忠雄所研究的社會科學領域裡，不得不向其他領域延伸觸角。在他成為東大經濟學部副教授大約半年之後的大正九年十月，他踏上歐洲留學一途。留學資格為文部省海外研究員，目的為研究殖民政策，留學地點主要是英國與德國，為期兩年。忠雄在與大塚久雄教授的對談中，提到這次的留學。忠雄針對「去了英國的哪裡啊？」的回答是：「倫敦的史庫爾。在那裡有一位名叫諾爾絲的女老師，她就是寫下

3. 梁山泊：語自《水滸傳》，意嘲他們是梁山泊山寨上的英雄好漢。

4. 魯道夫・希法亭（Rudolf Hilferding，一八七七～一九四一），德國社會民主黨首領之一，著名的馬克思主義經濟學家。

工業革命史，之後還寫了有關大英帝國下的印度、加拿大等地經濟史的人。」當被問及去德國哪裡時，忠雄說：「雖然那時我人在柏林，但是我沒有去柏林大學。那時候正好是學期的轉換，因此不太能夠唸書，因此我沒有進入學校的念頭。」接著，忠雄在面對「老師，在你的學問裡，有關英國的比較多，還是德國比較多……」他回答：「兩方都有。亞當．斯密的《國富論》與馬克思的《資本論》，我都用心讀過了。還有，我所研究的殖民政策和殖民歷史等等。」接著，忠雄還針對留學生的類型說了以下的一段話：

「現今留學的人大都非常努力唸書，但是在我們的時代，留學生有三種。一種是只埋頭研究屬於自己領域東西的人，另外一種是因為回到日本之後還可以繼續自己領域的研究，因此盡可能地在當地開拓視野，啊，這可以說是一種教養的累積——最高裁判所的田中耕太郎就是屬於這種的學生，他利用在歐洲留學期間學了鋼琴等其他東西。還有一種是不致力於自己領域的研究，也沒有去累積教養。這種人就只是去遊玩而已。舞出長五郎屬於第一種學生，因為他在留學期間非常用功。因為書讀完了，所以我屬於第二種人。雖然我不像田中那般學習鋼琴，但我是去涉獵音樂、繪畫、雕刻、美術，還有各種思想。激發出我對思想與社會運動興趣的，就是那段寶貴的留學期間。因此，我覺得那種生活方式還不錯……」

換句話說，這就是忠雄本身留學的縮影，他從大正九年十月十四日從東京出發，到結束柏林生活的大正十一年十二月三十一日，這兩年多裡，他沒有一天不寫日記，而這些留學日記收錄在《矢內原忠雄全集》的第二十八卷。雖然從這些日記可以得知忠雄在留學時每一天的行動與心情，但是在這裡沒有必要追溯到那麼詳細的地步，只要輕輕碰觸一下對他當時的心情與行動，或是對其生涯有重大影響的事件就可以。

「留學日記」的開頭寫到：

「大正九年（一九二〇）十月十四日，從東京出發，離開了愛子與孩子們。十五日，住在黑崎兄家，黑崎夫婦、江原、宇左美夫婦、齋藤夫婦（洲司）、堀夫人、惠子、和一等人，為我辦了一場美好的送別會。」

愛子抱著出生三個月後的弟弟和當時兩歲半的我，在東京車站與忠雄別離，並未與他一起到神戶港去。在上面日記中所提到為他舉辦「美好的送別會」的那群人中，有當時以黑崎幸吉為中心而創立的「蘆屋會」基督教集會的人，而堀夫人是同信會（普雷曼司兄弟會）的基督徒商人堀米吉的夫人，而惠子與和一分別是他的三女與長男。他的次女堀信子，就是忠雄一高以來的好友宇佐美六郎的妻子，因此日記裡面寫著「宇佐美夫婦」。值得一提的是，這位堀惠子後來成為忠雄的妻子。關於這件事後面會有詳細的介紹。

忠雄所乘坐的船於十月十七日由神戶出發，在經由門司、上海、新加坡、可倫坡、塞德港各個港口之後，十二月二日到達了馬賽，是一段長達一個半月的船程。忠雄一下船就前往倫敦，於十二月三日到達倫敦。他先到了一高時代的同學井上庚二郎任職外交官的領事館，並且受了他很多照顧。靠著井上的幫忙，忠雄前往了位於倫敦郊外的伍德福德格林，一個被稱為「The Fir's」，名叫米瑟絲‧庫可的人家裡借住，忠雄就在這裡渡過了九個月的英國生活。米瑟絲‧庫可是一位熱忱的基督徒老婦人，她將忠雄當成自己家裡的一員熱情地接待他。不論是早晚餐都與家人一起享用。在結束九個月的英國生活時，忠雄在他的日記裡寫到：

「我在英國之所以能夠過著如此愉快的生活，大多是拜 Fir's 所賜。」

忠雄每天都到倫敦市內，中午的時間大部分都在普林帝司‧姆色亞姆（Buritisshu Myujiamu）的自習室中渡過。在上面引用的與大塚久雄教授的對談中，會讓人以為忠雄是進入倫敦大學跟著諾魯教授進行研究，但是根據日記來看，並非這麼一回事。大正十年四月二十六日的日記裡寫到：「今天開始在School of Economics & Political Science（經濟與政治科學學院）裡，聽My Joynt的Economic development in the British Empire（大英帝國之經濟發展）的課程。」

隔天的二十七日的日記裡寫到：「今天在School of Economics，聽了Dr. Knowles的British History of Commerce and Colonization的課程。我被Dr. Knowles是女生這件事嚇到了。還是男性比較好。」

雖然忠雄每天在日記中忠實記下了每天的行動，但是去聽課的紀錄只有這些。大概都是自己在普林帝司．姆色亞姆的自習室讀書吧。他在那裡讀了很多如亞當．斯密《國富論》經濟學的書，也讀了很多有關基督教和莎士比亞的名著。

但是就如忠雄所說，「所以我是屬於第二種」，忠雄雖然在之後幾乎不去看戲、音樂會或是展覽會，但是在倫敦時期的他，卻經常前去劇場、音樂會或是美術館。說到美術館，忠雄不知去參訪過幾次的國際藝廊或是「帝德藝廊」，在那裡接受眾多十九世紀文藝復興以來繪畫的感動。但是忠雄受到感動的，幾乎都是有關於基督教的畫作。舉例來說，他對於在帝德藝廊裡所看到的普雷克[5]的畫作感想是：

「Blake有很多非常有特色的畫作，他的作畫題材多是來自聖經和Dante（但丁）。我對於Dante不了解，所以對於有關這個題材的畫作不是很感興趣。但是對《Satan Smiting Job》和《Elijah about to go up heaven on the wagon of fire》這兩幅畫作的深遠意境很感興趣。在《Satan Smiting Job》裡，Job（約伯）仰臥著，Satan（撒旦）對其注入手中搖曳不定的杯，Job的妻子坐在Job的腳邊，用頭髮蓋住臉在嘆息。

5. 普雷克，（William Blake，一七五七～一八二七），英國著名詩人與畫家。

看！看那向Job伸出的雙手。這實際上是一幅深刻描寫Job的畫作。我從來沒有看過這樣的作品。」

（大正九年十二月二十一日的日記）

忠雄雖然也時常聆聽音樂會，但是和美術館相同地，他會感受到感動的音樂，全是來自於音樂中所顯現出的基督教主題。他感受到最強烈感動的音樂，是在他來倫敦一個月後的大正十年一月一日，在阿魯拜德劇院所聽到的韓德爾的《彌賽亞》。他在日記中寫到：

「結束的時候已經是五點半了。能夠聽到這場concert（音樂會）真是莫大的幸福。回家後，因為心中所殘留的激昂與感動，使我難以成眠。心中一直想著主的苦難與勝利。」

雖然忠雄的日記是這樣寫的，但是他所受到的感動，主要是來自於《彌賽亞》的歌詞。而這份感動甚至延續到很久很久的將來，到太平洋戰爭結束之後，他還是常常將在倫敦買到的舊《彌賽亞》唱片，重複播放給信仰上帝的門徒聽。

即使忠雄身處異鄉，他的精神生活中心還是基督教信仰。雖然他每個星期日會和米瑟絲·庫可前往教堂，但是他偶爾會在日記中寫出，他對當地牧師不積極傳教的不滿。與在日本時一樣，他喜歡在郊外的大自然裡散步，一個人唱著讚美歌，一個人禱告。就在他快要結束英國行程的大正十年八月初，忠雄遇到打從信仰之心發出共鳴的人。這是在前往蘇格蘭旅行時，在波尼斯（Bowness）這個城鎮中所發生的事。接下來將當天的日記全部引用出來：

「八月七日　星期日

上午我溯著Ness[6]河而上，來到了Island[7]公園讀聖經和禱告，接著在Tomnahurich之丘[8]繞了一下之後，沿著Canal（河渠）回去。這裡是一個很多人上教會的城鎮，下午我正在Ness河河邊閒逛的時候，迎面有一個人快速地向我走來問：『現在那裡正有集會要展開，要過來看看嗎？』而我就抱著些許評判的心情，前往了那個集會。那邊懸掛著一個上面寫著Riverside Church（河濱教堂）的一面小旗幟，進去之後我嚇到了，那裡面沒有普通教堂的大管風琴。長方形的小屋裡，中間有一條通路，通路左邊坐著男性，右邊則坐著女性，四面牆壁上只垂掛著寫著聖經句子的紙張，除了這些，沒有其他的裝飾，而這樣的儉樸早就讓我喪失了評判之心。過了不久，集會開始了，祭司是一位禿頭、肥胖、領帶橫綁的五十歲男性，而在唱讚美歌的時候，我感到意外的是，前方雖然沒有大管風琴，連一台普通的小風琴也沒有，在沒有任何music（音樂）的狀況之下，聽到的只是在場男女的歌聲，換句話說，就是當場只有vocal sound（人聲）而已。

就這樣，在唱讚美歌之前，牧師都會先講解一下那首歌所意涵的精神。這裡所有的進行模式和普通教會都不同，反而感覺到和自己所辦的集會非常相近。牧師的布道（中略）融貫在聖經之間，內容只有聖經，布道大概有一個小時，但是一點都感覺不到累，我的靈魂反而感受到彷彿在無意間發現寶物的那種驚喜。（啊啊，世俗化的基督教會，conventional（已成慣例的）的禮拜，有隔閡的布道，organist（風琴手）與choir（唱詩班）的讚美，如果是這樣子的教會，十五分鐘就會感到倦怠，甚至會失去信仰的活力啊！）集會從三點半開始，五點左右結束。雖然我想要回去住宿的地方，見見同搭「若狹丸」這艘船的石井和其來借宿的友人，但是我感受到Riverside Church裡有跟我同一想法的人，因此我沒吃晚餐就去了晚上的集會。晚上八點整開始，（中略）布道約一小時，好幾個人熱忱祈禱著，附和著牧師的講註大聲地唱出讚美，接著將各自

6. Ness：尼斯河（Ness River）。
7. Island：指在尼斯河中著名的觀光景點——尼斯島（Ness Island）。
8. Tomnahurich Hill：意為紫杉之丘，傳說中為仙女的住所。

的獻金投入木箱中後靜靜地離去。最後，牧師再將入口的door鎖上之後，就結束了集會，真是簡單僕素的過程。我在向留到最後的牧師和一位信眾道謝時，我說我還沒吃晚餐，他們想也沒想，就請我到他們的家喝茶，因此我們三個人慢慢地向其中一人的住家走去。一路上，他們倆不是順著我的話題互相討論，就是一副悠哉的神情，（中略）提到有關信仰之處，我們還非常相似。（中略）這一晚，我們非常高興，直到快要天亮時也還沒睡覺。」

翌日，忠雄再次見到這個牧師時，從他手上接下了名片，上面寫的職業是「商人」，這時忠雄才知道他的正職不是牧師。此時，忠雄內心更加澎湃，這彷彿是忠雄在新居濱所辦的無教會式集會，竟在蘇格蘭這樣的偏僻之地中重現。

身處異鄉，在忠雄的精神生活中，與信仰佔有相同分量的是對於妻子愛子的思念。因為他也是人啊。但是與其這樣說，不如說忠雄比普通人更加害怕寂寞，是一個渴望愛的人。對於妻子的思慕貫穿了《留學日記》的整體內容，比其他任何事情都還要強烈。他在神戶開往馬賽的船上，已經開始有這種鄉愁了。他在船上所寫的日記中提到：

「近來越來越想愛子和孩子們，才從日本離開一個月，就已經有夢見回國那天早晨景象的homesick（鄉愁）。」

之後，忠雄在倫敦只要等不到愛子的信，就會非常沮喪，信一來就會變得非常開心。而只要十天以上都沒有來信，內心的不滿和不安又會持續擴大。他在到達倫敦之後一個月，也就是大正十年十月的日記裡：

「昨夜雖然很晚才睡，但是感覺到今天會收到愛子的信，所以起得很早，可是信還是沒有到。」

（五日）

「愛子怎麼沒寄信來，使得我很擔心。」（八日）

「愛子的信一直沒有到，擔心之情與寂寥之感席捲我心頭。」（九日）

「愛子的信還沒寄到，讓我很鬱悶。」（十一日）

「啊啊！好寂寞啊，我已經三個禮拜沒有收到她寄來的信了，一個禮拜也等不到一封信……她的信代表著我的空虛與鬆弛。」（十二日）

由此看來，因為沒收到愛子的信，忠雄已經持續沮喪好幾日了。等了又等的信，終於在一月十九日寄到忠雄的手上，但是十二月十四日寫的這封信告知的卻是愛子的弟弟西永泰因為染上肺結核而死亡，而照顧弟弟的愛子本身也因此臥病在床的消息。忠雄在接到信那天的日記裡寫到：

「愛子在泰去世前幾天，因感冒臥病在床，然而自泰過世之後，卻起身幫忙，七天之後又回到了病榻，因此這封信應該是她在床上所寫的，病名為支氣管黏膜炎。她在前往金澤之前就已經感冒了，因此這可以說是第二次感冒。並且這一次在床上休養了十天以上都還沒有痊癒，看來這疾病得在正月之前治好才行，金澤的氣候、泰所生的病，並且還是『支氣管黏膜炎』——我感受到『愛子該不會也逐漸被病魔侵蝕到肺部吧』的錯愕。」

在忠雄出發留學後，愛子回到金澤的娘家，但是那時的西永家實際上已經遭到恐怖的結核菌所入侵（那時還不知道）。上面所寫的「支氣管黏膜炎」是一種連感冒都稱不上，容易復原的病，但是在金澤的愛子卻非常容易生病，因此她無法如忠雄所期望地一直寫信給他。前面提到，將要結束英國行程的忠雄前往波尼斯旅行，然而這趟旅程是環繞北威爾斯、愛爾蘭、蘇格蘭等地，長達七週的長程旅行。當他結束旅行回到倫敦郊外住宿地的時候，已經是八月二十七日了，在那天的日記裡，忠雄憤慨地說：

「我不在的時候，雖然有幾封從日本來的信，但是其中沒有一封是愛子寫的！這是怎麼一回事，已經兩個月以上了無音訊了。」

但是此時的愛子，已經因發燒和腹瀉，而長期臥病在床了。

6　在德國的日子

大正十年（一九二一年）九月十三日，忠雄經由荷蘭到達柏林。接著在英國友人的介紹下，借住在位於柏林郊區達雷姆（Dahlem）的菲邦家裡。芙菈．霍．菲邦是一位年過七十的寡婦，而芙落菈茵．霍．菲邦是一位五十多歲都還沒嫁的女士，家中還有哈娜和伊坦兩位女傭，她們全部都是基督徒。而且，另外還有好幾個人借宿在這裡。忠雄在這裡過了半年，在這半年中，忠雄蓄起鬍鬚來了。

忠雄在一高東舍十六同寢室的井口孝親和舞出長五郎，比他還早來到柏林。井口原本是和忠雄一同擔任辯論社委員的夥伴，舞出則是忠雄東大經濟學部的同事。忠雄之所以從住友的一個小職員成為東大經濟學部副教授，主要是拜舞出推薦所賜。到達柏林之後，忠雄馬上前往與這兩位友人見面。在這次柏林的停留期間，忠雄特別與舞出有頻繁的來往，時常談天說地，有時候還會有激論出現。舞出是唯物論的信仰者，身為基督徒的忠雄，意見與舞出合不來是理所當然的。但是一高時代互相爭奪學業第一名的兩人卻非常要好，兩人有著強韌的友情，這段友情橫跨了他們的一生。最初忠雄會去東大經濟學部的契機是來自舞出，為了把昭和十二年離開大學的忠雄，在太平洋戰爭後聘回東大，竭盡全力的也是舞出。即使他們在宗教上是截然不同的立場，但是他們還是最好的朋友。

在柏林第一次見到舞出那天的日記裡，忠雄寫到：

「舞出說的話與我說的話，完全找不出任何共通點，他一直以來所信奉的Klassen Kampf[9]思想無法獲得我的共鳴。他雖然一直說著看似堅強的事物，但是對於他自己的物質生活抱持著非常多的Angst[10]，先暫且不論他的精神生活中沒有Ruhe[11]這件事，在我看來他沒有想要去追求的心。在他離去之後，我為他祈禱，夜晚幾度張開眼睛，思考他的事。」（九月二十二的日記）

除了這段文章之外，在忠雄日記裡的很多地方都可以看到他與舞出激論的記載。翌年初，忠雄寫給位於日本的學長黑崎幸吉的信中提到：

「在這裡的經濟學部有矢作和舞出兩位教授，前幾天以學問方式（實證性＝自然科學性的意思）向他們證明有人格的神是存在的，但是卻展開了攻擊式的議論。學者同伴間的傳道或是維持信仰，真是一件困難的事，我在回到大學之後，也要具備非常的勇氣吧。」（〈柏林來的消息〉，《全集》第二十六卷七二〇頁）

9. Klassen Kampf：德語，意為「階級鬥爭」。

10. Angst：不安。

11. Ruhe：德語，意為「安定」。

但是激論歸激論，當舞出生病的時候，忠雄也非常擔心他。同樣是在經濟學部裡的同事大內兵衛，本來是在海德堡留學，但是大正十年底來到柏林，並且停留了一段時間。舞出當著大內的面對他說：「以現在矢內原做的事，來看他是否能夠進行經濟學的課程啊。」就如前一節所引用的忠雄的話，舞出在留學期間非常用功學習，但是忠雄卻不怎麼用心在經濟學的學習上，他總是出席基督教的集會，或是享受郊外的散步，還有他為了擴展他所謂的「教養」，讀了很多經濟學之外的書籍。例如，他聘請了柏林大學神學部學生當家教，與那位學生一起讀卡特，一起學習希臘文。另外，他也常常往書店跑，不只是去訂大學課程要用的經濟書籍，他也為自己買了很多經濟學之外的書。第一次世界大戰後的當時，德國馬克暴跌，巨大的通貨膨脹困擾著國民，因此像忠雄這種留學生的經濟開銷相對減少，就可以聘請家教，或是以便宜價格買進很多書籍。忠雄買了《希臘・羅馬古典叢書》一百一十冊，還有卡特全集，歌德全集、席勒全集、杜斯妥也夫斯基全集等書。

但是與在倫敦時不同的是，忠雄在柏林的時候，並不常去看戲或是音樂會。而忠雄寫到這是因為：

「柏林與London不同，Matine'e（休閒時間）除了星期日之外幾乎沒有，還有就是從Hanna（哈娜）得到了慰藉。」（十二月七日的日記）

從這一件事，除了可以知道他並不是真的喜愛戲劇或是音樂，還可以知道年輕又溫柔的女僕哈娜的存在，成為他在柏林停留期間最大的支柱。

在菲邦家住了十天後的九月二十九日，忠雄在日記中寫到：

「我帶著Hanna前往了Potsdam遊玩。（中略）玩到日落肚子餓了才回家。回到家八點半了。Nahm zum erstenmal Hanna Arm!（第一次牽到哈娜的手。）」

他與哈娜之間的友誼急速增長，並且在柏林停留期間逐漸加溫。哈娜出門買東西時，他也一起陪她去，另外前往郊外參觀時，也時常跟哈娜作伴一同前往。晚上忠雄一個人在房間時，哈娜會帶著縫衣物等的工作來他的房間聊天，或是教忠雄德語的讚美歌。基督教的集會也是兩個人一起去。

倫敦時代，忠雄的日記裡充滿了對愛子的思慕之情，到處都浮現著等不到愛子的信的焦躁心情。但是到了柏林時代的日記裡，比起愛妻子的心情，所表現出來的是，對沒有寄信來、與期望不符的妻子的不滿，或是說憤慨的心情。在到達柏林後一個月的十月十三日，忠雄在日記中寫到：

「愛子的信到了，日期標著的是九月三日，這是與上一封標著八月十五日的信箋，隔了三個禮拜的信件，對於我拍了電報才愧疚地提起筆的她的怠慢，我非常地生氣。愛子不像我一般想著對方，這是一件事實。在收到我的信或是明信片時沒有回信，就是最好的證明。我也來學學愛子三個禮拜或是一個月了無音訊好了。」

在留學中的忠雄非常閒，再加上他本來就非常喜歡寫文章，從少年時代就一直持續在寫文章，所以對他來說，一週寫一次文章相當簡單。但是愛子除了不是非常習慣寫文章，主要是她要抱著三歲和一歲的幼兒，再加上她非常容易生病，無法那麼常寫信不是沒有道理的。但是忠雄就是沒替愛子想到這個地步吧。因此這並不代表他已經變得不愛愛子了，只是對他所愛的人下了過大的要求，因為她沒達到自己的要求，所以變得心情不好。忠雄時常都需要從別人那裡得到慰藉。簡單來說，他是一個要求多的多愁善感之人。身處異鄉又被這種寂寥與不滿所困擾的他，會從身邊溫柔的哈娜身上感到慰藉，也不完全是沒有道理。就在十月十四日的日記如下所述：

「今天與昨天完全不同，一整天心情都很好。早上收到西永父親的來信，裡面附有伊作和光雄（生日紀念）的照片，我非常高興。與我離開時的二月相比，有著令人驚訝的成長。在我收到與七月十四日的照片一起送來的，八月二十九日的這封信之前，我還怪罪著不把一起照片寄過來的愛子的粗心，但是就在今天，我掉入驚訝的深淵。從父親寄來的信中得知，去年到現在，愛子生了兩次病（十月到十二月和今年四月底），而且今年六月的時候，還因為嚴重的腹瀉，病到一句話都說不出來，但是我到今日卻一點都沒有發現。今天在前往Domane（市場）的途中，Hanna問我何時要招待Ida和Berthar兩人吃飯，並且說她相當expect（期待）這件事的時候，我想到了，不論是哪一國的女性都是neidisch[12]的可怕東西，因此答應了這件事。今天真是一個心情好到不可思議的日子。

晚餐之後，Hanna拿來了Album給我看。Hanna真的是非常zart[13]。我也不知能夠從她那裡得到多少慰藉。」

忠雄並不是想要與哈娜談戀愛，只是沒有如期待寄信來（他認為這是愛情不足的表徵）的愛子，與日夜都會見到的親切哈娜，在忠雄心中自然就會比較起來，他的心傾向了哈娜那一邊。之後的幾篇日記寫到：

「假如當我說想要回到有相信我、愛我的妻子的日本，她（哈娜）說，她一定會哭著求我無論如何都不要回去。Hanna是真的相信我、愛我、安慰著我。這個時候假如沒有Hanna的存在，我不知道會變得多麼寂寞。」

「今天雖然想要唸書，但是與Hanna有約，所以

12. Neidisch：德語，意為「嫉妒」。

13. Zart，德語，意為「溫柔的」。

下午就只有前往Schlachtensee[14]去散步一下，傍晚就回去了。景色非常的優美。現在，Hanna是我僅次於愛子所愛的女人。」

「今天哈娜來besuchen[15]好幾次，我很高興。」

「Hanna為我插了一束帶有香氣的玫瑰。再加上她又在等我回去，這使得我更高興。反觀愛子又是半個月沒捎來一點訊息，太過分了。而我也一定要等到她來信之後再回信。」

「她〔哈娜〕能夠敏銳地察覺到我心中的想法，讓我嚇了一跳。雖然她只是短期間的友人，但是她現在是世界上最靠近我的友人。我甚至想說，假如還是年輕時代的我的話，說不定會娶她為妻。」

《留學日記》在大正十年十二月三十一日中斷後就沒有下文了。不知道是忠雄不寫日記了，還是在之後放棄了，現在也無從查證。另外，在他留學時寄給愛子的眾多信件，後來全部都被處理掉，沒留下任何一封，只有簡單的明信片沒遭到丟棄的命運。雖然無法詳細得知在大正十一年還在留學的忠雄的動靜或是心境，但是在柏林停留期間的狀況，大致就是以上情況的持續而已。

忠雄在柏林停留到大正十一年三月為止，四月一日動身前往旅行。經由維也納，到翡冷翠、阿西西、羅馬、拿坡里等地參觀，接著還到了開羅，並且從四月底到五月初的兩個禮拜時間，前往巴基斯坦旅行。還寫了〈巴基斯坦旅行記〉送往日本的信仰雜誌《靈交》刊載（《全集》第二十六卷七二一頁）。忠雄在此地踏上許多聖經所記載的土地，去確認聖經內容的歷史真實性，並藉由這些加強自己的信仰，同時也對為了建設祖國以色列而在荒無之地開墾的猶太人留下強烈的印象，還拜訪好幾個猶太人口中的奇布茲（Kibbutz）[16]，視察實際狀況，因此他對以色列建國運動投入很大的關心。而這樣的新殖民型態，由殖民政策研究的立場來看，必

14. Schlachtensee：位於柏林西南方的湖泊。
15. Besuchen：德語，意為「拜訪」。

然引起忠雄的興趣，忠雄回國之後寫的第一篇學術論文，就是以此時的見聞為主所寫成的〈關於以色列建國運動〉（收錄在《經濟學論集》舊第二卷第二號、《全集》第一卷）。

在結束巴勒斯坦的旅程後，他前往瑞士，在日內瓦的學長川西實三家打擾了幾天，並且在這裡與恩師新渡戶稻造碰面，五月底又回到柏林。八月又踏上德國的旅途，八月底離開柏林，前往巴黎，並大約停留了三個月。在當時的巴黎，因為有忠雄一高以來的好友三谷隆信在國際聯盟事務局工作，因兩人有深厚的交情，所以忠雄從這位友人獲得了許多幫助。在忠雄來到巴黎沒多久，舞出長五郎也到巴黎做短暫的停留。以前同寢室的三位好友，某日一同到佛丹努普羅（Fontainebleau）的森林遊玩，住在巴比松（Barbizon）。三個人共同寫給忠雄的妻子愛子一封信：

16. 奇布茲（Kibbutz）：以色列獨特的農業共同體，建立財產共有形式，是依循平等合作原則運作的社會經濟體制。

「與三谷、舞出兩人一同到Fontainebleau的森林裡遠足，之後在Barbizon這個村莊中過了一晚。這裡是畫家米勒[17]所住過的土地，我們寄信給很多人，當然也寄給你和惠子（三谷隆信夫人），這是讓還是單身的舞出著急的方法。

忠雄

舞出已經完全變得神經過敏了，即使我們說得是理所當然的事，他也討厭，真是沒辦法，這次舞出回國之後，快幫他找一個新娘吧。

信

思鄉病的忠雄遞出延長居留申請，我們都忍了下來，內心是等妳快拍來督促他快點回家的電報。

舞出」

17. 米勒（Jean Francois Millet，一八一四～一八七五），法國寫實主義田園畫家。

從舞出所寫的話看來，可以得知忠雄已經向文部省遞出留學延長的申請。因為規定時間是到十二月二日為止，因此忠雄本來打算照既定行程歸國。這件事可以從大正十年三月十三日（倫敦時代）的日記中得知：「如果不延長留學時間，就會在十二月二日期滿之後回國。」雖然不知道忠雄為何要遞出留學延長申請，但可推想而知，當時與出國旅行很方便的今日不同，海外留學是一生可能只有一次的海外旅遊機會。忠雄可能想藉由這次機會再多增廣見聞吧。後來，文部省批准了他延長三個月留學的申請。另外，雖然愛子偶爾會生病，但是平常還是保有健康的身體，因此忠雄雖然也曾擔心過愛子是否肺部又出了毛病，但是到後來這種擔心也消失了，在日本的家可說尚且平安。

但是在忠雄留學期間，在日本發生了兩件讓他悲痛萬分的事。一件是他在新居濱交往甚篤的前輩黑崎幸吉的妻子過世了，另一件事是愛子的姊姊，也就是他所尊敬的學長藤井武的妻子喬子也離開了人世。黑崎幸吉在妻子過世（大正十年一月）後，辭去了住友的工作，開始獨立傳道，並於大正十一年十一月來到巴黎與忠雄見面。這個時候，忠雄才從黑崎的口中得知喬子是怎麼離開人世的。喬子得了肺結核後，於臥病在床半年後的十月一日過世。這給了深愛喬子的藤井武深深的打擊，也帶給了西永家和忠雄悲傷的衝擊。前面已提過，在忠雄留學之後，愛子的弟弟泰因肺結核死亡，而在此時，西永家的長男公一也染上了肺結核。

但是愛子毫無肺結核的徵兆，任誰看來都會覺得她很健康。因此，忠雄才會把留學期間延長了三個月，到大正十一年結束之前，都停留在巴黎。大正十二年一月第一次到了美國，拜訪紐約、華盛頓、波士頓等地，也去參觀尼加拉瓜瀑布和大峽谷等名勝，還去了洛杉磯，甚至到了舊金山。因為延長了留學期間，忠雄只要在三月三日之前回國就可以，因此他打算在美國生活三個月左右。但是他在舊金山收到了愛子生病的消息，因此他趕緊搭上一月二十三日由舊金山出發的船返回日本。

忠雄在二月九日到達橫濱，藤井武到橫濱港迎接他，忠雄從他口中得知愛子病況嚴重，忍著心中哀痛，由碼頭直奔慶應醫院。

在這之前，在忠雄留學期間，他最小的妹妹千代於大正十一年四月與門田武雄完婚，住在藤井武家附近的櫻新町。而另一個妹妹則到了東京，進入了小石川的原町幼稚園的保母學校，後來還取得了保母資格，同樣是大正十一年四月開始在原町幼稚園裡當起保母。弟弟啟太郎升上了六高三年級，而這個時候代替忠雄照顧忠雄弟妹的正是愛子。就在接近忠雄回國之日的大正十二年一月，愛子為了準備迎接丈夫回國，帶著兩個幼兒從金澤回到了東京，在大井町租房子，等著忠雄的歸來。之所以會選擇大井町定居，是因為愛子的叔父渡邊伍一一家人就住在附近。除了這一家人之外，悅子和千代也常去幫忙愛子做家事，愛子也樂在迎接忠雄歸國的準備中。但是這樣的愛子突然嚴重腹瀉和發燒，因為有可能是痢疾，因此被緊急送入慶應醫院的隔離病房。之後，診斷結果並不是痢疾，而是腎盂炎。因此被移往了普通病房。剛開始時，大家都認為這不是嚴重的病，但是愛子的狀況卻急速惡化。

7 死亡籠罩的深淵

大正十二年（一九二三年）三月二十六日，忠雄的妻子愛子離開人世。這個時候，她才過完二十四歲生日沒多久，距離忠雄回國後從橫濱直奔醫院，也只過了一個半月。到了今天，愛子的妹妹——也就是我的阿姨們也說：「愛姊的病是腎盂炎啊。」或許是這個病吧，但事實上好像是腸結核病的樣子。忠雄的弟弟啟太郎好像有從忠雄口中聽過：「愛子的病是腸結核。」當時結核病是人人討厭又難以根治的，因此可以想像出是冠上腎盂炎這個病名而已。但是，就算知道真正的病名又如何，死者不會因此而復生。

忠雄悲痛欲絕。知道當時狀況的人說，「忠雄的悲傷看起來好像非常非常痛苦」、「我從來沒有看過那麼悲傷的人」。

「我在國外生活的兩年總是掛念著愛子、愛子，但是就在我終於回到國內之後沒多久，妻子就離我而去。」

忠雄抱著屍體痛哭，還把所有的人請了出去，獨自在病房中過了一個晚上。納棺的時候，他說著：「不是可以不把任何東西放進去嗎？」然後抱著妻子冰冷的身體不肯放開。忠雄與愛子實際一起生活的時間，只不過是留學之前那短短的三年半，真的是太短了。

愛子的告別式是三月二十八日，在九段坂上教會舉辦，會中由藤井武擔任司儀。藤井武和舞出長五郎負責朗讀告別之詞。舞出比忠雄還要早從國外回到日本，之後常常前往探望愛子，也替悲傷的忠雄打氣，信仰無神論的他時常與忠雄爭論，但是這樣的他還是在教會中朗讀了告別之詞。

之後的忠雄對於愛子的死，還有前後的事，完全沒有著墨，也沒有特別提到任何事。與大塚久雄的《我所走來的道路》對談中，只說了：「在我的人生中，最憂鬱的時期是留學回來的那一年……」（《全集》第二十六卷三十頁）在廣播中也只說到：「我的家庭生活裡，是走在被死亡籠罩的深淵般的黑暗之年。」（《全集》第二十六卷二三九頁）忠雄在隔年再婚了，迎娶了一位新的妻子。我和我弟弟對母親愛子完全不了解，在這樣的狀況下長大成人。當時我已經超過四歲十個月了。雖然普通人多少會有一點四歲時候的記憶，但是奇怪的是，我對我的生母毫無記憶。雖然不可思議，但是這是事實，我也沒辦法。想一想，幼兒時期的記憶，大部分都是後來由別人告訴之後才拼湊而成的，因此我應該是在抹去生母記憶的狀況下被扶養長大的。

因此，即使忠雄在之後寫的文章還是非常多，但是對於這位前妻一點都沒有著墨，也是相當奇怪的。也許是為了不讓後任妻子感到隔閡，所以才不告訴孩子們有關生母的事情，但好像不是那麼一回事。因為後任妻子是在非常了解這位前任妻子的狀況下，才與忠雄結婚的，所以應該沒有必要隱瞞。而小孩在成長到某一年紀後，也就沒有再隱瞞下去的必要了。但是，忠雄到後來還是不寫也不說有關愛子的事，恐怕是因為在他內心深處有著不可告人的理由。也許是忠雄還繼續愛著人生中最初的妻子，因為她的死，他的心一直痛苦著。我認為忠雄不提愛子的事，不是因為忘了她，原因正好完全相反，是因為只要提到愛子，就會喚起那段無限傷悲的回憶吧。

春三月

我所愛的人被天所喚走的是，
春三月的呢喃之日。
那一天突然黑雲密布，
將孤獨的我層層包圍。
悔恨與悲痛一直湧現，
毫無壓制的力量。
但是黑雲漸漸散去，
變成淡淡的一層薄霧，
在那層水幕的後方，

春天的暖陽照了過來。

我所愛的人的墓碑，
塑立在老家庭院的入口。
從那裡有座梯子直達上天，
天使在那而上下飛舞。
父親一般的神的使者為我帶來了，
我將我的禱告獻給了神。
在墓碑另一頭升起的太陽，
其光照向我，
照在背負著重擔在這世上行走
的雙腳邊。

在我愛的人的墓邊，
種了柳樹。
秋風颯颯地吹，
葉子被掃向天空，
春三月的日頭照在身上，
青色的葉子就如羽衣一般，
細的葉子就如小船一般，
我的靈魂也隨之飛翔，
拉近與愛人之間的距離，
將復活的希望吹向她。

我所愛的人被喚走是，
為了讓我更堅強活下去。
雖然我的心已經不在這個世上了，
但是我的腳還在世上行走。
復活的希望是我的心高揚，
復活的希望是我的腳步輕盈，
復活的希望是耶穌墓上長出新芽，
我愛的人的墓上長出了花朵，
在我的墓上結出果實。

這首詩是忠雄在六十五歲時，刊載在昭和三十三年的《嘉信》（矢內原忠雄的個人誌）三月號裡。這首詩的第三聯「在我愛的人的墓邊，種了柳樹。」這一節，曾以〈春柳〉為題獨立成為一首詩，發表在兩年前的《嘉信》三月號。看起來，這首詩是以第三聯最為唯美，然而這首詩很明顯地是在描寫在此詩完成前的三十年所逝世的愛子。但是，除了只用「我所愛的人」這樣的字眼之外，並沒有具體表示出這是哪一個人。因為忠雄的母親過世的時候是三月，恩師內村鑑三也是三月過世的。三月對忠雄來說是死者之月，因此也是讓他有復活念頭的月份。

「三月這個月份，對我來說是一個會想到天國的月份，三月二十二日也就是今天，是我母親被召喚的日子。三月二十六日是長眠在我墓中之人過世的日子。三月二十八日是我老師回歸上天的日子。」（《全集》第九卷五三五頁）

這是在太平洋戰爭之後《約翰默示錄講義》中的一節，在這裡對於愛子的事，也只用「長眠在我墓中之人」這樣含糊的話語帶過而已。其他也還有同樣的例子，例如愛子的母親西永薰在昭和三十一年以高齡八十二歲過世時，忠雄為悼念其生涯寫了一篇短文〈某個老人之死〉，在寫「那個老人」的時候，全部以「藤井武之妻的母親」表現，卻沒有以自己前任妻子的母親的寫法來表現（《全集》第二十五卷三三二頁）。順便說一下，這位西永薰是三男五女的母親，長女藤井喬子、次女矢內原愛子與三男相繼去世，丈夫公平也先行離她而去，但是忠雄即使再婚之後也和西永家的人有深入的交往，他珍惜這個岳母，幫助這個悲情的家庭。

愛子過世那一年的八月，忠雄向多磨墓地求取了一小塊土地，修築了「所愛的人的墓」。有關這座刻有「往彼岸淨土」的小小墓地，在本傳記的開頭如下描述到：

「我們帶著花前往了所愛之人的墓地。這是僅僅抱住所愛之人的身體，守護她直到復活那一天為止的墓地。這座墓可以說是他，或是她在這世上的旅程中最後的落腳處，同時也是展開在天上生涯的最初起點。當我們將花插到墓上後磕頭時，我們的思想就這樣穿越天地之間，現世與來生之間。在地上最美好的回憶中想起他，在天上在最好的希望中愛慕他。對他來說，我們的愛已經滲入了墓碑，就如親澈的水一般，就如滲入墓地土壤的春雨一般。」（《全集》第七卷七二三頁）

這也是聖經講義《路加傳》的其中一節，完成時間是在接近忠雄晚年的時候。這篇是在〈耶穌之墓〉這一章的文章，內容是藉由耶穌的復活來論述有關所愛之人的墓地。但是在寫這篇文章時，一般認為忠雄腦中所浮現的，是多磨墓地的「所愛之人的墓」。總而言之，他在發行的月刊個人雜誌《嘉信》三月號裡，不斷重複發表了有關死者的追憶與復活的期望的相關短文。而其論述的中心點雖然沒有指名道姓，但是一定是對很年輕就死去的愛子的思念。例如，在昭和二十九年三月號裡，以〈春三月〉為題刊載了以下短文：

「進入三月，日照變得很春天，也使人在心中想起逝去的人。他留在時間沙岸上的足跡，即使被海浪沖刷掉了，在我內心深處的秘密所在，還有他所遺留的愛的香氣，至今還很撲鼻。」（《全集》第十七卷四四九頁）

在《嘉信》昭和三十二年三月號裡寫到：

「春三月是天國的季節。二十二日為母親被喚走的日子，二十六日是愛子之日，二十八日則換到了老師。我在不久之後，也要加入他們的行列了吧。」

在這裡首次提到愛子的名字，當年忠雄六十四歲。在四年之後，同一本雜誌的三月號裡，有刊載一篇題為〈三月二十六日〉的文章，文章的開頭寫到「愛子之日」（《全集》第十七卷六四二頁）。然後在這一年年底，忠雄逝世。在忠雄人生的最後一年，終於可以公然地把愛子的名字寫出來。

因為所愛的人去世，所以忠雄一定越來越相信有關信仰裡復活的部分，但是這樣做卻不能減少任何對所愛的人死亡而感到的悲傷。此外，他很後悔把剛大病初癒的妻子一個人留在日本，而自己則在外國過了兩年多的悠閒生活，更後悔只因為愛子沒有常常寄信來，就懷疑她對自己的愛，對她抱持不滿而斥責她。忠雄在悲傷之餘，還非常懊惱。而在現實生活面，忠雄對於五歲和三歲的幼兒不知該如何是好。

因此，忠雄就把這兩名幼兒，也就是我和我弟弟先寄養在金澤的西永家，而自己則住在愛子為了他回日本，在大井町庚申塚租的那間小小房子裡，每天從那裡來往於大學研究室。弟弟啟太郎在這一年四月剛好進入東大醫學部就讀，因此便跟忠雄一同住在這間房子，而在幼稚園從事保母工作的妹妹悅子也辭掉工作，住進忠雄的家為他做家事。但是，悅子在不久之後就認識了田原茂，並且很快就結婚了，因此拜託她在幼稚園裡認識的一位名叫小梅的年輕女孩，來代替她照顧忠雄與處理家事。也就是說，小梅從大正十二年六月開始後一年多的時間，都在忠雄家從事幫傭的工作。

雖然我對母親愛子完全沒有印象，但是對於金澤卻有一些零碎的記憶。從滿兩歲半到五歲之間，這將近三年的時間，我是在金澤的西永家渡過的，假如能再多一些記憶是再好不過，但是因為前面所述的原因，我只剩下一些零碎的記憶。西永家是一座非常大的宅院，有著雄偉的庭園，不論是玄關的地板還是柱子，都閃著原木的黑光，空間寬廣，還裝飾著各式各樣的槍與刀。另外在屋前有一條小川，川水非常清澈和豐沛。還有爺爺——也就是西永公平常常坐著人力車回來（現在想一想，那應該是去參加宴會之後所搭的車），然後把用白布包著好吃的食物給我們，我們非常高興。除了公平與薰這兩位外祖父母，當時還是十幾歲的愛子的三位妹妹，還有西永薰的妹妹，也就是愛子的阿姨的幾世孀孀等，西永家的人都非常寵愛我和我的弟弟。

八月，忠雄來到了金澤，九月一日帶著兩個小孩回到東京。為了照顧小孩，幾世嬸嬸也一同前來。那輛火車因為鐵軌不能通行，突然在半路停了下來，原來是發生了關東大地震。非常奇怪的是，我居然記得在火車突然停下來的瞬間，東西從置物架上掉下，砸到當時三歲弟弟的頭，他的頭上腫了一個包。當下我們就返回金澤。因此，忠雄又再次把孩子們寄養在西永家，等到火車開通之後，馬上就動身返回東京。他於九月三日晚上到達新宿，在新宿站等到天亮之後，才邊看著東京的慘狀邊走回家，四日傍晚左右，終於回到大井町的家中。家已經半毀不太能住，但是啟太郎和小梅還是守著那個房子。小梅雖然是一位年輕的女性，但是她卻是忠雄忠實的幫手，在恐怖的餘震與不安定的情勢下，她為了保護忠雄的身家財產，在這棟已經傾斜、門也關不起來的房子裡，留了下來。

因為房子已經傾斜不能住人，因此忠雄在大井町出石租房子搬了過去。然後，十月又再去一次金澤把孩子們帶回來。身型矮小、高雅溫柔的幾世嬸嬸也一同前來，照顧孩子們好一段時間。我至今還是非常懷念與感謝這位雖然過著不幸生活的幾世嬸嬸。我在幼兒時期被從金澤帶來的這個出石的房子（住址是大井町五一二），是在大森馬込的附近，面朝牛車經過會揚起沙土塵埃的路，因此環繞在屋邊的檜木圍牆總是卡著一層塵埃沙土。此時開始了我那些兒時的片段記憶，這些記憶藉著去年與小梅回溯那段時間的往事而重新上色。

我很久沒有聽到有關小梅的消息，甚至忘了她的存在，應該說是不知不覺之中忘記的。但是去年我見到了非常有活力的小梅，因此可以問她對大正十二年當時的回憶。這時候的小梅早就已經超過七十歲了，但是她連一些小地方都還是記得非常清楚。「啊，記不記得我們常用報紙做成鎧甲和刀在玩耍？」聽到小梅說到五十年前我們一起玩耍的情形時，我至今已經忘記的黑暗幼年時期，又慢慢浮現出清楚的模樣來了，一點一滴地在我心中浮現出來。「把水灑往蓋滿塵埃的圍牆上時偶爾會出現彩虹，伊作你非常喜歡那個。」在我心中回答著對、對，就是那個。當時滿五歲的我的模樣慢慢從小梅的話語間顯現出來。但是我的事情並不是這本書的主題。

「那父親當時是如何呢？」

「他非常致力於學業喔。因此用報紙做成的武士遊戲，也只能在他不在的白天時候玩，晚上太吵的話，會被他責罵的。」小梅非常詳細的告訴我，鰥夫時期的忠雄日常生活習慣，這跟忠雄自己所說的「這是我人生中最黑暗的時期」不一樣，那段時期並非只是黑暗。雖然那時對於喪妻的悲傷與寂寥應該還沒完全消散，但是身為學者的他從研究生活重新踏了出去。他那時還只是一個三十歲，留洋過，注重禮儀打扮的新生代學者而已。

第四章　研究室時代

1 再婚

大正十二年（一九二三年），在喪妻之痛的心情下，忠雄開始了研究與大學課程。他擔任經濟學部殖民政策課程的教授，並在這一年由副教授升職為正教授。他同時也在法學部和農學部講授殖民政策，並且還到東京女子大學上經濟學。大正十三年，他成為一高老師，後來又接下「法制經濟」課程的講師職位。前者到大正十五年為止，後者則持續到昭和十二年才結束。關於東京女子大學，他有以下的回想，而該大學的校長正是忠雄自大正七年以來的恩師新渡戶稻造：

「我第一次上課是在一九二三年五月，地點是當時還在角筈的臨時校舍。社會科的制度學課等等，已經由前任的教師們大致定型。我第一年是經濟政策的課程。雖然當時學生只有十個人，但是每一個人都個性鮮明，非常活潑，至今都還留有深刻的印象。大家好像成為一體，並散發一種柔和的親近感。那時，新渡戶老師雖已前往日內瓦，但他的教化卻永遠留存。一進教室，就看到講桌上插一束不知是誰摘來的野花。然而這樣的小動作讓我非常高興，這束花讓我更加感受到教室中的親切感。雖然我驚訝地說：『女學生真是細心啊！』後來仔細想想才了解，當時並不只是因為她們是女生就說細心親切，而是當時教室的氣氛是那麼地祥和所致。她們還有一起到我家拜訪，由於聊太久而不得不在我家吃晚飯，還有聽到K同學家中發生不幸後，為了表示關心，我也跟她們一起去探訪過。真是親近的交往啊！」（〈社會科的回憶〉，《東京女子大學創立十五年回憶錄》，昭和八年，《全集》第二十一卷六五九頁）

據當時小梅所說，星期日總會有幾位女學生到家裡玩，那時書房會不斷傳出愉快的談笑聲，代表忠雄心情非常好。

但有更重要的事情。這時在忠雄身上發生一件事，他為此深刻感受到自己的罪惡，而深深為這罪惡感到苦惱萬分。這個苦惱甚至到達異常激烈的程度：

「距今二十多年前，我曾經非常困擾某個問題，並且還因為這件事，邊哭邊爬了淺間山腳的離山來回好幾趟，還是不能理解。因為當時，我認為眼淚可以讓離山為我解開這個難題。就在這麼做的時候，我心中突然想起以賽亞開頭的字句：『去安慰吧，你們去安慰我的子民吧，服役時期已經結束，那個錯誤已獲得開赦。』我始終不了解，為何會獲得開赦、為何會結束呢?但是那是連問『為何』都說不出口的、來自天上絕對性的安慰，這樣的話語已經將我佔領。因此，我擦拭著眼淚，從山上走了下來。」（《全集》第十二卷五一八頁）

這是一九三九年忠雄所說「第二以賽亞書課程」中的一部分，而文中的「二十多年前」，一般認為實際上是十六年前的大正十二年。非常苦惱於「某個問題」，哭到想把離山溶掉的地步，是因為自己所犯下的罪行所哭泣，然而這個罪行並不是存在於人間的一般罪行，也不是因將妻子留在故鄉，自己一個人享受海外生活，並為妻子不常來信而生氣的反省與悔恨。忠雄是為了比這更痛苦深切的罪行而自責與哭泣。藉由這樣對自己罪行的激烈哭泣，他體會到更深一層神的寬恕。這個體驗在他的「奧古斯丁[1]『告白』課程」中有以下敘述。這是以奧古斯丁三十歲的時候，因煩惱自己的罪行（肉欲），請求神的寬赦，以注釋的基礎所寫成的書：

「誠如『我眼中的洪水是讓上帝高興的貢品』。神將恩惠照射在眼淚之上，畫出一道七色的彩虹。是幸運嗎?如瀑布一般任隨自己的眼淚湧出，將寫滿『到何時?到何時?』、『為何?為何?』的淚

1. 奧古斯丁：為中世紀神學家。

臉變為上帝的東西，因為這些人可以得到神的安慰。我（矢內原忠雄）在與奧古斯丁幾乎同樣年齡的時候，好像要將淺間山腳的小山溶掉一般，放任自己的眼睛的洪水溢出，一直吶喊著：『神啊，為何？神啊，為何？』就這樣在山中來來回回不知幾次。突然我想開了，我的心頓時輕盈了起來，眼淚也不再湧出，接下來微笑在我的嘴唇上浮現出來。雖然我也不知道為何會這樣，但是平靜就降臨到我的心中。我一邊讚美著神的恩赦，一邊走下山去。」（《全集》第二十二卷六一七頁）

有關妻子去世的事情在前面已提過，日後的忠雄說：「那是我一生中最憂鬱的時期。」、「像是走在被死亡籠罩的深淵般的黑暗之年。」然而這些話不只是表示對妻子之死的悲痛，更是忠雄自己本身罪惡感的來源。因為他能敏銳地感受到自己的罪惡，所以切實地去追求神的開赦，並且藉由這樣的行為而更深切地了解神的愛，這就是忠雄自一高生時代以來的信仰模式，但是淚灑離山的體驗是這種模式的誇大強化版，讓他對此信仰深信不疑。之所以對自己的罪行有如此大苦惱的原因，可在數年後所發表的〈信仰錄（一）──對神語〉中的一些話察覺：

「在人生旅途的半路上，我踏入了迷路之森，只知道呼吸，口中說不出半句該說的話。」

「您打了我，不會有任何人為我出聲。您關起我，不會有人出來為我抗爭。您破壞了我的欲望，不會有人羨慕這個世上的歡娛。」

「您說，叫我們看看約伯（Job）。叫我學習約伯在苦難之中向您學習後找到真理的樣子。但是神啊，請賜予我一句話吧。我的苦難可以說是遠大於約伯的啊。假如我察覺到了自己的罪行，我無法像約伯一樣反顧自己主張的真理。約伯的三位朋友來定我為罪人，即使說我的苦難是我罪行的報應，我也無法與之辯解爭論，我們只能夠點頭，搔搔內心而已。我只接到所做之事理當的報酬而已。

即使藉由約伯，也無法得到安慰。我一個人非常寂寥苦悶。拜託您啊神！減緩我心中的憂鬱，把我的腳從網中取出。請開赦我的罪行吧，無論如何請壓扁我吧。我就如蟲一般，您施予我憐憫，假如我真的犯罪的話。」（《全集》第十四卷二八二頁）

在忠雄內心深處有著這樣巨大的煩惱，並且藉此加深他的信仰，其實在生活上也起了很大的變化，那就是再婚。想當然爾，才三十歲的忠雄遲早都會面臨這個問題。向忠雄建議再婚的，是一高以來忠雄的好友，也是學生時代一起參加內村鑑三集會的宇佐美六郎。宇佐美在成為大阪地方裁判所的法官之後，就住在蘆屋，並與同信會（普雷曼司兄弟會）的基督徒堀米吉的二女信子完婚。與住在附近的江原萬里夫婦共組了一個名為「蘆屋會」的小型基督教集會，第三章5節已提過，忠雄前往留學之際，集會成員替忠雄辦了送別會。在這個送別會裡，宇佐美信子的妹妹堀惠子也有出席，忠雄與惠子就是在那時第一次見面。住在住吉的堀米吉是一位成功的商人，他在大阪開設一家名為堀米商店的大型寶石時鐘店，並且是一個以資產協助基督教傳道的虔誠信徒，他透過黑崎幸吉認識內村鑑三的無教會基督教派，也讓女兒們參加「蘆屋會」。

宇佐美六郎看到忠雄為妻子之死悲傷的樣子，再加上抱著兩個小孩的困擾模樣後，就詢問妻子的妹妹堀惠子的意思。在這之前回拒很多門提親的惠子，在聽完宇佐美的說明後，不管對方是結過婚且妻子過世，還留有兩個小孩這樣的對象，她回答：「我認為這是神的旨意，所以我會去的。」當然，惠子不是如此簡單又快速就答應了，在做出這個決定之前，內心也幾經掙扎。實際上，對她這個在有錢人家中長大、沒吃過苦的大家閨秀來說，這是一個需要非常大勇氣的決定。因為連惠子的母親也說出不會讓女兒嫁到已有孩子的家中，這樣的反對也不是沒有道理，但是惠子的決心依然沒有改變。

然而這件事對忠雄來說更是困難。在大正十二年末，宇佐美六郎就建議他再婚，但是當時的他把自己所有不好的條件全部舉出，並拒絕了這件事。第一，他對死去的妻子愛子的愛還是非常強烈，因此無法這麼容易就踏上再婚這條路。再者，因為忠雄相信死者會復活，現今是以靈魂的方式與天國的人來往，並且他抱持著將來在天國再相見的希望，若是再婚，他就不得不面對有兩位妻子的矛盾與窘境。從這個復活的觀點來看，死只不過是短暫的別離，再婚等於重婚，所以忠雄強烈主張再婚否定論。忠雄的《留學日記》裡大正十年六月十八日這一天寫到：

「讀了《舊約與新約》(藤井武的雜誌)。內容論及結婚(一夫一妻制)的神聖性，並且主張離婚與再婚的錯誤。裡面說到：『以我的良心來看，我非常同情那些因錯誤而離婚或再婚的兄弟姊妹們。』我的思想淺薄，因此我不能非常了解與領會這本雜誌的主張。」

接著在六月二十二日的日記裡寫到，藤井武對黑崎幸吉說，假如再婚的話便要跟他絕交，聽到這件事的忠雄非常心痛。因此藤井武是不可能贊成忠雄再婚的。

雖然忠雄不會輕易踏上再婚一途，但是大正十三年一月開始，忠雄與堀惠子之間開始了頻繁的書信來往。接著，惠子為了見忠雄偶爾會來到東京，而忠雄有時候也會前往關西堀家拜訪，愛的幼苗已經在這兩人之間長出，也定下了婚約。但在讀了當時忠雄寄給惠子的信之後，會發現到不只是在剛定下婚約之後，即使快要到預定的結婚儀式之前，忠雄都還一直猶豫著到底要不要結婚。結婚儀式預定在六月七日，而以下幾段文章是從六月二日一封長信中所擷取出來的：

「我有想要結婚的念頭了。之前煩惱了那麼久，終於下定了決心，但是現在卻又想要反悔，連我自己都覺得很奇怪，但是隨著那個時期的逼近，應該又可以自然地思考了吧。我的心深深地沉了下去。」

「因為妳非常成熟穩重並且能夠忍耐，所以假使我說了想要延後婚禮時間，或是即使說出想要中止婚禮，我想妳即使是大哭也還是會照著做吧。但是我不想要失去妳，也無法捨棄妳。妳也相當了解我對於愛子的愛，而我不論是在心靈還是在肉體都非常脆弱，因此也了解到妳的愛是必要的。但是擁有兩位『妻子』這件事，是現在最讓我困擾的事（一個已經受主寵召，一個還活在世上）。但是假如不和妳結婚的話，妳將比我失去更多，並且我的心好不容易由妳那裡得到溫暖的光線，假如妳一旦離去，又會再次黑暗起來。還是照第一次所下的決定結婚吧。」

「可以不要結婚，還是能與惠子在一起嗎？這應該是一件做不到的事情。那這樣的話，還是結婚吧。……照片裡的愛子一直緊盯著我看……但是不結婚的話，就不能夠和惠子在一起，假如不能在一起，我的未來將會變得如何呢？」

接著，在六月三日的信裡面提及：

「我打從心底希望能以愛子是我唯一的『妻子』來渡過這一生。但是我不得不尊重到惠子的想法。稱呼惠子為朋友，有一種稍嫌不足的感覺。我請求愛子原諒讓我叫惠子為『妻子』吧。神會藉此來助我一臂之力吧。」

忠雄就是以這樣的心情決定結婚，大正十三年六月七日，在大阪的基督同信會集會所舉辦了結婚典禮。因為忠雄的妹妹悅子在與眼科醫生田原茂結婚之後定居在大阪，因此矢內原家由田原茂夫妻出席典禮。忠雄身著燕尾服，惠子身穿白潔無暇的華麗衣裳，但可惜的是沒有照片。據惠子說，這可能是因為顧忌先妻愛子的緣故，所以沒有拍紀念照。忠雄在與惠子結婚後，桌上依然擺著愛子的照片。

就這樣，惠子成為忠雄的妻子，成為了我們的母親。惠子以西洋的打扮居多，而且所穿的都是當時最好的洋裝。她也替小孩褪去了破舊的和服，替我們穿上漂亮的西式服裝，因此我們很快就習慣新的母親，並且把她當成真正的母親而長大成人。我認為這段期間，她應該是受了不少苦吧。這些苦不只有孩子的問題，忠雄雖然非常愛她，但也對她要求很多，是一個囉唆的丈夫。但是惠子以愛與忍耐侍奉丈夫，直到忠雄去世這段期間，她都一直扮演著一個賢內助的角色。

小梅離去之後，堀家介紹一位名叫小逢的十二歲少女來幫傭。原是大家閨秀的惠子連家事都不會做，她的母親說：「通常是在灶裡生火然後煮飯，但她總是不自己生火，並且常常勞駕父親來煮飯。」小逢在之後工作了七年之久，這位幫傭的女性在我的記憶中占了非常大的比重。就如前面所提到的，藤井武是一個極端的反對再婚論者，大正十一年他的妻子過世後，便獨自扶養五個孩子，堅持不再婚直到昭和五年去世，但他對於忠雄的再婚卻像是抱持著寬容的態度，因為他們之間並沒有因為這件事而不融洽。關於這一點，在忠雄晚年為了追憶藤井武所寫的短文中，說出了事情的一部分：

「藤井的婚姻觀比起保羅還要純潔無暇，因為非常嚴格，因此也有人不贊同他這樣的聖經解釋，而以實際問題來論，也有無法信服他的人存在。（中略）但是藤井卻不是像會損害友情的法利賽人一般，將自己的婚姻觀律法化，並以這個標準來審視一個人。」

「他常常說到，『自己的狀況是特別的狀況。』意指藤井的婚姻生活充滿了愛，在世界上是稀少的例子。他就是這樣被啟發出這種特別的婚姻觀吧。當然，藤井並沒因這次的事而修正他的婚姻觀。只是在他的標準下，他無法剖析其他人的立場，因此即使是從他的婚姻觀來看不是理想類型的再婚者，也抱著同情與寬容。」（《全集》第十七卷六一九頁）

2 殖民政策研究

忠雄再婚的翌年，也就是大正十四年（一九二五年），他們再次搬家。這次住居的地址是東京府荏原郡入新井町大字新井宿二一九二，位於大森八景坂上，就是今日的山王二丁目附近。這棟房子是在一條小路的最裡面，入口的地方有一棵很大的柳樹，是一間日照不是很好的房子。我那一年正好升上小學，就在這棟房子中渡過小學時期。

當我是小學生時的父親，可能是顧慮到要讓新的母親和小孩互相接納吧，並不像之後那個恐怖的父親，也常常也和我們一起玩，表現出溫柔的一面。

「先生在年輕的時候，是一個對孩子們非常溫柔的父親。每天從大學一回來，一家人就出去散步。在當時住的那片大樹林中還有森林，附近也有野原。下雨的日子，就在屋裡和孩子們一起咚咚作響地玩起相撲來。還會一起玩紙牌遊戲。那個紙牌遊戲是把紙板割成圓形後，由我在上面畫上圖案的。」（矢內原惠子，〈身邊的丈夫〉，《矢內原忠雄—信仰・學問・生涯》）

當時還是孩子的我，完全不知道父親在大學是從事哪種工作，而實際上從大正末期到昭和初年，父親致力於研究殖民政策，為了開拓新的研究領域，他日以繼夜的努力。今日回頭看忠雄當時持續發表為數眾多的論文和著作，不得不稱讚他的努力。對忠雄來說是「被死亡籠罩的深淵」的大正十二年，他就已經提出了「殖民政策課程教案」，之後由此進行課程，並以其為骨幹完成了最初的學術著作《殖民及殖民政策》（大正十五年刊載）。這是有關於臺灣、滿州、南洋群島、印度的個別殖民政策研究的總論集，也是確立他學術模式的重要著作。在寫這本大作的同時，他也陸續發表了〈關於美國排斥日本移民〉、〈亞當・斯密的殖民地論〉、〈關於朝鮮米增殖計畫〉等學術論文，都被收錄在論文集《殖民政策的新基調》（昭和二年刊行）。《人口問題》（昭和三年刊行）、《日本帝國主義下之臺灣》（昭和四年刊行）等都是忠雄之後的研究成果，可說是研究鼎盛的時期。接下來引用同為忠雄經濟學部同事的大內兵衛的文章，探討關於這些研究的評價：

「我在柏林留學時遇見了他。他沒有如普通的留學生一樣，在阿可塞德和德國的大學裡聽課。反而跑去見識下階層生活，或是讀聖經，要不然就去欣賞畫作。那時候在同學和同事之間都說：『矢內原這樣下去，可以進行經濟學的課程嗎？』但是等到課程正式開始後，學生們都對矢內原老師學說中所包含的濃厚嶄新氣息感到驚訝。之後，『殖民政策』更成為了東大經濟學部的招牌課程。他並不只有每天從早到晚關在研究室裡寫著教案，事實上他反而發表了眾多的專業論文。他所寫《殖民及殖民政策》、《殖民政策的新基調》、《人口問題》是這數年間他努力的成果，而不論是哪一本著作都是高格調的名著。他就這樣走出自己的一套模式。在他的想法中，一個模式的正確性只要透過事實一定能夠被實證。因此他從昭和初期開始，十年多的時間為了研究日本各個殖民地的行政狀況，親自到各地去考察，透過這次的行程深入各地學習有關當地的人事物。他有名的四部作品：《日本帝國主義下之臺灣》、《滿州問題》、《南洋群島的研究》、《帝國主義下的印度》，就是這樣完成的。這幾本書不只是形式上的大作，還存在著對日本殖民政策的實證性批判。這幾本著作是科學性的存在，並且為當時的政府帶來不小的震撼，而這些書大部分都被禁止輸入到這些殖民地中。另外，這些書後來被翻譯成中文或是俄羅斯文，廣為散布，《南洋群島的研究》這本書在之後成為戰後駐軍成員的唯一參考書，而這些事情可以說是對這些書不好的評價。」（大內兵衛，《高山》一一二頁）

在大內兵衛東大榮譽教授〈日本殖民學的系譜〉文中說到：「矢內原是日本國內第一個開始研究殖民學的人。矢內原的《殖民及殖民政策》是在日本殖民學上的第一本科學性的著作。」在今日國際經濟論的系統中，則可以透過矢內原忠雄追溯到新渡戶稻造的時期：

「在矢內原第一本有關殖民政策的著作裡，成為他的生活網絡總論的《殖民及殖民政策》是一九二六年的著作。身為『一個學生』要『懷著敬愛與感謝之情』，因此他將這本書獻給新渡戶老師是再自然不過的事情了。矢內原為了寫這本書，整整三年之間，每天早上八點到下午四點半左右，都待在東大經濟學部新建好的研究室二樓東側中間的研究間裡。上野是在裡邊的房間，而靠外側的研究室則是舞出的。我的研究室則是在南側。我們這四個人就好像在競爭什麼似地，拼命在製作上課用的講義。在這裡面，總是懶散無做作出講義的是我，而做的速度最快、講義內容也是最有系統的則是矢內原。但是現在想想，正是因為『大小長短』的四個人聚在一起，才會有那時候的勤奮努力。」（《矢內原忠雄─信仰・學問・生涯》七三頁）

所謂「大小長短」的意思是，大是指上野道輔，小是大內兵衛，長是矢內原忠雄，短是舞出長五郎。這四個人在昭和十二年忠雄被大學逐出辭職為止，都是很好的朋友，也是經濟學部裡所謂的少數派。

忠雄將《殖民及殖民政策》這本著作獻給了新渡戶稻造，因為在忠雄著作裡的許多基本模式，都是來自於新渡戶稻造的殖民政策課程。而新渡戶稻造的課程內容，後來藉由忠雄之手整理集結成《新渡戶博士殖民政策講義及論文集》（昭和十八年），忠雄說著「新渡戶老師的學問與講義」，並寫到：

「總是表情柔和的老師，在某一次的課堂上，談到臺灣佐久間總督，去討伐與世隔絕、平穩地生活在山中的番社的話題時，我至今都無法忘記老師突然握起拳頭用力地往講桌敲下去，並且身體因為憤慨激昂而直立。」

「身為學者的新渡戶老師留給我們最大的遺產是，比某一個特定學說還要重要的是，以人道主義，也就是以『人』為基調的研究方式。老師的殖民政策的結論為『應要重視被殖民地住民的利益』。」（《全集》第二十四卷七二四頁）

忠雄的殖民政策研究就是繼承了這樣的基調，並且再賦予科學的理論與實證。關於這點，忠雄與大塚久雄教授的《我所走過的道路》對談中說到：

「所謂的殖民政策這一門學問，不論是被看成單純的殖民地統馭術的思想結構，還是在東京大學裡加入殖民政策課程的時間點，都是在日俄戰爭以後的事。因此，這時期開始的殖民政策著作或是課程內容，都被視為殖民地的統治機構、行政機構、之後的統治政策或是本國對外發展的政策。然而，我之所以會想要做這門學問，是因為我認為不得不去做殖民地的科學性分析。所謂的社會科學就是施以科學性的研究，而這個時候就一定要用如自然科學一般的方法吧。透過這樣的研究，在帝國主義論的中心點就會浮上所謂的殖民地。因此，殖民地是和世界連接的橋樑，即是從學問的角度來看，可能只是一個小角落，但是因看法的不同，小角落也可以成為中心點。

因此，我將殖民地當作帝國主義理論性研究和實證性研究的主軸。走到這一步，就非得前去看看不可了。……」（《全集》第二十六卷三五頁）

矢內原忠雄的殖民政策研究特色為，不是從統治者角度思考統治政策，而是將社會現象代表的殖民以科學性質加以分析，並藉由實證調查檢證其理論，雖然魯道夫．希法亭、羅莎．盧森堡、列寧等人所奉行的是馬克思主義的，卻可以將其當成帝國主義的一部分，或是將其中心論調以殖民地問題來處理。《殖民及殖民政策》的序文如下：

「本書是以大正十三年以來，我在東京帝國大學的課程中所使用的殖民政策的教案為基礎所寫成，也就是殖民及殖民政策的概論。在概論之上，有關特殊問題與各個殖民地的疑問，將藉由更詳細的考察與殖民史的研究來補強。另外，以一本概論的書而言，這本書還沒有很高的完成度，應該有很多地方須讀者們批評指教。雖然這本書無法成為同類書本的第一名，但是假如殖民及殖民政策的實證，多少能為這項研究帶來助益，就真的是太好了。也就是說，我將殖民及殖民政策的意義當成社會上的事實，進而明確探討被殖民的人們、有著利害關係的殖民國與殖民地、殖民者對殖民地原住民的影響、殖民性社會的各種關係。在這樣的帝國主義下的殖民研究，對殖民國國民也好，殖民地人民也好，或是不論是對資本階級或是勞動階級，還有不管是不是帝國主義者，都應該可以毫無偏見來看待對方吧。也就是基於客觀分析的事實關係的把握，是全部實際政策的基礎。」（《全集》第一卷五頁）

但是殖民政策這門學問，就如同字面的意思一般，是一個政治味濃厚的學問。所謂「基於客觀分析的事實關係的把握」，指的是假如實行了客觀的分析，在某種程度上不得不變成針對現實殖民地統治政策的尖銳批判。當時日本的殖民地有臺灣、樺太、關東州、朝鮮、南洋群島，並且政府設有負責這些地方行政的拓務省[2]。此外，日本的殖民地政策屬於從屬主義或是同化主義，帶有強烈帝國主義的味道。《殖民及殖民政策》裡，在殖民地的各問題上施以「客觀的分析」後，將統治制度區分為從屬主義、同化主義、自由主義這三種，並在結論中說到，帝國主義的前兩者一定會出現破綻，因此認同殖民地的自主與自由才是解決殖民地問題的根本之道。因為在兩者之間假如沒有存在自由，就不會有連帶或是共存共榮的出現。

2. 拓務省：昭和四年（一九二九年）設置，作為統理、監督日本「外地」（殖民地）業務的中央主管機關，並管理南滿州鐵道、東洋拓殖的業務監督，以及海外移民事務，拓務省是臺灣總督府的監督單位，之後與興亞院等合併為大東亞省。

從這樣的觀點出發，忠雄在〈朝鮮統治的方針〉（大正十五年）中，主張設立朝鮮議會是有所必要的，另外在《日本帝國主義下之臺灣》也談到設置臺灣議會的必要性。這樣的主張並非直接吶喊殖民地的解放或獨立，而是讓殖民地認同與肯定日本的領有權，因此這不會遭到帝國主義路線的批判。矢內原忠雄對於日本的殖民地統治不是相當肯定，他批判日本是壓倒性力量的帝國主義同化政策，並且祈禱「受虐者能夠獲得解放，沉輪者能夠向上，如此就能出現獨立自主的和平結合。」（《殖民及殖民政策》的結語）

忠雄從很早以前就很關心朝鮮問題，在第二章第21節也提過，他在大學畢業前曾立志要遠渡朝鮮為朝鮮人民工作。雖然當時因為家庭因素致使這個願望沒有實現，但他在殖民政策的專業領域裡，得以盡情研究朝鮮問題。忠雄在開始殖民政策課程之後，第一件事就是策劃前往朝鮮考察。大正十三年十月，為了視察朝鮮當地經濟概況與教育等狀況，動身前往朝鮮二十天。《殖民及殖民政策》提及這是忠雄的殖民政策研究的概論，但是在其中隨處可見有關於日本的殖民地統治，特別是針對朝鮮統治的批判。例如，他批判到同化政策下的教育是「無視民族背景與民族性的教育，不僅無法為當地人民帶來知識，反而會招來社會的動盪」，忠雄寫到：「我參觀了朝鮮普通學校的授課情形，我看見朝鮮教師對著朝鮮兒童，用日文教授日本歷史，我的心中不禁潸然落淚。」（《全集》第一卷三二五頁）

關於宗教，他說：「為了政治目的而被利用的宗教或是教育，往往都是『人民的鴉片』，這是危害整體社會的毒害中最強烈的一種。因此，殖民者與殖民地原住民間有關宗教的接觸，皆被政治所利用。」而在說到有關朝鮮的官幣大社[3]朝鮮神社與臺灣的官幣大社臺灣神社的營造時，他寫到「殖民者的內地人並不

3. 官幣大社：為一種「社格」，社格即為日本神社的等級與地位。最高為「官社」，其中依等級分為官幣大社、官幣中社與官幣小社。

難了解神社所包含的意義。我只是不想聽到朝鮮人或是臺灣人對神社的感慨。」(《全集》第一卷三二七頁)

忠雄於大正十五年二月在《農業經濟研究》中，發表論文〈關於朝鮮米增殖計畫〉，接著在六月將〈朝鮮統治的方針〉的原稿寄往《中央公論》。這兩篇論文都收錄在《殖民政策的新基調》裡，並附有作者本身的「論文解題」，因此藉此來介紹這兩篇論文，對於〈關於朝鮮米增殖計畫〉的解說如下所述：

「產米增殖計畫是朝鮮的產業政策中最重要的一環，並且內地的政治家、企業家、學者都對這件緩和食糧問題的政策，抱有很大的期望。這篇論文的主旨，是探討這項計畫會帶給朝鮮人多大的影響。在資本主義盛行的現代，無關當事者的想法或是任何藉口，殖民政策主要是以資本家利益為中心來運用。我在文中指出，有關於朝鮮產米增殖事業潛伏著非常大的危機。倘若真的是為朝鮮人的利益著想的話，就應該積極地干涉那些資本家的濫用。我想要藉此喚起世人對我們國家的殖民問題的重視。」(《全集》第一卷五三八頁)

於大正九年所展開的大規模朝鮮產米增殖事業，表面上是說要振興朝鮮的農業，但是實質上卻是獨利內地的資本家們。在這篇論文中，有詳細的資料與論證顯示，這些資本家奪走朝鮮人的土地與米，並且還繼續壓榨他們的事實。〈朝鮮統治的方針〉的解說如下所述：

「這篇論文是由刊載在《中央公論》(大正十五年六月號)上的文章經過若干修改而成的，藉由故李五的喪事之際所發表的文章。朝鮮人在政治經濟皆不安定的狀態中絕望，因此在我這篇貧乏的論文於《中央公論》刊載時，有不少朝鮮人對我抱以感激與感謝。許多人都說：『從這樣的立場來看朝鮮問題的文章，這是第一篇吧。』他們那一雙雙親眼見過自己社會的狀態的雙眼，所渴望的是認同他們的貧窮、不安、絕望的聲音。他們將要因喪失自己的土地而不能生產，他們雖然感覺到自己正一步步被拉入無法生產的深淵，卻也不知道該做什麼好。

我們應該為他們做哪些事呢？我國國民對他們的煩惱了解到哪種程度呢？我們正背負著統治這一千八百萬人的責任，不可以只是將『共存共榮』的理念束之高閣，共存共榮只可能在有自由的地方才能實現。不認同他們參加有關於他們社會政策的各項政策的決議，那麼日朝共存共榮不就只剩下一個口號嗎？這不是只是幫屢次的榨取冠上一個美名而已嗎？不讓共存共榮成為口號式存在的唯一方法，就是日本統治當局對他們的社會及經濟需求感同身受，就如他們地了解、抵禦、進步。然而，知道殖民地社會關係實情的幾個人，都知道這是很難期待的。

確立朝鮮的統治方針吧，建立一套能解決所有具體性問題、鞏固統治立場的政策。因此，該如何制定這個基本方針，就是一個重要的問題。關於這一點，我在本論文中提出一些看法。」（《全集》第一卷五三八頁）

這篇論文是在批判「以共存共榮之名，行壓迫榨取朝鮮人之實」的日本專制統治的謬論與欺瞞，並且說到藉由自主朝鮮、由朝鮮人來統治朝鮮的必要性，還提倡第一步就是設置朝鮮議會。說到矢內原忠雄之所以會和日本的帝國主義與軍國主義持相反論調的主因，就不得不提到一開始就潛伏在他殖民政策中的思想。

也聽過忠雄最初的殖民政策課程的村山道雄說：

「在東京大學時，我很專注地聽矢內原教授的殖民政策課程。因為忠雄是我中學（神戶一中）的前輩，因此好像有一股親近感，然而讓年輕的我熱血沸騰的是，他基對於受欺壓的弱者的深厚感情，所發出的義

憤填膺的話語。」（村山道雄，〈《通信》時代與之前的矢內原老師和我〉，《矢內原忠雄—信仰・學問・生涯》七五頁）

這位村山道雄在大正十四年於東大畢業後，成為朝鮮總督府的官吏。昭和十五年九月，矢內原忠雄在太平洋戰爭爆發前夕，在危險的情勢中前往朝鮮京城，透過五天解說《羅馬書講義》[4]，說明了「外國人的救贖」，在官方監視之下，讓他平安完成這次危險聖經解說的功臣，其中一位就是村山。

4. 《羅馬書講義》：原為馬丁路德之巨作，而矢內原忠雄其後亦出版了一本《羅馬書講義》之著作。

3 走入臺灣

東京都知事美濃部亮吉也是矢內原忠雄的學生，他在大正十三年進入東大經濟學部，於昭和二年畢業，成為經濟學部的助教，之後因「教授團體事件」[5]（昭和十三年）遭到連帶檢舉。他在著作《苦悶的民主主義》中，記載大正至昭和年間，那段思想壓制歷史的各個事件，因此也詳記了忠雄辭去東大的始末，本書於後續會論述到這個事件。在美濃部的這本著作裡，也有介紹矢內原教授的授課內容，特別是大正末期到昭和初期之間，引用如下：

「我最專注於大內老師和矢內原老師的授課。特

5. 教授團體事件：指一九三八年二月一日，山川均、大內兵衛、美濃部達吉等勞農派三十名教授遭到檢舉的事件。

別是在矢內原老師的課堂上，聽老師講解殖民政策，學習外文經濟學，我連演講課程都會出席。殖民政策的課程是以羅莎・盧森堡的理論為基礎，而我從課堂上學到的是資本主義為求發展，進出海外是絕對的必要條件。演講課是以列寧的《帝國主義論》作為教材。外文經濟學則是讀了一年難以理解的魯道夫・希法亭的《金融資本論》，然而藉由讀了魯道夫・希法亭的書所賜，我的德語有長足的進步。另外，我還透過這本《金融資本論》體認到經濟學是一門有趣的學問。總之，說我是透過矢內原老師接受馬克思主義的洗禮也不為過。

關於矢內原老師將《金融資本論》作為教科書一事，又是一段不為人知的小故事了。關於外文經濟學的課本，一定要獲得教授會的通過許可，才能使用。矢內原老師在教授會裡，好像爭取過使用馬克思《資本論》來當教科書。但是山崎老師（覺次郎、經濟學部的老教授）持完全的反對意見。當然，大內和舞出老師支持矢內原老師。關於教科書的審定，助教們也得以參加，因此教授會陷入混亂的狀態，因而那天的教授會裡並沒有做出任何決定。

聽說教授會結束後，矢作（榮藏）老師攔住大內與舞出老師，斥責他們為何贊成使用馬克思等的書來作為教科書。接著，說他將自行前往說服矢內原老師後，就帶著大內與舞出老師前往忠雄大森住家。從這時開始大約一個多小時，他們與忠雄之間展開激烈的爭論。但是矢內原老師堅持馬克思的《資本論》是一本好書，所以無論怎麼說都沒有讓步。在這裡，怎麼爭論也得不到一個答案。這時候，舞出老師提出用魯道夫・希法亭的《金融資本論》來代替馬克思的《資本論》來當教科書的妥協方案。矢內原老師終於點頭答應了，因為《金融資本論》是以馬克思的理論為主軸，以理論性方式去分析高度發展的資本主義。矢作老師也同意了，但這恐怕是因為矢作老師不知道《金融資本論》是一本內容為何的書吧。假如他知道的話，他絕對不會同意採用以馬克思理論為主所寫成的《金融資本論》。於是，教授會同意以《金融資本論》當作教

科書，結果在昭和的開始幾年，我就對這本《金融資本論》困擾不已。」（美濃部亮吉，《苦悶的民主主義》角川文庫版一〇七頁）

有關教科書選定的小插曲背後，也交錯著經濟部學部裡主流與非主流的對立，就像法西斯主義與民主主義之間的對立一般。藉由上述文章可以確認兩件事：一是矢內原忠雄是以馬克思主義作為殖民政策研究的原點，二是他教授正式課程、外文課程與演講課程。正式課程其實有兩門，一是殖民政策概論，另一門是探討特殊的實際發生問題。美濃部回想學生時代，在別的文章中寫到：

「課程分為理論與實際問題探討。在理論課程中，老師講解羅莎．盧森堡的再生產方式，以理論性立證來說明，帝國主義各國拓展殖民地是必然的結果。而實際問題探討方面，則是以愛爾蘭來當作講解題材。這門課堂中的內容，在幾經拓展之後就成為《日本帝國主義下之臺灣》這本名著了。」（美濃部亮吉，〈矢內原老師〉，《矢內原忠雄─信仰．學問．生涯》八一頁）

在特別課程中，忠雄講解了有關臺灣、滿州、南洋群島的研究，接著將各個講解整理成《日本帝國主義下之臺灣》、《滿州問題》、《南洋群島的研究》等著作。

忠雄當時也進行有關臺灣的研究，他為此項研究於昭和二年三月開始到四月多，前往臺灣做實地調查，共約四十天的時間。他關心臺灣就如同關心朝鮮，而他認為這兩個殖民地中，最欠缺、最需要的是政治的自由。在這趟旅程的前一年，剛好是臺灣總督伊澤多喜男轉任東京市長之際，忠雄趁著這個機會寫了一篇題為〈兩百萬市民與四百萬島民〉的文章寄到《帝國大學報》，文中痛批在臺灣的總督專制，內容為：

「橫跨臺中州竹山郡、臺南州斗六郡、嘉義郡的七千餘甲的竹林，所有權完全移入三菱的手中，當地兩萬多居民頓失兩百年來從祖先繼承來的遺產。然而這樣名符其實的企業家農奴，不會出現在伊澤總督的統治下嗎？沒有被強制加入青果同業公會的香蕉產戶，企圖透過臺灣青果公司自由輸入內地的兩千多籠香蕉，因為船公司的拒載，而放置在基隆碼頭任其腐爛，在伊澤總督的統治下沒有這種事嗎？林本源製糖公司不發表甘蔗買賣價格，就將區內的甘蔗直接割取，並且造成警官和農民的衝突，還因此逮捕了百餘人，在伊澤總督的統治下沒有這種事嗎？在臺灣發行的報紙，全部都是由內地人所經營，連一家臺灣人經營的報紙也不准許，也不准許臺灣人在東京所辦的臺灣民報移至臺灣島內發行，並且還採取高壓政策壓迫民報不許進入臺灣，而這不就是在伊澤總督的統治下所鼓吹勵行的事嗎？」（《全集》第二十三卷五一六頁）

這篇短文的發表時間是大正十五年七月，然而在那之前的大正十三年春天，忠雄接待了蔡培火與林呈錄的來訪。他們兩個都協助臺灣解放運動的領導人林獻堂，挺身於民族運動的臺灣志士。當時這些人自大正十年以來，就開始進行設置臺灣議會請願運動，因此遭到總督府高壓壓制，以治安警察法逮捕他們，所以他們到日本的時候還是保釋中的身分。但是忠雄卻非常高興能夠見到他們，在跟他們約定支持運動的同時，也從他們身上獲得許多有關臺灣當時的情報。忠雄特別與身為基督徒的蔡培火，在這之後有深入的來往。雖然忠雄並不是全面贊成蔡培火的政治立場，但是基於個人的同情和朋友的立場，忠雄也沒有吝於給予幫助。蔡培火那時也很疼愛還是小學生的我。

正因為矢內原教授是一個批評總督府統治政策，同情臺灣人的民族解放運動的人，因此這次的訪臺理當不會受到臺灣總督府的歡迎。也因此，他即使透過拓務省或是臺灣總督府進行調查，也無法獲得真正的實情。為了解真正民眾的情勢，忠雄走了後門到臺灣各地參訪。關於這次的臺灣行，在他之後與大塚久雄教授的《我所走過的道路》對談裡說到：

「我在昭和二年時前往臺灣，卻又不能前往臺灣總督府，也得不到拓務省的介紹。然而，因為有臺灣朋友，所以我就去了。我到臺灣這件事，臺灣總督府好像在我到了之後才知道的樣子。然而在這樣的狀況下，我才能見想見的人、看我想看的事物、聽我想聽到的話。另外，我在臺灣總督府中也有朋友，因此我也請他們讓我看看這些東西，為我說一些事，還看了一些有關公司的東西。之後，我將這些觀察結果，以學問性、科學性的方式整理後，弄成了關於臺灣問題的課程。」

（《全集》第二十六卷三六頁）

臺灣旅行的足跡遍及臺北、桃園、角板山、臺中、東勢、竹山、嘉義、臺南、高雄、屏東、新竹、宜蘭、花蓮港、臺東等全島。在參觀工廠、農場、學校等地之外，忠雄也進入了偏僻的番社，從臺灣民眾的小角落開始，巡視調查統治臺灣的實際情況。根據蔡培火的記憶是：

「一九二七年，也就是昭和二年的四月到五月多這段期間，矢內原老師為了調查臺灣總督府施政實情，來到臺灣進行全島旅遊。我想那是結束調查之後吧，矢內原老師特別撥出約十天的寶貴時間，由我帶領他前往會見散居在島內的同志，老師與他們面對面交換意見，並為一般民眾在數個場所舉辦公開演講。因矢內原老師毫無保留地闡述學術上的公正意見，獲得在當場臺灣民眾的感謝與歡呼，但是卻召受到總督府官員們的非議，矢內原老師收到由總督府內部長級，也是他東大同期生的人寫來的一封有如驅逐令的信件，內容寫到：『矢內原！你快滾回日本，臺灣就交由苦心為祖國賣命的我們來管理，不要多管閒事，快點滾回去吧！』老師將那封信給我看之後，在一邊苦笑。」（蔡培火，〈回憶神的忠僕矢內原忠雄老師〉，《矢內原忠雄—信仰．學問．生涯》九四頁）

忠雄前往臺灣的日期其實是三月到四月，並不是如上面文章所寫的「四月到五月多」。另外，忠雄不是在調查結束後，才前往會見蔡培火的同志和進行演講，而是忠雄在調查旅途中，遇見了包含蔡培火同志在內的許多人，因為無法拒絕蔡培火的熱心，才舉辦了幾次的演講。雖然那些演講中「獲得在當場臺灣民眾的感謝與歡呼」是事實，但是也有遭受到來自臺灣人的阻礙。那些阻礙是來自當時認為林獻堂、蔡培火等人所推行的民族解放運動太半調子的激進團體「無產青年團體」。不知道民族運動分裂實情，而單以對蔡培火的友情而接下演講是忠雄的失策。關於這件事，他在四月十六日，寄信給當時留在宜蘭礁溪溫泉的妻子時寫到：

「我承諾去演講，十日在屏東、十一日臺南、十二日嘉義、十三日彰化和臺中兩個地方、十四日新竹、十五日在宜蘭，連續幾天的演講讓我現在非常疲累。再加上警方對我的演講相當注意，還有少數臺灣人進行了反對的阻礙活動，使得我更加勞累。我是基愛臺灣的心與對蔡培火的友情，而承諾這次的演講行程，但是結果卻讓我很痛苦。雖然途中就想要中止，但是各地都已經準備了，因此到最後幾天的心情，就像是被釘在十字架上面一般。每場演講有很多聽眾，多的甚至還超過一千四、五百人，會場前面聚集很多攤販，熱鬧的像祭典一樣。事實上，接下這次的演講是我的失敗。雖然從東京出發之前一直被拜託，但是我一直回絕掉了。結果顯示出，我一直以來有勇卻欠思慮的個性。」（《全集》第二十九卷五九頁）

在很多文獻中，都記載日本統治下的臺灣民族解放運動的展開過程，其中許世楷的《日本統治下的臺灣》（昭和四十七年，東京大學出版會）是做出最好統整概念的著作吧。這本書對於矢內原忠雄所寫的《日本帝國主義下之臺灣》一書，有以下的解說與評價：

「關於日本統治下的臺灣，由經濟學方面來解說是這本書的主要著眼點。同樣方向的研究，我至今還沒有看到有超越這本書的著作。書裡也將『政治問題』和『民族運動』分章討論。而從他身為基督徒的人道主義所出發的論點，是無關時間的流逝，即使是現在也有傾聽的價值。他甚至親自遠渡臺灣，進行支持臺灣人民族運動的演講。對於臺灣情事有正確的了解，再加上研究者所秉持的科學精神，因此這本書的學術價值非常高。然而，因為這本書的批判性非常尖銳，因此在戰前的臺灣被列為禁書，戰後即被翻譯成中文。」（《日本統治下的臺灣》四三〇頁）

忠雄在從臺灣回日本後，隨即提筆寫下〈在臺灣的政治自由〉，並發表於《帝國大學報》：

「去了之後，比良好的風土氣候還讓我意外的是，政治環境比我想像的還要專制。在臺灣什麼都有了，只缺政治上的自由。」

「對於總督府施政的批評是最受顧忌的。在臺灣由內地人所發行的日刊報紙，在西部有四份，東部有一份，每一份報紙都沒有背負上御用報紙之名。然而，卻沒有一份臺灣本島人發行的報紙。臺灣人的週刊只有在東京發行的《臺灣民報》，並且至今都還不許可將之發行地點移到臺灣。在臺灣不只沒有言論自由，是連可以言論的機關都沒有，臺灣人不被允許擁有言論機關。他們是一群無聲的群眾，在以前的法國說：『不知路易十四施政的人，應該要到西印度群島去。』然而昭和年間的今日，不知專政政治為何物的人，應該要去臺灣看看。」

「對於社會和政治問題的不滿與不信任的原因，是無法在自己周圍得知這些問題。一言以蔽之，就是缺乏政治的自由。假如不認同政治人格的自由，共存共榮就喪失原提倡者的美意，逐漸淪為一個榨取的臭名而已。」（《全集》第二三卷五二〇頁）

經由蔡培火的介紹，忠雄在臺中拜訪了民族解放運動的領袖林獻堂。當時林獻堂的秘書葉榮鍾，在之後的昭和二年八月底前往東京訪問矢內原忠雄時，忠雄說：「現在每週星期四下午三點開始，在東大第二十九號教室進行臺灣糖業主義的課程，你也來旁聽吧。」葉榮鍾回答：「我不是東大的學生，也可以去旁聽嗎？」忠雄：「都已經來了很多喬裝成學生的特務，假如被問了什麼，你只要說是我特許的就可以。」葉榮鍾在隔週的禮拜四就去旁聽了，雖然他在上課前二十分鐘就到教室，但是已經坐滿了人，最後他終於在後面找到位置。他非常高興每個禮拜都能前去聽講。

昭和四年秋天，蔡培火與家人離開臺灣，前往東京定居。蔡培火問後輩葉榮鍾：「你有沒有興趣前往矢內原老師那裡聽聖經的講解呢？」以下所引用的是葉榮鍾的回憶文：

「雖然我對聖經沒有特別大的興趣，但是因為能得到與矢內原老師接觸的機會，我就高興地回覆說我會前往。昭和四年十一月底的星期日傍晚，我到了老師位於大森八景坂的住宅，並且在那裡第一次見到惠子夫人，小勝則由老師抱著，邊聽我和老師的談話，一邊玩著。在吃完晚餐後不久，就到老師的書房開始講解聖經。聽的人有惠子夫人和我，內容是《羅馬書》[6]。老師說，這是他第一次用聖經對外國人傳道，仔細想想，這是件三十五年前的事情了。之後，我最期待的就是每個星期日的到來。」（葉榮鍾，〈矢內原老師與臺灣〉，《矢內原忠雄—信仰・學問・生涯》一〇四頁）

就如這篇文章所說，這是矢內原忠雄第一次對外國人傳道，然而這也是後來對他生涯有重大意義的家庭集會的發端。為一個臺灣青年所開始的講解聖經家庭集會的意義絕對不小。關於這個第一次成立的家庭集會，忠雄在之後寫到：

6.《羅馬書》：是保羅書信中的一卷。

> 「我從昭和二年前往臺灣做研究旅行開始，認識了蔡培火，同時他也拜託我幾次，為一位名叫葉榮鍾的中央大學學生做精神上的教導，我沒有親口答應。在一段長時間過後，終於透過葉榮鍾自己的自發意志，來向我詢問有關聖經的內容，那時候我才答應他。我記得這是昭和五年秋天的事情。」（〈我的傳道生涯〉，《全集》第二十六卷一九三頁）

其實整體來看，並非是「昭和五年的秋天」，而是「昭和四年的秋天」。東大法學部畢業時，在東京地方裁判所工作的陳茂源，從葉榮鍾那裡聽到聖經講解的聚會後，他也希望參加，因此忠雄就為了這兩位臺灣青年，每週都在自家講解聖經。葉榮鍾在幾個月後就回到臺灣，所以聖經講解變成主要為陳茂源所辦，這個講解會持續到昭和七年十月，陳茂源調職到長野縣松本為止。陳茂源以非常懷念的口吻對我說這件事。陳茂源當時常跟還是小孩子的我玩接球遊戲。有時候在庭院裡和陳一起玩球的時候，父親突然會打開二樓的窗戶，大聲的罵道「吵死人了」。這件事情，陳茂源也有寫到（《矢內原忠雄—信仰・學問・生涯》一一二頁），然而現在想起來，這也是令人懷念的回憶。從殖民學的立場來為臺灣辯論的矢內原忠雄，打從心底愛著每一個臺灣人。

4　宗教與學問

從留學海外回到日本、踏上教壇後沒多久，忠雄就在大學裡開辦了帝大聖經研究會的集會。他在《我的傳道生涯》中寫到：

「當時東京大學的教授和副教授裡，有幾位是內村鑑三老師聖經研究會的成員。也就是法學部的南原繁、田中耕太郎、高木八尺這三位教授，經濟學部裡，除了我之外還有副教授江原萬里，其他各個學部的許多助教或是學生也都曾去過柏木（內村老師的集會所在地）。因此，我就想有這樣數目的人聚集在一起，若能在東大也有聖經的研究會，一定很不錯。在與朋友商討之後，因為大家都贊成，所以就向老師提出這樣的想法。之後，老師提醒想要做的話就做看看，但是至少要持續一年，絕不可以剛開始做就要喊停。雖然好像沒有獲得讚賞的印象，但是我是非常積極的。因此在我留學回來之後的隔一年起，便每週一次租借山上集會所的一間教室，開始了『帝大聖經研究會』。」（《全集》第二十六卷一九〇頁）

前述文章「在我留學回來之後的隔一年起」是錯誤的，就如《全集》的編輯者所寫的註記一般，正確的是留學回來的過兩年，也就是大正十四年開始每個月一次。雖然忠雄積極地展開這次集會，但是南原與高木兩位教授從一開始就沒有出席，田中耕太郎則因為成為清教徒所以沒參加，江原萬里因生病而無法前來，到最後教授只剩下矢內原忠雄。他不得已地成了這個集會的中心人物。忠雄利用其他機會寫到：

「除了每個月在帝大內山上集會所召開一次的集會，其他非公開的私自集會，或是會員各自的自由論壇時間，我都避居領導者的地位。集會進行的方式，有時候是祈禱分享會，也有時候是隸屬各學部的會員比較各自的專攻與信仰立場，然而每次都會進行的是大家輪流報告對聖經的研究。」（《全集》第二十六卷五三〇頁）

事實上，忠雄是這個集會的主宰者，套一句他自己說的，他是「親手」將這個集會扶養長大的（《全集》一九一頁）。被內村鑑三說，集會至少持續一年以上不可的忠雄，自然不可能放棄不辦，再加上他相信即使是跟少部分的人一起，也要繼續在自己的職場燃燒信仰的燈火，為此忠雄非常努力。因此，集會持續到他在昭和十二年底辭去東大教職才解散。

太平洋戰爭後，忠雄回到東大，他將此會的名稱改為「東大聖經研究會」，再次召開此集會。在昭和三十二年與大塚久雄教授的《我所走過的道路》對談中，他也提到集會，忠雄說：「這個集會現在還有持續在舉辦。本想說先舉辦一年看看，沒想到已經三十年了。」這個對談的另一人大塚名譽教授，於昭和二年進入經濟學部，也有參加這個聖經研究會，以下就是他對於這個集會的回憶：

「那個時候，江原老師已經沒有出席，除了矢內原老師之外，其他大多是大正十四、十五年畢業，所謂的中堅分子居多，我記得每次都有十五、六人出席。這些人有物理學者、化學學者、植物學者、醫學家，還有現在活躍於社會的人，現在想一想，實在是聚集了一群了不起的人。」

「我參加時，他們正做舊約研究，但他們好像才剛結束摩西的五書而已。大家輪流一本一本地接下去報告，沒有報告的人則是互相交換意見與感想。這時候的話題多樣而廣泛。結束時，老師總會出來闡述綜合性的感想，這也是每次集會的壓軸。其中，老師對《猶大書》發表的感想令我終生難忘，那個時候的驚訝感動到現在還能夠真實地回想起來。但是並非只有這個，仔細想想，在我的學問研究的態度與方法裡——

雖然這需要更深入的解釋——好像就是以這個時候為基石所建立起來的。

對於這個聖經研究會，老師所展現出來的是無比的熱忱，我再怎麼努力回想，記憶中就是沒有老師缺席的日子。每個月的集會總是接近十點才結束，也就是山上御殿熄燈的時間，因此即使大步快走，走到正門時，門應該都關了。所以以老師為中心穿過池邊（在冬天常常有美麗的星空），穿過紅色的小門後，大家便互道再見。有一部分的人還一起走到御茶水站。想一想，真是純潔的集會。」（《矢內原忠雄—信仰．學問．生涯》一四〇頁）

從大正末期到昭和初期，日本的思想界受到馬克思主義的影響而大為撼動。忠雄所屬的東大經濟學部中，馬克思主義學者聚在一起，以唯物論的立場批評忠雄基督教的做學問姿態。忠雄晚年在廣播《我的人生閱歷》節目中，談到身為學者的他遇到的兩個問題，一是「宗教與學問的關係」，一是「學問與政治的關係」，針對前者的論述是：

「當時大正結束、昭和之始時，非常盛行研究馬克思主義的學說。就跟今日的學生一般，比起實際行動，在前進到鬥爭的道路上，主要進行的是理論研究。因為與社會變動期非常吻合，因此馬克思主義的研究非常盛行。並不只是在經濟學的領域，透過馬克思主義的唯物論與無神論來看，一般所有宗教皆被否定與排斥。因此，我可以教導基督教的信仰，藉由這個來使一個人得救，但如何將自然、學問以及信仰貼近我們，就是一個問題。」

「常常有人說，矢內原抱持基督教的信仰，再加上社會科學家身分，應該無法做出徹底的分析等這類的壞話。」（《全集》第二十六卷二四〇頁）

然而，要回應從馬克思主義而來的批判，先要釐清宗教與學問的關係，忠雄體認到在尊重科學的同時，也要辯明基督教的重要性。因此他寫下〈宗教是鴉片嗎〉、〈學問與信仰〉（兩篇都完成在大正十四年）等論文，而其中的代表作是《馬克思主義與基督教》（昭和七年刊）。〈宗教是鴉片嗎〉的主旨為，雖然馬克思主張「宗教是有產階級給予無產階級的鴉片」，但是這時所指的宗教是社會制度的宗教，權力層級與教會、寺廟勾結，進而成為人民之敵人的多數事實，就如馬克思所主張的一樣。但是那樣的宗教不僅是人民的敵人，事實上也是真正宗教的敵人。教導正義與愛的真正宗教，不會是人民的敵人，也不會是社會運動的敵人，反而應說是「給予社會運動強烈支持的存在」。真正的宗教可以解決單純物質變革所不能解決的精神問題。因此，「制度的宗教是保守與反動的，有可能是鴉片。但是性靈的宗教——耶穌是一個生命體。是一個生而復死，死而復生的人」。

宗教與人民的這層關係，正好與宗教和學問的關係完全符合。忠雄感慨著：

「啊啊，世上『胡亂談論神來加強信仰，並妨礙直視事實自由的探討』的，冥頑不靈僧侶宗教家之流何其多。」

所謂「妨礙直視事實自由的探討」的宗教，不僅是學術的敵人，同時也是宗教的敵人。這是因為真正的宗教可以直視人生的真實，不被外來的權威所束縛，只以靈魂就可以與神溝通。雖然不論是學問還是宗教都是追求真理的，但終究還是分屬不同的領域。因此，「信仰無法反駁『針對眼睛能看到的現象的學問』，而學問亦不能對有關探討『眼睛所看不見的問題的宗教』做出任何抗議」。真正的宗教並非學問的敵人，反而是引導學問探求真理的助力。因此「人民的鴉片——不論是實際上的行動，還是學問的研究——這樣的宗教也是宗教的鴉片。性靈的宗教——耶穌是真理。我們應要和這個真理一起去探求真理。」（《全集》第十六卷一七四頁）

上面是簡略過的論文〈宗教是鴉片嗎〉，忠雄表明了關於馬克思主義與宗教和學問上的基本立場，在他的論文〈學問與信仰〉，他將〈宗教是鴉片嗎〉的旨趣以條列方式寫出：

「1. 學問的研究一定要透過客觀的觀察才行。也許選擇是基於固定人生觀的事實，然而觀察假如偏頗，在學問裡就是獨斷，在宗教裡就是迷信。

2. 學問並非人生的全部。除此之外，我們應當要補充的事情還相當多。我們要有宗教生活，也要有藝術生活。

3. 學問可以加強人生觀或是改變人生觀，但是人生觀不會從學問中產生。

4. 人生觀（或是信仰）可以整合研究者的學問與人格。藉由這個所收集來當作學問研究材料的各個事實或是結果的法則，對研究者來說都變得有意義了。」（《全集》第二十九卷五八九頁）

在忠雄的看法，就是將信仰（或是說人生觀）與學問做一個清楚的劃分，並且強調這兩者屬於不同次元的東西。科學就是要藉由十分科學的方法，客觀地將事實把握住才行，也不允許藉由信仰來扭曲科學。在此同時，所謂「事實的客觀認知」，就是科學不能干涉被歸為其它次元的信仰世界。把這兩個領域區別成異次元的同時，也認為信仰與學問在研究者的人格裡是相連的東西。信仰不會妨礙學問，而應該會賦予學問意義，成為學問推進的力量。

因此這兩者只會忠實於真理，究極的層面來說這兩者是一致的。這樣的想法正是矢內原忠雄對於這些問題的立場。他將馬克思主義當作社會科學的方法，驅使自己的研究向前邁進，同時以身為世界觀的馬克思主義正面對決。《馬克斯主義與基督教》（《全集》第十六卷）正是他對於這個問題思索後的成果。透過這本著作，他認為無論是人生觀還是世界觀，基督教都是勝過馬克思主義的思想，他還主張為了使其成為真基督教，本身非得改革不可。大塚久雄所寫的〈矢內原老師的信仰與科學〉中，對於這本書有非常精闢的解說。大塚教授說到的焦點是，本書於昭和五年到昭和六年之間定期發表，並且闡述到「那位老師的認真、他的氣魄，與當時思想界裡的波濤洶湧想在一起的話，是一個讓人覺得不可思議的思想」，大塚老師的話如下：

「到了昭和五年，該年對我來說是畢業之年，然而就社會科學來說，是終於開始對新事物抱持關心的時期。所以現在想起當時思想界翻大變動的現象，還能活生生感受到那股思想激發的氣氛。馬克思主義藉由科學來保證它的真理性，而這樣的社會思想滲入了年輕階層，讓人感受到宛如日出的那股氣勢。然而以正面的進步思想被廣泛接受的基督教，現在也遭受馬克思主義的激烈批判。從科學角度來看，這批判是虛幻的迷濛，以思想的角度來看，則是遮蓋壓抑民眾意識的鴉片，是侍奉統治階層的御用思想。然而這樣負面的反動思想，在過去深植在許多人心中。這件事當然強烈地動搖年輕基督徒的心，結果並不只有是『悲慘，在基督教中成長的善良青年……看見許多都成為馬克思主義的俘虜』，更有『基督教會……大費周章將其十字架的旗幟弄得意義不明，並且策劃翻轉基督教，或是樹立一個相對性歷史的神的觀念，或者是埋頭於社會救濟事業，一切只為了迎合接近馬克思主義』。然而，這也代表著思想的大變動已經在眼前發生，矢內原老師仍盡全力試著為基督教的真理辯護。而這個辯護就是《馬克思主義與基督教》。

在這篇論文裡，老師一邊介紹與對比馬克思主義和基督教的基本論點，還一邊想要展示出基督教的真理性。然而以科學，特別是社會科學縝密相連的形式而被創造出來的馬克思主義，已經跨越科學固有的領域，形成直接與宗教並列的世界觀，因此在這裡可以對其知的越權給予嚴厲的批判吧。以此為基礎可以列舉出許多的事例，例如：『對於人的尊嚴、靈魂的喚求、對永遠的思慕，到頭來是唯物史觀所無法滿足的。唯物史觀想要試著藉由唯物性的說明，來解決這些宗教道德的生活，但是很難去支持本身的說明』。

也就是說，馬克思主義並非是否認消耗品的人類的尊嚴、氣質等東西，但是從唯物論的科學立場來看，即使建立多種說明，都無法提出十足的根據不是嗎？在那裡不得不承認有科學所無法觸及的固有領域存在。現實中證明了這點。簡單來說，這就是反向的批判。」(《矢內原忠雄―信生涯》一二二頁)

但是大塚教授也在同一篇文章中提醒到，矢內原忠雄並不是一味排斥和打擊馬克思主義，他認同此思想的社會科學價值，並且對馬克思主義者實踐的勇氣致敬。忠雄認為他們的宗教批評破壞了荒謬的宗教，因此對於基督教來說反而是一件好事。基督教為了在面對馬克思主義批判的時候不會發出反批判，就必須藉由基督教本身那純潔的信仰來自我改革。《馬克斯主義與基督教》在批判馬克思主義的同時，也是在批判失去純粹性的基督教。在哪些點上，基督教非改革不行呢？關於這一點，忠雄的主張再次顯現出自己本身信仰的風格。

第一，要堅信要傳達神的話語，面對這個世界的不正，需要的是謀求正義的權威批判，也就是預言者的信仰。第二，不應該閉鎖在個人主義裡，要帶著社會意識，為了神之國的實現而祈禱與奮鬥。忠雄說，本來的基督教就具備著這兩點，然而現代的基督教因為失去這兩點，所以墮落了。《馬克思主義與基督教》裡說到：

「排斥與世上妥協，與它戰鬥吧。排斥合理主義，只相信神的一切吧。意識到罪惡的深重吧，相信靈魂與來世吧，貫徹教會的理念吧，恢復預言者的精神吧。基督教只有藉由基督教，或是藉由這樣的理念，才可以戰勝人類的思想。」(《全集》第十六卷一三二頁)

時代激烈地轉變，權力在壓制民主主義、反制馬克思主義、強化殖民地統治，傾向快速發展軍國主義。在這個激烈的時代，矢內原忠雄身為一個殖民政策的社會科學學者，身為一個基督徒，不得不帶出為了正義與和平而戰的預言者性格。信仰與學問在他來看是一致的，這兩者賦予了他洞察的能力與勇氣。

5 學問與政治

昭和二年春天前往臺灣進行調查旅行的忠雄，於翌年昭和三年夏天前往樺太。與去臺灣的目的相同，是以殖民學者的身分前往當地調查殖民現況。他在樺太的足跡遍及大泊、知取、敷香、真縫、真岡、豐原等地，並且以造紙工廠為中心進行了詳細訪查。但是忠雄沒有將樺太問題整理成學術性著作。據他之後的說明是：「樺太因為太小了，雖然有學習的價值，但是不足以寫成一本書。」（《全集》第二十六卷三七頁）但是他在這趟樺太之旅後寫了〈乾掉的泡泡糖〉一文，洋溢著我在前一節最後所說的預言者的熱情。那個時候，是在導正思想、振興國民精神之名下反制馬克思主義，在恐慌的暴風圈中盛行享樂主義以及頹廢風潮的時代。

忠雄在〈乾掉的泡泡糖〉中，提到樺太旅行的最大印象是：「有著被覆蓋著蒼鬱原始森林的土地，就如名稱一樣，還是可以看到很多枯木遍佈的土地。」

然而這是因為松毛蟲的蟲害、森林大火、濫砍濫伐三個因素所導致，忠雄特別指出濫砍濫伐的造紙業業者：「報紙雜誌等書籍，只會讓樺太的山持續枯萎而已。在這些風潮下的出版物與出版社什麼都有了，就只欠缺一顆公義的心。」

並且他還舉出現代文明的罪狀：「榨取農民勞動者、欺壓社會以及國際上的弱者、情色書刊以及相關藥物的氾濫、三角或是四角的男女關係、宗教家的墮落，而這就是直視鐵睜睜的事實與批判。」

接著忠雄說到，現在缺乏追求基督教教會所欠缺的「義」的預言者精神，他寫到：

「……不論自己、社會、本國國民、外國國民，對於舉凡所有的不正不義，只要正確地認識、不懼怕、去責難其罪行、督促其悔改、建立神的公道正義，就是真誠的愛。欠缺這些東西時，宗教就會變得妥協、被政治家利用，還會成為民眾的安眠藥。這些東西存在的時候，信仰變得有戰鬥力，並且朝著十字架之途前進。然而，這些就是真的可以拯救世界的力量。

眼前這個不健全的、焦躁不安的、物質主義橫行的世界裡，我們基督教要隨時能踏出新的一步。雖然這不會成為導正思想的前鋒，但是卻可以暴露出導正思想的偽善。這並不是要替壓榨者辯護，而是要斥責壓榨者，不義就用不義的話語來說明它。在建立我國國民的公義之後，應該要向上帝訴說應該要回歸之事。捨棄虛假，真實以對；捨棄假扮，坦然以對；捨棄冷淡，真誠以對；捨棄對於國民不義的漠不關心，為了神的公義燃燒起來吧！」（《全集》第十四卷三〇二頁）

在昭和三年所完成的這一篇文章裡，我們可以窺見之後日益顯明的預言者之姿。接著，忠雄提到身為學者所碰到的另一個問題是「學問與政治的關係」。晚年的忠雄對此說明如下：

「現在所謂的大學教授，就是負責解決許多政府所拜託的事，但是所謂的學者應該是要專注於學問的人才對。成為政府的顧問或是政府的委員，這樣不就是政府的僱員嗎？我認為，以參加政府運作的形式介入政治這樣的作為，應該要盡可能地控制比較好。

雖然有人批評我的想法太狹隘，但是我之所以會這麼說，是因為我所專攻的殖民政策是一門極為真實的學問，但是即使我是研究諸如殖民地統治問題、殖民地行政運作問題、海外移民問題等政治性極高的學問，但是我絕不直接參與政治運作。學者只要沾上政治，參與政治的話，自然就會受到政治所帶來的影響，學問就不再純潔了。因為碰上政治之後，必須說出政府想要聽的學問，或是從事政府所要求的研究方向等情況，無法避免地一定會遇到。在我的想法裡，認為為了保護學問的獨立，就不要直接握上政治之手，應該要維持做學問的嚴正立場。學問當然是為了人類、為了國民、為了社會而去研究真理的。因此，政府如果想要執行正確的行政，就要聽學者的建言，將之置入行政政策中，政府應該要致力於政治的實際化。政治應該尊重學問，學問不應迎合政治。以上就是我的想法。」（《全集》第二十六卷二四二頁）

「學者不應碰觸政治」，指的並不是學問與政治是無關的、是中立的，或是學者應該緊閉在遠離政治的、超然獨立的象牙塔裡比較好。而是要抵抗政治的壓力介入干涉學問的世界，貫徹嚴正批判精神的現實和政治性的態度。在這裡，可以將之稱為理想主義或是自由主義，理想主義如其名是藉由理想與現實對決；而自由主義就是與壓迫自由的力量抗戰。「大正教養主義」[7]與忠雄的思想截然不同，比起前者高唱著理想主義與自由主義，卻缺乏與現實政治對決的姿態，後者就出現這種強硬的姿態。如前所述，忠雄強烈批判政府有關朝鮮問題和臺灣問題來看，就可以明顯發覺到他的思想。

在此進一步介紹探討他在昭和初年投稿《帝國大學報》的幾篇短文。內容主要是有關大學的問題。

治安維持法[8]於大正十四年立法施行，大正十五年一月為這條法案開始適用的時期。以京都帝大為首，全國的社會科學研究會的學生有三十八名遭到檢舉逮捕，這就是所謂的京都學運事件。關於這個事件，忠雄發表一篇〈學問並非遊戲——分割研究與信念與實際行動是非常困難的〉，裡面寫到：

「學問並非遊戲，也不能用錢來衡量，研究與信念與實際行動本來就是難以分割的東西，特別是分割成『在學中只能研究』和『畢業後才能實行』是最難達成的。因此，純真勤勉的年輕學子燃燒理想並且付諸實行，是再自然也不過的。」

「雖說社會是經由批判才得以進步，但是事實上，應該是批判性的實際行動才是促使進步的來源，這對一個一直拿著破舊皮囊的社會來說，並不是暴行。」

「所謂應該處置對於傾向特定學說的教授，是一種有恐嚇之虞，不正確的事情。」

「總長一定要改善，用這種方法是做不到的。」

（《全集》第二十一卷三五一頁）

這是忠雄為了被當局以危險思想而被逮捕的左翼學生辯護所寫出來的。

接著他在昭和二年一月論及「學校內社會問題」時，提出為了改善大學，應該要尊重學生的意見：

「學生可以成為教授會的監督者，對於教授會的最大

7. 大正教養主義：包括通曉日本、西歐古典與文藝的夏目漱石、阿部次郎、寺田寅彥，因重視個人人格，被稱為「大正教養主義」。

8. 治安維持法：取締反對日本天皇制與私有財產制的活動，是已被廢止的日本法律。

刺激將會來自於學生。」(《全集》第二十一卷三五四頁)

忠雄在這篇文章中，給予當時面對存亡關頭的社會科學研究會最大的鼓勵。在教授會是單方面管理學生事務的當時(其實現在也是一樣)，忠雄所發表的這段見解，於今日的大學問題中也有回頭參考的價值。然而鎮壓一直擴大，隔年大學的社會科學研究會，在當局命令下逐漸解散。

然而，忠雄繼續在昭和二年三月以〈信教講學自由〉為題，攻擊為政者的不當思想和取締行為。

「坐擁國家權力的當政者設定出基於階層利益或是個人信念的特定規範，與其他的利益或是信念相互輝映，並且以自身權力做出毫無秩序的壓制與取締。人，誰能夠說自己的主張是絕對的，並運用權力強制他人信服自己呢？國家以法律和行政來規範限制國民的機制，乃為要求最小限度的社會秩序，接著才能夠提到思想的自由。」

此篇文章是為了抗議宛如治安維護法宗教版的宗教法案成立所寫的，這法案認為「在認定宗教有妨礙秩序安寧之虞慮的時候，監督官廳得以限制或是禁止其宗教」，忠雄針對這一點寫到，「我還沒見過這般的壓制性法案」，並且論述到：

「將宗教法案的宗旨應用在學問上會如何呢？文部大臣指定學術！監督官廳竟然以學術有妨礙秩序安寧『之虞的場合』為由，限制甚至禁止學問教義宣達(授課)的學術行為(共同研究等)！文部大臣竟然說，為了要維護學問團體(大學、學會等)的既定規定與秩序，要做出『必要的處分』！監督官廳竟然以監督上的必要，而對學術團體要求提報告、檢查他們的運作情形！而文部大臣所『指定』不了的學術就遭受到壓迫，一律將那個有妨礙秩序安寧『之虞的場合』的學說課程限制或是停止，在監督的『必要上』要求教授提出課程草稿，臨檢授課狀況！並且是由那些對於學術沒什麼了解的官廳來負責！一想到這個，就不禁會打個寒顫。學術的權威講學自由在行政官廳的取締下，會被蹂躪的體無完膚吧！」（《全集》第二十一卷三五七頁）

如上述寫到，忠雄認為：「再來該不會提出一個『學術法案』吧。」隔年，他所恐懼的事情一一發生，當局加強思想檢閱，持續剝奪學術自由。昭和三年四月京大的河上肇、東大的大森義太郎、九大的向坂逸郎、佐佐弘雄、石濱知行等左翼思想的人，因此被逐出大學。昭和五年五月，因發生檢肅共產黨分子事件[9]，東大的山田盛太郎、平野義太郎、法政大學的三木清等人皆被逮捕。在這個法西斯的暴風圈襲擊學界的時期，忠雄以學者的身分藉由《日本帝國主義下之臺灣》等研究，來批判日本的帝國主義，並以基督徒的身分與世界觀的馬克思主義對決，同時還闡明了預言者的必要性，以一位大學者的風範為學術自由張開了一張保護網。

接著，他的大學論是〈正成在地底也會哭泣〉（昭和三年一月，譴責東大內右翼派的「七人會」襲擊左翼派的「新人會」的暴力事件）、〈大學的使命〉（昭和四年九月）、〈對於學問的態度〉（昭和五年十二月）、〈時代與大學〉（昭和七年四月）等等（《全集》第二十一卷三六〇頁之後）。不論哪一篇都是探討大學的真理，每一篇都強烈主張身為真理探究的學術與教育，不應該被權力所左右。為了了解這些事物，必須先了解當時思想鎮壓的普遍狀況，並且忠雄主要是受到當時森戶辰男與河合榮治郎之間，大學姿態之爭的刺激，才寫下這些著作。

河合榮志郎於昭和三年《改造》六月號發表了〈在大學裡自由主義的使命〉，森戶辰男於昭和四年《改造》九月號，發表〈大學的淪落〉。對森戶的論文發出批判的河合，以〈學界令人厭惡的一個傾向〉為題在《改造》十月號發表了這篇文章，而矢內原忠雄的〈大學的使命〉也是對森戶論文的批判。森戶和河合之間

---

9. 檢肅共產黨分子事件：指一九三〇年五月二十日，檢肅日本共產黨作家中野重治、哲學家三木清等人的事件。

的爭論之後在《帝國大學報》持續了一段時間。簡單來說，森戶辰男認為「沒有站在無產階級角度的新興科學的研究自由」，今日的大學已淪落到成為侍奉資本家階級的御用大學；河合卻認為不論是否已經淪落，大學應該要為保護學術自由而戰才對。在這樣的狀況下，矢內原忠雄的立場可以說是與森戶辰男對立，接近河合榮治郎的立場。河合與矢內原雖然都是自由主義者，但看法也有很大的差別。相對於忠雄「分割研究與信念與實際行動是非常困難的」的說法，河內強調的是遵守學內的秩序，「在出了大學之後，每個人應該勇敢地朝著自己所相信的道路邁進」，由此可以看出兩人很大的不同。而實際來看，忠雄非常貫徹對權力的批判性態度，但是河合卻有協助文部省的思想改善運動，並且以經濟學部教授會多數派的領頭，扮演壓迫馬克思主義學者的角色。

忠雄在雜誌《思想》的昭和四年六月號發表了〈自由與自由主義〉。這是以真正理論性的筆觸，對於河合榮治郎自由主義的批判。批判要點為：

一，關於個人精神生活的道德自由，就如卡德所說的，服從普遍且絕對性的命令，是道德自由成立的條件。但是河合教授所說的自由主義，只是以滿足自己的要求作為理想的東西，這樣的理念帶有功利主義的傾向，因此絕對無法達到普遍且絕對性的道德自由條件。二，關於社會自由，假如道德自由只是單純的滿足自我的欲望，不就無法達成犧牲自己的欲望，為了社會正義而戰的戰鬥性自由主義了嗎？人格的完整建構、教養的擴充，能夠獲得個人內在需求所代表的意義是，那並不是因為內在的需求所致，而是因為與一個超越每個個體的普遍性原理——理性、正義、真理、神——所結合後的結果。不能為了實現這般普遍的原理而戰的原因，不就是無法談論社會的自由所導致的嗎？」

「道德自由的意義，並不是自己想要將之定義任何地方皆可的自我意識，就如以理性所建立的普遍性道德規律一般，社會自由也不是意味著一切行為的自由。在普遍道德規律裡的社會正義，是積極作為或是有意不為。也就是社會自由並非是自我滿足自己的主張，而是本來就是正義的主張。」

「〔河合教授的〕的自由主義是個人主義，是個人利益的中心主義。譬如伴隨著人格成長所需的是個人的自我滿足，從事公共善行只是為了個人的人格成長。〔中略〕指導原則為自己國家的利害關係。即使說是為了國際和平，站在教授的一般立場來看，這個國際和平只不過是契合本國利益下而高舉的國際和平罷了。也就是說，自由主義的指導原則存在於個別的利害關係裡。這個個人或是個別團體的自我中心利益思想，有可能將自由主義以理論性的方式破壞掉。不論是勞資間的問題，還是殖民地的問題，無論如何也不能以這種方式規範出自由的實現。有利益就會產生利用，有利用就會成為欺瞞人格的手段。這與所謂真正的自由是完全相反的意義。社會自由的基礎，並非是以個人的利益為原則，而是一定要以全體的正義為原則才對。」

「重要的是，不要站在『主義』的理念上為了自由而奮鬥，也不是正確地把握思想，去建構各種思想的『體系』。沒有去實踐的主義是相當空虛的，沒有理解思想的體系只是一場遊戲。」（《全集》第十六卷一八〇頁～一九八頁）

這是對基於托馬斯．希爾．格林[10]思想為基礎的河合榮治郎的自由主義徹底的思想性批判。在這裡所強調的是，必須要把握超越利害關係的普遍性原則，並且以整體的正義原則為基礎來實踐。因此，不只是河合榮治郎的自由主義，還有所謂的大正教養主義——這個一邊說著尊重人格與教養，實際上卻面朝實際政治的觀念遊戲所欠缺的部分——為了填補這

10. 托馬斯．希爾．格林（Thomas Hill Green），一八三六～一八八二），英國哲學家。

個缺陷所以通過了治安維護法，但這也成為昭和時期法西斯思想狂奔的主因之一。河合榮治郎在二二六事件[11]之際，尖銳地批判法西斯主義的姿態，顯示出他還是一個自由主義者。但是白樺派[12]的「人道主義者」、漱石門下的「自由主義者」、「智庫」的哲學家們，馬上就被捲入這場法西斯風暴中。上面對於河合榮治郎的批判範圍，大致是大正教養主義的全體，或是說波及到日本近代全體知識分子也不為過，並且這些批評都是命中核心。問題在於在跨越個人或是國家利益的同時，是否有忠於貫徹實踐的正義或是真理，才是最重要的。站在這樣立場的不只是矢內原忠雄，並且這不是基督教固有的東西。基督教教會也正努力的迎合時局變遷。然而矢內原忠雄的立場，只是想要將身為學者的良心以及基督教信仰的共通處，置於自己身上，對真理忠實往前走，與政治的衝突當然是無法避免的。

11. 二二六事件：一九三六年二月二十六日，一千四百八十三名陸軍青年官兵反叛，是由皇道派軍人發動的未遂軍事政變。

12. 白樺派：日本現代文學重要流派之一，以文藝刊物《白樺》為中心的作家、藝術家為主要成員。

6　預言者之死

「歡喜亂舞之中／沸騰全帝都／昨日人數高達兩百萬／美好的復興第一步！」

這是昭和五年三月二十七日《東京朝日新聞》早報社會版的大標題。在當時報上充滿著減薪、大量解雇、層出不窮的罷工、失業地獄等不景氣的報導，因此這個「歡喜亂舞」的報導在今日看來，感受到的是一種奇妙的不協調感，這是想要吹散不景氣感覺的東京市，以民間與官方形式合辦「復興祭」的最後一天的報導。復興祭是從三月二十三日到二十六日連續四天的盛大祭典，連日來熱鬧舉辦電子花車、旗隊、燈籠遊行、音樂行進等各式各樣的活動，特別是報導中最後一天空前的熱鬧景象。在不景氣和祭典的熱鬧氣氛之間，好像有著一種緊密的關係。這就是昭和五年法西斯思想抬頭的預兆。

東京市陶醉於華麗復興祭的三月二十六日，內村鑑三的弟子們聚集在柏木的今井館（參照第二章7節）召開一場嚴肅的集會，矢內原忠雄也在場。那一天剛好是內村鑑三滿七十歲的生日，大家為了慶祝恩師的古稀之年辦了感恩會，但那時鑑三因心臟病發作而病危，因此是接近悲痛的告別祈禱會。臥病在床的鑑三非常高興弟子們為了自己而聚集過來，以微弱的氣息說了一段話，他的兒子祐之把這段話抄在紙上，帶到感恩會上：

「萬歲、感謝、滿足、希望、進步、所有的好事。」

「假如可以的話，希望能夠再活久一點，並且繼續工作。但是無論何時，不好的事情都不會在我們和各位的未來與永恆中來到。宇宙萬物人生皆可知。有說不盡的話。祈禱人類的幸福、日本國的昌隆與宇宙的大成。」

這番話非常貼切的說出，一心一意於信仰、期望抱持苦難而生活下去的偉大思想家內村鑑三的想法，是偉大的遺言。記錄當時狀況的忠雄寫到：

「死亡痛苦中，從內村鑑三雙唇說出的兩句話，被抄至一小張紙上，帶到我們所聚集的地方，在我們的面前朗讀時，感受到老師偉大的靈魂好像在觸手可及之處，那個時候心理充滿了嚴肅的感動。」（《全集》第二十四卷三一五頁）

再過兩天，內村鑑三便結束了藉由信仰而不屈不饒的一生。

關於內村鑑三的一生，還有忠雄與這位恩師的關係，我已非常詳細敘述過（第二章7節）。忠雄在大學畢業之後前往新居濱工作及留學的這段期間（大正六年至十一年），內村鑑三踏上街頭，全力展開基督教再臨運動，從非戰和平的立場責難世界大戰，批判妥協的國際聯盟，熱忱解說著真正的和平只有透過神的審判才會到來的終末論主張。用不著說，有部分的人陷入瘋狂信仰的狀態，然而這並不是期望基督再臨而忘卻實際生活的思想，而是因為期待再臨，所以要持續抱持希望與現實中的不正不義奮戰，這就是透過自己的努力（宣教），準備實現神之國的預言者姿態。雖然再臨運動只維持半年就結束了，但實際來說，他從一高不敬事件以來與日本國粹主義的戰鬥，日俄戰爭之際高唱非戰論與軍國主義的鬥爭，也正是這種姿態的顯現。簡單來說，他就是生於日本近代的預言者，所謂的預言者並不是預測未來的占卜師或是探討未來的學者，而是藉由神（真理）的話語來審視現世的人。

上述不足以描內村鑑三思想的全貌，但是可以說忠雄從這位恩師那裡所繼承而來的東西，主要是預言者的精神。忠雄在之後寫了很多有關內村鑑三的文章，在太平洋戰爭爆發後所寫的《我所尊敬的人物續篇》（岩波新書）中，〈內村鑑三〉裡寫到：「透過基督教信仰來愛日本的愛國者，這就是內村鑑三的真正姿態。」並且引用了鑑三的話語（《全集》第二十四卷三三二頁）：

「我們應該要以愛之名取得的東西，天上天下唯獨兩樣。一是耶穌，一是日本。以英文來說的話，第一個是Jesus，第二個是Japan。兩個字都是以J為字首，因此我稱之為Two J's，也就是兩個J的意思。」

透過基督教信仰愛日本的愛國者，這就意味著「預言者」這個詞彙的意義，然而，這樣的模式會依人依時代的不同，以各種形式出現。忠雄就以自己的方式繼承老師的戰爭，繼續戰鬥下去。

昭和五年五月二十八、二十九日兩天，在東京青山會館舉辦了紀念內村鑑三基督教演講會，矢內原忠雄、塚本虎二、畔上賢造、金澤常雄、三谷隆正、黑崎幸吉、藤井武等七人站上講壇。忠雄於第一日的開頭以《內村老師對社會主義》為題做了演講，在開頭敘述到：

「我們為了紀念內村鑑三老師而聚集在此地。但是這並非為了追悼老師，紀念他曾經活在過去，也不是為了要讚頌老師的偉大，而是為了宣示老師的戰爭將由我們繼續戰鬥下去，才站在這裡的。」

這一番話等於是喚起大家對內村鑑三身為預言者的熱情。

「老師不是一個會因為國家和社會的苦難問題，而徘徊且緊閉在象牙塔裡的思想遊戲家。過去在老師的血裡洋溢著活生生的愛。老師帶著預言者的熱情，愛著我國日本。愛得越深，老師就得越痛苦地責難國民的腐敗墮落。」

說了這番話之後的忠雄，在強調與社會的不正不義戰鬥的必要性的同時，還主張著終極的救贖就在基督教，這篇演講以如下作結：

「在這裡，我賭上個人小小的名譽。社會改革並非小問題。面對著社會的不義，我等憤慨。但是社會改革的根本真理，就在內村鑑三老師所侍奉的耶穌．基督身上。並不是在與離老師很遠的唯物論者的社會主義者，或是社會主義本身裡面。」（《全集》第二十四卷三七一頁）

這次的演講只是之後貫穿忠雄一生近三十次紀念內村鑑三演講的開端而已，這種演講的目的就是宣示自己繼承了老師的戰役。在這之後多數的紀念演講會上，跟這次一樣是與同為內村鑑三弟子的無教會主義的朋友一同站在講壇上，但是也有忠雄獨自一人召開的演講會（忠雄橫跨三十年的紀念內村鑑三演講會內容，在他死後被整理成《與內村鑑三》一書，東京大學出版會出版）。

上述的第一次演講會共有七個人站上講壇，這七個人都是從學生時代開始就加入內村門下，一同追求信仰的朋友，除了矢內原和三谷（一高教授）之外，其他都是各自踏上獨立傳道的人。內村鑑三建立無教會主義的方針，就是不想要決定所謂的後繼者。因此隨著他的去世，內村聖經研究集會就此解散，他所主辦的雜誌《聖經之研究》也停刊。沒有組織，沒有牧師的必要，每個人直接進入與神的關係，這就是所謂的無教會主義的方針。因此，很難針對無教會這個集團做分析，因為去爭論誰是內村鑑三的得意弟子？誰是正統弟子？這樣的事情是毫無意義的。但是內村的無教會主義信仰所屬的集團，在歷史上是實際存在的，上面七個人在眼睛看不見的集團下，各自扮演好自己的指導性角色，也是歷史的事實（但是三谷隆正屬於例外，且不只有這些人盡到扮演指導性的角色）。這些人多數是在跟隨內村鑑三學習後，各自擁有自己的聖經研究會，各自出版個人的傳道雜誌。雖然看似各自獨立，但是客觀來看卻形成了無教會基督徒的特色集團。這個「用各自的方法」中存在著一個問題，特別是在面對戰爭時，每個人信仰風格的不同就顯露了出來。

總而言之在昭和五年，上述的七人接下為了內村鑑三的戰役，團結地站在講壇上。這個紀念演講會的隔天，最後一個上台的是藤井武，他以《近代的戰士內村老師》為題發表了演講。藤井武當時已經是處於胃潰瘍惡化的狀態，但是他為了演講而從病榻走出，站上講壇。他從東京復興祭的熱鬧狀況說起，接著抨擊唯物思想與享樂主義的流行，並且讚揚身為「戰士」的內村鑑三的戰役，他的演講以此作結：

「老師死去了。這場戰爭沒有獲勝。但是現代的哈爾曼戰爭並未結束[13]。污穢的靈魂即使受了致命傷，現在還繼續活躍著。他叫做馬克思。美國將會有所動作。拘禁學者、蠱惑青年、教會墮落。我們不得不挺身而出。我們為了真理，為了十字架的真義，不得不舉起老師遺留下來的劍，跨過老師的屍體，朝著更前方邁進。我們的戰役是對的。就如同老師的紀念會，我們面向所有真理的敵人，再一次向他們宣戰。」（《藤井武全集》岩波版第十卷一八七頁）

對忠雄來說，藤井武是學生時代以來最敬畏的學長，也是婚後最敬愛的兄長（第三章1節）。被視為內村鑑三的高徒雖然有好幾人，但忠雄對藤井武所抱持的尊敬、信賴、友情的感覺，絕對比對其他人都強烈。在上述的紀念演講會之後二十年左右，他所舉辦的藤井武紀念會講到那場紀念會：

「在最後，我講了大約三十分鐘。我在藤井的雜誌（《舊約與新約》）寄到之後，並沒有馬上開封。我整理心情做好準備之後，把桌上的雜物拿掉，清理好桌面後，慢慢地開封，從封面的目次開始順著頁數慢慢地唸下去。像這樣唸法的書，除了聖經之外就只有藤井的雜誌了。對我來說，藤井占有何種地位，從這件事就可以看的出來了。

說藤井的話是針對神所說的人，不如說他是與神共同說話的人，與神共同漫步的人。

在藤井說過的道理中，特別對我有所啟發的是

13. 作者註：「哈爾曼」是在《默示錄》裡的王與耶穌的決戰場地。

所謂神的經綸與神的攝理，而這些就是單純的信仰與真實的信仰生活態度。因此，以這些東西為基礎、為背景的思想，就是他的來世信仰。

藤井的信仰成為我的血在我身體中奔流。我當然是和藤井不同的人。但是不了解藤井武的話，就不可能了解矢內原忠雄。」(《全集》第二十四卷九一三頁)

藤井武在大正四年辭去官職立志傳教，在身為內村鑑三助手工作時，還投稿到內村老師主辦的雜誌《聖經之研究》，他也加入內村的再臨運動並幫助內村，從大正九年開始執筆發行雜誌《舊約與新約》。愛妻喬子死後(大正十一年)純粹的來世信仰在他心中油然而生，在他持續創作長詩《羔羊的婚姻》的同時，還寫了《聖經的婚姻觀》(大正十四年刊)、《從聖經看日本》(昭和四年刊)等書。他從這些立場批判了現代日本文化，還是一個對著荒野喊叫的預言者。

藤井的住家在靠近駒澤的新町，他在星期日的上午，會在那裡為少數的青年講解聖經，下午則是召開聖經讀書研究會。他將這個研究班命名為「新町學廬」，主要是在讀米爾頓、但丁、康德的著作。昭和四年十月，他宣示開放新町學廬，募集新的聽講生，並且舉辦每週三次的連續演講會。關於這一點，忠雄寫到：

「被選為第一期的教科書是《附著歷史性的聖經神學》、《奧古斯丁的告白》，還有《小隊的突襲》。這裡不是學校，也不是研究會，而是開始了一種以新的方法與內容，來探討真理的講習。他的抱負遠大且富含精神。在繼續發展這個講習的同時，我國也受惠於一個獨創性的教育方式吧。」(《全集》第二十四卷七六二頁)

我之所以論述到這個小小的學廬，除了一般認為這是忠雄後來在戰爭時期所召開的週六學校的原型，同時也是為了訴說忠雄崇拜藤井武的情形。忠雄當時身為一個大學教授，埋頭於教案的設計和研究，與不間斷的學術論文發表，但是不論他有多忙，在新町學廬發表開放之後，馬上就前往申請參加，成為旁聽生。忠雄寫給藤井說到：

「我是起步晚又不用功的人，請多多見諒。禮拜三是定期教授會的日子，往往都會討論到晚上，是一個令人討厭的日子，因此非常遺憾。但是我只有那一天無法前往。可以參加星期一與星期五的集會，真是讓我感到榮幸。」

在藤井武晚年的文章裡有一篇〈友情物語〉，有一個章節是為矢內原忠雄所寫的，藤井在文中記述到他收到忠雄的申請，如下所記：

「那個異常的謙卑說法深深地痛擊我。過了不久開始召開講習。過了好幾次在星期一和星期日的夜晚，即使北斗星在天空中消失，都還可以在學廬中看到他的身影。有時候他都還帶著白天授課時所累積下來的倦容，或是有時候為了不遲到而沒有吃晚餐，就來這裡。」（《藤井武全集》岩波版第十卷二七二頁）

對於藤井武單純的信仰與真實的人格，忠雄抱持著莫大的尊敬。但是他並沒有長時間持續往來新町學廬，因為藤井武因胃潰瘍病倒了。三月內村鑑三過世的時候，藤井武從病榻中離開，來到了告別式，說了一段精采的告別辭。他即使拖著生病的身軀，仍站上五月二十九日紀念內村鑑三演講會的講壇上，並且以強硬的態度對所有真理的敵人宣戰。在一個半月後的七月十四日，這次換藤井武去世。

因為兩位尊敬的預言者相繼死去，矢內原忠雄更發憤向上。為了跨越這兩個人的逝去，他必須繼承他們留下的戰役，為了真理、為了正義繼續奮戰。昭和六年一月十四日，在日比谷市政講堂所召開的藤井武紀念演講會中，忠雄演講了《真理的敵人》：

「他〔藤井武〕說，他跨過了恩師的屍體繼續戰鬥。

並且對著真理的敵人大聲宣戰。那個聲音至今還殘留在我的耳朵裡。而他這個人很早就戰死了。這是怎麼一回事，將這場戰役留給了我們，我們拿起了劍面向敵人。我不悲傷於他的死去，就如即使內村老師死去時藤井的宣戰宣言一樣，即使是藤井死去了，我們也想要向人類宣告，我們將會繼續戰鬥下去。」（《全集》第二十四卷七八三頁）

研究社會科學的忠雄，自覺應該作為為福音而戰的戰士、為正義而存在的預言家，自己也要親身站上戰場。在世上為非常時期，思想統治盛行，軍國主義的爪牙已經開始伸向滿州和中國。忠雄一個人面對這些問題的這場戰役，想必非常艱辛，為此廢寢忘食，連自己的健康與家庭都犧牲了。下面是妻子的回想：

「昭和五年，他所敬仰的內村鑑三老師駕鶴西歸，接著七月他所敬愛的藤井老師也投入神的懷抱之中。可能是丈夫的時間到了吧，他突然為了神開始發憤圖強，致力於發行藤井武全集，宛如將家庭給忘了。而我也捨去了我的全部，與朋友甚至自己的親兄弟姊妹都不太往來了，甚至覺得好似好幾年都沒有回到家鄉的感覺，只牢牢抓住了丈夫而已。因為我覺得這樣做是再好不過的了。

滿州事變之後，進而演變成大東亞戰爭，危險逼近了世上，先生根本就是性情大變，變成一個極為嚴酷、性格激進的人，時常都一直瞪著某個東西看。有時候，我甚至在想他會不會把我都當成敵人。雖然我認為在這種環境下對孩子們非常不好，但是我也沒有辦法啊。偶爾回想起當時的事情，我會覺得對不起孩子們。」（矢內原惠子〈身邊的丈夫〉、《矢內原忠雄—信仰．學問．生涯》六六七頁）

忠雄已經不在乎妻子或是小孩了。戰爭已經開始！

7 《藤井武全集》刊行

忠雄以內村鑑三與藤井武的死為契機，下定決心繼承這兩人的戰役與「真理之敵」戰鬥，首先採取的行動就是發行《藤井武全集》。當時的輪廓、狀況，還有忠雄的努力，從與大塚教授的對談《我所走過的道路》中清楚看到：

「矢內原：……塚本虎二與我是編輯委員，但是主要是我在運行，平均一本有五百到六百頁的書，每個月發行一本，分十二次發行。我將藤井武全集發行會設置在我的家中，幾乎是我獨自完成的。雖然我不是專門從事書本編輯或是出版的事業，但是我非常清楚工作的內容。（笑）內村老師與藤井的靈魂，也包含在我當時的工作中了。

一方面，當時是戰爭前的非常時期，所以政府必須喊出具備非常時期的政策口號，因此政局急速轉向法西斯的方向前進。另一方面，信仰上的老師和前輩都為了真理而戰，受到上天的寵召。我身為從這兩方面進行社會科學學習的人，再加上也是基督徒，因此我受到很大的刺激。而從年齡來看，也已經四十多歲，已經不太能為世俗工作了。[14]

大塚：從我們的角度來看，感覺老師好像有一點不一樣。

矢內原：哪裡不一樣呢？

大塚：精神高亢或是充實之處等等東西。

矢內原：也許是這樣沒錯。睡眠非常稀少，每個月要編輯五百、六百頁的書，校正也要自己做，還要募集訂單，還要把書包裝好，走路送到郵局。為了不讓人批判我為了教授工作以外的事情，而怠惰於授課或是論文的書寫，因此我連些微的時間都很珍惜。因為在電車中或是時間很晚了，都在做書本校正，所

14. 作者註：當時他實際上只有三十八歲。

以眼睛都弄壞了。今天想想，我還真的做到了。我收到岳父病危的電報，但是如果不將這個好像做不完的校正做完的話，就會趕不上發行日，因此就一直想著再一下就好、再一下就好，最後沒有搭早上的火車而搭下午的火車，然而因為這樣，我沒有見到岳父的最後一面。雖然非常地懊惱，但是岳父應該可以原諒我吧。」（《全集》第二十六卷四四頁）

上面的談話是東大總長退休時（昭和三十二年）的回想，他當時是在非常溫和的氣氛下說出來的。在了解昭和六年當時《藤井武全集》的來龍去脈後，就可以了解到當時忠雄的筆所寫出的文章，為何會到達「精神高揚」幾近異常，非常激進緊張的狀態。

在藤井武死後，與藤井關係親近的數個關係者討論後，決定不依賴出版社，自行編輯發行藤井武全集，並為了這件事而創立了藤井武全集發行會，其中的代表者是塚本虎二與矢內原忠雄。塚本是與藤井學生時代的同年級生，也是一起向內村鑑三學習信仰的同伴，塚本與藤井最後都是辭去官職，致力於傳道。詩人哲學家的預言者藤井，與文獻學語言學的聖經研究開拓者塚本，這兩人之間在信仰上的思想性格雖然大相逕庭，但是這兩個人還是非常好的朋友，特別是塚本在關東大地震喪失妻子後，搬到藤井所住的駒澤新町附近之後開始，兩個人的交往顯得更加熱絡。因此，塚本成為發行藤井武全集的中心人物是理所當然的，並且最初想到要發行藤井武全集的，也是塚本。

在《藤井武全集》最終卷裡，塚本虎二寫了一篇〈跋〉，寫到：「我藉由這套書，一是將友人的著作流傳給後人，二是給予他所遺留下來的幼兒救濟，三是這是一套回應好友們好意的著作，可以說是一石二鳥，不，應是一石三鳥的好提案。」藤井武遺留下三男二女的孤兒，並且沒有任何遺產給他們。雖然也有為了這些孩子們而想要拿錢出來的友人，但是想到藤井的獨立心不可能收下這樣的厚意，最後作罷。因此塚本想到藉由這些朋友的資助金來出版藤井的全集，將之後的利益作為孩子們的養育經費。但是塚本卻接著寫到：

「矢內原與我所預期的相反，他好像對發行全集沒有多大的意願。總之，看待事物比我冷靜的他，知道編輯出版全集這番工作是極為困難的事情，並且他對於我所謂的一石二鳥提案的動機不純而感到厭惡——這一點他像極了藤井。

兩個人在祈禱後又繼續想，最後捨棄了一石二鳥的提案，決定目標初衷是只為了全集而發行全集。『為了全集』的意思是，盡可能做出令人讚嘆的全集，像藤井的全集，以藤井的風格來發行。但是一切都委予神的聖手，在聖靈的指導之下，決心以這套全集來進行與真理之敵間的戰役。以對神不二的心為武器進行戰鬥。」（初版《藤井武全集》第十二卷七四六頁）

這是塚本在最後一卷中寫的〈跋〉中的一小節，而在此之前，忠雄已經在第七次發行的月報（發行會報告）中寫過同樣的事了：「雖然有擁有一石二鳥想法的自由，但是在有了只是為真理而戰的單純想法時，才真正定下我們發行這套全集的意義。」（《全集》第二十四卷八二五頁）簡單來說，就是不管有無利潤，只想推出最好的全集。忠雄在全集完成後的報告也寫到：

「我預計全集的預約數量是三百或是五百套。但發覺這個預測只是一場空想。出現了我們從未想到過的數字。假如金錢有損失，我們將自行吸收，我們以今後數年之間的工作為擔保，在下了這樣的決心後，全部又變得清明爽朗。

由印刷廠一開始所提出的費用概算，開銷費用為多少的基礎計算這些事，並沒有束縛住我們。不在乎開銷費用，紙和封面都使用品質好的東西。盡可能想要出版一套好的全集……只是單純這樣想而已。」（《全集》第二十四卷八三八頁）

就這樣，忠雄在昭和五年十一月創辦了藤井武全集發行會，並且將這個會設置在家中。代表者為塚本虎二和矢內原忠雄兩個人，但是塚本是類似顧問的角色，因此全部的工作幾乎都是忠雄一個人執行。這份工作是極為繁雜龐大的工程，但是他傾全力將所有心血都注入這一次的發行。在發行會成立之際所發表的〈發行之詞〉，是論調高昂的文章。這篇文章雖然是以塚本虎二和矢內原忠雄的名字共同發表，但是作者是忠雄一人而已：

「預言者在其故鄉得不到尊敬，藤井武也是這樣。他在武藏野的一角吶喊了十年，但是國人沒有人願意聽他說。

但是知道的人就是知道，他是大正、昭和的耶利米。我很少知道像他那樣以預言者之姿活著甚至死去的人，並且從未見過像他一樣高唱著基督十字架信仰的新教徒勇者。日本絕對可以以他向世界誇耀。

他絕對以義呼喊上帝，將神侍奉在某一個地位之上。他絕對信賴上帝而生活著，完全沒有其他打算。真實是他的生命，孤獨是他的糧食。純潔為他的生活，希望為他的歌。在喜愛耶利米與但丁的他的皮囊裡，裝滿了愛國但是不被國家所愛的預言者眼淚。特別是幾年前，他的妻子受主蒙召後，他的生活就再也不屬於這世上的步調了。他完全為了來世而活著。他的研究、思索、詩歌、感想就如這生活一樣，都是聖經真理的表現；就如清新的香水百合一樣，切入一言一句都富含著生命力。

他所遺留下的著作非常多。四十六磅的紙、七千頁還不夠。但是那並不是歐美神學的翻版，而是日本人獨到的研究。被唯物論的現代主義所污染的基督教，在此再次閃耀出嶄新的生命光輝；被歐美神學的灰塵所覆蓋的聖經，在此再次重生，以嶄新的姿態出現在大家面前。我們拿著他的著作向全世界訴說，我們堅信這是非常有留給後代價值的東西。我們這些人之所以聚集在這裡，是因為我們在商討後組織了發行會，計畫發行這套全集。」

就這樣，編輯發行的事就以忠雄為中心展開了，昭和六年完成第一本，之後每個月定期發行一本，於昭和七年一月發行最後一集，就如預定的，在十二個月裡完成發行共十二卷全集的工作。在這期間，忠雄的工作模樣彷彿超人一般。

首先是編輯。為了編輯，不得不收集資料。藤井武的個人月刊雜誌《舊約與新約》出版了十年，這個部分成為全集主要論述的中心，在此之外，沒有發表過的文章數目也不少。為了沒有遺漏地蒐集這些文章，連未發表的草稿也一併納入討論，收錄值得收錄的文章，並且一定要將全部內容做分類，依主題編入各卷之中。單單只是這樣的事情，就不是普通一個人能在短時間完成的事情。

此外，他還有前往與印刷廠交涉，與製書廠交涉和校正的煩人工作。他一個人每個月校正五百頁或是六百頁的文章，並且這樣持續了十二個月，光只是這樣也是一件浩大的工程。但是忠雄卻獨自做到了。但是還不僅只這些而已。接受會員（讀者）的訂單、處理繁雜的金錢出納事務，還有支付印刷廠的費用，也都是忠雄的工作。

另外，還有發送。發行的套數超過當時的預估，到達八百套，每個月八百本的包裝、書寫地址、發送，忠雄一個人是不可能完成的。發送之際，藤井武信仰上的弟子小池辰雄、酒枝義旗等年輕人都會來幫忙（在此之外，也有數位藤井武的年輕弟子在幫忙忠雄做原稿整理、校正等）：

「回想藤井武全集最初發行的時候，發送與包裝是在矢內原老師的研究室裡做的。老師把書包起來，小池辰雄兄與我用繩子綁牢，完成後用車子載到郵局寄發。」

《藤井武全集》在昭和四十六年由岩波書店重新發行，上面那一段文章是酒枝義旗在這個新全集的月報中所寫到的其中一段。

昭和六年當時，我才剛進入中學，是一個還不知道基督教為何物、藤井武為何人的年紀，但是在我有在上述酒枝所寫的發送之際，不知道被父親帶到研究室幾次的記憶。藤井武所遺留下來的孩子中，當時是中學生的藤井洋與藤井立也有來幫忙包裝。父親可能是因為人手不足，所以連小孩都帶來幫忙了，但是也可能是父親想要將他自己這副為發行全集而全力以赴的印象，烙印在小孩子們的心裡也不一定；我們小孩子印象最深的是，大學研究室是一個非常嚴肅、黑暗、陰冷的地方，父親的工作樣子裡帶有肅殺之氣。

這麼嚴酷的工作當然讓忠雄有很大的犧牲。剝奪他做研究的多數時間、消耗他的體力、擾亂了他的生活，無法見到岳父最後一面也是其中發生的一件事。這件事收錄在《全集》裡，忠雄在寫給當時為了照顧日益嚴重的岳父，回到關西住吉娘家的妻子的信中，可以詳細了解整件事情（第二十九卷八二頁）。日期為昭和六年七月二十四日（惠子的父親堀米吉是在七月十九日過世），由這封信可以得知忠雄正在拼命地做校正時，岳父病危的電報送到了家裡。

「我雖然愣了一下，但就像全速急奔的急行列車看見危險信號時，雖然停了車，但是因慣性之故還向前跑了一下。」他繼續做著校正，之後拍了封問候的電報，又一頭埋進工作。這時，第二封電報來了，電報裡面寫著「父親現ＸＸ」，不能解讀的東西。忠雄想說，應該是「現在看護著父親」的意思，於是一邊為岳父祈禱，然後一邊繼續著校正。「此日從早上七點開始到晚上九點都在校正，總共兩百六十頁」。那天晚上回到妻子的娘家後，才知道那電報的內容為「父親在等忠雄」。他對於沒能見到岳父最後一面，感到相當懊悔。「假如知道岳父是那麼地想要見我的話，我就會立即放下校正的工作，坐傍晚的第一班列車。」但是忠雄卻堅持無論如何都要親手做校正，他絕不延後發行日。因為這是為了神而戰的戰役。這場戰役有這麼多犧牲，甚至連他的學者生活都被剝奪走了。上面的那封信中繼續寫到：

「啊啊，為了全集，我犧牲掉比想像中還要多上幾百倍的東西。最初接下這份工作時，我已經下了決心，假如有金錢上的損失的話，全部都由我一個人吸收。從那之後，我就開始了這個工作，但是似乎沒有碰到我想像中的金錢損失。然而，一開始認為一星期只要分兩、三天來做這個全集就好了，但是實際做了之後，才發現是超乎我之前所做的估計，我的私人時間到最後一個月只剩下四、五天而已。我完全無法進行自己的讀書或是研究。我自己都認為這是一個非常大的犧牲。自己的學問跟不上時代是一件痛苦的事，我為此困擾了好久。但到最後我終於還是把這一年間的學問都放棄了。但這樣還不是全部，我為了全集，連住在住吉的岳父都捨棄掉了，真是想也沒想到的犧牲。我將會把這本全集視為我的珍寶。」

付出如此大的犧牲，為了發行全集傾注全力，但是忠雄對身為大學教授的義務毫無怠惰，他的課程從不休息，甚至還有研究論文的發表。《馬克思主義與基督教》的主要內容也多是在這段時間出現的，負責在岩波版《經濟學辭典》中所寫的幾個項目，也是在這個時候。

在苦鬥一年之後，終於完成十二卷《藤井武全集》，再次引用最後一卷裡塚本虎二寫的〈跋〉：

「假如沒有矢內原的話，就沒有這套全集。誰可以像他一樣藉著藤井的精神、熱心與能力，做出這套全集！看看他編輯時候的樣子，看似編輯但又不是編輯，這套全集可以說是他的著作。他一字不漏地讀藤井的文章，了解他的文章，與作者的文章精神相通之後，慢慢地代替作者編輯出這套全集。我們則透過這十二卷，一頁一頁感受到矢內原的血管脈動。

他的工作不只是編輯而已。打從校正開始，發送、會計、到與書店讀者交涉為止，這些伴隨發行全集而來的事務，全部都是他親手包辦。他利用最需時間與頭腦的大學教授這份工作的閒暇之餘，完成了這件事，讓我們見識到人的力量無限。但是實際上就如他自己所說，他是賭上性命去完成的。在他答應接下發行全集的工作時，他已經置之死地而後生了（在我看來）。在全集逐漸成形的最近，可以常常聽到他說『餘生』絕對不是什麼玩笑話。在這一年半裡，我的祈禱就只有希望他不要為此倒下而已。」

《藤井武全集》就在忠雄這樣渾身是熱血的努力下完成，沒有金錢上的損失，反而還剩下了一些錢，這些錢全部都給了藤井武所遺留下來的孩子們。對「真理的敵人」的這場戰役中，這次發行事業終於平安結束，對於這一點，忠雄非常感謝神的恩惠。藉由信仰跨越艱難事業的他，感受到自己所成就的事好像都是神所指派的工作。最後一次配書的「發行會報告」中他如下寫到：

「這樣全集就完成了。好像嘆了一口氣後，全身就軟了下去，但是很多的歡喜與感謝一直從這副身軀裡湧溢出來一般。我們將武器放在地上，跪著讚美與感謝天父。假如沒有神的恩惠與力量，誰能夠成就像這般的事業。看見就膜拜吧，神給予了這場戰役勝利。」

但是犧牲太大了。與其這樣說，應該說忠雄自己透過這個為了神、為了真理而戰的全集發行事業，深深地感受到其為自己所帶來的一切犧牲。在全集完結之後，他寫給塚本善子（塚本虎二的妹妹）的信有以下的痛苦告白：

「我的生涯已經亂七八糟，是失敗的一生，在過去、現在、未來都沒有存在幸福。」

「在進行工作時，腦中一片空白，將會有一段時間完全無法進入工作中吧。但是從那時開始，我不得不一步步地走出自己的生涯。因為慢慢學到了人生的苦味吧！」（《全集》第二十九卷八八頁）

「戰鬥結束了。激戰後，我一個人站在寬廣的原野上。滿身是痛，四周薄暮。」這是忠雄在發行完《藤井武全集》後的感想。他感覺到自己就像被擊倒在戰場上的士兵。但是他站了起來，並且再度走了出去（《全集》第二十四卷八四一頁）。

這時砲火已經炸裂了滿州。滿州問題，這是關係到日本道義的問題，也是身為學者的忠雄所專門的研究題材。他的戰鬥可以說從這個時候才開始。他在匆忙之間，就要體認到「人生的苦味」吧！

8　滿州事變

「昭和五年七月，那天是藤井老師受上天召喚的日子。雖然這是之後的事情，老師（矢內原忠雄）對藤井老師的友情，現在面對其遺族都無法用紙筆來寫盡。短時間內就如往常一樣每日拜訪藤井家，偶爾借住在他家，成為那些失去雙親的孩子們暫時的父親與母親，照顧那些年紀小的小孩，安撫他們的寂寞。在那之後，也將繼續照顧他們的一切到長大成人為止。但我認為這不是辛勞也不是苦心，這全部都是出自於老師深深的愛。」（中山博一，〈友情〉，《矢內原忠雄—信仰・學問・生涯》六八頁）

這篇文章的作者中山博一是藤井武信仰上少數的弟子之一，也是之後和西永常子（也就是藤井武的妻子和忠雄先妻的妹妹）結婚的人，可以說是最了解忠雄與藤井家關係的人。藤井武去世的時候，遺留下五個孩子，分別是津田英學塾一年級的百合子（十八歲），中學生的洋（十六歲），立（十三歲），小學生的三男明（十一歲）和園子（八歲）。

「每一個都還小而且沒有父母親，他們的前途會變的如何呢？在這種狀況下，我們更應該繼承藤井的信仰。……對神一定要以義相對，對神一定要絕對信賴，藤井賭上性命相信的神，一定會守護開導孩子們的。」

在藤井武死後就寫出這番話的忠雄，為了以義對神，因此下定決心將五個小孩的養育當作是神所委託的事情，攬到自己的身上去。他突然多出了五個孩子，背負起這五個小孩的養育責任。並非因為是自己的外甥及外甥女這樣的義理關係，而是因為對於藤井武的愛，或說這是對於藤井武和忠雄都篤信的神的忠實表徵而自發的行為。前面已敘述過，昭和六年，他投注所有的心力發行《藤井武全集》，但工作纏身的他，仍頻繁地拜訪藤井家，照顧孩子們。昭和五年，我十一歲，弟弟光雄十歲，與藤井這些表兄弟們常常玩在一起，之後也一直如親兄弟一樣。

然而，我在前面最後一節所說的：「我的生涯已經亂七八糟，是失敗的一生，在過去、現在、未來都沒有存在幸福」、「因為慢慢學到了人生的苦味吧！」這樣的話語又代表什麼意思？這些是昭和七年一月二十三日，他寫給塚本善子信中的話，卻無從了解整體的來龍去脈與對方的關係，還有寫這封信當時的狀況等等事情。塚本虎二的妹妹善子是藤井武比較親近的女性友人，在《藤井武全集》的編輯上也給予忠雄很大的幫助。她是忠雄當時最能夠卸下心房侃侃而談的人。因此上面那番話，確實是忠雄在完成《藤井武全集》後，率直地吐露出的心境，但即使是回溯到當時或是整封信的文脈，仍無法完整了解那番話的意義。從中只能窺探當時的忠雄傾全力在發行全集上，也認真履行大學教授的職務，也擔起照顧藤井遺留下的孩子的責任，那種疲勞至極又孤獨的心境。然而，可以當作客觀事實例證的是，昭和五年開始忠雄變得「好像忘了家庭」，並且變得「連容貌樣子都變了」、「嚴格的人」、「激動的性格」，甚至還變得「常常好像在瞪著什麼似的」。忠雄本來就是一個頗為神經質的人，但是那一段時間卻極度嚴重，這就是與「真理之敵」奮戰的代價。直接受最大傷害的就是妻子惠子，母親時常因為一些小事就惹得父親雷霆大怒，我們孩子也一同遭殃。透過弟弟光雄的文章，介紹一下我童年時期家庭生活的一部分：

「父親過世後沒多久，我回想起的都是恐怖的父親。對於我就不用說了，對於母親或是兄弟，他都非常嚴格。因為神經質，所以總是心情不好，表情恐怖，連撒嬌機會都沒有（特別是二二六事件之前他留著鬍子），還用好似會看穿一切的銳利眼睛一直看著我。總是會被臭罵一頓、被趕出家門，或是被綁起來關在浴室裡，或是被打……。另外在日常生活裡，例如吃飯時，只要我們一說笑話大笑，或是用餐具敲打出聲音，他就會很快地放下筷子，一直瞪著我們看。再糟一點的就像雷要劈下來一般。我們心生恐懼，小心翼翼地將飯吃完，然後逃進智子的房間。總之，是一個恐怖的人。」（《矢內原忠雄—信仰・學問・生涯》六六二頁）

接著光雄回想在恐怖父親的心裡，還是擁有溫暖的愛情，但在我們童年時代，父親真的就如上描寫的一般。

我們一家人在昭和七年四月又搬家了。在大森新井宿住了將近七年，因為住在日照不好又黑暗潮濕的家裡，孩子們常常生病，所以忠雄就開始找房子了。在結束《藤井武全集》之後沒多久，忠雄找的房子位於自由之丘，之後忠雄就在這個地方度過他的一生。自由之丘現在已經是一個住宅密集的繁華地區，但是在我們搬過去住時，那裡還是一個鄉下地方，商店的數量也屈指可數，遍布著田和樹林。自由之丘是以電車車站命名的，並不是地名，我們搬家後的住址是東京府荏原郡碑衾町大字衾二四七六。而父親之所以選擇這裡，另一個理由是因為這裡離藤井家孩子們的所在地駒澤的新町，比之前住的地方還近。這個家的事情在本傳記的開頭（序章2節）已提過。在昭和七年的當時，已經是一棟相當古老的建築，因為迎風面大，所以每當暴風雨來襲時都會劇烈搖晃。房子二樓是父親的書房。

呼嘯吧夜裡的暴風
狂打吧風雨
　我心平靜
　神為我命
搖吧房子
襲來吧黑暗
　我心光亮
　神為光線
騷動吧世界
過來吧痛苦
　我心不懼
　神是愛

這是題為〈暴風雨之夜〉的信仰詩，是在搬到這個家的那年十一月的大暴風雨之際所作的詩。關於這個晚上的事，忠雄在別的地方寫到：

「罕見的大暴風雨於十一月晚上侵襲東京。在丘上的我們家好像要被狂風分解一樣。北邊房間的牆壁被從外面吹進來的雨弄濕了，房子還被強風貫穿，朝著室內開了兩個大洞。用不著說，一定停電，蠟燭也沒了，一片漆黑。狂亂的暴風，吵鬧的擋雨窗。房子就像快要倒了一般劇烈搖晃著。」（《全集》第八卷六六五頁）

這是忠雄當時寫下〈約翰第一書的研究〉中的一

節，在這場暴風雨的黑暗中，領悟出神是生命、是光、是愛。然而關於這個信仰，我不用多加說明。上面是關於自由之丘新家的補充，可以幫助理解那首詩。但仍要提的是，若將詩裡襲捲而來的暴風雨解釋成軍國主義的暴風，將動搖的房子解釋成日本，會有更深一層的理解。日本承認了滿州國，朝向侵略中國之路邁進。

滿州事變爆發的導火線，是昭和六年九月十八日的柳條溝鐵路爆炸事件。關東軍認為這是中國軍的手段，因此馬上採取軍事手段攻佔了滿州各地。然而在太平洋戰爭後，才知道這次的爆炸事件是關東軍參謀有計畫的陰謀，但爆炸當時誰都不知道。當時的報紙報導：「本日下午十點半在北大營西北邊，暴力的支那兵炸燬了滿州鐵路線，還襲擊我國守備軍，因此我國守備軍當下以大炮回擊北大營的支那兵，佔領了北大營的一部分。」以軍方先打頭陣，之後連政府、財界、媒體與民眾都接連不畏恐懼去追求滿州的經營權，高唱著「滿州為日本的生命線」，之後十四年陸續地攻占許多地方。

柳條溝鐵路爆炸事件爆發時，忠雄正埋頭於《藤井武全集》的發行，但在看了上面那則報導之後，感到「這有點奇怪」。這是身為專攻殖民政策的社會科學學者的直接感受。他說到：「在滿州事變爆發時，我就覺得事有蹊蹺。想想日本過去經營滿州的歷史，雖然與臺灣或是朝鮮這些外國殖民地相同，但是仔細去想他們各自的歷史，從當時滿州國的情勢來看，我感覺張學良的軍隊會去爆破滿州線鐵路是一件奇怪的事，我也在懷疑這件事的真實性。之後，滿州民族建立民族國家，我用科學性的角度思考也感到很奇怪。在那之後觀察很多，但就覺得很奇怪。」（〈我所走過的道路〉，《全集》第二十六卷三九頁）當然，重要的並不是忠雄對於鐵路爆炸懷疑，而是他以含有懷疑的批判從科學角度判斷整體情勢，並且認為事實上日本無法實現滿州國的經營，這是一場帝國主義的侵略，況且避免不了與當時終要統一中國的國民主義的正面衝突。忠雄非常早就站在這個角度來批判日本的滿州政策。昭和七年的四月前後，也就是忠雄完成《藤井武全集》之後，搬到自由之丘時，寫了〈新滿蒙國家論〉（《改造》四月號）、〈滿州殖民計畫的物質與精神要素〉（《社會政策時報》第一四〇號）、〈滿州經濟論〉（《中央公論》七月號），這些全部都收錄在單行本《滿州問題》的附錄。

矢內原忠雄對於滿州事變的態度在戰爭結束後，從他所寫的文章〈戰爭的痕跡〉中，有最濃縮的說辭。接下來引用這篇文章裡有關滿州事變的部分：

「昭和三年得知炸死張作霖的是日本，在滿州事變爆發後，我就感到非常奇怪。翌年（昭和七年）的二月上旬，關東軍特務部來了電報，拜託我去滿州國出差（當時我是東京帝國大學經濟學部的教授）。我馬上回絕了。雖然之後再一次以駒井德三之名的電報懇求，但我還是拒絕了。當時受到招聘的同事裡，除了我之外，還有大內和土方兩位教授。土方教授當時雖然在臺灣出差中，但結束後就轉往滿州，大內教授則是把電報丟在一邊，一個禮拜左右才寫信婉拒。他們說，我這樣馬上以電報回絕，過於匆忙，不是很好。在滿州事變發生後，三個人對於時局變動的態度，最初從這裡就很明顯地表現出來了。

這一年的八月下旬到九月，我前往滿州進行視察旅行（這是大學的出差）。在視察後，我更加確信就如一開始我所感受到的，滿州事變是日本方面的作為，二來我的學問與信仰合為一股力量，讓我與滿州事變對立。在這趟旅程中，我搭乘的列車遭受到匪賊襲擊，對我在滿州事件上的公開態度雖然沒有任何影響，但如果把這件事想成是《通信》產生的契機，就會感受到神的偉大攝理之手也在這裡顯現出來。

從滿州歸國後的我，以昭和八年夏學期特別課程的名字，召開「滿州問題」的授課。接著在翌年出版同名的單行本，但當時言論自由已經很明顯地被束縛住，因此諸如應該要說成「日本帝國主義」的地方，都要改成「日本帝國發展主義」等等，費了很多表達上的苦心。在上面那場特別授課時期進行到一半時，大學的軍事教官竟然在軍訓課程跟學生說，不要來聽我的課，這件事傳到我耳裡之後，我非常生氣，想要去跟校長抗議這是侵犯教學自由的原則，但是我克制下來沒有去抗議。我的授課是為了真理的戰鬥精神而燃燒。為了真理，我在公開場合說該說的話，就算因此受到批評或打壓，也完全不去辯解與抵抗。我決定採取這樣的態度。在之後的戰役中，也大多保持這種態度繼續下去，結果在公場合或是自己的場合，比起損失，我獲得的利益還比較多。用不著說，這是從耶穌那裡學來的戰鬥方式。」（《全集》第二十六卷一〇三頁）

文章最後所敘述的戰鬥原則，也就是「為了真理，我在公開場合說該說的話，就算因此受到批評或打壓，也完全不去辯解與抵抗」，忠雄到最後都貫徹著無抵抗主義的抵抗姿態。但在其中要思考的問題很多。為何忠雄沒有抗議「不要聽矢內原的課」的軍事教官呢？這個抗議並非為了辯解自己的利益，在公開意義上應該是真理的主張。因此，克制自己而中止抗議的原因，並非是為了自我辯護，而是想要避免與軍人對立後，反而連課都上不成的狀況，換句話說，就是戰術的智慧。上面所說的「戰鬥的原則」，事實上並非「原則」，而是隨周圍環境變化而應變出的「戰術」。忠雄在這場從滿州事變到太平洋戰爭的法西斯戰鬥，一直處在孤立無援的狀態，因此不得不用那樣的「戰術」來取代「原則」。戰術是有目的性的。他並不是沒有勇氣向軍人抗議，而是就戰術來判斷，停止抗議是有效的戰術。因此他克制自己，不得不動腦使用出這種戰術的智慧。將「日本帝國主義」改寫成「日本帝國發展主義」，也是這個智慧裡的其中一個。總之，所謂的無抵抗主義，只要是擁有最大的抵抗意志與實踐，其意義就會顯現出來。忠雄已經做出他最大的抵抗了。而從客觀角度來看，他是否真的已經盡到最大的抵抗了呢？

他從昭和七年八月到九月前往滿州旅行，調查滿州的實際情況。

「在滿州，幾乎都是搭乘滿州鐵路進行旅行。特務部的人一臉寫著『你是來幹麼的』恐怖表情。但是我也並非完全的新手，也許沒有舉一反百的智慧，但是我在關於滿州問題的意義、性質、現狀與將來的把握，還頗具信心。爾後，我將我的學問與信仰合二為一，與滿州事變對立。」（《全集》第二十六卷一五〇頁）

根據這次旅行的見聞為基礎，加上使用社會科學的資料與方法，去分析批判日本入侵滿州的書就是《滿州問題》（昭和九年發行）。其〈序言〉提到：

「最近在我眼前展開，並且現在持續的滿州事件的性質與影響，以科學研究的角度來說尚屬新穎，但是同時也是活生生的學術研究教材。我在這裡提供給各位的不是資料，也不是數字。世上關於資料數字的文獻何其豐富，我想要提供的就只有一個批判性的精神而已。因為在缺乏批判的地方，盲目跟從的危險性是最大的。」（《全集》第二卷四八七頁）

藉由這個批判的精神，忠雄抵抗滿州被日本當作生命線。他主張警告在滿州的日本勢力，若藉由武力來擴張，會危害到日本自身的安危，並且會成為一種違反道義的行為。

9　批評國家至上主義

「在滿州有很多匪類在破壞鐵路線道，但是只有夜間而已。所以父親不搭乘晚上的火車，平安到了長春，請放心。

給矢內原伊作」

這是前往滿州視察旅行的途中，父親從長春寄給當時中學二年級的我的明信片。發信日期是九月九日，但是就在後天，他所搭乘的列車被匪賊所襲擊。匪賊是指中國士兵與當地中國人所組成的游擊隊，當時這個詞彙時常在報紙裡使用。

忠雄搭乘九月十一日下午兩點二十六分，長春發的列車前往哈爾濱。長春為滿州國的首都，被稱為「新京」，大連到長春的鐵路屬於滿州鐵路，全線都在日本軍的保護之下，然而長春到哈爾濱的鐵路屬於蘇聯的鐵路，所以在日本軍隊的管理之外。這條鐵路的客車分成頭等車和普通車，忠雄所搭乘的是中央部的普通車。他一開始想要搭乘頭等車，因此拜託飯店的領班幫他處理車票的問題，但是不知道為什麼，那位領班堅決不幫他買頭等車的車票，雖然忠雄非常生氣，卻也沒有辦法，只好搭乘普通車。在車廂內與他同行的，有一位滿鐵的日本人，與同一房間的兩名中國人。遇到匪賊襲擊的時間，是在列車已經到達哈爾濱附近的晚上十點半。列車與機關車都脫軌，一百多名匪賊開槍襲擊列車，五百多名乘客幾乎全部被搶劫，死者七名，還有為數眾多的傷者。

忠雄將車室的鎖由內側反鎖後，安靜地待在裡面，接著向神祈禱。接著聽到盜賊的腳步聲，後門就用力地被搖晃著，一直聽到「ㄎㄞ、ㄎㄞ」的怒喊聲，ㄎㄞ(開)是「打開」的意思，但是他們就那樣走了過去。在全部都被翻亂的車室裡，只有忠雄所搭乘的車室奇蹟地倖免於難。他在事後強烈地感受到，這是神在保護他。這件事的詳細始末，他以〈遭匪賊襲擊〉一文報告，在最後寫到：

「大家都為我的好運感到高興，但是我可以很確定的說，並不是我的運氣好。（中略）在盜賊走過房間外面時，我感覺到有一位高大的人拉開他的袖子，將跪在後面的我們一起掩藏起來，因此盜賊沒有注意到我們，就走過去了（中略）。我不知道我如此被安全保護是有何種意義存在。但是說實在的，我沒有感受到那種我已經死過一次，而將剩下的餘生全數奉獻給神，積極奮鬥的那種悲壯精神。事件發生後，我和之前一樣，只是繼續著當然的信仰生活而已。只是我了解到，神會保護相信他的人，而受到保護的我只是想要在萬人面前，將神的恩惠表達出來而已。即使重複幾次，即使何時也無所謂，都無法停止說出這個神的恩典吧。」（《全集》第二十六卷九〇頁）

信者的一切可以獲得神的恩典，把偶爾的免於災禍感受成受神的保護，就是信仰熱誠的表徵。然而那些不信者就一直說，什麼是恩惠，什麼不是恩惠呢？為何有些人可以得到恩惠，有些人就得不到恩惠呢？然而，這樣不是什麼都開始不了嗎？當事人在某件事上深深地強烈感受到那是神的恩惠，而從那一件事開始會產生如何的生活態度，或者是實踐動作，才是最重要的事。來看看忠雄，在經驗過上述的事件之後，小冊子《通信》便發行了。但是並不只是這樣，藉由這次真實體驗到信神的人可以獲得神保護的經驗所加深的信仰心，成為他之後對抗法西斯戰役的強力原動力，也支撐了他全生涯的活動。

從滿州旅行回來的他，將心力放在滿州問題學術研究的同時，還發行十六開大小四頁的私人刊物《通信》。在他自己的《回憶》裡：

「從旅行回來的我，感謝神的庇護，讚美聖名，感覺到不去證明救贖的福音不行。第一，我沒有將福音的慰藉送到為長期病痛而苦的叔叔那裡，我覺得是一件非常不好的事情。另外，我想要向關心我遇難的朋友訴說當時的情形，與我感謝的心情，這些我都放在十一月的《通信》第一號中。感謝久保田千子幫忙做雜務。」（《全集》第二十六卷一五〇頁）

這就是發行《通信》的動機，這本書不只是為了「生病的叔叔」，還為了向友人們傳達福音的象徵，忠雄想把它當成「好久不見的一封信」來發行。「生病的叔叔」是指忠雄父親最小的弟弟越智政造，在《通信》第一號裡刊載了〈給生病的叔叔〉與〈遭遇匪賊〉兩篇文章。而上面文章中提到的久保田千子，是這一年從東京女子大學畢業成為忠雄的私人助手，是一個忠實地協助他工作的人。

關於這位久保田千子，忠雄同樣在《回憶》寫到：

「久保田千子在昭和七年從學校畢業之後，就成為我的助手，在微薄的薪資下為我工作。她不知道在何時學了速記，連用筆寫字都學了，她將我的口頭說詞都速記下來，然後交到我手上的是一份寫得非常整齊的整理。《通信》或者是其他的著作論文原稿，大部分都是這樣做出來的。」（《回憶》一六二頁）

她到昭和十二年為止，都在忠雄的身邊當助理，兩人之間有著溫暖的愛傳遞著。雖然只有昭和七年到昭和十二年而已，卻是忠雄對法西斯的戰役中最激烈的時期，他的纖細神經受到苦痛，並且持續地刺痛著，逐漸地成為了「恐怖」的人。忠雄憤怒、受傷、疲勞的心，透過這位身材高大溫柔的年輕女性，得到了非常大的安慰。這位女性也時常出入我家，與我們家人處得很親近，中學生的我還會請她看看我的英文學習。

就這樣，《通信》代替書信，以私人不定期刊物（非賣品）的形式開始發行，實際上每個月發行一次，並且繳錢購買的讀者逐漸增加，內容主要是聖經解說與論述時局批判，並且逐漸展現出公共性的強烈性格。對於病患或是遭遇不幸的人傳達福音的安慰，還有站在正義與和平的立場批判時局，這兩項內容就是這本小個人誌《通信》的兩大支柱。接著，藉由滿州事變爆發為契機，日本急速地法西斯化，並且大力宣傳鼓吹國粹主義與軍國主義。雖然在國際上孤立無援，但是日本還是步入了戰爭一途。馬克思主義因為遭到打壓，所以不得以地退去，共產黨幹部逐一轉向，權力由以前的左翼流入右翼，因此右翼思想也成為思想界的主流。馬克思主義當道時，批評唯物論思想的忠雄認為，現在的對手應該是將天皇視為神的國家絕對主義。

與在打壓下的馬克思主義不同，以天皇崇拜、尊重國體為主軸的國家主義、日本主義是支配權力的思想，也是明治時期以來國家整體的狀況，並且已經廣泛地滲入國民的思想裡。批評這個主義將會被視為非國民，還有可能被以治安維持法或是不敬罪問罪。但是忠雄強烈感受到，絕不允許自己迴避這個問題或是沉默以對。他認為沉默的話，連石頭都會呼喊。

忠雄在雜誌《理想》的昭和八年一月號裡，發表了〈日本精神的懷古與前進〉，具體詳細地批評到當時文部省所發行的四本書：吉田熊次《國民理想的確立》、田中義能《日本文化的特色》、紀平正美《國體的真正意義》、安岡正篤《日本的國體》等四本書。雖然在這裡無法一一介紹，但是簡單來說，這些「日本精神」主義者所主張的重點是，「抱持著現人神的天皇所率領的日本國，可以實現宇宙道義的絕對主義價值觀」的國家至上主義。相對於這樣的思想，忠雄主張宇宙的道義是凌駕國家之上的存在，現實的國家一定要透過宇宙道義被批判，天皇也與所有的人類相同是「相對於造物主且擁有人性」，因此不得不遵循宇宙道義。

「這樣，我國國民思想又蒙上了一層道德的謊言。第一，國家是宇宙道義的一部分，它是凌駕於國家之上，也是國家的基礎，國家有自己該守護的宇宙道義存在，而我們應該要有這樣的認知。第二，國民應該藉由學習這個宇宙道義，將現實中的國家努力建設為理想國。國家的尊重會受阻於狹隘的國家主義，如此下去的話，道義國家的發展只會窒息而死。雖然國家非常寶貴，但還是要反對國家至上主義。尊重凌駕於國家之上的世界公義，才能擁有真正的國家。」（《全集》第十八卷八二頁）

這就是忠雄在這篇論文中所主張的中心點，越到文章最後，就越發出他的威猛，擺出要與以天皇為中心的國家至上主義對決的基本立場。站在這立場上，他一連寫了很多要求正義與和平的時局批判文章，這些文章在昭和十一年六月由岩波書店整理成《民族與和平》一書發行。發行時，忠雄為了介紹這本書，於是在《通信》上寫了下面一段話：

「這本書收集了我在這三、四年間所發表的，有關民族與和平的論文與感想，這是我對於『非常時期』的辯答，也是對其的反彈。也收錄了幾篇刊載在《通信》裡的文章。在本書的印刷途中碰上二二六事件爆發，因此發行計畫一度暫停，但是近來情勢已趨安穩，所以在岩波書店英明的判斷下，進行一般發售。雖然大抵上我認為沒關係，但是時勢終究是時勢，在這本書頭上會突然掉下屋簷的瓦片也不一定，因此想買的人儘早去買比較安全。」（《全集》第二十五卷五五五頁）

屋簷的瓦片終究還是掉了下來，本書在昭和十三年二月被禁止發行，發行者岩波茂雄還被警視廳傳訊，忠雄也被傳喚到檢事局進行訊問。在昭和十四年完成的《回憶》裡，忠雄針對於上面的〈日本精神的懷古與前進〉這篇論文寫到：

「我想這件事的是與非，不是我一句話就可以解釋的，因此在仔細思考後，我決定寫下這篇文章。探討的是基督教與國體之間的根本關係。這篇論文收錄在《民族與和平》中，當這本書遭受到司法處分時，最有問題的就是這篇文章。而我自己則是最重視這篇文章。」（《全集》第二十六卷一五八頁）

這篇文章主張存在著超越國家的道義，並從這個立場出發，來批判將國體視為神聖之物的國家至上主義。忠雄接著在心裡藏著更深一層的悲壯覺悟，在公開的演講場合上批判了同樣的國體觀念，並且指責藉由國家至上主義來美化侵略戰爭的作為，實為國家的欺瞞與罪過。這是昭和八年三月末到四月初，在東京、大阪、京都、名古屋四個地方，所展開的內村鑑三第三週年紀念演講會上所說的話。關於昭和五年的內村紀念演講會，已經在前面敘述過了（本章6節），在當時七位演講者中，扣除之後過世的藤井武，由剩下的六個人策劃第三週年紀念演講會。在最初討論會時，忠雄堅持拒絕當演講人。關於這一點，他在之後的《回憶》裡寫到：

「我以並非傳道者、只是一個晚輩、沒有奮鬥心為理由堅決拒當，但是他們一直沒放過我。我拒當演講人最大的理由是，我非常清楚我站在講臺上時，應該要說的事只有一件。但我要說的這番話其實是很恐怖的，用不著說社會地位了，在有些場合是連身體的自由都非得賭上的一句話。」

（《全集》第二十六卷一五一頁）

這個「一句話」指的是，藉由將天皇視為絕對存在的國家至上主義所爆發的滿州事變以來，我國政策都基於虛偽來建立。在東京的演講會裡，站在臺上的除了他之外，還有塚本虎二、畔上賢造、三谷隆正等四個人，一個人雖然可以說三、四十分鐘，但是忠雄只以《悲哀的人》說了二十分鐘。在這二十分鐘裡，他絞盡腦汁說了上面的那「一句話」。忠雄回顧這次的演講寫到：

「昭和八年的三週年紀念演講會，巡迴於東京、大阪、京都與名古屋等地。東京的會場設在朝日講堂。我以《悲哀的人》為題，為滿州事變以後還繼續在神面前犯罪的人哭泣。那是我需要有覺悟才能做的演講，回家之後聽妻子說她的感想，裡面有一句說到：『一瞬間雖然感受到身體整個繃了起來，但是在決定無論家變得如何都沒關係後，就拼命地向神禱告。』真是說得太好了。我不顧後面，只把臉朝向耶路撒冷，在此我可以站出來，和急速法西斯化的時局對抗了。」（〈我的傳道生涯〉，《全集》第二十六卷二〇二頁）

所謂的「把臉朝向耶路撒冷」，指的是耶穌背負著十字架，朝著耶路撒冷走去的事。在東京的紀念演講會結束之後，接著前往大阪、京都、名古屋，忠雄以《悲哀的人》、《於現代基督徒的態度》、《思想改善與基督教》為題，將同一個問題以多樣化的表現來闡述。六個講師中，在四場演講會都有站上臺的就是當初極力推辭的忠雄而已，並且最敢批評時局的也是他。名古屋的一名聽眾將寫有「矢內原的演講言語偏激」的信投書給警察，導致演講會的負責人被警察傳訊。但是無論如何，這四場演講都平安落幕了。

這四場演講的重心，忠雄將之整理成〈悲哀的人〉一文刊載在《通信》第六號（昭和八年四月發行）（《全集》第十八卷五二八頁）。這篇文章與每個字都帶火的演講不同，雖然文章是客觀的佐證，但卻沒人看得懂，這是因為寫文章時顧慮非常多所導致的。但透過這篇文章，可窺探上面一連串的演講內容，以下引用了幾個地方：

「在如此的渾沌中，可以看透事情的真實、說出真實的人，其實是悲哀的人。所謂悲哀的人，並不是悲傷自己的事情，而是當虛偽充滿著世界，大家都不知真正的事情時，只有一個人看透真相，或是當大家都沉默的時候說出一句話的人，這樣的人才是悲哀的人。」

「去年九月十八日於夜裡的滿州鐵路爆炸事件，日本聲稱那是中國兵所為。中國方面則聲稱並沒有做這件事。然後李頓調查團聽取兩國的說詞，最後斷言日本軍的行動並非自衛權。所有事情都被包在雲霧中，我們什麼都無法得知。但是，事實應該只有一個。在這渾沌的狀況下，假如有知道真正實情的人存在的話，那一個人就一定是悲哀的人。俗語說得好：『天知、地知、人知、我知』，但是事實不應該被掩埋。」

「我所愛的國家，假如有什麼錯誤的話，或是因為神的正義被蹂躪而招致非常時期的到來，我們基督徒要怎麼做才好呢？即使責備國民，那個責罵的辭彙終究會回到自己頭上。即使哀憐國民，我們連拿走一顆小石子的力量都沒有。但是假如是國民錯的話，我就來背負他們的罪行吧。我為他們而死吧——然而這是其他人都做不到的事。他就是悲哀的人。」

「真正的愛國心，不是『我國是正確的』。督促國民悔改罪惡，將國家建立在神的正義之上的，才叫真正的愛國心。建立在虛偽與罪惡之上的國家，即使是想盡辦法充實軍備財力，還是免不了滅亡一途。」

「面對反動的國家主義要採取具體的抵抗」是必要的，並且闡述為了這樣而不得不遭受迫害，最後他以這一句話做了總結：「我們也藉由十字架捨身去吧。這是擊退撒旦的唯一道路。」

在這之後，忠雄開始對抗日益強大的軍國主義暴風，以公開演講的形式，吶喊著批判時局的聲響。因為言論取締越來越嚴格，因此危險程度也相對地提高不少。但是，覺悟於十字架的他已心無畏懼。透過公開演講《悲哀的人》的他，已經燃起了對抗法西斯戰役的第一道烽火。戰爭會變得越來越緊迫、越來越嚴苛吧。

10　家庭聚會

昭和八年三月末、四月初的內村鑑三紀念演講會的四次演講，點燃了忠雄與急速高漲的法西斯主義戰役的烽火，這段期間對他的生涯有相當大的意義。一年後的三月，他回顧這個時候寫到：

「去年的三月二十八日，在東京朝日講堂的內村老師三週年紀念演講會，是我人生中一個劃時代的事件。在那之後，接著在大阪、京都、名古屋都有舉辦紀念演講會，在木曾諏訪也有一場小型演講會，對微小的我來說，是拼命的一個禮拜。」（《全集》第十七卷二一五頁）

朝日講堂裡，聆聽演講《悲哀的人》的聽眾裡，有一位名叫渡部美代治的人。他之後回想起這場演講，如下寫到：

「矢內原老師以《悲哀的人》為題，指責日本在滿州事變上的不義。老師強烈的氣魄使我搥胸，手心發汗，一邊祈禱老師的安全、一邊聽演講。那時所講的是基督教的神是凌駕於國家之上的，即使是國家犯了不義，也無法避免神的審判。這一番話對我們這些已經被嵌入國家至上思想的人來說，有如晴天霹靂，這番話震撼了我的身體與靈魂，接著讓我的眼睛睜開了。我透過老師得知了存在著支配歷史的活生生的神，我應該奉為老師的就是這個人啊。」（渡部美代治，〈自由之丘家庭聚會的時候〉，《矢內原忠雄—信仰．學問．生涯》一七七頁）

這篇文章的作者渡部，是從鳥取縣來到東京從事西洋人偶工作的年輕人。他在《悲哀的人》這場演講中受到感動後，與同鄉的年輕友人野津樸（當時青山學院高等師範學部英文科學生）一起，想要向忠雄學習信仰的事物，而在昭和八年五月末拜訪忠雄，提出了「假如有舉辦基督教的集會的話，請務必讓我們加入」的請求。忠雄於大森時代曾為了臺灣兩個青年開設家庭集會，但是這個集會在昭和七年忠雄搬來自由之丘後，就沒有再繼續了。因此在渡部拜訪時，這個集會已經沒有了。但忠雄接受了渡部的請求，再次舉辦了家庭集會。

「在這場演講會（內村鑑三第三週年紀念演講會）後的數日，見到兩位都是初次見面的人，是住在附近的渡部美代治與野津樸，其他還有數人也到我家拜訪。這是他們聽了演講後的決定，他們認為應該跟著學習的人就是我，因此為了他們自己，希望我能為他們講解聖經。那時我正好在思考，在沒有內村鑑三老師的今日，是否要再舉辦像大森一樣的集會，因此我接受了渡部他們的請求，在每個星期日早上於自由之丘的家的二樓，舉辦新的聖經講解集會。那個時候，我已經滿四十歲了。」

（《全集》第二十六卷一九四頁）

這是透過忠雄的回憶所勾勒出的自由之丘家庭集會的經緯，但是這篇文章中有幾個記憶錯誤的地方。渡部等人來訪的時間不是演講《悲哀的人》結束後的幾天，而是兩個月之後，並且來訪的沒有數人，只有渡部一個人而已。最初的成員是渡部與野津、忠雄的家人、藤井武遺留下來的孩子們。在那之後增加了一點成員，昭和十二年的時候變成二十多人，昭和二十年解散時，已經超過了四十人。學生主要是年輕人，每個星期日早上舉辦的集會氣氛總是嚴肅的，忠雄的聖經解說是極為熱烈但也極為嚴苛。關於這個會的性質，忠雄寫到：

「這個集會的性質始終是『家庭集會』，因此當然是封閉性的集會，不允許有旁聽者。會員等於是變成我的養子和養女，互相進入兄弟姊妹的家庭關係。假如不是比我年輕十歲以上的年輕人，我不會讓他入會，因為我必須罵得足夠才可以。

由於時局緊迫，因此這個集會有『地下化』的必要。簡單來說，就是對外保持祕密，對內保持親密的意思。而且我必須警戒我的言論有沒有因為會員的大意而傳到警察的耳中，會員也必須先要有因為信仰上的原因而可能遭受迫害的覺悟。

因此，我非常重視會員的遴選。第一，要求要有與我共生死的覺悟。第二，要求要有覺悟於因為是我的同伴，所以在就職或與結婚有關的事情，以及其他事都有遭到不利的危險性。第三，不只是要有我的允許，也要有父母的允許。

集會在嚴謹的秩序下進行。固定的時間一到，玄關的入口就會關閉，即使是遲到一分鐘的人都不得其門而入。事實上，沒有一個人遲到過。集會剛開始時，力行全員背誦聖經的句子。我的聖經講解，以以賽亞所說的，將基督教『關在』弟子當中的氣慨來進行。我剖開年輕人們的胸膛，從中押入聖經的語言，希望他們在我死後能繼承我的意志。」（《全集》第二十六卷一九六頁）

所謂家庭集會，就是在家庭裡舉辦的禮拜，有聖經講解的場所，家人是理所當然要參加的。同時，忠雄把家庭集會的會員都當成是信仰上的家人，並且要求會員一切有關信仰的問題要絕對服從於他。但是，真的家人卻不一定都能成為熱心的信仰者，在這裡也有著他的苦惱。從還是小孩子的我來看，父親越是對信仰有熱忱，不與父親同一個信仰，就會演變成最大的不孝。但是，即使父親多麼認真講解聖經、教導信仰，身為父親，還是不能在宗教上強迫孩子。

昭和十年四月，我中學四年修讀一高理科乙類。所謂的理科乙類是以德語為第一外文，主要是進入醫學部的相關課程。我沒有特別為了什麼就想要成為醫師。在本傳記的開頭有詳細敘述到，父親家本來代代都是醫師，父親希望我能夠成為醫師。但是，在這之上，父親比什麼都強烈希望我能夠成為一位熱忱的基督教徒。我徹頭徹尾知道這件事情。

通過入學考試的難關後，成為憧憬的一高學生的我雖然很得意，但父親一點都沒有因此而高興，讓我非常意外。他滿臉愁苦地說：「從四年級就進入，有一點太早了，不是好事，特別是宿舍生活是不潔、邋遢、墮落的溫床。」接著，父親在私人傳道誌《通信》中，在這一年的五月號裡，以〈給孩子〉為題刊載一篇短文：

「你從中學四年級開始就進入高等學校，別人都替你高興。但是父親相當擔心你可能會被世上的風潮席捲而走。在心裡努力地將惡遠遠驅離，在你年輕的歲月裡，鼓勵你去找到你的造物主。到那個時候，父親將與你一同歡喜。

敬畏神，遵守其戒律，正確的事是所有人的本分。」（傳道之書十二之十三《全集》第十七卷三八頁）

當時一高還位在本鄉，雖然在全體住宿的方針下，還是允許從家裡通學。父親雖然深怕我進入宿舍是一件「墮落」的事，但是我為了逃離父親嚴厲監督的雙眼，所以非常想要住進宿舍，因此在父親申請從家裡通學之前，我先一步加入了射箭社。我完全不知道父親在一高時期曾經是射箭社的一員，只是因為加入運動社團就一定要住宿不可，而運動社團裡就屬射箭社看起沒那麼恐怖。所有的事情都先斬後奏，父親心不甘情不願地答應我了。但是附帶了非常嚴苛的條件，那就是每個星期日都一定要出席家庭集會。射箭社的氣氛非常祥和愉快，就連嚴酷的弓箭練習我也不會討厭，但是因為星期日一定要出席聖經集會，在雙邊夾擊下，我總是很困擾。因為假如星期日有弓箭的練習、比賽或是研修，我都非得請假不可。特別是對外的比賽幾乎都在星期日。在比賽一直請假，等於喪失了會員資格。因此我退出了射箭社，而之後又再一次加入射箭社，給他們添了不少麻煩。

內村鑑三的兒子內村祐之，在一高時代是棒球社的名投手，在他寫的〈我的履歷書〉提到，當一高棒球社看上還是新生的內村祐之，請他加入時，內村鑑三開出的加入條件是，強硬要求他禁菸、禁酒與嚴守安息日。因為內村祐之是無人可替代的名選手，棒球社

只好接受這些條件，常將祐之有出席的比賽安排在星期六。（內村祐之，《鑑三．棒球．精神醫學》四二頁）

當然，因為我不是射箭社的名選手，因此射箭社應該沒有考慮為了我而不在星期日排賽程。當時的射箭社氣氛，在福永武彥的小說《草之花》中有描寫。

因此我會在每個星期六晚上或是星期日早上回家參加家庭集會。這可以說是至高無上的命令。但因為這是我的決定，所以我並沒有厭煩出席。我尊敬我的父親，相信父親所教導的基督教或是懷抱著想要相信的熱忱。進入一高時，我將《藤井武全集》讀完，也讀了以內村鑑三為首的與基督教有關的書籍。我加入了一高基督教青年會，並且成為一個熱心的成員。這與YMCA沒有任何關係，這只是少數學生所開設的一個新教徒研究會而已，並且這個研究會是父親一高時代所屬的青年會所延續下來的集會。前面已提過，這個時候連我自己也不知道，我與父親踏上了同一條路。但是，這個之後的路就完全不一樣了。

父親一邊在東大講授殖民政策，也一邊兼任一高的講師，擔任一高理科的「法制經濟」這一科的老師。這一門課是為了給予理科的一年級學生，有關法律和經濟的基本知識而開設的課程，但也是理科學生較不關心的一門課，因為是在大教室裡併班授課，很學生都在拜託代點名之後就休息去了。這是點名時幫缺席的朋友喊名字得到出席率的惡習。關於代點名，在昭和十二年進入一高理科的富田和久（現任京大教授）說了以下的逸聞。

「這是學期末的某一天。在一如往常的點名之後，老師的一句『再從頭點一次名』讓我們倒吸了一口氣。那個時候回答的人數相對減少了。大家心裡一同顫抖著待會點完名會有怎樣的雷落下來，但是點完名之後，老師只有靜靜說到：『你們之中好像有人連其他人的份都回答了。然而，你們在第二次點名的時候，是為了誰回答的呢？假如重視約定的話，我認為應該是幫朋友回答之後自己缺席，是這樣吧？』……學生們完全心虛地鴉雀無聲，但是老師就說到這裡，之後又很快地繼續授課。我雖然沒有充人頭幫忙點名，但是不知為何這次的責罵卻在我心裡有所反應。這個老師擁有透視別人內心深處的能力，大家好像都這樣感受到了。至今我都還記得，自下一週開始，全班聽講的氣氛整個帶著緊張感。」（富田和久，〈無忘之年〉，《矢內原忠雄—信仰．學問．生涯》二〇八頁）

在教室裡被自己的父親點名，上這門課有一種奇怪的心情。我不可以缺席，當然也不可以拜託代點名，我就窩在教室的角落裡。「法制經濟」的課程雖然真的不有趣，但是批評法西斯時局的父親，舌鋒特別尖銳。我在此再引用聽取這門課的兩個人的證言。一位是山下次郎（現任東大教授），另一位是加藤周一。

「這是昭和十一年，二二六事件爆發那一年的事情。矢內原老師的授課非常激烈，在向我們教授『富裕的再生產』這門課程時，說：『即使是同樣的米飯，工人所吃的飯與軍隊所吃的飯，在經濟上的價值就是不一樣。一個有利於再產生，一個只是白白的浪費而已。』老師那個時候一定是想起以賽亞的話語吧。」（山下次郎，〈三谷老師的回憶〉，《三谷隆正—人．思想．信仰》一九八頁）

在我入學的那一年夏天，一高由本鄉遷移到駒場。遷移之際，全校的學生是將槍背在肩上行進，但是這不是為了宣示軍國主義，而是為了方便搬運教練用槍枝。因為在一高裡，殘留著比一般世上還要強烈的自由主義氣息。但是時局卻是向著軍國主義大幅前進。昭和九年發行了以「國防的本義與提倡其強化」為題的小冊子，並且開始推展全體主義性國防國家建設的陸軍，將美濃部達吉博士的天皇機關說，視為違反國體的學說而駁回，並且乘著這股氣勢壓制的議會，積極地確立軍事獨裁體制。在陸軍內部也有皇道派與統制派兩股勢力在互相爭奪。皇道派的相澤中佐在白天於陸軍省斬殺永田軍務局長的事件，發生在昭和十年八月。皇道派策劃要軍事政變，爆發二二六事件。加藤一周是晚我一年，也就是和山下次郎同於昭和十一年進入一高，他也有去聽「法制經濟」的課程，關於這堂課他寫到：

「一週一小時的課程，因為無法詳細說明社會制度，因此矢內原老師在講述議會民主主義的最後一天裡，說不定想要闡述其精神。老師說，現在利用這個以現役軍人擔任內閣軍部大臣的制度，陸軍實質上可以癱瘓整個責任內閣制。此時，一位學生問到：『原來如此，假如沒有陸軍大臣，就無法建立內閣了。』、『但是假如議會不妥協的話，陸軍也不是不能組閣嗎？陸軍假如讓內閣組織不成，並且不與政府妥協，在沒有內閣的狀態下，陸軍是否就動不了呢？』將臉面朝桌子一直聽著問題的矢內原老師，那時突然把頭抬起來，靜靜地，以幾乎快要氣絕的聲音說到：『假如這樣的話，你看著，陸軍會拿著機關槍去包圍議會吧！』——教室裡好像瞬間被潑了一桶水。我們看見軍事獨裁的道路面向荒涼的未來，筆直地通了過去。那時我們確實感受到，現在是在聽日本的最後一個自由主義者的遺言。二二六事件代表的意義非常清楚，同時對我來說也體認到了精神的勇氣了。」（加藤周一，《羊之歌》岩波新書 一一四頁）

二二六事件打開了前往軍事獨裁的道路，軍國主義突然掩蓋全日本。日本的侵略由滿州擴大到整個華北，不久之後就演變成中日戰爭。矢內原忠雄站在軍國主義激流的正前方與它對立。它所率領的「手下」僅有「家庭集會」的年輕人而已。我也是其中的一員。藉由二二六事件與之後中日戰爭的爆發，日本進入一個新階段，也就是戰爭的局面，為了與其對抗而高舉著和平主義旗幟的忠雄，也將進入一個嶄新的階段。那將會是另一章，針對在戰爭中的他的戰役做說明。然而，那將也說明在進入高中之後逐漸會開始會思考事物的我自己，還有從我的角度來看的戰爭中的父親。我強力希望我是父親信仰上忠實的弟子。同時也記得我對於那份過於強烈的信仰態度所做出的反彈，我的父親離我太近了。

〔附錄〕

矢內原忠雄離開東大之日

昭和十二年十二月初，矢內原忠雄被東大逐出。表面上是他自己提出辭呈，但這件事很明顯是東大內外的法西斯勢力互相結合，將經濟部教授矢內原忠雄從東大放逐。這對矢內原忠雄來說是最大的生涯轉捩點，這是表示東大也屈服在法西斯主義之下的大事件，日本的軍國主義在此時開始加快速度與步伐，朝向戰爭之途狂奔而去。矢內原忠雄將從內村鑑三那裡學來的無教會的基督教信仰，與身為專攻殖民政策的社會科學家的見識互相結合，自滿州事變以來，就藉由這兩者的結合，不停尖銳地批判著軍國主義的時局。

在家庭裡的父親相當恐怖。神經質，又易怒，只要父親在家裡的時候，我和弟弟就會變得畏縮在旁邊發抖。因為父親是繞到軍國主義的對面與其孤軍奮戰，因此父親的神經繃得很緊不是沒有道理，但是對於小孩子的我們來說，並不清楚父親的戰役為何。雖然不清楚為何，但是我們還是感覺到父親正朝著重要的工作邁進，正打著一場正確的戰爭。

昭和十年我進入高等學校。在舊制度的一高裡，有著全員都要住宿的制度，因此我滿懷欣喜地住進宿舍裡。因為我想要從父親那恐怖的雙眼逃開，即使是逃開一點點也好。但是在進入高等學校之後，我卻自己開始讀起了內村鑑三的著作，或是其他與基督教相關的書籍，父親寫的作品我也讀了，我變得希望將父親的信仰與思想變成自己的東西。

雖然是生活在宿舍裡面，但是每個星期日還是要回到父親身邊。因為父親每個星期日都會召開基督教的家庭集會，並且他嚴格要求我要出席。在這集會中，雖然父親主要是講解聖經，但是在那裡也會點起批判時局的尖銳話語，在我為父親那預言者的靈魂震撼到的同時，也預感到父親早晚會辭掉大學工作，並且也覺悟到父親有被警察帶走的可能性。

昭和十一年二月二十六日，那是一個下雪的日子，當時我在駒場的宿舍裡，聽到軍隊佔領了赤坂附近一帶的消息。雖然也有住宿生特別跑去觀看，但是我沒有去。雖然我只知道事態的不安穩，但是對父親矢內原忠雄來說，整件事已經非常明白，在心中激烈燃燒著那股對蠻橫軍方的怒火。父親將留到那時的鬍鬚剃去。在這次二二六事件之後，日本侵略中國的行動日益強烈，為了和平與軍國主義戰鬥的矢內原忠雄，心更加熾熱了。

昭和十二年夏天，父親與幾名弟子一同前往山陰、山陽、四國等地進行巡迴演講，當時我也一同前往了。誰也不清楚什麼時候會發生什麼事，也就是在這絕命的傳道旅程裡之所以讓我隨行，一定是基於想要讓我看看這場戰役的全貌，並且讓我想要繼承這場戰役。在酷熱的天氣下，持續了二十多天的旅程，父親在各地訴說福音，祈求和平，批判戰爭。得知〈國家的理想〉獲得解禁時，我們也在這趟旅程中。所謂的〈國家的理想〉是，忠雄在這趟旅行出發之前，為雜誌《中央公論》所寫的論文，雖然被刊載在這本雜誌九月號的一開頭，但是馬上就接到相關單位要求刪除的命令。

論文〈國家的理想〉中，寫的是些抽象或是一般的事物，例如國家的理想目標應該是正義、所謂的正義是保護弱者的權利免遭強者的侵害壓迫、國家違反正義的時候，國民一定會揚起批判的聲音等等，並未直接碰觸到時局。但是無論如何，這篇文章讓戰爭主義者的心打足了寒顫。事實上，這篇論文是東大放逐矢內原忠雄的導火線。之後，忠雄對於當時的事情寫到：

「我想那是十月下旬，經濟部的教授會上土方學部長帶著《中央公論》九月號前來，然後指著我的論文〈國家的理想〉，並且開始討論起執筆者是否擁有成為大學教授的資格，並對教授會提出附議這樣的爆炸性提案。當時，軍國主義者的爪牙與軍部、警察、司法部、文部省、貴眾兩議院議員之間張起連絡網，在民間則有簑田胸喜一幫人負責搧風點火。簑田在雜誌《原理日本》中攻擊我的思想，並且還發行《真理與戰爭》一書來攻擊我。現在這些軍國主義者開始對付大學內部的異議教授，首先就是想要對我下手。」

雖然也有擁護矢內原的行動，卻無法反抗多數，結局是東大放逐了矢內原。十二月一日父親遞出了辭呈，二日除去教授職位。我在《帝國大學報》中得知這件事，心想該來的還是來了，雖然有點震撼，但是不至於動搖我的心。在報紙裡，有一篇大內兵衛教授寫的〈送矢內原〉的文章，裡面充滿著友情，並且還刊載著矢內原令人感動的〈終講之詞〉一文，與最後授課模樣的報導。「我來到寬廣的原野了。但是即使它是原野，所吹的還是自由的風。」這就是父親辭去東大教授一職時的心境。但是用不著說，對抗戰爭的矢內原忠雄的戰役，在這之後將變得更加嚴苛。

吾友　吾父

矢內原伊作——《矢內原忠雄傳》作者
川西實三——日本ＩＬＯ協會會長
三谷隆信——前侍從長

三谷　我第一次見到矢內原忠雄，是在明治四十三年一高的入學考試前夕。在這裡俗稱「阿伯」的(笑)川西與我的哥哥隆正是一高的同學。兩個人是非常好的朋友。接著你家來了弟弟，我家來了後輩，因此心想讓兩個人一起是不錯的想法，所以計畫讓兩個人在某處見面。

矢內原　所以拜川西先生所賜，矢內原忠雄與三谷隆信在進入一高之前就認識了。

三谷　在那之後住進了宿舍。因為學校是住宿制的。我是中寮十號，矢內原是南寮十號，因此房間是分開的。但是即使如此，因為在考試之前就認識的緣故，因此就走在一起了。當時的河合榮治郎在之前住在東寮十六號，這次因為他的房間沒人住，因此想要搬進去那裡，所以矢內原和我成為房間主人，開始募集室友。那裡是東寮十六號，就是我們的東十六。

這個東十六好像是進入各個房間聊談的人所開設的集會（笑），這些人意外地處得很好，不僅僅在高等學校、大學，連在之後都還常常聚在一起。

東十六時期開始，忠雄就是一臉秀才樣喔（笑）。事實上也是這樣沒錯啦（笑）。他在之後雖然因為遭遇到很多事而變得嚴肅，但是當時是一個有趣的朋友。相當會開玩笑。

川西　我與矢內原的關係是不可言喻的深厚。將矢內原帶進一高的是我，將新渡戶稻造老師和內村鑑三老師介紹給他的也是我。之後就像矢內原所寫的一樣，從我這邊配給到朋友、配給到應該讀的書、連應該學習的老師都配給，我就是這樣裝出一副學長的樣子。但是在這樣給予的過程中，矢內原先到達了對岸，成為了我們的老師。我、我的妻子、我的女兒和兒子，在每週星期日都會召開一次家庭聚會，進行聖經的學習。那時候使用的書是《聖經》、《內村全集》、《矢內原全集》，因此他是我們的老師。也就是那個我一直叫著忠雄、忠雄，還會去摸摸他那尖尖的頭（笑），呵護他的那個男孩，現在我們全家人都稱他為老師。將老師先送上岸的我，現在對於基督教的問題，還是老樣子穿著襤褸在摸索。

矢內原　在讀了忠雄所留下的日記後，可以清楚了解到他得到了許多川西學長的幫助。

三谷　他的日記有那麼多嗎？

矢內原　有的。中學時代與高等學校時代，都常清楚地記下來。先是對於川西先生的照顧滿懷感謝，在進入一高、接觸了基督教之後，接著頻繁出現的是三谷隆信先生。他以「小信」這個辭來寫你呢！還有寫到在進入一高之後，遇見了很多了不起的學長。忠雄在那時非常寂寞，他認為自己毫無能力，悲觀至極。那個時候正好與河合榮治郎等人相遇。然而在進入基督教的這個過程中，三谷隆信先生的影響最大。感謝隆信先生的話語非常多。是他的恩人啊！

也就是說，忠雄在前去敲打內村老師的門之前，基督教的信仰已經進入他的心裡。雖然也有一些是透過基督教青年會等組織得知，但是我認為他與隆信先生之間的交往，也給予了他很大的影響。

尖頭鬼

三谷　確實地，因為我的母親是基督教徒，因此我多少接觸過教會的氣息。但是在進入中學的前一年，回到了父親的家鄉宮津，並且從那裡的中學畢業。雖然那裡可能有教會，但是我沒有前往。說是與基督教的關係就只是這樣而已吧。內村老師也是這樣，雖然有聽過名字，但是完全不認識他。雖然覺得他很偉大，但總覺得他不是活著的人。直到哥哥來到東京後說要去內村老師那裡，我才知道這個人還活著。

接著，應該是高等學校的二年級沒錯，第一次去了內村老師的聖經演講。要進入他門下，有入學考試喔！還有面試呢！矢內原與我，還有晚一年進來的金澤常雄，我們三個人常常在一起，也都非常期待每個星期日去聽老師的演講。因為雖然一高是一個好地方，但是我感覺到老師教會了我們，還有比一高更寬廣、更雄偉的世界。

矢內原 剛剛三谷先生有說到，忠雄的性格在之後有一點變得嚴肅起來，而我也只知道變得嚴肅還有恐怖的父親。雖然戰後就沒有那般嚴肅恐怖了，但是對小時候的我們來說，那是一個恐怖的父親。在一高生時期或是年輕的時候也留有這樣的印象。

三谷 沒有。對我們並沒有很恐怖。

矢內原 從日記裡寫的一些東西來看，他被其他的人說很恐怖……。

三谷 也許是這樣吧。總而言之，他是一個對自己要求很嚴格的人。擁有超於常人的自信，但是又非常會擔心就是了。

矢內原 是這樣子的啊！這就是他嚴肅的地方啊！剛剛川西先生說了有關忠雄的外表，在他的日記裡寫說，中學的老師說，川西先生的頭是圓又溫暖，矢內原忠雄的頭，雖然尖尖的，但是有一種想要讓人親近的感覺是吧。

三谷 你知道他的綽號嗎？叫尖頭鬼啊！

川西 寺內正毅是尖尖的頭耶。也被叫尖頭鬼。

矢內原 他是首任的朝鮮總督，對吧。剛好明治四十三年日本將朝鮮合併，寺內正毅就成為首任的總督，因此三谷隆正先生雖然認為是開玩笑，但是好像幫忠雄冠上朝鮮總督的名字一樣。

但是，河合榮治郎在三谷先生你們入學之後，已經是三年級的學生了吧！而且是辯論部的委員。我認為河合先生是慢慢地與忠雄的關係變好，隆信先生也是一樣，好像是被拉出去散步。忠雄最初因為是尊敬河合先生，所以一直跟在他的後面走，但是河合先生據忠雄的日記看來，形容他很「煩」（笑），因此在極度厭煩的時候偶爾會發生衝突。

河合榮治郎的失戀

三谷 河合先生是一個這樣的人，自我意識過剩的人。因此對方無法如自己所想的跟上的話，他自己會變得冷淡，對方也跟著冷淡。

川西 我與河合先生沒有特別的關係。大學生的時候，他大大失戀過。那個失戀的理由，我想應該是他很煩這件事吧。當我在內務省工作的時候，河合與三谷都還是學生。進入上智大學的大門後右邊就是宿舍，河合他們就住在那裡。我就從那裡前往內務省。那是大正四年的事了。

有一天回到那裡，我發現我的行李全部消失了。據一位叫阿島的大嬸說：「河合說今天晚上開始要和你一起睡，你的行李被大家搬到大森去了。」聽完之後雖然放心了，但是沒講就把人家的行李搬走，這實在是太不應該了。所謂的大森的房子，是之前因為愛情順利想要迎接新家庭而建的，但是就在快要建好的前夕，這段戀情告吹。並非因為他一個人睡不著覺。因此那天晚上，我就前往河合把行李搬過去的大森新宅。一把床併在一起睡之後，河合就像一位雄辯家，一樣滔滔不絕地講起來了，川西……他一邊吐著氣，一邊說著這樣如何那樣如何。由於進行步調太慢而受不了。我因為內務省繁忙的工作，早已累倒了，因此非常想睡覺。此時他就以非常生氣的臉發怒道：「川西，你，一個人這麼認真的在跟你說話你還可以睡嗎？」總之就是有發生過這種事情。

我在這段期間成為了沼津的郡長。大正六年開始到大正八年為止，正是米騷動[1]的時後。成為郡長赴任的時候，因為是貧窮人家，所以連一文錢都沒有。河合為東京與千住白酒屋的少爺，因此不會缺錢。雖然我是第一次向別人借錢，但還是問他是否能借我兩百圓。因為成為郡長之後，需要有紳士高帽，還要燕尾服，但是父親把田全部賣了，錢還是不夠。因此河合出了兩百圓。當我想要寫下借條時，他說道：「不需要那麼見外。這些錢本來就是希望你幫我用掉的。」實際上我在心裡已經哭了出來。這樣的男人就是河合榮治郎。

矢內原 雖然河合先生也有缺點，但是也有非常通情達理、偉大的地方。

三谷 即使現在還是有很多弟子呢！

矢內原 我們所謂的「強」，是指在某種意義上堅持自己的理想或是其他東西，然後繼續努力下去。

三谷 那個人做學問的方式是，從當學生的時候開始就會自己去找一個主題，以驚人的努力用功來完成問題。但是我不是很喜歡那種做法就是了，因此我是不會效仿這一點。

矢內原 河內先生好像也有去過內村老師那裡，但是好像沒有長久持續下去的樣子。

川西 在新渡戶老師是一高校長的時候，因為受他感動而創立了一個讀書會。第一屆有我的學長兼恩人的前田多門、藤井武、塚本虎二等人，接下來有三谷隆正、我、森戶辰男、樋口實等人為第二屆，黑木次三、高木八尺、矢內原忠雄、三谷隆信是第三屆。其中，黑木先生是從之前就認識內村老師，並且說到老師雖然很嚴格，但是最近因為覺得開放一些門戶未嘗不是一件好事，因此他邀請我們要不要一起去看看。所以三谷隆正、我、樋口就前往位在新宿

1. 米騷動：一九一八年，大米價格暴漲，在一次世界大戰時達到顛峰。日本政府因西伯利亞出兵需要軍糧，將市場上的米買光，造成米價繼續上揚，造成農民對政府的不滿。事態最後衍擴成暴亂，在日本全國共引起六百多起的騷動。

柏木的住家拜訪，那就是柏會。就我所知河合不論是讀書會還是柏會都沒有加入。

辯論部與藝文部的對立

矢內原　因為讀書會和柏會的關係也糾纏在一起，所以非常難以理解呢。基督教青年會與辯論部或是文藝部都沒有關係嗎？翻開名簿一看，發現之後成為大文豪的芥川龍之介、久米正雄、菊池寬都是這一年的。

三谷　那個是錯誤的吧！辯論部的成員大部分都是法科的人。我也有被邀請，只是沒有加入而已。矢內原則是加入了，並且還當上了幹事。

矢內原　嗯嗯，成為了委員。

三谷　菊池、芥川、久米等文科的人在文科的房間裡，我們則是在我們的房間裡，雖然有舉辦過球類的對抗賽，但是我們的關係並沒有因此變好。

矢內原　一年級的時候，有很多科的人混在一起的緣故，對吧。忠雄住進南舍十號的房間，剛好與文科的桓藤功同一間房間。他因為是文科的人，所以與芥川等人非常要好。但是因為班級不同，風氣也不同。文科的人主要是文藝部的吧。並且在校友會誌上，刊載小說之類的文章。久米正雄好像在那個時候也寫了一些好的戲曲……。

三谷　其實我在入學第一年的時候，是和芥川同一間房間喔。但是他一天也沒有來過宿舍的房間（笑）。怎麼說呢？還是有一點奇怪吧。所以不認識他。

矢內原　文藝部的人因為接受自然主義與浪漫主義時代的思想，年輕的菊池寬與久米正雄等人寫了一堆頹廢的小說。豐島與志雄也有寫那樣新式的小說，並說那與一高質實剛健的氣氛不符合，因此文藝部就舉起了這把武器。而第一個目標就是辯論部，因為辯論部聚集認真的強硬派人員。這也是文藝部與辯論部之間的論戰。

不知道是文藝，還是對於文學的一種偏見，矢內原忠雄認為文人是沒出息、詭異的，只會寫一些頹廢的東西，過著頹廢生活的人。不知道他是從哪個時候開始抱持著這種想法。

我好像聽過忠雄說過一些有關菊池寬的事情，他說雖然都是在一高，但是事實上卻是一個骯髒的、不潔的人。菊池寬的骯髒衣服好像很有名的樣子。

三谷　不不，他不會髒啊（笑）。雖然沒有走在一起，但是就是知道。在我記憶裡有洗澡的地方。我們那時除了做體操之外，都是穿著和服的，接著穿上草鞋就走了。之後走到洗澡的地方時，就是把草鞋脫掉後再走進去。接著把脫下來的草鞋和胸裡與浴衣放在一起。並不在乎鞋子髒不髒。接著又穿著那個走出來。但是菊池啊，假如把草鞋放進了胸口，總是會從袖口掉出來，然後就忘記撿起來，之後就去穿別人的草鞋。這個傳聞也有傳到我們耳中，但是他並不髒（笑）。

矢內原　我從父親那裡聽來的是，菊池寬的草鞋好像只有前面一半，之後一半好像是被磨斷的。

三谷　那是故意弄得嗎？

矢內原　也許是那樣喔。

三谷　他是為了重新接受高等師範的考試而來一高的，所以年紀比我們稍大。但還是一個很成功的人吧。那時與文科的人同一房間，常常聽他說，菊池還可以跟老師議論呢。

倉田百三的批判

矢內原　對於矢內原忠雄在辯論部裡的演說，倉田百三在校友會雜誌上刊載了內容相當嚴厲的批評，應該是三年級時候的事情。這篇文章收錄在《愛與知識的出發》。簡單來說，矢內原忠雄只是單純地主張信仰，並沒有諸如繁雜的哲學性煩悶之類的思考，只是靠著單純的信仰，一直在辯論部裡面演說。倉田百三是一個哲學青年，再加上年紀比忠雄大，也讀了比較多書，因此他不得不以更深一層的哲學角度來思考煩悶，而來批評忠雄的演說。但是，在看過忠雄的日記後，他寫著倉田的批評非常敏銳，有許多地方都可以趁機自我反省。當然，矢內原忠雄是基督教徒，雖然與倉田的立場有些微的不同，但是忠雄本身

三谷　卻非常虛心地接受了倉田百三的批評並且自我反省了，對吧。

矢內原　這件事我雖然也還記得，但是互相好像沒有深入去講過這一件事。

川西　石本惠吉是一個怎樣的人呢？

矢內原　加藤靜枝的前夫啊。在大學是與我同一期的。

受到倉田百三批判的時候，石本惠吉先生也有寫信給忠雄，並且寫著自己的感覺幾乎與倉田百三相同，還說自己也想要跟忠雄說同樣的事情。當時因為忠雄非常尊敬石本學長，因此這是很可能的事。

川西　石本惠吉是陸軍次官石本男爵家的少爺。忠雄之所以尊敬他，與這層身分毫無關係，而是因為他不會高高在上，反而會與工人們一同生活。雖然他出身工科但是卻進入九州礦山工作之類的。雖然一般認為工科只是一群擁有技術的人，然而他是一個洋溢著青春的人，我想忠雄也有在這裡表現出對他的敬意吧。

雖然石本是一位非常優秀的人，但是在與加藤靜枝離婚之後，前往滿州開設書店的他卻顯得有點灰暗。

三谷　我記得是我當外交官離開日本的時候吧，石本有到車站來幫我送行。他前往巴黎見識了很多事物，然後他跟我說真的很感動，叫我也要去，因為自己的想法會徹底改變。但是在之後想想，那只是一個表面的看法，從那時開始，石本的性格就轉變了。假如筆直地走下去，我想一定能成為偉大的政治家才對，真是有一點可惜。

音痴所唱的校歌

矢內原　高中時代非常用功，對吧。

三谷　矢內原常常去圖書館呢。非常用功喔。雖然不知道他在讀些什麼書。那時圖書館都是開到晚上的喔。

川西　他常常從圖書館一邊唱著校歌，一邊走回來。但是聲音不是很好就是了(笑)。

三谷　沒錯，聲音不是很好。

矢內原　他唱歌很糟啊！

三谷　矢內原忠雄是一個五音不全的人好像非常有名耶，但是又好像喜歡唱歌。

矢內原　東十六號是不是時常舉辦聯誼會啊？

三谷　是的，有舉辦過。我的房間裡有一個叫做銅錢聯誼會喔，在吃完飯出去散步回來後，唸一下書之後就會變得無聊，一定有人會說要不要來一下銅錢會。只要一這樣說，大家都不會有異議。大家看看自己的錢包，接著把裡面的銅錢都拿出來。雖然沒有銅錢的可以不用拿出來，但是沒有的人，或是最少銅錢的人，就要去買烤蕃薯回來(笑)。接著把烤蕃薯吃下去，讓肚子變得飽飽的。因為四點半就吃晚餐，這時候肚子一定會餓的。

越打越有延展性的資質

矢內原　忠雄有為了就職的事情跑去跟你討論嗎？

川西　沒有過這種事喔。

三谷　他去了住友吧。好像發生許多家庭問題。

川西　住友要優秀的人才，因此一開始就著眼在大學。住友有一位名叫鈴木馬左也的大人物與大學經濟部的矢作榮藏老師關係很好。因此鈴木拜託矢作老師。他說假如有好的學生就讓他到我這邊來吧。所以不只是矢內原忠雄，其他如黑崎幸吉等人也進入了住友。

矢內原　忠雄的結婚與畢業幾乎是同一時間對吧。

川西　是的。將這個人的媽媽與矢內原牽上線的角色就是我。我與藤井武夫婦非常熟識。那個藤井先生有一天找我說，川西啊，我的妹妹已經到達適婚年齡了，你能不能幫我問問矢內原的意願啊。那個時候的矢內原是住在代代木的堀江園。我前往他住的地方拜訪，並且向他傳達藤井的這番話。就在這番話下，是大正六年沒錯吧，他們就在金澤舉辦了結婚儀式。

三谷　矢內原是被大學欺壓後放逐出來的，對吧。我想日記裡面應該也有寫到，他受到非常大的打擊。然而，他就是受到這樣的壓迫，因此將他的優秀指導者的能力大幅激發出來，不是嗎？假如不是這樣的話，他應該是一個平凡結束一生的人才對。

他有一股吸引人的力量。他只要受到刺激，一站出來的話，這股力量就會發揮喔。

這樣的人已經不完全是人了，所以只要是人的話，都會感到害怕吧。但是他其實是一個溫和的人喔。對於其他的人抱有深厚的愛情。

轉機一——辭別東大

三谷 他轉變特別大的時期是在大學被欺壓的時候。

矢內原 大正十二年，他留學回來妻子死的時候，也是一件重大的事件對吧。

三谷 的確是這樣的。在那之後就是昭和十二年辭去大學教職的時候。正因為是現在，所以說了沒有關係。事實上大內兵衛等人也有被打壓，接著傳出矢內原也蠻危險的消息，那時候我就前往他自由之丘的住家拜訪。在詢問他之後得知情況好像不太樂觀。因此，我隔一天就前往內務省，雖然我不認識當時的情報局長，但是在報上姓名做初步認識之後，我問他該如何是好。然而情報局答覆，假如矢內原就這樣辭職的話就還好，但是堅持留下就可能演變成驅離事件。而我認為這相當嚴重。因為是當時的事情，我認為假如是情報局長那樣說的話，就一定會演變成那樣，所以隔天矢內原來的時候，我就將此事告訴了他。我是傳達很糟的消息(笑)，因此他好像受到很大的打擊。我的親戚是住在自由之丘，聽說他曾經在車站見到滿臉意志消沉的矢內原。

矢內原 受到打擊的並不是因為對於東大教授這個職位有所迷戀，對吧。而是驚訝日本居然演變成這樣一個國家。

三谷 是的。他非常用功，並且投注非常多心力在東大教授這個職位上，所以他是認為自己所做的事是正確的，才去做的吧。因為沒有被理解，然後在不分青紅皂白之下被強迫辭職的，所以他才受到打擊吧。

充滿矛盾的人類

川西　有關矢內原的學問與信仰上的問題，至今已經被很多人所描寫，今後我認為還是會繼續被寫下去。我必須先強調的是，他事實上是一個非常講義理的人。

三谷　我不知道矢內原在《三谷隆正全集》裡花費了多少心力。這與我是他弟弟沒有關係，也與在工作場合的人沒有關係，他這種熱情是我望塵莫及的。忠雄雖然是比我還要疏遠的親緣關係，但他在編輯全集這件事情上不知投入了多少的心力。製作藤井武的全集，也是一件浩大的工程。他那種心力的投注方法，不是一般人可以辦得到的。

在現在的世界上，我認為最欠缺的是古老的義理與道德觀念。就如內村鑑三老師有武士道精神、新渡戶老師有《武士道》的著作一樣，在矢內原的學識裡，在他的宗教心中，有著像這些古老的道德思想一般的尊貴義理存在。我感覺到應該要在這點多加著墨才對。

矢內原　現在在三谷先生和川西先生所說的話裡，忠雄是一位偉大的人，在日本的近代思想史上留下許多腳印的人。雖然這樣想，他終究是我的父親，他也是有許多缺點和弱點。我現在就是在描寫這樣一個充滿矛盾的忠雄。我認為即使只是闡明一個人拼命地活下來的姿態，也是有相當的意義存在。

矢內原忠雄 生平年表

一八九三年（明治二六年） 一月二十七日，生於愛媛縣越智郡富田村大字松木（現在的今治市松木），父親為醫師。

一九〇四年（明治三七年） 十一歲 開始在神戶接受教育，寄宿在中學教員的表哥家，轉入神戶市立雲中尋常高等小學校高等科三年級。

一九〇五年（明治三八年） 十二歲 進入兵庫縣立神戶中學（後來改名為第一神戶中學校）。校長為鶴崎久米一（出身於札幌農學校，是內村鑑三、新渡戶稻造的同學年學生）。

一九一〇年（明治四三年） 十七歲 九月，進入第一高等學校。校長為新渡戶稻造。

一九一一年（明治四四年） 十八歲 二月，德富蘆花在一高舉行《謀叛論》演說，給予全部學生很大的衝擊。十月，進入內村鑑三的聖經研究會。

一九一二年（明治四五年） 一九歲 三月，母親過世，享年四十歲。七月，滿州、朝鮮旅行。

一九一三年（大正二年） 二十歲 九月，進入東京帝國大學法科大學政治學科。十月，父親去世，享年六十一歲。

一九一七年（大正六年） 二十四歲 四月，於住友別子礦業所（愛媛縣新居濱）就職。五月，與西永愛子（藤井武夫人的妹妹）結婚。

一九一八年（大正七年） 二十五歲 五月，長男伊作出生。

一九二〇年（大正九年） 二十七歲 三月，接下新渡戶稻造的殖民政策課程，成為東京帝國大學副教授（經濟學部）。七月，次男光雄出生。十月，前往英美德法四國留學。

一九二一年（大正十年） 二十八歲 七月，處女作《基督徒的信仰》由內村鑑三的聖經研究社出版。

一九二三年（大正十二年） 三十歲 二月九日，留學歸國，同月二十六日，愛子夫人去世。八月，成為東京帝國大學教授。

一九二四年（大正十三年） 三十一歲 六月，與堀惠子結婚。十月，朝鮮、滿州調查旅行。

一九二五年（大正十四年）　三十二歲　六月，開始帝大聖經研究會。

一九二六年（大正一五年）　三十三歲　三月，三男勝出生。六月，出版《殖民及殖民政策》（有斐閣）。

一九二七年（昭和二年）　三十四歲　二月，出版《殖民政策的新基調》（弘文堂）。三月，臺灣調查旅行。

一九二八年（昭和三年）　三十五歲　二月，出版《人口問題》（岩波書店）。八月，樺太、北海道調查旅行。

一九二九年（昭和四年）　三十六歲　十月，出版《日本帝國主義下之臺灣》（岩波書店）。十一月，開始與葉榮鍾的家庭聖經集會。十二月開始，陳茂源也開始參加。

一九三〇年（昭和五年）　三十七歲　三月，內村鑑三去世。七月，藤井武去世十一月，與塚本虎二創設藤井武全集發行會。

一九三一年（昭和六年）　三十八歲　二月，開始刊行全十二卷的《藤井武全集》，翌年一月完結。這個期間投注心力於各卷的編輯、校正、發送等事之上。

一九三二年（昭和七年）　三十九歲　三月，出版《馬克思主義與基督教》（一粒社）。四月，搬到東京府荏原郡碑衾町（現在的目黑區自由之丘）。九月，滿州旅行途中遭遇匪賊襲擊列車。十一月，《通信》創刊。

一九三三年（昭和八年）　四十歲　五月，開始家庭聖經集會（昭和二十一年三月移至今井館聖經講堂為止，每個星期日都在自家書房裡講解聖經）。七到九月，第一次南洋群島調查旅行。十月，新渡戶稻造在加拿大去世。

一九三四年（昭和九年）　四十一歲　二月，出版《滿州問題》（岩波書店，昭和十三年二月，有關當局指示出版社自發性停止印刷《日本帝國主義下之臺灣》與這本書）。七月，第二次南洋群島調查旅行。

一九三五年（昭和十年）　四十二歲　四月，出版《猶太記》（向山堂）。十月，出版《南洋群島的研究》（岩波書店）。

一九三六年（昭和十一年）　四十三歲　二月，二二六事件之際將鬍鬚剃掉。六月，出版《民族與和平》（岩波書店，昭和十三年二月列為禁書）。十一月，出版《新渡戶博士文集》（編，故新渡戶博士紀念事業委員會）。十二月，出版《以賽亞書》（向山堂）。

一九三七年（昭和十二年）　四十四歲　三月，出版《帝國主義下的印度》（大同書院）。八月在《中央公論》九月號裡發表〈國家的理想〉（遭到全文刪除處分）。帶著家庭聖經集會志願者，前往「中部、山陰、中國、四國、關西」進行演講之旅。十一月，被禁止發行《通信》十月號（刊載演講〈神之國〉）。十二月一日，提出辭呈（四日辭職辭令）。二日，東京帝國大學經濟學部最終授課。

一九三八年（昭和十三年） 四十五歲 一月，《嘉信》創刊。二月，解散帝大聖經研究會。七月，第一屆山中湖畔聖經演講會。十月，再度刊行《藤井武全集》，並出版新渡戶稻造著《武士道》（譯，岩波文庫）。十一月，出版譯作《奉天三十年》（岩波新書）[1]。

一九三九年（昭和十四年） 四十六歲 一月，週六學校（昭和二十二年五月為止，每個星期六在自家上課）開講，奧古斯丁《告白》課程開始。

一九四〇年（昭和十五年） 四十七歲 五月，出版《我所尊敬的人物》（岩波新書）。六月，出版《耶穌傳講話》（向山堂）。八到九月，朝鮮演講旅行。

一九四二年（昭和十七年） 四十九歲 四月，週六學校開始但丁《神曲》的課程。七月，滿州、北支演講旅行。

一九四三年（昭和十八年） 五十歲 七月，《新渡戶博士殖民政策課程及論文集》出版（編，岩波書店）。九月，《奧古斯丁「告白」課程》出版（教文館）。

一九四四年（昭和十九年） 五十一歲 五月，近畿、中國、九州巡迴演講。

一九四五年（昭和二十年） 五十二歲 五月，週六學校開始米爾頓《失樂園》的課程。十一月，復任東京帝國大學教授（經濟學部）。

一九四六年（昭和二十一年） 五十三歲 三月，復興帝大聖經研究會。六月，《日本精神與和平國家》出版（岩波書店）。八月，東京帝大社會科研究所所長（昭和二十四年六月為止）。

一九四七年（昭和二十二年） 五十四歲 四月，《醫治日本之傷的人》出版（白日書院）。十二月，東京大學授與經濟學博士學位。

---

1. 《奉天三十年》：原著為《*Thirty years in Moukden.*》，作者為克利斯蒂（Dugald. Christie）。

一九四八年（昭和二十三年）　五十五歲　四月，《帝國主義研究》出版（白日書院）。十月，成為東京大學經濟學部長（到昭和二十四年九月為止）。十一月，《耶穌傳》（聖經課程第一卷，角川書店）出版。

一九四九年（昭和二十四年）　五十六歲　一月，就任日本學術會議會員。二月，《創世記》（聖經課程第四卷）《羅馬書》（聖經課程第二卷，兩本都是角川書店）出版。四月，舉行東大經濟學部三十週年紀念儀式。五月，成為東京大學教養學部部長。七月，開始出版《藤井武選集》。十月，就任日本學士院會員。十一月，《我所尊敬的人物續篇》（岩波新書）出版。

一九五〇年（昭和二十五年）　五十七歲　三月，在內村鑑三二十週年演講會裡演說《自由與寬容》。五月到八月約一百天，為了學術會議、人事交流計畫等學術研究，前往美國出差。九月，因為東大教養學部發起抵制考試運動，身為學部長的他非常苦惱。十一月，《約翰傳》（聖經課程第五卷，角川書店）出版。

一九五一年（昭和二十六年）　五十八歲　六月《亞當．史密斯藏書目錄》（英文，岩波書店）出版；八月，霍柏森著《帝國主義論》上（譯，岩波文庫）出版。十二月，被選為東京大學總長[2]。

一九五二年（昭和二十七年）　五十九歲　二月，在東大發生「波波羅事件」[3]，三月到六月之間，五度以參考人或是證人的身分，被傳喚到國會委員會去，在那裡他闡述大學的自由。四月，《現代日本小史》（編著，水篶書房）出版。十一月，《關於大學》（東京大學出版會）、《基督教入門》（角川新書）出版。

一九五三年（昭和二十八年）　六十歲　一月，兼任中央教育審議會委員。四月，《日本的去向》（東京大學出版會）出版。六月，《詩篇》（聖書課程第六卷，角川書店）出版。十一月，《銀杏的掉落處》（東京大學出版會）出版。

---

2. 東京大學總長：東京大學校長。
3. 波波羅事件：發生於一九五二年，校內特務活動曝光，作為校長的矢內原忠雄堅守大學自治與自由，與警方關係緊繃。

一九五五年（昭和三十年） 六十二歲 十二月，再次被選為東大總長。《國際經濟論》（合著，弘文堂）出版。

一九五六年（昭和三十一年） 六十三歲 一月，《撒母耳記》（聖經課程第七卷，角川書店）出版。五月到七月約五十天的時間，到法國、英國、德國、瑞士、義大利和印度出差。

一九五七年（昭和三十二年） 六十四歲 一月，到沖繩出差。十月，前往美國和加拿大旅行。十二月，任期終了，辭去東大總長。《主張與隨想》（東京大學出版社）出版。

一九五八年（昭和三十三年） 六十五歲 二月，被授與東京大學名譽教授的稱號。三月，《我所走過的路》（東京大學出版會）出版。

一九五九年（昭和三十四年） 六十六歲 四月，四國、中國旅行。十一月到十二月，《路加傳》上下（聖經課程第八、九卷，角川書店）出版。

一九六〇年（昭和三十五年） 六十七歲 一月，上背部激烈疼痛，被診斷出膽囊炎。六月，在守護民主主義會所主辦的演講會上演說《沒有聲音的聲音》。八月，《政治與人》，十月《人生與自然》（兩書都是東京大學出版社）出版。

一九六一年（昭和三十六年） 六十八歲 三月，在內村鑑三冥誕百年紀念演講會上演說。八月，在胃的賁門部位發現癌細胞，九月，接受手術。十月，《教育與人》（東京大學出版會）出版。十二月二十五日，十三時四十分，與世長辭。

後記

法麗斯女學院大學教授　川西進

二十五年前在《朝日期刊》裡，展開連載的《矢內原忠雄傳》，在一年多後畫下句點時，不知讓多少讀者感到惋惜，現在再讀一次，感受到真的有這樣的傳記存在。這一次能夠將文章整理成一本，再度重新發行，真的是非常高興。

就如本書開頭寫得一樣，寫這篇傳記的作者矢內原伊作的目的，是想要將身為卓越的經濟學者、大學教授、無教會基督教者的父親矢內原忠雄，所做過有關的學問、教育、傳道多方的活動，以「母親懷胎的樣子，來敘述他的人格形成與生涯的步伐」。在這邊最重要的，就是回溯到青少年時期的內心生活。實際上描寫的是矢內原忠雄六十九年的生涯中，出生到四十歲的前半，也就是透過批判時局而被除去東京大學教授一職為止之間的事情。所以並未描述到他在戰爭中的苦鬥與戰後回歸東大的活躍，也很少說到身為無教會基督徒的他所進行過的傳道活動。雖然很想再多聽一點矢內原伊作對於這方面的話語，但是作者想要從一個人內心的角度出發，來描寫矢內原忠雄這個人的意圖，已經非常完美地達成了。

傳記描寫的對象是自己的父親這件事，雖然擁有近身接觸、一同生活的經驗，或是可以活用私人資料的這些有利條件，但是同時也伴隨著困難的問題。因為不論是對父親的愛、尊敬，還是反彈，這些私人的感情有很大的機率會扭曲掉事實。再加上父親是偉大的人物，並且非常有名，往往這些感情會被有所增幅，要寫成一個沒有偏頗的傳記是難上加難。矢內原伊作在年輕時期，對於父親所抱持的那種扭曲複雜的感情，在他的《年輕日記》（這也是希望再出版的書）裡，赤裸裸地表現出來。他接下父子對立的這個沉重問題，連從那裡逃跑的妥協都沒有想過。他就站在父親或是對兒子的批判的正前方，面對著這些事物。在父親的晚年裡，緊張感好像有比較緩和的樣子，但是矢內原伊作總是一邊將父親的生存方式當作一個重要的判斷基準，一邊思考行動的樣子。在父親死後十幾年後，終於可以將父親的整體生涯，以客觀並深入內心地來思考，孩子一直在幫父親禱告著，一邊執起傳記的筆。

在孩子寫偉大父親傳記的例子裡，有北杜夫的《茂吉的種種》。與《矢內原忠雄傳》描寫的是不同的對象人物，文字表現與內容也不同，但是兩者都是對於父親抱持著反感與尊敬、優越感與卑劣感的兒子，他們在父親死後一段時間，才解開這些錯綜複雜的感情，並將一個偉大的父親當作一個平凡的人類，來重新捕捉其印象，這是他們兩人之間的共通點。讀過兩者的傳記之後，可以獲得的一個共通點是，作者將父親真實的姿態，以確切的話語，並且還無隱藏與修飾，淡淡地描繪出來，這樣的方式像極了詩人的感性與勇氣。齋藤茂吉也說了，矢內原忠雄在某一部分人中，是以一位嚴謹的基督教徒而備受尊敬，在描寫可能傷害到他這個形象的事件時，需要比普通還要多的勇氣。但是就如矢內原伊作所寫的一樣，矢內原忠雄是「他既不是聖人，也不是君子……這件事自己比起他人是再清楚也不過的」。忠雄中學五年級時，與一位年紀比他大的女性之間燃起的初戀，以及在留學期間寄情於一名德國女性身上，這兩件事說不定就足以讓那些以忠雄為信仰導師的人們狼狽不堪，或是會激怒他們也不一定，或是招來批判矢內原忠雄的人的嘲笑，或是引起他們的優越感也不一定。但是這些只是顯示出這些人的心胸狹窄以及品行卑劣而已。

就是如此，將至今都還不是非常清楚的少年、青年時期的內心境地明顯表達出來這一點，就是《矢內原忠雄傳》的主旨以及特色。本書引用許多在岩波版《矢內原忠雄全集》中未收錄的日記或是詩歌，是資料價值很高的一本書。在這裡所描寫的神戶中學時代、舊制第一高等學校時代，東京大學時代裡與川西實三、河合榮治郎、三谷隆信、舞出長五郎等人的濃厚友情，還有對於兩位恩師，新渡戶稻造、內村鑑三的敬慕之情，都是這個時期日本青春裡重要的一場戲，並且也是順從基督教的信仰以及學問的良心，與法西斯主義、軍國主義對抗，獻身於民主主義與和平的偉大戰士矢內原忠雄公開活動的原動力。因此藉由這個我們不只了解到這位信仰勇者內心的強烈責任感和縝密的思考能力，更可看到纖細的愛情，詩人般敏銳又豐富的感性，還有比什麼都還深的寂寞與悲傷。

就如矢內原伊作所說的一樣，矢內原忠雄是一個悲哀的人。十九歲的時候母親過世，之後一年，父親與中學時代的好友也相繼離開人世。結婚後六年，妻子愛子離他而去，這是從兩年四個月的單身歐洲留學回國後的不到二十天裡的事情。但是這個悲哀讓他更靠近神了。這並不是他向神謀求慰藉後，神所賜與他的。他是透過人的死亡而體認到罪的意識的。矢內原伊作寫到，當他落到悲傷的谷底的時候，說不定就是神最接近他的時候。雖然能夠治癒悲傷的還有其他的人，但是能從罪裡面救贖你的，就只有神而已。

矢內原伊作將父親內心的連續劇、人心的運行，還有在那裡作用的神的力量，就這樣在我們面前披露出來。之所以可以做到這樣，是因為雙方內心深處有所聯繫與共同的感覺所致吧。在兩個人都活著的時候，應該沒有互相確認過這樣子的事情吧。但是雙方即使不開口說話，即使兩個人的關係緊張到快要破裂的樣子，不，就是在像這種時候，各自的心裡面不正會強烈感受到這件事的存在嗎？母親死後，父親與惠子再婚，將愛子的事情塞進內心深處，對伊作什麼話也說不出來的心情，與瞞著父親一個人前往尋找母親的墳墓時候的伊作的思想，不就是重疊在一起的嗎？據之後的妻子惠子說，忠雄曾經「罵了孩子，然後自己再痛苦」、「留著淚寫著，『看著他好像就是看著我自己一樣』。」（〈身邊的丈夫〉，《矢內原忠雄—信仰．學問．生涯》）

這篇傳記就是由如此深厚的父子心靈契合下所編寫出來的。今後，對於矢內原忠雄抱持興趣的人來說，是忠雄非常重要的一本傳記；也是伊作重要的一本著作，會永久流傳下去。

日本みすず書房出版編輯部注

本書是將《朝日期刊》的一九七四年十一月一日號到一九七五年十二月二十六日為止的連載整理後所編輯出來的一本書。可惜的是在中間就中斷了，雖然還未完成，但是就如「序章」所說的，作者想要描寫矢內原忠雄的思想、人格形成的意圖，已經達到了。簡直是擁有從執筆開始經過四個世紀那種價值增加的感覺，因此就以這個形式來刊行本書。

為了補充未完的部分，「附錄」裡追加了「矢內原忠雄離開大學之日」（《新潮45》一九八四年五月號）與座談會「吾父　吾友」（《朝日期刊》一九七五年三月二十八日號）裡的兩篇，還有「簡略年表」。年表是以《矢內原忠雄全集》第二卷的補遺裡的「作者年表」為基礎，再參照《矢內原忠雄——信仰．學問．生涯》卷末的「矢內原忠雄略年表」等資料後，由編輯部所完成的。

作者在長時間中斷之後，雖然準備再次開始繼續寫這本傳記，但是可惜的是他就這樣去世了[1]。他應該想要在將來以單行本的方式刊行吧。《朝日期刊》的連載中施以改正的東西還有遺留下來，遵照著這些改正，這次也有出現訂正過的地方。我想作者在單行本發行之際，想要修改的部分應該不只有這一些吧。在連載的空白處，還留有為了修正的筆記記號。但是這些地方並不多。這本傳記從連載中開始，到文字表現為止，都是作者投注心力的「作品」。因此除了誤植、固有名詞的錯用，和前面說到的作者自己修改的部分以外，完全沒有修改，都是和連載的時候一樣。另外，文中所說的「今日」或是「現在」，指的都是執筆當時的一九七四至七五年的事情。

《朝日期刊》的負責公司朝日新聞社，很快就答應本書的發行。在此表達謝意。對於連載中為了本傳記的撰寫而提供各種資料的每個人，在本書完成的同時

1. 一九八九年逝世。

也對你們致上敬意。另外，最近給予本書發行各種關照的史內原鋤、矢內原勝、川西進、三谷信、宇佐美承的各位，還有以清水昭次理事長為首的今井館教友會的各位，在此感謝你們的協助。

一九九八年七月

國家圖書館出版品預行編目資料

矢內原忠雄傳／矢內原伊作 著；李明峻 譯.
——初版. ——台北市：行人，2011.03
512面；14.8 x 21 公分
譯自：矢內原忠雄伝
ISBN 978-986-86581-9-6
1.矢內原忠雄　2.傳記

783.18　　100003990

《矢內原忠雄傳》
作者：矢內原伊作
譯者：李明峻
總編輯：周易正
執行編輯：林芳如、楊曉華
文字校對：洪禎璐
內文版型設計：黃瑪琍
封面設計：莊謹銘
企畫編輯：賴奕璇
行銷發行：李玉華、劉凱瑛
印刷：崎威彩藝

定價：500元
ISBN：978-986-86581-9-6
2011年3月　初版一刷

出版者：行人文化實驗室
發行人：廖美立
地址：10049台北市北平東路20號10樓
電話：（02）2395-8665
傳真：（02）2395-8579
郵政劃撥：50137426
http://flaneur.tw

矢內原忠雄伝
by 矢內原伊作

Originally published in Japanese in 1998
by Misuzu Shobo Ltd.: Tokyo
This Chinese (traditional) language edition published 2011 by Editions du Flnâeur: Taipei
by arrangement with the author through Misuzu Shobo Ltd.: Tokyo

總經銷：大和圖書股份有限公司
電話：（02）8990-2588